《苏州通史》编纂委员会 ◇ 编

苏州通史

人物卷（上）
先秦至宋元时期

李　峰 ◇ 主编

学术总顾问

戴　逸

学术顾问

李文海　张海鹏　朱诚如　汝　信
茅家琦　段本洛　熊月之

总主编

王国平

苏州大学出版社
Soochow University Press

图书在版编目(CIP)数据

苏州通史.人物卷.上,先秦至宋元时期/《苏州通史》编纂委员会编;李峰主编.—苏州:苏州大学出版社,2019.3
ISBN 978-7-5672-2518-3

Ⅰ.①苏… Ⅱ.①苏… ②李… Ⅲ.①苏州—地方史 ②人物—列传—苏州—先秦时代-宋元时期 Ⅳ.①K295.33

中国版本图书馆 CIP 数据核字(2018)第 270119 号

苏州通史

人物卷(上)
先秦至宋元时期

主　　编	李　峰
篆　　刻	陈道义
责任编辑	周建国
装帧设计	唐伟明　吴　钰
出版发行	苏州大学出版社
地　　址	苏州市十梓街1号
邮　　编	215006
电　　话	0512-67481020　65222617(传真)
网　　址	http://www.sudapress.com
邮　　箱	sdcbs@suda.edu.cn
印　　刷	苏州工业园区美柯乐制版印务有限责任公司
开　　本	787 mm×1 092 mm　1/16　印张21　字数377千
版　　次	2019年3月第1版
	2019年3月第1次印刷
书　　号	ISBN 978-7-5672-2518-3
定　　价	100.00元

版权所有　侵权必究

本卷作者

李　峰　王晋玲　沈　骅　李嘉球　马一平
孔祥军　李文才　徐　成　马俊芬　俞　前
张若雅　曹培根　朱　琴　林锡旦　周可真
王永平　李　喆

序

在苏州市委、市政府领导和市委宣传部的组织实施下,经过长达十年的努力,皇皇16卷本的《苏州通史》即将出版,实在可喜可贺。

盛世修史,是中华民族的优良传统。伴随着经济的发展和社会的进步,2002年8月,党中央、国务院郑重做出了启动国家清史纂修工程的重大决定。在国家清史纂修工程的成功示范下,不少地方政府也开始组织力量,对本地区的历史文化进行深入挖掘和梳理,编纂区域性通史即是其中的重要途径。

苏州是我国重要的历史文化名城,在2500多年的发展史上,苏州先民创造了光辉灿烂的地方文化,成为中华文化的重要组成部分。宋代以来,苏州就有"人间天堂"的美誉。明清时期的苏州,在很多方面都达到了中国封建社会发展的顶峰。当今的苏州,作为改革开放的前沿,在经济、社会和文化诸方面都取得了令人瞩目的成就,综合实力位居全国前列。深入挖掘苏州的历史文化内涵,总结苏州发展的得失成败,是历史赋予当今苏州人的光荣使命。《苏州通史》在这种背景下应运而生。

十年来,在苏州市委、市政府和市委宣传部的大力支持下,总主编王国平教授带领课题组的数十位专家学者,心怀高度的历史责任感,反复切磋,努力钻研,通力合作,高质量地完成了《苏州通史》的撰写,堪称"十年磨一剑"。可以说,这部《苏州通史》系统地厘清了苏州发展的历史脉络,全面展现了苏州丰厚的文化积淀,是第一部完全意义上的苏州通史。我认为,这部《苏州通史》不但可以作为苏州城市的文化名片,也可以作为爱国主义教育的乡土教材。

古人云:"鉴于往事,有资于治道。"对于一个国家如此,对于一个地区何尝不是如此。相信《苏州通史》的出版,必将会为苏州的进一步发展提供强大精神力量。

　　苏州是我魂牵梦萦的家乡。八年前,我曾为《苏州史纲》作序;八年后的今天,又躬逢《苏州通史》出版的盛事,何其幸哉!对于家乡学术界在苏州历史文化研究方面取得的历史性跨越,我感到由衷的喜悦,故赘述如上,谨以为序。

戴逸
2017 年 10 月 25 日

绪 言

苏州是中国重要的历史文化名城。早在一万多年前,太湖的三山岛就已出现了光辉灿烂的旧石器文化,成为中华文明的摇篮之一。商代末年,泰伯奔吴,带来了先进的中原文化。此后,吴国在此立国。吴王阖闾时期,兴建了吴大城,吴国也渐臻强盛,最终北上称霸。秦汉时期,今苏州地区纳入统一王朝的治理,经过孙吴政权的经营和东晋南朝的发展,到唐代中叶,苏州已经成为中国的经济中心之一。宋元时期,苏州的经济文化得到长足发展。到明清时期,苏州的发展水平已臻历史巅峰,成为全国著名的经济和文化中心,影响直至今日。晚清至民国时期,苏州逐渐从传统走向现代。中华人民共和国成立后,特别是改革开放以来,苏州再度强势崛起,成为当今中国发展最快、率先基本建成高水平全面小康社会的地区之一,创造了新的奇迹。这是苏州历史进程的主要脉络,构成了《苏州通史》的主线。

作为第一部完全意义上的苏州通史,我们希望能够以16卷的体量,系统完整地厘清苏州历史发展的脉络,全方位地展现苏州政治、军事、经济、社会、文化各方面的历史风貌。《苏州通史》撰写所涉及的主要内容与问题说明如下:

一、《苏州通史》的时空界定

1. 时间界定:苏州的历史包括这一区域的史前史。今日苏州所辖吴中区的太湖三山岛,早在一万多年前就出现了旧石器文化,这就成了《苏州通史》的起点。《苏州通史》的时间下限为公元2000年。

2. 政区空间界定:兼顾政区空间的现状与历史,以现行行政区域为基准,详写;历史行政区域超越现行行政区域部分,在相关历史时期中略写。

二、《苏州通史》的体例

参照中国传统史书编撰体例,借鉴国家清史纂修工程的《清史》主体设计,《苏州通史》主体部分为导论以及从先秦至中华人民共和国时期的历史(分为若干阶段的断代史),另设人物、志表、图录等三部分。人物、志表、图录中的内容是对通史部分相关内容的补白与补强。

《苏州通史》共分16卷。第1卷为导论卷,第2卷为先秦卷,第3卷为秦汉至隋唐卷,第4卷为五代宋元卷,第5卷为明代卷,第6卷为清代卷,第7卷为中华民国卷,第8卷为中华人民共和国卷(1949—1978),第9卷为中华人民共和国卷(1978—2000);第10卷为人物卷(上),第11卷为人物卷(中),第12卷为人物卷(下),第13卷为志表卷(上),第14卷为志表卷(下),第15卷为图录卷(上),第16卷为图录卷(下)。

三、"导论卷"的结构与内容

"导论卷"为丛书首卷,包括苏州历史地理概要、苏州史研究概述以及苏州史论三个部分。

"导论卷"上篇为苏州历史地理概要。在对苏州各历史时期地理环境要素演变做分期分类的基础上,重点对苏州历史沿革地理和苏州历史自然地理演变做概要性叙述,主要包括苏州历史气候与生态变迁、苏州地质与地貌变迁、苏州古城水道变迁、苏州历史建置沿革以及苏州城池防务沿革。

"导论卷"中篇为苏州史研究概述。《苏州通史》是学术界业已取得的研究成果的集中体现。对于苏州各个时期历史的研究,学术界已有或多或少的成果,并以著作、论文等为载体展现世间。《苏州通史》的作者们充分关注和汲取了这些宝贵的学术营养。"导论卷"的苏州史研究概述,分别列举并适当评述了先秦、秦汉至隋唐、五代宋元、明代、清代、中华民国、中华人民共和国等历史时期苏州史的研究成果。

"导论卷"下篇为苏州史论。按照通史的体例,正文中不可能就论题展开详细的专题性论述,这些相关论述即构成了"导论卷"下篇的苏州史论。这些专题论述有:《春秋吴国国号及苏州城市符号的"吴"及其溯源》《秦汉至隋唐时期吴城所辖行政区域及政治地位的变迁》《五代宋元时期来苏移民问题》《明代苏州地位论纲》《晚清苏州的现代演进》《民国以降苏州经济社会发展的传统规定性》《人民公社时期苏州农村社队工业的兴起与发展》《改革开放时期苏州经济发展的三次跨越》,大体上覆盖了苏州历史发展进程中的一些重要节点。

四、自先秦至中华人民共和国各卷的章节体系

自先秦至中华人民共和国各卷是通史的主体,分为8卷断代史。各卷采用纵横结合的结构,根据本卷所跨时段的政治经济发展状况,划分若干客观发展阶段为若干章,主要写政治、军事、经济状况;另设社会一章,主要写整个时段苏州人口家族、宗教信仰、民风节俗等;另设文化一章,主要写科学技术、教育、文化艺术等。这样,以"X+2"模式架构和贯通8卷断代史。

自先秦至中华人民共和国共8卷的章节体系,展示了苏州历史进程的主要脉络,体现了《苏州通史》的主线。各卷设章如下:

先秦卷 第一章,远古文明;第二章,泰伯南奔与立国勾吴(泰伯至寿梦);第三章,从徙吴至强盛(诸樊至吴王僚时期);第四章,"兴霸成王"与吴大城建筑(阖闾时期);第五章,从称霸到失国(夫差时期);第六章,战国时期的吴地;第七章,吴国社会状况;第八章,吴国的文化。

秦汉至隋唐卷 第一章,秦汉时期的苏州;第二章,六朝时期的苏州;第三章,隋唐时期的苏州;第四章,秦汉至隋唐时期的苏州社会;第五章,秦汉至隋唐时期的苏州文化。

五代宋元卷 第一章,五代苏州从混战走向稳定;第二章,北宋苏州的稳固与发展;第三章,南宋苏州的复兴与繁华;第四章,元代苏州的持续发展;第五章,五代宋元时期苏州的社会组织与社会生活风俗;第六章,五代宋元时期苏州的文化。

明代卷 第一章,洪武时期苏州社会恢复性发展;第二章,建文到弘治时期苏州社会持续性发展;第三章,正德到崇祯时期苏州社会转型性发展;第四章,明代苏州社会生活;第五章,明代苏州文化。

清代卷 第一章,恢复、发展与繁荣(顺治至乾隆年间);第二章,衰退与剧变(嘉庆至同治初年);第三章,变革与转型(同治初年至宣统年间);第四章,社会风貌;第五章,文化成就。

中华民国卷 第一章,民初情势;第二章,革命洗礼;第三章,近代气象;第四章,战争浴火;第五章,社会生活;第六章,文化教育。

中华人民共和国卷(1949—1978) 第一章,向社会主义过渡;第二章,全面探索的十年;第三章,"文化大革命"的十年内乱;第四章,在徘徊中前进的两年;第五章,社会变迁;第六章,文教、卫生事业的曲折发展。

中华人民共和国卷（1978—2000） 第一章，全面拨乱反正和改革开放启动时期；第二章，推进改革开放和加快发展时期；第三章，深入改革开放和现代化建设勃兴时期；第四章，和谐多彩的社会生活；第五章，与时俱进的文化建设。

五、人物、志表、图录各卷的编排

人物卷 《苏州通史》第10—12卷为人物卷（上）（中）（下），所录人物共1 600余人（含附传），包括苏州籍人士、寓居苏州有影响的非苏州籍人士，以及主要活动在外地的有影响的苏州籍人士。所录人物主要按人物生卒年排序。

志表卷 《苏州通史》第13—14卷为志表卷（上）（下），志表合一，分为建置、山川、水利、城市、街巷桥梁、园林、乡镇、人口、财政、职官、教育、藏书、文学、新闻出版、绘画、书法篆刻、音乐、昆曲、评弹、工艺美术、宗教、物产、风俗、古建筑、会馆公所、古迹等共26章。

图录卷 《苏州通史》第15—16卷为图录卷（上）（下），所录历史图片按政区舆图、军政纪略、衙署会所、城池胜迹、乡镇名景、水陆交通、市政设施、农林水利、工矿企业、店铺商社、苏工苏作、园林园艺、科学技术、科举教育、文学艺术、报纸杂志、书法绘画、文献藏书、文化设施、文娱体育、医疗卫生、风俗民情、宗教信仰、慈善救济、人物图像、故居祠墓等共26类编排。各类图片基本按图片内容发生时间排序。图录卷共收录图片2 000余幅，每幅图片均附扼要的文字说明。

《苏州通史》的人物、志表、图录等卷与其他相关的人物传记、方志、专业志、老照片等著作体裁有别，详略不同，其内容取舍取决于丛书的学术需求。

六、苏州元素的体现

苏州通史，所以能区别于其他地区的通史，在于展现了苏州悠久的历史发展过程中形成的历史文化特色，这些特色又是通过其独特的元素来体现的。为此，《苏州通史》的撰写，对历史进程中的苏州元素予以重点关注与剖析。诸如三山旧石器文化、太湖与苏州水系、伍子胥建城、三国东吴、范仲淹与"先天下之忧而忧，后天下之乐而乐"、苏州府学、"苏湖熟，天下足"、"上有天堂，下有苏杭"、吴门画派、吴门医派、昆曲评弹、园林、丝绸、顾炎武与"天下兴亡，匹夫有责"、姑苏繁华、明清苏州状元、苏福省、冯桂芬与"中学为体，西学为用"、苏州洋炮局、东吴大学、社队企业、"苏南模式"、苏州工业园区等，都会在相关各卷进行重点论述。

绪 言

从2007年撰写《苏州史纲》算起,至2010年《苏州通史》立项,再至2018年《苏州通史》付梓,整整十一年。若谓十年磨一剑,绝非虚语。

十余年里,我们怀抱美好的愿望,希望这部《苏州通史》能够成为第一部完全意义上的苏州通史,系统完整地厘清苏州历史发展的脉络,全方位地展现苏州政治、军事、经济、社会、文化各方面的历史风貌。希望这部《苏州通史》能够成为苏州城市的一张靓丽名片,展现苏州历史文化的丰厚积淀,展现当今苏州发展的辉煌成就,也在一定程度上展现苏州社会科学界在本土历史文化研究方面的学术成就。希望这部《苏州通史》能够成为苏州历史文化资源开发利用的一个坚实基础。

为此,《苏州通史》作者力求城市通史体系创新,力求新史料应用及史实考证的创新,力求观点提炼与论述创新,力求《苏州通史》能够达到同类通史的最高水平。

为此,《苏州通史》作者严格把握了保障学术水平的几个环节,诸如开题研讨、专题研讨、结项研讨、书稿外审、总主编审定、编委会审定等。在通史撰写过程中,熊月之、崔之清、姜涛、周新国、范金民、李良玉、戴鞍钢、马学强、张海林、王健、王永平、孟焕民、徐伟荣、汪长根、吴云高、卢宁、邓正发、涂海燕、陈其弟、陈嵘、尹占群、林植霖、张晓旭等专家学者参与了书稿的审阅,并提出了宝贵的意见与建议。

为此,苏州市领导还聘请了全国史学界及相关领域权威学者戴逸、李文海、张海鹏、朱诚如、汝信、茅家琦、段本洛、熊月之等先生担任学术顾问,并聘请戴逸先生担任总顾问。非常感谢他们听取相关事宜的汇报,并不吝赐教。

《苏州通史》作为市属重大社科研究项目,十余年来,得到苏州市委、市政府的高度重视和大力支持。先后担任中共苏州市委书记的王荣同志、蒋宏坤同志、石泰峰同志、周乃翔同志,以及先后担任苏州市市长的阎立同志、曲福田同志、李亚平同志等,都对《苏州通史》的研究编纂工作给予关心、指导和帮助。作为《苏州通史》编纂的主管部门,苏州市委宣传部历任部长徐国强同志、蔡丽新同志、徐明同志、盛蕾同志、金洁同志,历任分管副部长高志罡同志、孙艺兵同志、陈雪嵘同志、黄锡明同志等接续发力,从各方面为《苏州通史》编纂团队排忧解难,提供条件,创造了从容宽松的工作氛围。苏州市委宣传部副部长、市文明办主任缪学为同志和市社科联主席刘伯高同志积极支持项目立项和研究,并从资金等方面提供保障。苏州市委宣传部工作人员洪晔、吕江洋、徐惠、刘纯、刘锟、陆怡、盛征、陈华等同志先后参与了具体组织和协调推进工作。谨此致谢。

《苏州通史》杀青之际，掩卷而思著作之艰辛，能不感慨系之？感慨于《苏州通史》课题组各位同仁十余年来付出的难以言表与计量的刻苦与辛劳，感慨于众多学者专家审读各卷书稿所给评价与建议的中肯与宝贵，感慨于苏州市委宣传部历任领导对《苏州通史》从立项到出版全程的悉心呵护与大力支持，感慨于苏州大学领导从我们承接任务到付梓出版所给予的支持和关心，感慨于社会各界对《苏州通史》方方面面的关注与期待。

　　历经十余年打磨，《苏州通史》即将面世。果能得如所愿，不负领导希望，不负社会期待，不负同仁努力，则不胜欣慰之至！

王国平
2018年10月于自在书房

目 录

泰 伯 仲 雍 / 001
寿 梦 / 001
季 札 / 002
言 偃 / 003
干 将 / 003
专 诸 / 003
要 离 / 004
阖 闾 / 004
伍子胥 / 005
孙 武 / 006
夫 差 / 007
伯 嚭 / 008
越王翳 / 009
黄 歇 / 009
严 忌 / 010
严 助 / 010
朱买臣 / 011
梁 鸿 / 012
陆 续 / 013
陆 康 / 013
吴夫人 / 014
吴 景 / 015
顾 雍 / 016
孙 策 / 017

沈 友 / 018
暨 艳 / 019
朱 桓 / 019
顾 邵 / 020
张 温 / 021
陆 逊 / 022
陆 绩 / 023
朱 据 / 024
支 谦 / 025
陆 凯 子陆祎 / 026
陆 胤 / 027
陆 瑁 / 028
顾 谭 / 029
顾 承 / 029
朱 异 / 029
顾 悌 / 030
张 敦 子张纯 / 030
陆 玑 / 031
陆郁生 / 031
张 俨 / 031
陆 抗 / 032
陆晏 陆景 / 033
陆 喜 / 033
蔡 洪 / 033

吾　彦 / 034	陆探微 / 058
顾　祕 / 035	褚思庄 / 059
陆　晔 / 035	张　岱 / 059
陆　机 / 036	张　绪 / 060
陆　云 / 037	何　求 / 061
张　翰 / 038	陆　澄 / 061
顾　荣 / 039	王敬则 / 063
朱　诞 / 040	王仲雄 / 064
顾　众 / 041	顾宪之 / 064
陆　玩 / 042	何　点 / 065
顾　和 / 043	张　融 / 066
陆　纳 / 044	茹　皓 / 067
杨　羲 / 044	何　胤 / 068
张　凭 / 045	顾　恺 / 068
竺道壹 / 045	陆慧晓 / 069
张玄之 / 046	韩兰英 / 070
张彭祖 / 047	陆　厥 / 070
陈　遗 / 047	张僧繇 / 071
道　祖 / 048	张　瓌 / 072
僧　璩　僧　若 / 048	陆　琏 / 073
张茂度 / 048	张　充 / 073
张　邵 / 049	双袭祖 / 074
张　镜 / 050	张　稷 / 074
顾　琛　子顾宝光 / 051	智　藏 / 075
顾觊之 / 052	陆　杲 / 076
陆　徽 / 053	宝　唱 / 077
张　畅 / 053	僧　旻 / 077
张　永 / 055	陆　倕 / 078
陆子真 / 056	范怀约 / 079
孙超之 / 056	顾　协 / 079
顾景秀 / 057	张　绎 / 080

张　率／080
陈景尚／081
陆　襄／081
顾　烜／082
陆　罩　弟陆　煦／083
皇　侃／083
张　嵊／084
僧　迁／085
张　种／085
陆山才／085
陆云公／086
许孝敬／087
慧　勇／087
孙　玚／088
陆　缮／089
顾野王／089
陆　庆　子陆士季／090
陆子隆／091
陆　通／091
陆　逞／092
陆　琼／093
陆　琰／094
陆　瑜／094
朱满月／095
郑法士　弟郑法轮／095
孙尚子／096
褚　徽／097
潘　徽／097
法　澂／098
圆　光／098
智　炬／098

管　崇　朱　燮／098
陆德明／099
陆从典／100
智　琰／101
陆　摺／101
法　恭／101
朱子奢／102
惠　旻／103
张后胤／103
陆柬之／104
顾　胤／105
史德义／106
印　宗／106
陆元方／107
陆余庆／107
思　恒／108
孙　翌／108
道　鉴／109
周　广／109
陶　岘／109
杨惠之／110
张　旭／111
陆象先／112
陆景融／113
张无择　子张　諴　孙张平叔／113
张齐丘／114
张　镒／115
陆善经／116
陆南金／117
张从师　张从申　侄张惟素／118
顾诚奢／120

真　娘／120
顾　生／120
石荆山　姚兼济／120
张　璪／121
陆　曜／122
麹信陵／123
归崇敬／123
辩　秀／124
道　钦／125
陆长源／125
顾　况 子顾非熊／127
于公异／130
施士匄／131
韦应物／132
陆　淳／133
文　畅／134
顾少连 子顾师闵　顾师邕／134
元　浩／136
许孟容／137
沈既济／137
杨　凭／140
杨　凝／140
张　舟／140
归　登／141
法　相／141
李　观／142
陈　谏／143
孟　简／144
张　籍／145
丁公著／147
陈　羽／148

沈传师／148
裴夷直／149
陆　畅／150
朱景玄／152
杨　发／153
杨　假／153
沈　询／154
杨　收／154
杨　严／155
孙　发／155
徐修矩／156
陆龟蒙／156
陆希声／156
希　圆／157
元　慧／157
沈　颜／158
归处讷／158
滕昌祐／158
吴仁璧／159
无　作／159
皮光业／159
钱元璙／160
钱文奉／160
晤　恩／160
希　辩／160
遇　贤／161
谢　涛 弟谢炎／161
丁　谓／162
刘少逸／163
蒋　堂／163
徐　奭／165

富　严 _{曾孙}富元衡 / 165	沈　括 / 190
许　洞 / 166	蒋之奇 / 190
郑　戬 / 167	范纯礼 / 192
范仲淹 / 168	章　惇 / 193
胡　瑗 / 170	陈　睦 _子陈彦文 / 194
谢　绛　谢景初　谢景温 / 171	郑　宣 _子郑　侨 / 195
施昌言 / 173	朱象先 / 195
钱象先 / 173	胡稷言 _子胡　峄 _孙胡百能 / 196
杨　备 / 174	朱长文 / 196
叶清臣 / 174	方惟深 / 197
陈之奇 / 176	梅　灏 / 197
王　逢 / 176	李　撰 / 197
范师道 / 177	章　甫 / 198
龚宗元 / 177	范纯粹 / 198
苏舜钦 / 178	子　英 / 199
元　绛 / 179	陈希微 / 200
林　粢　林　希 / 179	郑作肃 / 200
闾丘孝终 / 180	守　讷 / 200
徐九思 / 180	贺　铸 / 200
程师孟 / 181	叶唐稽　叶　份 / 201
孙　载 / 182	林　旦　林　虑 / 202
张　诜 _弟张　询 / 182	徐　铎 / 203
李　育 / 183	章　综 / 203
滕元发 / 183	林　邵　林　摅 / 204
钱　藻 / 184	谢　孚 / 204
侍其玮 _子侍其鈜 / 184	魏　宪 / 205
陈　绎 _子陈动之　陈说之 / 185	黄　策 _弟黄　简 _子黄　缨　黄　纵 / 205
陈　侗 _子陈彦恭 / 185	柳　珹 / 206
卢　秉 _子卢知原　卢法原 / 186	周武仲 / 207
范纯仁 / 187	王　绹 / 207
章　粲 / 189	

朱 勔 / 208
滕茂实 / 209
翟汝文 子翟耆年 / 209
绍 隆 / 210
叶梦得 / 210
李弥大 / 212
边知章 边知白 / 213
林 遹 / 213
王仲嶷 / 214
唐 辉 / 214
王 苹 / 214
滕 康 / 215
顾 禧 / 216
李从之 / 216
法 云 / 216
李弥逊 / 217
莫 俦 / 218
陆景端 / 218
许 顗 / 218
韩世忠 / 219
钱观复 子钱俣 钱佃 / 220
丘 砺 / 221
邓 肃 / 221
徐 林 子徐葳 / 222
徐 兢 / 222
凌 哲 / 223
孙 纬 / 223
严 焕 / 223
郑忆年 / 224
李茂苑 / 224
孟忠厚 孙孟猷 孟导 / 224

胡舜申 子胡伟 / 225
龚明之 子龚昱 / 226
子 元 / 227
朱 翌 / 227
王 玠 / 227
王 葆 / 228
李 衡 外孙陈振 / 229
曾 怀 / 229
颜 度 / 230
陈长方 / 230
杨邦弼 / 231
王 珏 / 232
史正志 / 232
冷世光 冷世修 / 233
赵伯骕 赵师䮍 / 233
赵 思 / 234
范成大 / 235
赵磻老 / 236
胡元质 / 236
何中立 / 237
糜师旦 子糜溧
孙糜夑 糜弇 / 237
开 赵 / 238
马先觉 / 238
龚颐正 / 239
丘 崈 / 239
赵公豫 赵公升 / 240
正 受 / 241
曾耆年 / 241
黄 由 / 241
王 份 / 242

孙绍远 / 243
范之柔 兄范良器 弟范良遂 / 243
刘 过 / 244
滕 宬 / 245
张 攀 / 245
敖陶孙 / 246
王大受 / 246
王 柟 / 247
吕伯奋 / 247
周 南 / 247
孔元忠 / 248
卫 泾 / 248
卫 湜 / 249
周 虎 / 250
盛 章 / 251
赵伸夫 / 251
朱晞颜 / 252
颜直之 / 252
高定子 / 252
李 韶 / 253
魏了翁 子魏克愚 / 253
方万里 / 254
叶祐之 张端义 / 255
陈贵谊 / 255
丘 岳 / 256
莫子文 / 256
王 万 / 257
刘震孙 / 258
黄济叔 / 258
沈子蕃 / 259
袁遇昌 / 259

郑起潜 / 260
龚 开 / 260
郑虎臣 / 260
阮登炳 / 261
印应雷 印应飞 / 261
凤 济 / 262
汤仲友 高 常 陈 泷 顾 逢 / 262
莫起炎 / 263
张善渊 / 263
吕师孟 / 264
庞 朴 / 264
张庆之 / 265
沈义甫 / 265
宁 玉 / 265
朱 清 子朱 旭 / 266
原 妙 / 267
张 瑄 孙张天麟 / 267
殷明略 / 268
殷震亨 / 268
刘 岳 / 269
郑思肖 / 269
陆文圭 / 271
王梦声 / 271
周静清 / 271
陆 垕 / 271
范 霖 子范 成 / 272
钱仲鼎 / 272
陈 深 子陈 植 / 273
袁 易 / 273
曹南金 曹善诚 / 273
周文英 / 274

龚 璛 / 274
盛 舆 / 274
汤弥昌 / 275
王 珪 / 275
黄公望 / 276
张世昌 / 277
清 珙 / 277
郭麟孙 / 278
金善信 / 278
陆行直 / 278
俞 琰 子俞仲温 / 279
干文传 / 280
时太初 / 281
善 住 / 281
王都中 / 282
钱良右 婿张元善 / 282
顾 信 / 283
陆德原 / 283
范景文 / 284
惟 则 / 284
顾 安 / 285
秦 玉 秦 约 / 285
郑元祐 / 286
郑 禧 / 287
张 雯 子张 田 孙张 盾 / 287
朱 玉 / 287
朱德润 / 288
王 鉴 / 288
苏大年 / 289
宋尹文 / 289
朱碧山 / 289

饶 介 / 290
陆 友 / 290
熊梦祥 / 291
杨 譓 / 291
陆 仁 / 291
虞子贤 / 291
倪维德 / 292
葛乾孙 / 293
郭 翼 / 294
顾 坚 / 294
善 学 / 295
郑 东 郑 采 / 295
祖 俰 / 295
至 仁 / 296
顾 瑛 / 296
张 逊 / 297
张 简 / 298
馀 泽 / 298
缪 贞 子缪 侃 缪 佚 / 298
汪元亨 / 299
瞿 智 瞿 信 / 299
黄衢渊 / 299
智 及 / 299
陈 基 / 300
朱 珪 / 300
袁 华 / 301
吕 诚 / 302
辅 良 / 302
张 著 / 303
张士诚 / 303
周 砥 / 304

李金儿 / 304
杨　椿 / 305
张士德　张士信 / 305
朱　英 / 305
迈里古思 / 306
马玉麐 / 306
李伯昇 / 306
潘元明　潘元绍 / 307
郑允端 / 307
张　择 / 308
陈　樫 / 308
赵　原 / 309
陶　琛 / 309
申屠衡 / 309
虞　堪 / 310
陈汝秩　陈汝言 / 310
张　绅 / 311
徐达左 / 311
丁　敏 / 311

泰 伯　　仲 雍

泰伯,又称太伯、大伯,姬姓,商代晚期周原(位今陕西岐山、扶风一带)人。远古时期周族部族首领后稷后裔,周太王古公亶父长子。商王武乙初(约前1147),古公亶父率部族由邠逾梁山迁居岐山下的周原,创业开基,商王武乙三年被赐予岐邑。古公亶父以泰伯无子,晚年欲立太姜所生幼子季历(即周王季)为储,以传位于季历之子姬昌(即周文王)。泰伯与弟仲雍遂以采药于衡山之名避让,出奔荆蛮,辗转至于吴地,被民拥立为君。以蕃离(今江苏无锡梅里)为都城,因己无子嗣,弟仲雍当封而从其贤让,乃以弟名吴仲号国名"勾吴"。武乙二十一年古公亶父卒后,泰伯力辞季历让国。商王文丁十一年(前1102),季历伐翳献捷被杀后,泰伯再辞姬昌让国。服其本服,"端委以治周礼"[1],即以周族之礼为治,有力地推动了中原文化与江南土著文化的早期融合,影响极其深远。周武王灭商后追封为吴伯。后世对泰伯三让天下誉称"至德"[2]。东汉永兴二年(154),诏于苏州阊门外雁宕村南首建庙祠祀,历代皆入祀典,屡予褒封。晋明帝尊为三让王,宋哲宗封至德侯,徽宗又封王,明太祖敕封吴泰伯之神。

仲雍,又称虞仲、吴仲、孰哉,周太王古公亶父次子。泰伯在位,辅佐不遗余力。泰伯逝世后继位为君,民归益多,遂仿效吴俗,"断发文身,裸以为饰"[3],"权时制宜,以辟灾害"[4],勾吴国基始固,成为长江下游太湖流域最早最强大的诸侯国家。江苏常熟虞山有其墓。与兄为后人尊为吴国及吴姓始祖。

(李　峰)

寿　梦(前620—前561)

寿梦,姬姓,名乘,或称孰姑。生于周襄王三十二年(前620)。仲雍十八世孙,去齐子。周简王元年(前585)即位称王,为吴国十九世国君,称寿梦元年,吴国自此始有确切纪年。时当晋、楚争霸,故寿梦即位之初仍旧与楚结盟。因吴国本系周原姬姓后裔,并受周封,故向慕中原文明,不甘为楚附庸。寿梦二年春,吴

---

[1]《左传·哀公七年》,见李学勤:《十三经注疏·春秋左传正义》,北京大学出版社1999年,第1641页。
[2]《论语·泰伯》,见李学勤:《十三经注疏·论语注疏》,北京大学出版社1999年,第100页。
[3]《左传·哀公七年》,见李学勤:《十三经注疏·春秋左传正义》,北京大学出版社1999年,第1641页。
[4] 杜预:《春秋经传集解·哀上第二十九》,上海古籍出版社1978年,第1748页。

国北伐鲁国属国郯国,鲁国朝野震动,被鲁正卿季文子斥为"蛮夷入伐"。同年,晋遣逃晋楚臣执行晋国"联吴制楚"战略。对此,寿梦欣然接受并相应制定"联晋抗楚"战略,任用楚大夫申公巫臣,使教以箭法兵车之术,又以申公巫臣之子孤庸为行人,并启通晋之道,参与上国盟会〔1〕,遂与中原列国交往。吴由此攻伐楚国附庸巢、徐等国,入楚之州来,"蛮夷属于楚者,吴尽取之。"〔2〕吴国以此始大,并建都亭以招贤士,凿夏驾湖置苑囿。为与楚国相抗衡,寿梦十年冬与晋及其盟国会于钟离,与中原诸国大举交通。寿梦十六年春,力抗入侵楚军于衡山,转取楚之良邑驾,威望大增。寿梦十八年复与晋及盟国于戚地盟会,二十三年又参加相地盟会,被称为吴子。寿梦二十五年秋卒,在位二十五年。卒后,鲁襄公亲临周庙吊唁尽礼。

(李　峰)

季　札

季札,姬姓,又称公子札。春秋吴国国君寿梦第四子。初封于延陵,称延陵季子。后封州来,称延州来季子。崇礼尚义,贤明博学。"寿梦欲立之。季札让,曰:'礼有旧制,奈何废前王之礼,而行父子之私乎?'寿梦乃命诸樊曰:'我欲传国及札,尔无忘寡人之言。'"〔3〕寿梦二十五年(前561)父卒,长兄诸樊除丧后欲立季札,季札坚辞王位,不惜弃其室而耕,礼让于长兄。诸樊乃以嫡长子当国政,自称摄事,不修即位之礼。诸樊十三年(前548),诸樊伐楚战死后,拥戴仲兄馀祭继位。馀祭四年(前544),馀祭观舟被越俘杀死后,拥兄馀眛继位,奉派出聘,通嗣君。使鲁国,观周乐,叹为观止,评议周朝及诸侯盛衰大势。又至齐、郑、卫、晋诸国,对晏婴、子产、叔向等多有劝勉,风操灿然。出访列国之初经过徐国,所佩宝剑为吴国王室女婿徐国国君所爱。待归吴再经徐国,欲将剑进献徐君,知徐君已死,乃解其宝剑,系于徐君冢树而去,高义为世所称。馀眛四年(前527)兄馀眛卒后,再让王位于馀眛之子僚。吴王僚十二年(前515)又奉使晋国,通报吴国乘楚平王丧伐楚情况,以观诸侯反应。季札有国不立,守节终身,见微而知清浊,史称贤德。

(李　峰)

---

〔1〕　童书业:《春秋左传研究》,上海人民出版社1980年,第79页。
〔2〕　《左传·成公七年》,见李学勤:《十三经注疏·春秋左传正义》,北京大学出版社1999年,第729页。
〔3〕　赵晔:《吴越春秋》卷二《吴王寿梦传》,江苏古籍出版社1986年,第7页。

言 偃（前506—?）

言偃，字子游，别字叔氏[1]，春秋战国时期吴国人。生于阖闾九年（前506）。北学于鲁国孔子，为孔子唯一吴国弟子。曾任鲁国武城宰，以礼乐教化士民。身通六艺，习文学，精于礼，行仁爱民，与孔子讨论大同、小康，录为《礼记·礼运篇》，名列孔门七十二贤人之一，为启发东南文化之先驱，被后世誉为"南方夫子"。一说卒于周贞定王二十六年（前443）[2]，葬于今江苏常熟虞山仲雍墓侧。孔庙配祀十哲中言偃名列第九。唐开元时封吴侯。北宋大中祥符时加封丹阳公，南宋咸淳时改封吴公。元大德时封吴国公。明嘉靖时祀称先贤言子。清康熙时特置五经博士一员，由言偃后裔世袭。　　　　　　　　　（李　峰）

干　将

干将，春秋时期吴国工匠。善铸剑，与欧冶子同师齐名。吴王阖闾得越人所献剑，令其于将门铸造。相传干将与妻莫邪"采五山之铁精、六合之金英"，使童男女三百人鼓橐装炭，精心铸成雌雄二剑，分别命名为"干将""莫邪"，锋利无比。干将将雄剑进献阖闾。阖闾极为珍爱，试剑劈石，遗存相传即今苏州虎丘"试剑石"。又曾与欧冶子为楚王铸宝剑三把，分别名为"龙渊""泰阿""工布"。后皆为宝剑之泛称。将门后世又称匠门，又名干将门，为东南水陆两路要冲，近代始称相门。　　　　　　　　　　　　　　　　　（李　峰）

专 诸（?—前515）

专诸，一称鱄设诸，春秋吴国堂邑人。侠义有勇略。楚国贵族伍子胥因家难逃亡吴国，建言吴王僚伐楚以复仇，才略为吴王诸樊嫡长子公子光赏识。公子光有大志，雄强多战功，欲代吴王僚自立，伍子胥遂向其力荐专诸。专诸从公子光

---

[1] 梁履绳：《左通补释》卷卅二引孔颖达疏，清道光九年振绮堂刻本，页十。陶澍《虞山拜言子墓》："三桓在圣门，孟仲多良士。亦有礼许人，汰哉称叔氏。平生议论问，师没尚阙里。何年南方来，海隅有居址。马迁记吴人，所本盖世史。"见《陶澍全集》第七册《诗集对联》，岳麓书社2010年，第43页。

[2] 谢巍：《中国历代人物年谱考录》，中华书局1992年，第31页。蒋伯潜编《〈子游〉年表》，见《诸子通考》本《诸子大事年表》内。言偃生年，《史记》卷六七谓少孔子四十五岁，《孔子家语》以为少三十五岁，《言子文学录》引《言氏旧谱》，谓生于周敬王十四年（前506），卒于周贞定王二十六年（前443），年六十四。

得知吴王僚好美味佳肴,尤喜烤鱼,遂于太湖边精心练习手艺,等待时机。吴王僚十二年(前515),吴王僚乘楚平王丧,派公子掩馀、公子烛庸率军围攻楚国潜邑失利,被困难返。公子光抓住时机布置,夏四月设宴礼请吴王僚,预先于堀室埋伏甲士。专诸依计藏短剑于烧炙好的鱼腹之中,膝行进献于吴王僚座前,突将吴王僚刺杀,自己也被侍卫刺死。公子光遂自立,即吴王阖闾,葬吴王僚于岞崿山(今苏州虎丘区狮子山),召伍子胥为行人,厚待专诸老母及弱子。专诸以春秋以来三大刺客之首留名,苏州有专诸巷以志纪念。 （李　峰）

要　离(? —前513)

要离,春秋时期吴国人。身短体弱,素有勇略。勇士椒丘欣为齐王使于吴,受其折辱而叹服,誉其为天下壮士。吴王僚十二年(前515),公子光从伍子胥谋,派专诸刺杀吴王僚,自立为吴王阖闾,吴王僚子公子庆忌出奔卫国,有复仇之志,为阖闾忌惮。阖闾二年(前513),要离被伍子胥荐于阖闾,献计愿阖闾杀其妻子,诈以负罪奔卫国,愿佐庆忌复国,颇得信赖。庆忌与要离同舟赴吴时,要离于江中乘机刺杀庆忌。相传庆忌临终前令部下放要离归吴。要离以自己贪生弃行非义,投江赴死被救,乃自断手足后自刎。与刺吴王僚之专诸、刺韩傀(一作韩相侠累)之聂政同以刺客著名,相传墓在今苏州阊门内金昌亭南。 （李　峰）

阖　闾(? —前496)

阖闾,姬姓,一作阖庐,名光,春秋时期吴国国君。吴王诸樊嫡长子。以宗室贵族,尊称公子光,富雄才大略,多战功。楚国贵族伍子胥因家难逃亡吴国,建言吴王僚伐楚以复仇,公子光认为此系伍子胥借吴谋复宗仇,表示反对,但对伍子胥的才略颇为赏识。公子光有大志,以其当承吴祚,欲代吴王僚自立,以强国霸王,乃礼敬贤良,召养勇士以待时机。吴王僚十二年(前515)乘吴国大军伐楚失利被困之机,设计宴请吴王僚,派伍子胥所荐勇士专诸将吴王僚刺杀于宴席,遂自立为君,称吴王阖闾。礼葬吴王僚于岞崿山。阖闾二年(前513)又派伍子胥所荐勇士要离赴卫国,将吴王僚之子庆忌刺杀,剪除后患。阖闾时,以楚人伍子胥为行人,"委计"伍子胥造筑吴大城(又称阖闾大城,今江苏苏州)并迁都于此。同时,接受伍子胥的建议,以安君理民为治国之道,立城郭,设守备,实仓廪,治兵库,亲其民,"修法制,下贤良,选练士,习战斗"[1],"任贤使能,施恩行惠,以仁义闻于诸侯"[2]。又以齐人孙武为将军,楚人伯嚭为大夫,国势日强。因徐国拒绝引渡吴公子掩馀、烛庸并使二人奔楚,阖闾三年冬吴军执钟吾国君,灭徐国,并伐楚,拔舒邑,杀吴亡将公子掩馀、烛庸。阖闾四年秋再攻楚,伐夷,侵潜、六,围弦邑,为楚军劲敌,楚军劳师疲惫处下风。阖闾五年夏以越国不从吴伐楚而攻越。阖闾七年伐桐,于豫章败来援楚军,遂克巢,获楚公子繁。阖闾九年冬与蔡国、唐国联军攻楚,屡战告捷,大破楚军于柏举,攻克楚国郢都,更名吴都阊门曰破楚门,举国欢腾,声震天下。阖闾十年越国乘吴军大举伐楚之际,攻入吴境被守军击败。阖闾平定夫概之乱,在雍澨击败秦楚联军后,大败于公壻之战而还。阖闾十一年又伐楚,而安葬阖闾媵妾"勾敔夫人"(即宋公栾妹季子),水陆皆获胜,取番邑,楚国惧亡,迁郢都于鄀。

"夫阖庐口不贪嘉味,耳不乐逸声,目不淫于色,身不怀于安,朝夕勤志,恤民之羸,闻一善若惊,得一士若赏,有过必悛,有不善必惧,是故得民以济其志。"[3]楚国霸主地位不再,吴之国力亦消耗殆尽,急需休养生息,转而侧重对付死敌越国的挑战。阖闾十九年闻越王允常死,乃兴师伐越,与越国交战于槜李,为越王勾践所败,趾被刺受重伤,还师于槜李七里之陉地卒。后传葬于苏州虎丘剑池。

(李　峰)

伍子胥(?—前484)

伍子胥,名员,字子胥,以字行。出身楚国贵族世家。曾祖伍参,楚庄王于邲战胜强晋,其以侍臣主战为首功。祖父伍举,曾受岳父王子牟株连而流亡郑国、晋国,楚灵王时主持外交,为重臣。父伍奢,楚平王授太师,辅侍太子建,敢直谏。为少师费无极构陷谋反,与长子棠邑大夫伍尚同被杀。太子建辗转逃至郑国,因里通晋国袭郑亦被杀。吴王僚五年(前522),伍子胥携太子建之子熊胜逃奔吴国,"到昭关,昭关欲执之。伍子胥遂与胜独身步走,几不得脱"[4]。相传其历险过昭关,一夜须发皆白。伍子胥向吴王僚建言伐楚之利,公子光指斥伍子胥欲借此报其私仇,而吴王僚时谋图宋,故未许。

---

[1]《吕氏春秋·首时》,见陈奇猷:《吕氏春秋校释》,学林出版社1984年,第768页。
[2] 赵晔:《吴越春秋》卷四,江苏古籍出版社1986年,第24页。
[3]《国语·楚语下》,上海古籍出版社1998年,第578—579页。
[4] 司马迁:《史记》卷六六《伍子胥列传》,中华书局1959年,第2173页。

伍子胥富谋略，具才识，深知公子光善战多功，有大志，访得勇士专诸，荐于公子光，而己躬耕于野，出谋划策。吴王僚十二年，专诸刺杀吴王僚，公子光自立为君，称吴王阖闾。阖闾元年（前514），以伍子胥为行人，与谋国事。阖闾以强国霸王问政，伍子胥奏陈："凡欲安君治民，兴霸成王，从近制远者，必先立城郭，设守备，实仓廪，治兵库。斯则其术也。"[1] 阖闾遂决意自蕃离（今江苏无锡梅里）迁都，伍子胥奉命主持兴建阖闾大城新都（今江苏苏州）。"修法制，下贤良，选练士，习战斗"[2]，教化大行。又荐齐人孙武、楚人伯嚭于阖闾，整饬内政，强军扬武。自阖闾三年起，从吴王攻楚、伐越、败齐。以功封于申，又称申胥。

阖闾晚年，诸公子争位，伍子胥冒死力争，夫差被立为太子。阖闾与越王勾践决战于槜李，伤重身死。伍子胥辅佐夫差继位，教其遵遗命誓复父仇。夫差二年（前494），夫差于夫椒大败越王勾践，破越都会稽。伍子胥力主乘胜灭越，谏阻与越媾和未成，深以越为吴之心腹大患。十二年，伍子胥奉使齐国，将子托于鲍牧，改姓王孙氏，又谏阻夫差伐齐以备越。夫差于艾陵之战败齐后，听信伯嚭谗言，伍子胥被赐死，被后世崇祀为吴郡名贤。

（李　峰）

孙　武

孙武，亦称孙子、孙武子，字长卿，春秋末期齐国人。先世自陈国徙齐国，本姓田，改姓孙，系属乐安支[3]。春秋之世，周室衰微，诸侯吞小灭弱，争霸称雄，诸子学说因之蜂起纷立。孙武辟隐深居，精研兵法，期以因势辅时，大展其志。吴国国君阖闾于吴王僚十二年（前515）派勇士专诸刺杀吴王僚，自立为君，以楚人伍子胥为行人，迁新都于阖闾大城（今江苏苏州）。志在强国霸王，求贤若渴。孙武乃以外臣奔吴，经伍子胥力荐，以所著《兵法十三篇》进献，首篇《始计》谓："将听吾计，用之必胜，留之；将不听吾计，去之。"[4] 阖闾阅其兵法，为之感动，亲赴馆驿相见，颇予礼遇。阖闾问晋国世卿范氏、中行氏、智氏、赵氏、韩氏、魏氏

---

[1] 赵晔：《吴越春秋》卷四，江苏古籍出版社1986年，第25页。
[2] 《吕氏春秋·首时》，见陈奇猷：《吕氏春秋校释》，学林出版社1984年，第768页。
[3] 关于孙武故里，学术界有惠民、博兴、广饶、高唐、莒邑、临淄诸说，迄无定论。孙武先世，欧阳修《新唐书》卷七三《宰相世系表三》，谓祖父田书，字子占，"齐大夫。伐莒有功，景公赐姓孙氏，食采于乐安"。父凭，字起宗，仕齐为卿。见中华书局1975年，第2945—2946页。此与《史记》等所载不合，学界论其矛盾之处甚明，难以采信。
[4] 孙武著，曹操注：《孙子兵法》，中国言实出版社2013年，第8页。

六家兴亡成败，于孙武所对大为称善，领悟王者之道宜"厚爱其民"[1]。命孙武教战宫女，分为二队，阖闾宠姬二人各为队长，以不听军令被孙武立斩，阖闾求情勿斩，不听，谓"臣既已受命为将，将在军，君命有所不受"。阖闾于是知其治军严，"能用兵，卒以为将"[2]。阖闾三年（前512）冬，攻拔楚国舒鸠、养邑等，杀奔楚之吴王僚弟公子掩馀、烛庸。四年，与伍子胥、伯嚭伐楚，拔六、潜二邑。六年，与伍子胥于豫章大败楚军，攻占巢，俘楚公子繁。九年，从阖闾与伍子胥率吴军攻楚，五战皆捷，攻克楚国郢都。吴王西破强楚，北威齐、晋，南服越人，威名显于诸侯，孙武贡献卓著，表现了杰出的军事才能[3]，被誉为"兵圣"。卒后相传葬于苏州平门外。[4]

所著《兵法十三篇》，今称《孙子兵法》，别称《孙武兵法》《吴孙子兵法》《孙子兵书》《孙武兵书》等。十三篇次第为《始计》《作战》《谋攻》《军形》《兵势》《虚实》《军争》《九变》《行军》《地形》《九地》《火攻》《用间》。其军事思想和理论博大精深，战略战术机动灵活，为后世兵家所尊奉，对中国乃至世界兵学影响极其深远。[5]

（李　峰）

夫　差（？—前473）

夫差，春秋战国时期吴国国君。吴王阖闾子。吴太子本为其兄终累，后诸公子争立，伍子胥以死争之于阖闾，夫差乃被立为太子。阖闾十九年（前496），父王被越王勾践战败于檇李，伤重身死。夫差继位，誓复父仇。令人立于宫门，每见夫差出入，即大喊：忘越王杀父否？夫差即答：不敢忘。夫差元年（前495），以大夫伯嚭为太宰，整军备，习战射，立志伐越。二年，勾践先发制人，兴师攻吴，夫差率吴军精兵于夫椒大败勾践，进而攻破越都。勾践率甲士五千死守会稽山，

---

[1] 银雀山汉墓竹简整理小组编：《孙子兵法·吴问》，文物出版社1976年，第94—95页。
[2] 司马迁：《史记》卷六五《孙子吴起列传》，上海古籍出版社2011年，第1677—1678页。
[3] 《吕氏春秋·上德》："阖庐之教，孙、吴之兵，不能当矣。"转引自陈奇猷：《吕氏春秋校释》，第1255页。班固谓："春秋之世……雄桀之士因势辅时，作为权诈以相倾覆，吴有孙武，齐有孙膑，魏有吴起，秦有商鞅，皆禽敌立胜，垂著篇籍……世方争于功利，而驰说者以孙、吴为宗。"见班固：《汉书》卷二三《刑法志第三》，中华书局2007年，第149页。
[4] 袁康：《越绝书》卷二《越绝外传记吴地传第三》，参阅陆允昌：《孙武研究再探》，文汇出版社2013年，第52—56页。
[5] 孙中山称孙子"那十三篇兵书，便是解释当时的战理。由于那十三篇兵书，便成立中国的军事哲学"。见孙中山《三民主义》，长安出版社2011年，第80页。日本学者尾川敬二《孙子论讲》自序："孙子是东方兵学的鼻祖，武经的冠冕；东方各种兵法，说皆出自《孙子》。"转引自司马琪：《十家论孙》，上海人民出版社2008年，第68页。

派文种向夫差卑辞求和。夫差不从伍子胥乘胜灭越之谏,听信受勾践厚贿之伯嚭,允越媾和,订立盟约后罢兵。勾践乃卧薪尝胆,生聚教训,以待再起。

夫差志在北进争霸。侵袭楚国附庸陈国,并许蔡昭侯迁国都于州来,加以保护。夫差五年,蔡昭侯被亲楚势力刺杀后,蔡国附楚。七年,夫差再攻陈,将陈纳为属国,楚国大惧。八年,吴鲁会盟于鄫,郯国附吴。九年,因鲁伐邾,夫差攻鲁,于莱门订立盟约。立邾隐公之子为邾国国君,即邾桓公。夫差密谋伐齐,伍子胥以越为心腹大患进谏,夫差不听。十年,筑城于邗江,并开挖邗沟,东北通射阳湖,西北至末口入淮水,淮水得与长江连通,粮道畅通,大利军事。十一年,联合鲁、邾、郯等国伐齐,派大夫徐承率吴水师自江泛海,失利而还。十二年,联鲁再度伐齐,获艾陵大捷,赐令谏阻伐齐的伍子胥自刎。十三年,与鲁哀公会于橐皋,未能重续旧盟,鲁复与卫、宋结盟,攀附晋国。十四年,夫差亲率大军北上争霸,在黄池盟会晋、鲁等国诸侯,终成霸主。但吴都为越王勾践乘虚攻破,太子被俘,夫差率军回救,因力竭士疲,乃以厚币与越媾和。

夫差耽于游乐声色,聚敛玩好珍异,刚愎自用,视民如仇,国势日衰。十六年,楚伐吴,次年吴攻楚慎邑,兵败。十八年,勾践与楚结盟,大举攻吴,夫差率军于笠泽决战,大败,退保吴都。二十一年十一月越军围攻吴国,前后达三年,吴军不战自溃,夫差被俘,拒徙置甬东,忿而自尽,被越王勾践礼葬于秦馀杭山(今苏州城北阳山)。

(李 峰)

伯 嚭(?—前473)

伯嚭,又名子馀。出身楚国贵族世家。曾祖伯宗,乃晋国郤姓旁支,受晋国郤锜、郤犨、郤至"三郤"迫害,亡命至楚。祖父伯州犁,楚国太宰,直言敢谏,楚灵王篡位后被杀。父郤宛,楚昭王时官左尹,为费无极所杀。吴王阖闾元年(前514),伯嚭亡奔吴国,经伍子胥荐,被任为大夫。九年,与孙武、伍子胥同为将,率军伐楚,攻入楚郢都,与伍子胥鞭楚平王之尸以报家仇。秦军救楚,自请出战,败于稷。吴王夫差元年(前495)任太宰,日受宠信。二年,吴破越都,受越王勾践厚贿,劝夫差允越媾和。十二年,从夫差伐齐,获艾陵大捷,进谗言赐死伍子胥。十四年,佐夫差于黄池盟会称霸。二十三年十一月,越王勾践灭吴后,伯嚭以不忠无信、亡国灭君被诛,葬于秦馀杭山(今苏州阳山)吴王夫差墓旁。[1]

(李 峰)

越王翳(?—前375)

越王翳,又称越王不光、越王授。越王勾践玄孙,朱勾子。周威烈王十五年(前411),继位为越国国君。越王翳八年(前404)伐齐,并灭其附庸缯国。后霸业衰败。三十三年(一说三十二年),将都城自琅琊(今山东胶南)迁吴(今江苏苏州)。三十六年,太子诸咎发动宫廷政变,将其杀害。

(李 峰)

黄 歇(?—前238)

黄歇,战国时期楚国贵族。一说为楚顷襄王弟。早年周游四方从师学习。博闻善辩,明智忠信,礼贤下士。秦昭王命名将白起联合韩、魏伐楚,黄歇奉楚顷襄王命使秦,说服秦昭王退兵。与楚太子完以人质留居秦国十年。楚顷襄王三十六年(前263),设计使楚太子完潜归楚国继位,为考烈王。楚考烈王元年(前262)任为令尹,封为春申君,赐淮北十二县地为封邑。门下有食客三千,与齐国孟尝君、赵国平原君、魏国信陵君并称四公子,天下闻名。六年,率军援赵抗秦,次年北伐灭鲁,楚国中兴。后联合六国伐秦,败于函谷关。十五年,请徙封于吴(今江苏苏州),于故吴墟筑城为都邑,宫室、民居称盛。改破楚门为阊门,又造蛇门。开挖和疏浚城内河道,"大内北渎,四纵五横",治松江导流入海,开浦溉田,德政为民感戴。二十二年,执楚国政。二十五年,楚考烈王病逝后奔丧,被王后兄李园伏兵刺杀斩首。后世崇祀为吴郡名贤。葬地有多种说法,其中一种说法为葬于江阴君山西麓,君山遂改称黄山。

(李 峰)

---

[1] 赵晔:《吴越春秋》卷五,江苏古籍出版社,1986年,第75页。《史记》之《吴太伯世家》《越王勾践世家》以及《越绝书》《吴越春秋》俱言吴亡,越诛伯嚭,《吕氏春秋·顺民》篇亦言"戮吴相",吴相即伯嚭。吴亡后二年,据《左传·哀公二十四年》载:"闰月,公如越,得大子适郢,将妻公,而多与之地。公孙有山使告于季孙。季孙惧,使因大宰嚭而纳赂焉,乃止。"见《春秋左传正义》,北京大学出版社1999年,第1708页。杜预注曰:"嚭,故吴臣也。季孙恐公因越讨己,故惧。"引自杜预:《春秋经传集解》,上海古籍出版社1978年,第1846页。沈钦韩《左传补注》谓:"独此《传》(指《左传·哀公二十四年》)称吴亡而犹用事于越,未详。"吴静安《春秋左氏传旧注疏证续》第四册《哀公二十四年》疏证后按:"嚭之死,不在亡吴时,勾践尚欲羁縻吴人,后乃杀之耳。越王深沈,文种尚见杀,况嚭乎?故孙志祖曰:'越诛嚭,在康子纳赂后。'"东北师范大学出版社2005年,第2252页。崔适《史记探源·越王勾践世家第十一》"越王乃葬吴王而诛太宰嚭"条按语则谓:"凡《史记》与《左传》异者……惟此事以历代霸王所为互证之,可决《左传》非而《史记》是也。"时代文艺出版社2009年,第105页。

严　忌（约前188—前105）

严忌，本姓庄，《汉书》为避东汉明帝刘庄讳而改其姓，会稽郡吴县（今江苏苏州）人。约生于西汉惠帝七年（前188）。博学儒雅，人称夫子。

汉高祖刘邦之侄刘濞剽悍勇猛，从军多战功，初封为沛侯，以骑将从刘邦平英布叛，晋封吴王，改刘贾所封荆国为吴国，统辖东南三郡，定国都于广陵。在封国内铸钱、煮盐，兴工商，富可敌国，尤好招徕四方名士，严忌与邹阳、枚乘等皆为其门客，均以文才和善辩著称。刘濞因儿子被太子所杀而不满，加之汉景帝采纳御史大夫晁错建议，谋划削藩，遂图谋反叛，严忌与邹阳、枚乘等上书谏阻，刘濞不听，知事不可为，恰汉景帝少弟梁孝王亦善待门客，遂投奔梁孝王，颇得厚遇。后严忌等跟随梁孝王觐见汉景帝，结识在京城的司马相如，相交甚欢。汉景帝三年（前154）刘濞以诛晁错为名，联合楚、赵等七国叛乱，兵败被杀，严忌之明智与卓识为人赞叹。约汉武帝元封六年（前105）严忌去世，葬于由拳县（今浙江嘉兴）西北境，人称严墓（今为江苏省苏州市吴江区桃源镇）。

严忌善辞赋，《汉书·艺文志》载庄夫子赋二十四篇，今仅存《哀时命》一篇。感慨屈原生不逢时，感情真挚，是咏屈赋中的佳作。

（沈　骅）

严　助（？—前122）

严助，本姓庄，《汉书》为避东汉明帝刘庄讳改其姓，会稽郡吴县（今江苏苏州）人。严忌子（一说为族子）。以郡举贤良入京，策试获汉武帝赏识，擢为中大夫，侍从左右。严助以文辞见长，又擅应对，有口才，与公卿大臣辩论国事，公卿大臣常言拙词穷。严助善识人，生性耿直、敢于犯颜直谏的大臣汲黯多病，严助曾替他请假，汉武帝随口问汲黯为人如何。严助对称，按汲黯个性，如果辅佐少主定会尽心尽力，气节无人可以撼夺，得武帝赞同。严助和东方朔、枚皋、吾丘寿王、司马相如等最受武帝亲信，而司马相如常称病避事，东方朔、枚皋议论很少引经据典，且好诙谐，武帝以俳优视之，唯严助与吾丘寿王被授实职，而以严助最早。

七国之乱时，吴王刘濞为东瓯国所诱杀，其子鼓动闽越王于西汉建元三年（前138）发兵围攻东瓯国。东瓯告急，汉武帝问计于太尉田蚡。田蚡认为，越人互相攻击是常事，且越地自秦时即被弃，不值得发兵相救。严助坚决反对，反诘田蚡："今小国以穷困来告急天子，天子弗振，当安所告诉？又何以子万国乎?"〔1〕汉武帝遂派严助持节杖至会稽郡调兵救援东瓯,援兵还在半路,闽越闻讯即悉数退兵。

三年后,闽越再攻南越,汉武帝派军征讨闽越,大军尚未跨越南岭,闽越王就被其弟所杀,遂罢兵。汉武帝派严助到南越国传旨,南越王为表示忠诚,派其太子随严助回京。严助拜为会稽太守,遂其生平所愿,归朝任侍中。因救南越事,严助与淮南王刘安结下私谊,并受过刘安馈赠。后刘安被指谋反,严助因被廷尉张汤构陷,于西汉元狩元年(前122)弃市,天下冤之。

严助善辞赋,素有文誉。《汉书·艺文志》载其撰赋三十五篇、文四篇,今存文《谕意淮南王》一篇。

(沈　骅)

朱买臣(? —前115)

朱买臣,字翁子,会稽郡吴县(今江苏苏州)人。出身贫寒,年四十余仍靠打柴为生。酷爱读书,常担束薪且行且诵,随行其妻欲加阻止,朱买臣诵读之声却更响亮〔2〕,其妻深以为羞,不甘贫穷,转而改嫁,而朱买臣仍然行歌道中,才名渐起。后数年,朱买臣随上计官吏赴京,被同乡严助荐于汉武帝,以娴熟《春秋》《楚辞》获武帝赏识,被封为中大夫,侍从左右,文辞并发,贵显于朝。

元狩二年(前121),西汉于塞北新设朔方郡(位于今山西北部),御史大夫、丞相公孙弘反对这一举措,汉武帝让朱买臣条列设置该郡的十条理由,公孙弘无以应对。东越国屡次反叛,汉武帝决心剪除。朱买臣建议大军从海路进攻,陈舟列行,可一举攻灭。汉武帝即拜其为会稽太守,谓:"富贵不归故乡,如衣绣夜行,今子何如?"〔3〕朱买臣被任为会稽太守前曾被免官,寄居京城会稽郡守邸。拜官后仍着旧衣,怀藏印绶回邸,神色如常。来自会稽郡的上计掾吏素轻视朱买臣,由印绶知其为新授会稽太守后大惊。朱买臣乘驿车赴任治所吴县,地方征发民众清扫道路,朱买臣在修路人群中看到前妻及其夫,命载入后车,安置于太守府邸后园。一个月后前妻羞愤自尽,朱买臣出资让其夫礼葬。还召见曾其接济自己之故人,予以报答。

朱买臣上任后,修造楼船、积备粮食等战争物资,一年后奉诏领兵,与横海将军韩说等击破东越,还朝后擢升主爵都尉,为九卿之一。数年后,朱买臣因犯法

---

〔1〕司马迁:《史记》卷一一四《东越列传》,中华书局1982年,第2980页。
〔2〕今苏州吴中区穹隆山有朱买臣读书台,传为其砍柴读书处,当地亦名藏书。
〔3〕班固:《汉书》卷六四《朱买臣传》,中华书局1962年,第2792页。

被削夺会稽郡守,复为丞相长史。之前,朱买臣与严助地位尊贵时,张汤尚为小吏。后张汤升为廷尉,借淮南王刘安谋反案,构陷严助,为朱买臣所不满。朱买臣为丞相长史时,张汤已升御史大夫,数行丞相事,常借机羞辱朱买臣。朱买臣遂联合两位同僚告发张汤阴私。张汤平时用法严酷,得罪人颇多,竟然自杀,临终遗言辩称已遭诬陷。西汉元鼎二年(前115)朱买臣等三人亦被武帝诛杀。

朱买臣著有辞赋三篇,已佚。

(沈 骅)

梁 鸿

梁鸿,字伯鸾,扶风平陵(今陕西咸阳西北)人。父梁让,王莽篡汉新朝曾任城门校尉,封修远伯。梁鸿幼年丧父,家贫好学,得父故友相助得入太学。肄业后在上林苑牧猪,不慎失火延及邻舍,主动以所养猪为补偿,再入其家为佣相抵,气节为人赞叹。回乡后,不少权势之家慕名提亲,皆被其拒绝。同县有孟氏女,肤黑力大,全无姿色却自视甚高,年三十仍待字闺中,尤慕"贤如梁伯鸾者"[1]。梁鸿闻知礼聘,志在偕隐山林,孟氏着麻衣,勤纺绩,操劳不停,梁鸿大喜谓得贤妻。

不久,梁鸿携妻入霸陵山隐居,以耕织为生,闲时咏读《诗经》《尚书》,弹琴自娱。夫妻还为汉初商山四皓以来的二十四位隐士一一作颂,抒发对前代高士不为利禄所染的仰慕之情。梁鸿还作《五噫之歌》,感慨生民多艰,引致东汉章帝(75年至88年在位)不满,为避祸迁居齐鲁之间,再入吴地。临行之前,梁鸿作长诗,抒发了对小人当道、世风日下、民生维艰的社会现实的愤懑。

避至吴地后,梁鸿依附于吴县大族皋伯通,居其家廊下小屋,靠为人舂米为生,夫妻之情益笃。每到饭时,孟氏准备好饭菜,将食物放在木托盘中,恭敬低头,高举齐眉,捧给梁鸿进食。皋伯通偶尔看到,断定梁鸿非常人,遂将其夫妻请入堂上,待以宾客之礼。梁鸿得以潜心著述,后患病不治,素慕吴国贤德公子季札之为人,临终前嘱皋伯通:"昔延陵季子葬子于嬴博之间,不归乡里,慎勿令吾子持丧归去。"[2]皋伯通遂将梁鸿安葬在吴国勇士要离墓侧,将其誉为品行高洁之士。后孟氏迁葬于家乡,守墓以终。

(沈 骅)

---

[1] 范晔:《后汉书》卷八三《梁鸿传》,中华书局1965年,第2766页。
[2] 范晔:《后汉书》卷八三《梁鸿传》,中华书局1965年,第2768页。

陆 续

陆续,字智初,会稽郡吴县(今江苏苏州)人。祖父陆闳,字子春,东汉光武帝时曾任尚书令。陆续幼孤有行谊。后出任郡户曹史,正逢岁荒民饥,奉太守尹兴之命在都亭救灾。向饥民六百余人施粥,姓名无不清楚,太守颇感惊奇。刺史巡视会稽郡时,召见陆续,任为别驾从事,为刺史属吏之长。后陆续因病辞归,重为掾吏。永平十三年(70)楚王刘英因与渔阳王平、颜忠等造作谶纬及图书,有谋逆行迹被废,尹兴名列刘英暗自记录的天下名士册中,下京城廷尉狱。陆续和主簿梁宏、功曹史驷勋等五百余位属吏也被传到洛阳,下狱刑逼,死者大半,陆续、梁宏、驷勋身受酷刑,绝不诬服。陆续老母从家乡赶到京城,却不能探视,遂将所做食物请狱卒转交,陆续面对食物悲泣不已。审讯官员要讯问狱卒,陆续解释并无狱卒向他透露消息,因为"母截肉未尝不方,断葱以寸为度,是以知之"[1]。审讯官员查属实情,对陆续暗中称道,并上报汉明帝,明帝叹赏其孝诚,即下令赦免尹兴等人回归故里,但终身禁止为官。

陆续后老病而终。长子陆稠,官广陵太守,有治理之才。次子陆逢,官乐安太守。少子陆褒,好学不慕虚名,朝廷屡次征召皆不就,人称高士。孙陆康,别有传。

(沈 骅)

陆 康(122—191)

陆康,字季宁,吴郡吴县(今江苏苏州)人。生于东汉延光元年(122)。陆续孙。父陆褒,好学称高士。

少仕郡中,以忠义节烈著称,刺史臧旻举为茂才,后朝廷授高成县令。高成属幽州渤海郡,地近边陲,按旧制,每户需出一丁,自备弓弩以备不虞,且新县令赴任,即征发民众修缮城郭。陆康到任后,尽除这些扰民旧规,施政以恩义诚信为本,境内寇盗销声匿迹。光和元年(178)升武陵太守,转桂阳、乐安两郡,都获良誉。

汉灵帝贪图享乐,大兴土木,欲铸铜人,但财库空虚,于是诏令天下田每亩加敛十钱。陆康素主轻徭薄赋,上书谏称:"臣闻先王治世,贵在爱民。省徭轻赋,以宁天下,除烦就约,以崇简易,故万姓从化,灵物应德。末世衰主,穷奢极侈,造

---

[1] 范晔:《后汉书》卷八一《陆续传》,中华书局1965年,第2683页。

作无端,兴制非一,劳割自下,以从苟欲,故黎民吁嗟,阴阳感动……岂有聚夺民物,以营无用之铜人。捐舍圣戒,自蹈亡王之法哉。"[1]被灵帝以"大不敬"罪囚车征入京城下狱,幸得侍御史刘岱为之开脱,被削职归故里。

不久复出,拜为议郎。光和三年,庐江人黄穰联合江夏郡少数民族发动起义,攻占四县,声势浩大,众达十余万。朝廷拜陆康为庐江太守,申明赏罚,很快击破黄穰等众,灵帝论功,拜陆康之孙陆尚为郎中。汉献帝即位不久,天下大乱,庐江郡与朝廷的联系一度中断,陆康忠心耿耿,派郡中孝廉、上计吏等奉贡朝廷,汉献帝诏奖陆康,加忠义将军,秩中二千石。

东汉末黄巾起义爆发后,群雄割据。袁术屯兵寿春,粮草供应不上,派人向陆康求米三万斛。陆康忠于汉廷,视袁术为叛逆。袁术派孙策攻庐江,围城数重。陆康固守城池,之前休假的部属都乘夜攀城而入,愿与陆康共存亡。由于寡不敌众,庐江城被围两年后,被孙策攻破,陆康家族百余人于此战死者过半。初平二年(191)陆康病卒。朝廷感念陆康节操,拜其长子陆俊为郎中。少子陆绩,官至郁林太守,别有传。

(沈 骅)

吴夫人(？—207)

吴夫人,吴郡吴县(今江苏苏州)人,迁居吴郡钱唐(今浙江杭州)。孙坚妻,孙策、孙权母。因孙坚曾受封汉破虏将军,故又称孙破虏吴夫人。孙权称帝后,尊为武烈皇后。

吴夫人早失父母,与弟吴景相依为命。吴郡富春"孙坚闻其才貌,欲娶之。吴氏亲属嫌坚轻狡,将拒之,坚甚惭。夫人谓亲属曰:'何爱一女以取祸乎？如有不遇,命也。'遂许为婚"[2]。婚后生有四子孙策、孙权、孙翊、孙匡和一女。东汉初平二年(191)孙坚战死后,与子孙策辗转依附其弟丹阳太守吴景。

吴夫人生性宽厚,亦有胆识远见。孙策平定江东,诛其英豪,吴夫人劝导孙策当优贤礼士,不要靠诛戮立威。孙策击败前合浦太守王晟后欲杀之,吴夫人称王晟与孙坚有"升堂见妻之分",今其诸子兄弟皆已被诛,独余一老翁,不足复惮。王晟性命遂得保全。功曹魏腾乃江东名士,因忤孙策意将被杀,士大夫忧

---

[1] 范晔:《后汉书》卷三一《陆康传》,中华书局 1965 年,第 1113 页。
[2] 陈寿:《三国志》卷五〇《吴书·孙破虏吴夫人传》,中华书局 1982 年,第 1195 页。干宝《搜神记》卷十记载吴夫人生子异象:"孕而梦月入怀,既而生策。及权在孕,又梦日入其怀。以告坚。坚曰:'日月者,阴阳之精,极贵之象。吾子孙其兴乎！'"岳麓书社 1989 年,第 83 页。

恐,计无所出,吴夫人则身倚大井谓孙策:"汝新造江南,其事未集,方当优贤礼士,舍过录功。魏功曹在公尽规,汝今日杀之,则明日人皆叛汝。吾不忍见祸之及,当先投此井中耳。策大惊,遽释腾。"[1]吴夫人如此保护江东大族名士,有助于协调孙氏政权与江东大族的关系,声望日高。

东汉建安五年(200),孙策遇刺身亡。孙权"少年统业,夫人助治军国,甚有补益"[2]。以方外多难,深怀忧劳,尤重恩德在民,优贤礼士,信用张昭、周瑜、张纮、董袭等重臣,优令辞谢,付属以辅助之义。曹操破袁绍,统一北方。建安七年逼迫孙权纳子为质。孙权与群臣商议,周瑜主张拒绝,张昭等犹豫不能决,孙权与周瑜乃单独拜谒吴夫人,吴夫人明确支持周瑜,并云:"公瑾与伯符同年,小一月耳,我视之如子也,汝其兄事之。遂不送质。"[3]吴夫人的有力协调和这一关键性的正确战略选择,使孙氏政权免于为曹操附庸,确定了独立发展的方向。

建安十二年吴夫人卒,遗诏嘱张昭等顾命辅佐孙权。相传,吴夫人去世后,与孙坚合葬于苏州盘门外青旸地,俗称"孙王坟"。孙权自立为帝后,感念母恩,于赤乌年间(238—251)在苏州城北建造佛寺,称"报恩寺"。

(沈 骅 王永平)

吴 景(?—203)

吴景,吴郡吴县(今江苏苏州)人,后迁居吴郡钱唐(今浙江杭州)。孙坚妻子吴夫人胞弟,孙策、孙权舅父。

吴景幼时和吴夫人一起生活,黄巾起义爆发后,随孙坚征战,累有战功,被封为骑都尉,袁术表奏为丹阳太守。时丹阳太守为袁绍部将周昕,吴景击败周昕后,顺利占据了紧邻吴地的丹阳郡。不久,扬州刺史刘繇迫于袁术压力,自寿春南渡长江,被吴景迎置于曲阿。后刘繇以吴景和孙策堂兄丹阳都尉孙贲听命于袁术,将二人迫逐,又派部将樊能、于麋扼守长江横江渡口,遣张英屯守当利渡口。吴景和孙贲则退驻江北九江郡历阳,隔江对峙。袁术又任用故吏惠衢为扬州刺史,以吴景为督军中郎将,和孙贲等攻张英等,但连年不克。

东汉兴平二年(195),孙策欲自立门户,主动向袁术请求增援吴景,被表奏为

---

[1] 陈寿:《三国志》卷五〇《吴书·吴景传》,裴松之注引《会稽典录》,中华书局1982年,第1196页。
[2] 陈寿:《三国志》卷五〇《吴书·吴景传》,中华书局1982年,第1196页。
[3] 陈寿:《三国志》卷五四《吴书·周瑜传》,裴松之注引《江表传》,中华书局1982年,第1261页。

折冲校尉、行殄寇将军。孙策沿途收拾离散旧部,抵达历阳时士众已至五六千人,偕吴景等渡江,攻破刘繇所设牛渚营,又各个击败依附刘繇、屯扎秣陵的笮融、薛礼等部,再进击曲阿,刘繇弃军遁逃。吴景、孙贲被孙策派往寿春报捷,袁术正与刘备争夺徐州,遂任命吴景为广陵太守。

建安二年(197),孙策与自立为帝的袁术断绝关系,并派人告知吴景。吴景当即弃郡东归,出任丹阳太守。时江东地区尚未完全平定,豪强严白虎等拥众万余,啸聚山谷,吴景等提议先清除严白虎等后患。孙策率兵攻破会稽(今浙江绍兴),顺势回兵擒灭严白虎等,仍以吴景为丹阳太守。议郎王诵受东汉朝廷之命南行,表荐吴景为扬武将军,依旧领丹阳太守。

建安八年,吴景卒于任。长子吴奋为将,封新亭侯,孙权征讨荆州时,命其为吴郡都督。次子吴祺,封都亭侯。

(沈骅)

顾 雍(168—243)

顾雍,字元叹,吴郡吴县(今江苏苏州)人。生于东汉建宁元年(168)。顾姓为吴中大族,祖父顾奉,字季鸿,曾任颍川太守。

东汉末天下大乱,中原地区士大夫避居吴地者甚众,其中包括大名士蔡邕。顾雍随蔡邕学琴书,才思敏捷、艺业日进,蔡邕断言顾雍日后必成大器。经州郡荐举,顾雍年仅二十岁即授合肥长,历官娄县、曲阿、上虞等地,皆有治绩。孙权初为会稽太守,以顾雍为郡丞,代行太守事,吏民归服。数年后入为左司马。孙权称吴王后,顾雍累迁为大理奉常,领尚书令,封阳遂乡侯。

顾雍生性沉稳,举止皆合儒家礼仪,极受孙权敬重,称顾君不言,言必有中。每逢宴会欢饮,只要有人饮酒过度,顾雍必当场指出,没人敢于放纵。黄武四年(225),顾雍迎养其母,孙权亲临祝贺,拜其母于庭前,随后各公卿大臣皆拜见,太子也前去祝贺。同年,顾雍进封醴陵侯,代孙邵为丞相。时群臣都推举元老重臣张昭任丞相,但孙权力排众议,认为张昭性格过刚,遂用顾雍。

顾雍当政期间,因心底无私、待人无偏见,于官员皆能量材录用,得到大家认同。还经常深入民间,汇集民众对官府的意见,上报孙权。如果孙权采行,则归功于孙权,如果孙权不予理会,顾雍也不外泄。朝政只要涉及丞相职责内事宜,顾雍都会提出自己的意见,神色平和却坚持原则,总落足于国家利益,因而极得孙权敬重。每逢要事,孙权常遣身边人员拜访、征询顾雍的意见,如果符合顾雍的想法,孙权即施行。否则,孙权就会与顾雍反复商讨,顾雍如果终不赞同,就会神色专肃、沉默不语地告退。孙权常感慨曰:"顾公欢悦,是事合宜也。其不言者,是事未平也,孤当重思之。"[1]

对待同僚和下属,顾雍亦宽厚有礼。吕壹、秦博在孙权身边掌机要,诸州郡官府文书皆经其手,时间一长,就开始振威作福,谋取私利,甚至毁讪大臣、排陷无辜。顾雍等人也被其举报,以致受责。后吕壹等罪责暴露,下狱受审,顾雍负责此案。面对吕壹仍然和颜悦色,临结束审讯出门,还问吕壹有无话说,吕壹羞愧难当,叩头无语。

顾雍任丞相共计十九年,赤乌六年(243)卒,谥曰肃侯。去世后,孙权身着素服亲往吊唁。长子顾邵早卒,次子顾裕疾病缠身,少子顾济嗣承爵位。永安元年(258),因顾济无子,孙权特诏让顾裕袭爵。

(沈 骅)

孙 策(175—200)

孙策,字伯符,吴郡富春(今浙江富阳)人。生于东汉熹平四年(175)。孙坚、吴夫人长子。个性阔达,倜傥风流,好倾心交结知名士,人皆呼为"孙郎",十余岁即著声名。同龄周瑜自舒城拜访孙策,结为好友,义同断金,孙策遂携母吴夫人徙居舒城。

初平二年(191)四月,孙坚战死疆场,归葬曲阿(今江苏丹阳)。孙策奉母与谋士吕范等依附其舅丹阳太守吴景。吕范为孙策谋划策略:"今君绍先侯之轨,有骁武之名,若投丹杨,收兵吴会,则荆、扬可一,仇敌可报。据长江,奋威德,诛除群秽,匡辅汉室,功业侔于桓、文,岂徒外藩而已哉?"[2]孙策素以骁勇著称,遂依此践行其志。

兴平元年(194),孙策暂附袁术,颇受器重,将孙坚旧部归其统领。袁术向庐江太守陆康借粮遭拒,遂以庐江太守之位鼓动孙策攻陆康。孙策当年求见陆康,只得到主簿接待,算被轻视。于是孙策领军攻下庐江,袁术却出尔反尔,以其亲信刘勋为庐江太守,孙策因此大失所望。其时舅吴景、从兄孙贲不敌扬州刺史刘繇,自曲阿退居历阳,孙策遂游说袁术,以江东可募兵为由,获准援助吴景。起初兵才千余,马数十匹,随从宾客不过数百,到历阳时已拥众五六千人,实力增强。二年,孙策渡长江,一举攻破刘繇部下骁将牛渚大营,又屡败依附刘繇的彭城相

---

[1] 陈寿:《三国志》卷五一《吴书·顾雍传》,中华书局1982年,第1227页。
[2] 陈寿:《三国志》卷四六《吴书·孙策传》,中华书局1982年,第1103页。

薛礼、下邳相笮融,兵锋直指曲阿,刘繇弃军逃遁,周边郡县相继归顺,无人敢撄其锋。孙策部众向来以凶悍善战著称,常行杀戮以立威,但进入江东后严守军纪,秋毫不犯,绝无扰民之处,民众争相以牛酒犒军。

占据曲阿后,孙策颁告赦免投降的刘繇、笮融部曲,凡民从军,免除全家徭役,数十日间,前来归附的士卒达两万余人,军威益盛。随后孙策转战江东,先引兵渡过钱塘江,击败会稽太守王朗,以敬重王朗忠于汉廷,没有加害。随即攻灭乌程人邹他、钱铜,前任合浦太守嘉兴人王晟以及声势最大的严白虎等割据势力,基本平定江东地区。于是孙策自领会稽太守,以舅吴景为丹阳太守,从兄孙贲为豫章太守,以朱治为吴郡太守,又从豫章郡中分出庐陵郡,以孙贲弟孙辅为庐陵太守。谋士有张昭、张纮、秦松、陈端等。袁术僭号称帝后,孙策指其为叛逆。北方曹操与袁绍争雄,对孙策多加安抚,表为讨逆将军,封为吴侯,并与孙策联姻。

建安五年(200),曹操与袁绍在官渡相持时,孙策暗中策划偷袭许昌,以迎回汉献帝。正在秘密部署之际,死于孙策之手的原吴郡太守许贡的门客,伺孙策单人独骑之机,将孙策击成重伤。弥留之际,孙策对张昭等称:"中国方乱,夫以吴、越之众,江之固,足以观成败。"嘱托张昭等尽心辅佐其弟孙权。又将印绶付与孙权,称:"举江东之众,决机于两陈之间,与天下争衡,卿不如我;举贤任能,各尽其心,以保江东,我不如卿。"[1]当夜去世,年仅二十六岁。孙权称帝后,追谥孙策为长沙恒王。

(沈骅)

沈 友(176—204)

沈友,字子正,吴郡(今江苏苏州)人。生于东汉熹平五年(176)。少以风姿人称沈郎。年十一,遇名士华歆巡察各地风俗,被邀登车相语。华歆曾为豫章太守,迎孙策略地江东,孙策执弟子礼,尊其为上宾。沈友谓华歆,君子讲学、会宴必依礼仪,如今仁义衰敝、道德败坏,而"先生衔命,将以裨补先王之教,整齐风俗,而轻脱威仪,犹负薪救火,无乃更崇其炽乎",华歆不无惭愧,感慨道:"自桓、灵以来,虽多英彦,未有幼童若此者。"[2]

弱冠之年,沈友可谓才华横溢。以博学著称,周览典籍,善文章,好军事,还

---

[1] 陈寿:《三国志》卷四六《吴书·孙策传》,中华书局1982年,第1109页。
[2] 陈寿:《三国志》卷四七《吴书·孙权传》,裴松之注引《吴录》,中华书局1982年,第1117页。

擅长辩论,无人可为对手,时称其笔妙、舌妙、刀妙,三者皆人所不及,为众叹服。孙权将其礼聘入府,沈友品论王霸之道、时政要事,令孙权正色,肃然起敬。沈友还陈策兼并战略要地荆州,为孙权采纳。

因态度明朗,个性鲜明,沈友于人多有得罪,终为庸臣诬告谋反。孙权有一次大会百官,沈友有所非议,孙权令人将沈友扶出,告知有人称他谋反,沈友知难脱免,谓汉献帝在许昌,有无君之心的人,难道不是谋反?孙权亦顾虑沈友心系汉室,不能真正听命,建安九年(204)杀之,年仅二十九岁。

沈友颇晓兵法,曾注《孙子兵法》两卷,今不传。

（沈　骅）

暨　艳（？—224）

暨艳,字子休,吴郡(今江苏苏州)人。少有才名,先见用于吴郡太守朱治,后得选曹尚书张温引荐,出任选曹郎。张温去职后,代为选曹尚书,掌官员选拔大权。好为清议,常臧否人物,个性耿直但气量狭窄,见五官及左、右三署内众多宿卫侍从官混杂不一,多非其人,试图加以甄别,勘分贤愚不合格者予以降级贬官,处理严格,丝毫不顾情面,留原官者不过十分之一。至于三署内志节卑劣、有贪赃枉法行径者,则黜为军吏,另置营府安置。不仅如此,暨艳对吴国在朝高官也多有指斥,首任丞相孙邵受其指责,被迫辞位请罪,因孙权不予追究才复职。

暨艳整顿三署的举措过于严苛,颇招怨愤。三署内宿卫侍从官大多是亲贵子弟,不少人出自江东大族。陆逊曾谏阻暨艳另置营府,陆瑁曾写信劝诫行事要宽容,朱据也曾建议不宜贬黜过急,但暨艳均听不进。三国吴大帝黄武三年(224),暨艳被指办事不公、专用私情而获罪,孙权下诏斥责殊为严厉。平素交好之人大多明哲保身,只有偏将军陈式的庶子陈表不撇清关系。暨艳与其下属选曹郎徐彪被迫自杀。

著有《暨艳集》二卷,今不传。

（沈　骅）

朱　桓（177—238）

朱桓,字休穆,吴郡吴县(今江苏苏州)人。生于东汉熹平六年(177)。孙权初登位以讨虏将军行事时,朱桓出任余姚令。正逢瘟疫,粮价虚高,遂分遣部属,并亲自向吏民提供医药,施粥赈济,共渡难关。后迁荡寇校尉,起初领兵两千,后征讨各地,纠合离散,数年间部卒至万余人。镇压丹杨、鄱阳地区山民起事,屡战屡胜,以军功迁裨将军,封新城亭侯。

濡须(今安徽无为北)是横亘孙吴与曹魏两国间的军事要塞,历来为双方必争之所,特命朱桓为濡须督。黄武元年(222),曹魏大司马曹仁率步骑数万大举进犯,以声东击西之策派部佯攻濡须东的羡溪,待朱桓分部救援羡溪后,曹仁大军直逼濡须七十里处。此时朱桓部众只有五千,且追回派出的援兵也已不及,诸将忧惧。朱桓镇定自如,为部下分析形势称:"凡两军交对,胜负在将,不在众寡。诸君闻曹仁用兵行师,孰与桓邪?……桓与诸军,共据高城,南临大江,北背山陵,以逸待劳,为主制客,此百战百胜之势也。虽曹丕自来,尚不足忧,况仁等邪!"[1]随后朱桓故意示弱,诱使曹仁派其子曹泰攻濡须,己则侧击进犯中州曹军,杀曹仁部将常雕,生俘王双,斩溺魏军数千。战后,朱桓以功封嘉兴侯,迁奋武将军。

黄龙元年(229),迁前将军,领青州牧,假节。嘉禾六年(237),曹魏庐江主簿吕习暗中归顺孙吴,约定待孙吴大军至即开门为应,朱桓与卫将军全琮领大军到庐江城外后,因谋划泄露,自为断后,引军退还,曹魏庐江太守李膺不敢截击,极为忌惮。时全琮为都督,孙权又派偏将军胡综参与军事,朱桓耻于受全琮指挥,全琮抬出胡综来压制。朱桓气愤难抑,欲对胡综不利,胡综闻密报退走。朱桓怒斩通风报信的手下,不顾僚属规劝,托发狂病,遽返建业(今江苏南京)。孙权爱其勇猛,也不究治其罪。

朱桓强记,见人一面数十年不忘,部属万余,其妻儿老小大都能识。而生性护短,耻居人下,临敌交战如受约束不能随其心意,辄嗔怒愤激,但轻财重义,善待部卒,其俸禄收支皆用以周济部属,故极得士卒拥戴用命。赤乌元年(238),朱桓卒,家无余财,孙权赐盐五千斛助其丧事。

(沈骅)

顾 邵(178—217)

顾邵,一作顾劭,字孝则,吴郡吴县(今江苏苏州)人。生于东汉光和元年(178)。三国吴丞相顾雍长子。少通儒学,博览经典,好品评人物,有名士风范,与舅陆绩齐名,在陆逊、张敦、卜静等之上。性好交友,与州郡四方人士或相议论,或相结厚,由此名声日著,远近称道。

周瑜去世时,蜀汉派名士庞统来吴奔丧。丧事毕,顾邵与陆绩等名士送别

---

[1] 陈寿:《三国志》卷五六《吴书·朱桓传》,中华书局1982年,第1313页。

庞统于吴县阊门,庞统素擅品评人物,称"陆子可谓驽马有逸足之力,顾子可谓驽牛能负重致远也"[1],于顾邵尤为叹赏,互相引为知己好友。宿前顾邵和庞统闲语,问庞统:"卿名知人,吾与卿孰愈?"庞统曰:"陶冶世俗,甄综人物,吾不及卿。论帝王之秘策,揽倚伏之要最,吾似有一日之长。"[2]顾邵亦深以为然。

顾邵出身吴地名门,孙权以兄孙策之女嫁给顾邵,年仅二十七岁受征召,出任豫章太守。下车伊始,就亲往祭拜当地儒家先贤徐稚,优待其后代,又禁断淫祠。尤重奖掖后进,资质上佳的小吏令其就学,择优录用,不次提拔。钱唐人丁谞、阳羡人张秉、乌程人吴粲、云阳人殷礼等都出身低微,顾邵不仅予以奖励提拔,而且以友相待,为其延誉。张秉家中至亲去世,顾邵还亲着丧服问吊。后丁谞官至典军中郎,张秉任云阳太守,殷礼任零陵太守,吴粲官至太子少傅,世人都称道顾邵有知人慧眼。

在任五年卒,时为建安二十二年(217)。子顾谭、顾承,别有传。　　(沈　骅)

张　温(193—230)

张温,字惠恕,吴郡吴县(今江苏苏州)人。生于东汉初平四年(193)。张氏为吴中大族,父张允,轻财重士,名显于州郡,孙权曾辟为东曹掾。

张温注重节操,又长相奇伟,孙权听闻后,询问手下张温可与谁相媲美。大司农刘基称可与钱唐人全琮相提并论,太常顾雍则称张温当今无辈可匹,孙权欣慰地称张允有后。孙权召见,咨以问题,张温随口应对,毫无难色,听者无不惊讶叹服。拜议郎、选曹尚书,转授太子太傅,甚见信重。

吴黄武三年(224),孙权与曹魏决裂,复遣张温以辅义中郎将,偕副使殷礼出使蜀汉,修补两国关系,并解释两年前孙权接受曹魏册封为吴王之事。张温入蜀后,递交国书,与诸葛亮等蜀汉重臣广为接触,彼此尊重、互相谅解,其博雅颇为蜀臣诸葛亮、秦宓等赞赏。[3]张温返后,蜀汉又派出邓芝回聘,吴、蜀重修旧好。

---

[1] 陈寿:《三国志》卷三七《蜀书·庞统传》,中华书局1982年,第953页。又裴松之注引《吴录》称,或有人问庞统:"如所目,陆子为胜乎?"庞统曰:"驽马虽精,所致一人耳;驽牛一日行三十里,所致岂一人之重哉。"

[2] 陈寿:《三国志》卷三七《蜀书·庞统传》,裴松之注引《吴录》,中华书局1982年,第954页。

[3] 张连科等:《诸葛亮集校注》,天津古籍出版社2008年,第178页。

然而,孙权对张温称誉蜀政颇为不满,更担心张温声名过盛,不为己用,遂借暨艳案将张温下狱。暨艳为张温所赏识,荐为选曹郎、选曹尚书,因狷直自负,澄清郎署时招致众怨,被迫自尽。孙权指责张温和暨艳书信交往密切,乃暨艳所作所为的幕后主使,更下诏指斥张温挟藏奸心,有图谋不轨之意。将军骆统特上长疏为张温辩解,但孙权不为所动。张温被打回本郡,禁锢不用。两弟张祗、张白皆有才名,也遭废黜。三个姊妹亦受牵连,仲妹已嫁顾邵之子顾承,被官府重新许嫁丁氏,成婚数日服药自尽,吴人赞颂其义烈。

黄龙二年(230)张温病卒。张温的际遇,不仅吴人颇为同情,诸葛亮闻听后也很感慨,称:"其人于清浊太明,善恶太分。"[1]为《三国志》作注的裴松之则认为是张温名声过盛所致。宋人叶适谓:"张温文议功用虽无传于后,观顾雍、张昭、诸葛亮等所推与,可谓颜出孔门,参赐同誉;贾登汉室,绛灌不诮也。自古负不世之材,或为人主所知,而其下共排笮之使不得志者有矣;未有举朝所服,上下交愿,而人主反加忌恶,罗致其罪而濒于死亡也。此但孙权自度己不足以用,又从而倾之尔,于温何损!而《注》载虞俊谓其'材多智少,华而不实,有覆家之祸,吾见其兆,岂其然乎!'骆统疏字字可考,真使人三叹息也!"[2]

著有《张温集》,今不传。

(沈 骅)

陆 逊(183—245)

陆逊,原名议,字伯言,吴郡吴县(今江苏苏州)人。生于东汉光和六年(183)。世为江东大族,祖父陆纡,官至城门校尉,父陆骏,官至九江都尉。陆逊少孤,为从祖庐江太守陆康抚教。陆康忠于汉室,袁术遣孙策来攻,陆康将陆逊及宗族子弟送归吴,坚守两年,兴平元年(194)城破后病卒。

陆逊年长陆康之子陆绩数岁,遂代陆绩主持家族事务。谨守儒家礼法,强调统治者要行仁政,宽其租赋、顾惜民力,反驳曹魏名士刘廙的先刑后礼之论,反对谢渊、谢厷等的兴利扰民之举。年二十一步入政坛,初任海昌县屯田都尉,率军镇压山越民众,思虑周全、谋后而动。丹阳费栈接受曹操印绶,并联合附近山区的山越部众,一时声势颇为浩大,而陆逊认定不过是乌合之众,外强中干。先派出多股小部队驻扎在周边山谷之中,夜间轮番扰敌,乘敌惊慌失措之际大举攻

---

[1] 陈寿:《三国志》卷五七《吴书·张温传》引裴松之注,中华书局1982年,第1334页。
[2] 叶适:《习学记言序目》卷二八,中华书局1977年,第397页。

击,顺利将其击溃,遂整顿山越部众,"强者为兵,羸者补户,得精卒数万人"〔1〕,实力大增。

建安二十四年(219)十一月,陆逊领军在吕蒙侧翼攻占荆州南部地区,蜀国官吏望风而逃,陆逊任宜都太守,拜抚边将军,封华亭侯。后又在荆州地区屡立战功,被孙权任为右护军、镇西将军,进封娄侯,受命镇抚荆州。黄武元年(222),刘备倾全力大举东进,陆逊受命为大都督,节制诸军。夷陵之战(也称彝陵之战、猇亭之战)中,陆逊洞悉刘备大军急于速战速决的意图,采取了避敌锐气、诱敌深入、集中兵力、相机破敌的战略方针。经过半年相持,深入吴国腹地的蜀军由于战线过长,粮草补给困难,又值盛夏暑热,将士疲惫不堪。陆逊趁机发动全面攻击,刘备大军顿时土崩瓦解。但陆逊下令全军停止追击,诸军不解。此时,边界传报曹魏大军逼近,幸而陆逊早有准备,严阵以待,曹魏大军无功而返。

夷陵之战,陆逊以名将显名天下,战后被加封为荆州牧、辅国将军。黄武七年,又大败来犯的魏国大司马曹休率领的数十万魏军,次年拜为上大将军。赤乌七年(244)又兼任丞相,可惜次年二月在荆州去世。陆逊之死,和孙权两子争储有关。孙权借这一事件,对拥护太子孙和的江东大族多有打击,"累遣中使责让逊,逊愤恚致卒"〔2〕,卒时家无余财。

陆逊墓于《吴地记》《吴门表隐》《元和唯亭志》等有不同记载,难以确考。

(沈 骅)

陆 绩(187—219)

陆绩,字公纪,吴郡吴县(今江苏苏州)人。生于东汉中平四年(187)。父陆康,官终庐江太守,以义烈著称。

陆绩幼有孝名。六岁时父携于九江见袁术,袁术以橘子相招待,陆绩悄悄怀揣三个,不料在辞别出门时掉了出来。袁术开玩笑云,陆郎来作客还带橘子?陆绩告知欲归奉母,袁术大为惊奇。〔3〕又一次,孙策与张昭、张纮、秦松等谋臣共论四海未靖,当用武力扫平,陆绩年少末坐,闻之大声道:"昔管夷吾相齐桓公,九合诸侯,一匡天下,不用兵车。孔子曰:'远人不服,则修文德以来之。'今论者不

---

〔1〕 陈寿:《三国志》卷五八《吴书·陆逊传》,中华书局1982年,第1344页。
〔2〕 陈寿:《三国志》卷五八《吴书·陆逊传》,中华书局1982年,第1354页。
〔3〕 此事后成为《二十四孝》中怀橘遗亲一例。

务道德怀取之术,而惟尚武,绩虽童蒙,窃所未安也。"[1]令张昭等人刮目相视。

陆绩虽有脚疾,但容貌雄壮,且博学多识,天文、算数无所不窥,曾作《浑天图》,注《易经》。与各地名士交游广泛,会稽虞翻、荆州庞统年皆较长,但都和陆绩友善。孙权继位后,征陆绩为奏曹掾,但对陆绩常直言政事不无忌惮,更担心不能为己所用,遂外放为郁林(今属广西)太守,加偏将军,给兵两千。郁林郡气候炎热、环境艰苦,陆绩廉洁勤政,体谅民艰,大兴水利,改善民生,得到当地民众的爱戴。因病卸任归吴时,除简单行装别无余财,船工担心船轻恐覆,陆绩令搬一重石压舱,归后置于宅前,世称"廉石",今在苏州文庙。

陆绩因受孙权打压,郁郁不得志,建安二十四年(219)卒,年仅三十二岁。临终前作辞称:"有汉志士吴郡陆绩,幼敦《诗》《书》,长玩《礼》《易》,受命南征,遘疾遇厄,遭命不幸,呜呼悲隔。"又预言称:"从今已去,六十年之外,车同轨,书同文,恨不及见也。"

长子陆宏,任会稽南部都尉,次子陆睿,任长水校尉。女陆郁生,别有传。

(沈骅)

朱 据(194—250)

朱据,字子范,吴郡吴县(今江苏苏州)人。生于东汉兴平元年(194)。相貌堂堂、膂力过人,且擅长论辩诘难,有文武兼备之称。黄武年间,任五官郎中,补侍御史。时选曹尚书暨艳整顿三署,举措激烈,引起一片怨声,朱据提醒暨艳正是用人之际,不宜废黜过多,暨艳拒不听劝,果然获罪被迫自杀。

孙权追念名将吕蒙和名臣张温,以朱据才兼文武,堪承吕蒙、张温之后,授建义校尉,领兵镇守湖孰。黄龙元年(229)孙权称帝后,将公主孙鲁育许配朱据,拜为左将军、封云阳侯。

朱据身居高位,但待人谦逊,好交士人,轻财好施,平时的俸禄赏赐虽然丰厚但常不够用。所领士卒应领军饷三万缗,被王遂作假贪污,中书典校郎吕壹怀疑军饷为朱据所贪污,严刑追比军中主管军饷之人,竟致毙命。朱据哀怜部属无辜受死,将其厚葬,吕壹又上表诬称部属为朱据隐瞒真相而死。孙权多次派人责问,朱据无法洗清指控,静待降罪。幸而典军吏刘助发现军饷实为王遂所贪,赶紧上报。孙权了解实情后,下令奖励刘助,彻查吕壹罪状,并大为感慨地称:"朱

---

[1] 陈寿:《三国志》卷五七《吴书·陆绩传》,中华书局1982年,第1328页。

据见枉,况吏民乎?"[1]

赤乌九年(246),朱据迁骠骑将军,十二年,又接替步骘任丞相。时太子孙和与鲁王孙霸之间的争斗日趋炽烈,朱据和陆逊、顾谭、诸葛恪等大臣拥戴太子孙和,态度坚定,溢于言表。十三年,孙权将太子孙和幽禁,朱据与尚书仆射屈晃率大臣诸将以泥涂首,自缚进宫为孙和求情,被孙权斥责。当孙权准备废黜孙和另立孙亮为太子时,朱据和屈晃等再次上书苦谏,被孙权各殿杖一百。随后,朱据被贬官新都郡丞,未及赴任,遭中书令孙弘进言构陷,时孙权病重,孙弘伪造诏书将其赐死。

子朱熊、朱损,孙亮在位时,均被全公主孙鲁班陷害而死。孙休登基后,以朱熊之子朱宣袭封云阳侯,并许以公主,孙皓在位时官至骠骑将军。　　　（沈　骅）

支　谦（约194—253）

支谦,又名支越,字恭明。约生于东汉兴平元年(194)。先世为西域月氏后裔,祖父法度约于汉灵帝时移居中原。支谦从小熟悉汉文,又受学于同族学者支谶门人支亮,并称"三支"。博学多识,精通梵学经典,多才多艺,通晓六国语言。因长得细长黑瘦,眼多白而睛黄,故时人称:"支郎眼中黄,形躯虽细是智囊。"[2]

东汉末,支谦为避战乱自洛阳移居吴地,孙权慕名召见,拜赤博士,命与韦曜等人辅佐太子孙登。从黄武元年(222)到建兴(252—253)年间,支谦以大乘般若性空学为主,自译及合译佛经数十部,僧祐《出三藏记集》载称三十六部,慧皎《高僧传》谓四十九部。所译主要是大乘佛经,也有一些小乘佛典,广为流传,如《维摩诘经》《首楞严经》《慧印三昧经》《大阿弥陀经》等对后世影响较大。支谦还擅长文辞音乐,曾据佛教经典作《赞菩萨连句》《梵呗》等,赞、呗同意,都指据佛经作偈颂,注上音韵,可供歌咏之用,用这种方式来传播普及佛教,容易吸引民众。

支谦译注佛教典籍时,反对译文过于质朴而使义理隐晦难明,力倡文丽简略、文质调和、畅达经意,使读者易于理解。还首创集引众经相与比较,以明其义之会译体裁,即用意译取代音译,把佛经的专有名词译为汉人习见用语,更适合

---

[1]　陈寿:《三国志》卷五七《吴书·陆逊传》,中华书局1982年,第1340页。
[2]　释慧皎:《高僧传》,中华书局1992年,第15页。

汉人的阅读口味,但译文的忠实性亦受到一定影响。自三国至两晋南北朝,支谦所开创的译风,占据着重要地位,对佛教的普及做出了较大贡献。

据僧祐撰《出三藏记集》,赤乌四年(241)太子孙登卒后,支谦隐居于苏州穹窿山,不涉世务,从高僧竺法兰更炼五戒,年六十逝于山中。据汤用彤考证,"卒时当在孙亮建兴元年(252)后"[1],或谓卒于建兴二年(253)。　　　(沈　骅)

陆　凯(198—269)　　　子 陆　祎

陆凯,字敬风,吴郡吴县(今江苏苏州)人。生于东汉建安二年(197)。陆逊族子。黄武初年,曾出任永兴、诸暨县令,皆有治绩。后拜建武都尉,领兵作战。性好学,虽任军职,仍手不释卷,尤精扬雄所著《太玄》。赤乌年间授儋耳(今海南儋州)太守,进讨朱崖,累功迁建武校尉。五凤二年(255),在零陵率军斩获山贼陈毖,拜巴丘督、偏将军,封都乡侯。同年转武昌右部督,时毌丘俭、文钦在寿春起兵反抗司马氏,并向孙吴求援,陆凯和其他吴将率军同援寿春。后累功迁荡魏、绥远将军。永安元年(258)孙休即位后,拜征北将军,假节,领豫州牧。元兴元年(264)孙皓即位后,又迁镇西大将军,都督巴兵,领荆州牧,封嘉兴侯。

宝鼎元年(266)正月,孙吴遣大鸿胪张俨、五官中郎将丁忠往洛阳吊祭晋文帝司马昭。丁忠回国后,劝孙皓袭取西晋弋阳地区,陆凯明确反对,认为强晋才灭掉西蜀,孙吴国力更加不如对方,如果此时贸然与晋开战,即便取胜也获利不大,反与强晋交恶。孙皓虽然很想发兵,但知道陆凯所言不虚,终未敢轻起战端。同年八月,孙皓封陆凯为左丞相。

陆凯素以直言抗谏著称,常"犯颜忤旨"[2]。甘露元年(265),孙皓下令迁都武昌,武昌位于长江中游,江东地区的粮食物资必须溯江而上,耗时费力,民众负担大为增加,怨声载道。再加上孙皓处理政事多有荒谬,民间不满之声颇多。其他官员都不敢进谏,独有陆凯上书,力劝不要定都武昌,更要求孙皓要体恤民

---

[1] 汤用彤:《汉魏两晋南北朝佛教史》,上海书店 1991 年,第 131 页。
[2] 陈寿为陆凯作传,还收录了陆凯的一篇上疏,指责孙皓"不遵先帝"者二十事,诸如"先帝亲贤,陛下反之";"陛下临阵以来,游戏后宫,眩惑妇女,乃令庶事多旷,下吏容奸";"先帝笃尚朴素,服不纯丽,宫无高台,物不雕饰,故国富民充,奸盗不作;而陛下征调州郡,竭民财力,土被玄黄,宫有朱紫"。但陈寿考证认为,此疏当时人都不曾听闻,且疏文用词激烈,恐怕已超出孙皓的容忍程度,又或许是陆凯临终前才拟就。故陈寿虽将该疏列入陆凯本传,但用意是"爱其指摘皓事,足为后戒",并未断言该疏确为陆凯所作。参见陈寿:《三国志》卷六一《吴书·陆凯传》,中华书局 1982 年,第 1404—1407 页。

力,勤俭为本、以身作则。曾当面指斥为孙皓宠信的佞臣何定,称:"卿见前后事主不忠,倾乱国政,宁有得以寿终者邪!何以专为佞邪,秽尘天听?宜自改厉。"[1]何定因此痛恨陆凯,几次试图中伤,但陆凯一如既往,秉心公事,直言上书。

建衡元年(269)陆凯病逝,临终前还向孙皓举荐了一批忠信之臣。实际上,孙皓对陆凯的屡次直谏颇为恼怒,但顾虑到陆凯德高望重,且陆氏家族中的陆抗也居高位、握重兵,故隐忍不发。凤凰三年(274)陆抗去世,次年即下令将陆凯家人贬居建安(今福建建瓯)。

子陆祎,字元容。赤乌六年(243),征宿卫郎中,迁左郎中,历官立义都尉、五官郎中、骑都尉。末帝孙皓时迁黄门侍郎,封海盐侯,加裨将军,行左丞相、镇西大将军事,进征北将军。宝鼎元年十二月,与父陆凯等谋废孙皓,奔走联络,因故未能施行。后入为太子中庶子,以名将出镇夏口。天册元年(275)被流徙建安,郁愤而卒。

(沈骅 李峰)

陆 胤

陆胤,字敬宗,吴郡吴县(今江苏苏州)人。陆凯弟。仕三国孙吴,早年曾为御史、尚书选曹郎,太子孙和听闻其名声,待以殊礼。

当时,鲁王孙霸恃有孙权的宠爱,觊觎孙和的太子之位。阿附孙霸的杨竺等人,极力在孙权面前称赞鲁王,并与孙权密议废孙和,另立孙霸。这一密议被孙权手下人报告给太子孙和,孙和见情形紧急,遂与陆胤暗中商定,借陆胤前往武昌之机,请驻守武昌的陆逊出面劝谏。陆逊得陆胤通报后,上书极力反对孙权的废嗣易储意图。孙权追究密议泄露之责,将陆胤收押下狱。陆胤为保护太子,一口咬定是杨竺透露消息,虽遭受严刑拷打也不改口,孙权又将杨竺下狱。杨竺不胜拷掠,承认为其所泄,被孙权斩首。陆胤后获释,出任衡阳督军都尉。

赤乌十一年(248),交趾、九真(今越南北、中部)两郡发生叛乱,攻陷城池,交州(辖今越南北部和两广的雷州半岛、钦州地区,治龙编,在今越南河内东)骚动,陆胤被派为交州刺史、安南校尉。赴任后,先施以怀柔之策,开诚布公,厚待降民,成功招降叛军支党三千余家。随后引军南行,既宣扬军威,又宽待土民,最

---

[1] 陈寿:《三国志》卷六一《吴书·陆凯传》,中华书局1982年,第1403页。

终令桀骜不驯的首领百余人、民众五万余家都诚心归降,交州地区由此安定。此后,陆胤还领军肃清苍梧郡建陵县的叛民,得兵八千余人。

永安元年(258)出任西陵督,封都亭侯,后转虎林督。中书丞华覈曾上书,称赞陆胤治理交州、苍梧等地时,力行教化,广施仁泽,民众扶老携幼皆感其恩,并建议朝廷将陆胤自虎林督召回重用。

陆胤去世后,子陆式袭爵,为柴桑督、扬武将军,天册元年(275)与从兄陆祎被迫徙居建安(今福建建瓯)。天纪二年(278)始召还建业,复将军号和侯爵。

(沈　骅)

陆　瑁(204—239)

陆瑁,字子璋,吴郡吴县(今江苏苏州)人。生于东汉建安九年(204)。陆逊弟。幼时好学,笃信守义。陈国陈融、陈留濮阳逸、沛郡蒋纂、广陵袁迪等时居吴地,出身贫寒但志向远大,陆瑁与他们志趣相投,交游密切,同甘共苦。同郡徐原移居会稽郡,与陆瑁素不相识,临终前留下遗书,请陆瑁抚其幼子,陆瑁为其立坟、料理后事,并收养其子。叔父陆绩去世较早,留下二子一女,年仅数岁,陆瑁皆接到家中悉心抚养,直到成年自立。

选曹尚书暨艳性激切,铨选三署官员、品评人物时,常贬抑他人,以显其能,颇招人怨。陆瑁致书暨艳,称三代圣人忘过记功,以成教化,如今天下将要一统,朝廷正是需才之时,如果录用人才时过于苛责,恐怕很难持久,建议暨艳行事效法孔子的仁爱、郭泰的宽宏。但暨艳不听劝告,最后招致败亡。

州郡几度征召举荐,陆瑁皆不就职。嘉禾元年(232)公车征召,拜议郎、选曹尚书。时割据辽东的公孙渊反复无常,先与吴国结好,又斩吴国使节讨好曹魏,令孙权极为愤恨,欲亲自征伐。陆瑁上奏力谏,认为公孙渊盘踞的辽东乃荒僻之地,尚未开化,故人无信义可言,吴国与公孙渊曲意结交,也不过为谋取其马匹而已。如因对方不守信义而起战端,实为舍本逐末,更何况劳师动众、越海远征,要转运粮草,行动迟缓,敌却可随意远遁,远征将很难奏效。因孙权未听从,遂再次上书劝谏,指出远征辽东是舍近求远,吴国的强敌是曹魏,只有爱惜国力、休养生息,才能稳固国本,与强魏的争斗才能应付自如。陆瑁的上书言辞恳切,有理有据,再加上其他大臣的劝说,孙权终于打消出兵之念。

赤乌二年(239),陆瑁去世。次子陆喜、孙陆晔、陆玩,皆贵显,别有传。

(沈　骅)

顾 谭（205—246）

顾谭，字子默，吴郡吴县（今江苏苏州）人。生于东汉建安十年（205）。顾雍孙，顾邵子。少显声名，弱冠之年即与诸葛恪等并称"太子四友"，以见识高远，尤为太子孙登推重。

历官中庶子，转辅正都尉。代诸葛恪为左节度，典掌军粮，查看簿账时不需算筹核计，屈指心算就可洞悉差谬，属吏颇为叹服。迁奉车都尉。选曹尚书薛综认为，顾谭思虑周全、德才兼备，更适合此职，力荐顾谭代己。赤乌六年（243），祖父顾雍去世后数月，顾谭拜太常，平尚书事，参与中枢机要。

当时孙权过度宠溺鲁王孙霸，导致孙霸与太子孙和争位，史称二宫之争。顾谭家世习儒，正统观念强，拥戴太子的态度非常鲜明。上书孙权，列举汉代贾谊、袁盎等史例，指出作为一国之君，必须明辨嫡庶之端、尊卑之礼，方能国本安稳。由此得罪孙霸。孙霸门客有卫将军全琮之子全寄，平素多有不轨之举，顾谭颇为鄙视，故又与全氏有隙。弟顾承及重臣张昭次子张休曾隶全琮麾下，因论功行赏不公又不满全寄。因此，全琮、全寄"父子益恨，共构会谭"[1]，顾谭被流放交州。身居僻地两年，抑郁难解，赤乌九年卒。曾著《新言》二十篇，其中《知难篇》为自伤之作。

（沈 骅）

顾 承

顾承，字子直，吴郡吴县（今江苏苏州）人。顾谭弟。三国吴嘉禾元年（232），与舅陆瑁俱以礼被征召，拜骑都尉，领羽林兵。后为吴郡西部都尉，与诸葛恪等共平山越。还屯军章坑，拜昭义中郎将，入为侍中。赤乌四年（241）拜奋威将军，出领京下督。从卫将军全琮与魏军战于芍陂有功，为全琮诬告陷害。八年，与兄俱流徙交州，卒年三十七。

（李 峰）

朱 异（？—257）

朱异，字季文，吴郡吴县（今江苏苏州）人。名将朱桓子。幼与同郡张纯、张俨都有文名，曾一同拜见骠骑将军朱据，即席睹物成赋，颇得朱据赞赏。

---

[1] 陈寿：《三国志》卷五二《吴书·顾谭传》，中华书局1982年，第1230页。

以父荫授郎官,后为骑都尉,代领其父部众。三国吴赤乌四年(241),从将军朱然攻曹魏樊城,献计攻破樊城外围,战后迁偏将军。曹魏庐江太守文钦在六安设大营,并分设营寨,扼守各要道,同时招纳吴国叛降,吴国深以为患。朱异乃率二千士卒,接连击破文钦七处要寨,斩敌数百,大振吴军士气,以功迁扬武将军。十三年,文钦诈降,又被朱异识破。吴建兴元年(252),朱异迁镇南将军,曹魏大将胡遵、诸葛诞等攻东兴(今安徽巢县东南),朱异督率水军袭破魏军架设在巢湖上的浮梁,为太傅诸葛恪率吴军大破魏军做出贡献。

吴太平二年(257)五月,曹魏征东大将军诸葛诞在寿春起兵反司马师,向吴国请求救援。大将军孙綝先派文钦、唐咨等将率兵三万入寿春增援,又令朱异率兵三万屯安丰,为寿春增势,但曹魏二十万大军势盛,朱异不敌魏兖州刺史州泰,死伤两千。孙綝调集重兵,以朱异为前部都督,率将军丁奉等五万人再解寿春之围,因实力对比悬殊,战事不利,粮草辎重又为魏奇兵焚毁,吴军实已无力解围。孙綝要求朱异死战,为朱异拒绝,为保全将士,避免无谓牺牲,以军粮缺乏引兵退还,在镬里(今安徽巢湖境内)为孙綝所杀。

(沈　骅)

顾　悌

顾悌,字子通,吴郡吴县(今江苏苏州)人。三国吴丞相顾雍族人。仕孙权,年十五即为郡吏,累升郎中,迁偏将军。言事切直,为朝廷忌惮。少以孝悌廉正闻名于乡。父顾尚历知四县,致仕归里,顾悌在外常相通问,每接父家书必拜跪恭读。哀父亡,未及服阕而卒。郡人感念其孝义,造桥名为顾家桥。

子祕,别有传。

(李　峰)

张　敦　　子 张　纯

张敦,一作惇,字叔方,吴郡吴县(今江苏苏州)人。淡泊有德量,博学善文辞,早年即与陆逊、顾邵、卜静齐名。孙权拜为车骑将军,辟西曹掾,转主簿,出任海昏令,多有惠政。三国吴永安元年(258)封都亭侯。卒年三十二。

子张纯,字元基。少时即以才被人比为陆逊,又与张俨、朱异并称三贤。官拜郎中,出为广德令,有治绩,擢太子辅义都尉。赤乌七年(244),孙权欲以鲁王孙霸代太子孙和,其因力行谏争被囚禁,后被杀。

(李　峰)

陆 玑

陆玑,字元恪,吴郡吴县(今江苏苏州)人。仕三国吴,历官太子中庶子、乌程令。博学多识,精训诂,通经学,尤重毛诗,精于毛诗之名物分类训诂,综采各家之长,匡正补充,开创《诗经》学名物派之先河。著有《毛诗草木鸟兽虫鱼疏》。

(李　峰)

陆郁生(212—?)

陆郁生,吴郡吴县(今江苏苏州)人。生于东汉建安十七年(212)。三国吴郁林太守陆绩之女,因出生于郁林郡(治今广西桂平),故名郁生。陆绩早卒,郁生与兄弟为遗孤,为陆绩堂侄陆瑁接于家中悉心抚养,颇知感恩。

郁生幼时以个性坚贞知名,黄武三年(224)时年十三,嫁给素有才名的同郡名士张温之弟张白,但过门未及三月,张温获罪遭禁锢,张白也受株连被流放,很快客死他郡。张白去世后,人皆以为她会改嫁,不少京城名门慕名争欲迎娶,但她誓不改嫁。家贫侍亲如故,关爱戚属,并悉心照料张温的三个姊妹,教育兄弟子女,艰苦度日而毫无怨言,以贤淑著称。末帝孙皓时,太常姚信专门上表赞颂陆郁生品性高洁,为其褒请"义姑"称号。[1]

(沈　骅)

张 俨(?—266)

张俨,字子节,吴郡吴县(今江苏苏州)人。博学多识,少以辞赋知名,与张纯、朱异并称三贤。仕三国吴,累官至大鸿胪。吴宝鼎元年(266)奉使晋,与贾充、裴秀、荀勖等名士辩难,不辱使命,深为羊祜、何桢钦敬并结交,不幸于归途病卒。著有《张俨集》《默记》等。

子张翰,入晋以文学著名,人比为阮籍,有"江东步兵"之誉,别有传。

(李　峰)

---

〔1〕 姚信:《表请褒陆绩女郁生》,严可均:《全上古三代秦汉三国六朝文》第3册《全三国文》卷七一,河北教育出版社1997年,第675页。

陆 抗(226—274)

陆抗,字幼节,吴郡吴县(今江苏苏州)人。生于三国吴黄武五年(226)。名将陆逊次子,孙策外孙。年二十父卒,授建武校尉,率领其父部众五千余人归葬东还。经都城建业(今江苏南京)面见孙权,孙权将鲁王孙霸之宾客杨竺告发陆逊的二十事责问陆抗,陆抗一一替父辩白,孙权怨意渐解。

赤乌九年(246)迁立节中郎将,与诸葛恪换防,撤出前修城墙、葺墙屋,待诸葛恪进入时,驻地俨然若新。而诸葛恪原驻柴桑(今江西九江)营屯却颇有毁坏,诸葛恪深以为惭。太元元年(251),陆抗回建业疗病,痊愈后归营,行前孙权专门召见,流泪称:"吾前听用谗言,与汝父大义不笃,以此负汝。前后所问,一焚灭之,莫令人见也。"[1]

吴建兴元年(252)拜奋威将军。太平二年(257),魏诸葛诞在寿春起兵反司马师,吴国派军增援,陆抗为柴桑督,破魏牙门将偏将军,迁征北将军。永安二年(259),进拜镇军将军,镇守西陵(原名夷陵,今湖北宜昌西北)。孙皓即位后又加封镇军大将军,领益州牧。建衡二年(270)驻乐乡(今湖北松滋),都督信陵、西陵、夷道、乐乡、公安等地军事。西晋名将羊祜见吴国国势衰退,但顾忌陆抗,以攻心为上,对吴人多方示好,被尊称为"羊公"。陆抗谓诸将:"彼专为德,我专为暴,是不战而自服也。各保分界,无求细益而已。"[2]亦向晋人示以仁义。陆抗尝有疾,羊祜特赠药,陆抗毫无疑心地吞服,又令会猎时吴人获晋人先射伤的动物都送还晋人。两位名将惺惺相惜,宽厚相待,成为佳话。

凤凰元年(272)秋,西陵吴将步阐叛降西晋,晋武帝即命荆州刺史杨肇前往接应,又令车骑将军羊祜率步兵五万进攻江陵(今湖北荆州),令巴东监军徐胤率水军进攻建平(郡治今湖北秭归)以策应步阐。陆抗则令将军左奕、吾彦、蔡贡等兼程赶赴西陵,诸军抵达城下后,陆抗鉴于城坚粮足,仓促之间难以攻下,严令诸军围而不攻,立即赶筑围垒,且督促极严。又令江陵督张咸据城固守,另遣一部迎拒徐胤,己率诸军倚恃围垒,内困西陵、外抗杨肇。相持至十二月,杨肇败走,羊祜等也退还,陆抗顺势攻陷西陵城。是役陆抗纵览全局,指挥若定,立下大功,但东还治所乐乡后,貌无矜色,谦和如常。

陆抗忠于国事,眼见国势日颓、政令阙乱,上疏十七条建议增强国力,又上疏

---

[1] 陈寿:《三国志》卷五八《吴书·陆抗传》,中华书局1982年,第1354页。
[2] 陈寿:《三国志》卷五八《吴书·陆抗传》,中华书局1982年,第1357页。

劝谏孙皓抑黜群小而亲近贤臣。武昌左部督薛莹忤触孙皓而下狱,陆抗闻讯后代为求情。时孙皓好大喜功,常遣吴将入侵晋境,陆抗上疏规劝孙皓爱惜民力,恤养百姓,勿为空使民众疲弊的短视举动,但孙皓均不听劝。

凤凰二年春诏拜大司马、荆州牧。次年夏病重,仍心系吴国安危,上疏指出晋乃觊觎吴国已久,一旦来攻,必以水陆大军自益州沿江而下,首当其冲的就是西陵、建平等地,一旦失守,则门户洞开,只有坐以待毙,劝告孙皓励精图治,加强长江中上游力量,可惜孙皓根本听不进去。是年秋,陆抗病逝。天纪四年(280),晋益州刺史王濬率军自蜀沿江大举东下,所至辄克,陆抗心忧国危成真。

(沈 骅)

陆 晏(？—280)　　陆 景(250—280)

陆晏,吴郡吴县(今江苏苏州)人。三国吴名将陆抗长子。陆景,字士仁,生于赤乌十三年(250)。陆抗次子,末帝孙皓妹婿。凤凰三年(274)父卒后,陆晏袭爵,与弟陆景、陆玄、陆机、陆云等分领父兵。陆晏拜裨将军、夷道监,陆景拜偏将军、中夏督,控扼长江天险。天纪四年(280),西晋大将益州刺史王濬率大军自蜀顺江东下攻吴,陆晏力战于夷道(今湖北宜都),陆景力战于乐乡,皆被俘,不屈遇害,遗体由弟陆机归葬于吴。

兄弟皆好学,陆景尤有才德,善文章,与弟陆机、堂弟陆晔皆富声望,有"三虎"之誉。著有《典训》《陆景集》等。

(李 峰)

陆 喜(？—284)

陆喜,字恭仲,一作文仲,吴郡吴县(今江苏苏州)人。陆瑁次子。三国时仕吴,为屯骑校尉,末帝孙皓时累迁选曹尚书。博学有才思。仕吴时,感思前代杨允、贾谊等名人之作,拟作《言道》《访论》《古今历》《审机》《娱宾》《九思》等近百篇。其《较论格品篇》分国士五品,时称高论。入晋后,为散骑常侍,曾作《西州清论》。卒于西晋太康五年(284)。

(李 峰)

蔡 洪

蔡洪,字叔开,吴郡(今江苏苏州)人。曾仕于三国吴,入西晋为州从事。西晋太康(280—289)间举秀才,元康(291—299)初年为松滋(今属湖北)县令。获悉朝廷招募人才,专程北上洛阳。时北人颇为轻视被灭国的吴人,有洛阳人谓:"君吴楚之士,亡国之余,有何异才,而应斯举?"蔡洪立刻反驳道:"夜光之珠,不必出于孟津之河;盈握之璧,不必采于昆仑之山。"并且反唇相讥:"昔武王伐纣,迁顽民于洛邑,得无诸君是其苗裔乎?"[1]表现机敏且大气,因此这段对话被收录《世说新语》。

蔡洪当时才名颇著,曾撰《围棋赋》,所作《孤奋论》与王沉《释时》喻义接近,读之者莫不慨叹。

(沈 骅)

吾 彦

吾彦,字士则,吴郡吴县(今江苏苏州)人。出身贫寒,但颇有才气,文武俱通,身高八尺,膂力出众,甚至可以手格猛兽。

三国吴时,吾彦为大司马陆抗部将,有勇有谋。陆抗欲加擢拔,但担心其他将领不服,于是大会诸将,暗中遣人佯狂挥刀四冲,诸将都畏惧而逃,唯有吾彦处乱不惊,手持案几抵御,诸将叹服其勇,陆抗遂顺势擢拔。凤凰元年(272)秋,吾彦跟随陆抗往西陵平定步阐之叛,颇被倚重。西晋灭蜀后积极准备攻吴,益州刺史王濬在长江上游昼夜督造楼船,造船残余的木片碎料"蔽江而下"。吾彦时任建平太守(郡治今湖北秭归),见此判定晋必攻吴,立即捞取呈报吴主孙皓,要求加强建平的守卫力量,强调"建平不下,终不敢渡江"[2]。但孙皓终日享乐,根本不予重视。吾彦无奈,只得制造铁锁链,于险要之处截断江面。西晋太康元年(280),王濬楼船顺江东下,沿江吴军或溃或降,唯有吾彦坚守。王濬以火烧断江上铁链,岸上诸军则绕过吾彦部众,继续南下。而吾彦因建平守军不足,只能听其东进。

吴灭亡后,吾彦才降西晋,拜为金城(治今甘肃兰州市西)太守,后转任敦煌太守、雁门太守,均治理得当,声望日高。又任顺阳国内史,时顺阳王司马畅骄横放纵,前数任内史都被其诬陷。吾彦赴任后,严于律己、以身示下,迁员外散骑常侍。后陶璜卒,吾彦继任南中都督、交州刺史。赴交州前,晋武帝询问孙吴时陆喜和陆抗谁更优秀,吾彦认为道德清望抗不及喜;立功处事则喜不及抗。陆抗之

---

[1] 余嘉锡:《世说新语笺注》,中华书局1983年,第83—84页。
[2] 房玄龄等:《晋书》卷四二《王濬传》,中华书局1974年,第1208页。

子陆云对此评颇为不快,认为吾彦有负其父擢拔之恩,与弟陆机拒受吾彦馈赠。陆机还多次出言讥谤吾彦,长沙孝廉尹虞谓如此恐失南方士众之心,陆机兄弟听后醒悟,不再毁谤。

时值九真郡戍兵叛乱,太守被逐、郡城被困,吾彦至任一一讨平。此后坐镇交州二十余年,恩威并行,南疆安靖。后因年老上表请代,征为大长秋,卒于任。

（沈 骅）

顾 祕

顾祕,字公真,吴郡吴县(今江苏苏州)人。父顾悌,字子通,三国吴丞相顾雍族人,年十五为郡吏,授郎中,迁偏将军。孙权晚年宠爱鲁王孙霸,嫡庶不分,顾悌与骠骑将军朱据切言直谏,孙权畏之。

顾祕为顾悌四子,有文武才,曾与陆机同为吴王司马晏的郎中令。历官太末令,迁吴兴内史。西晋太安二年(303),张昌起兵反晋,占据江夏,遣部将石冰攻破扬州。顾祕被江东大族周玘、贺循等共推为督扬州九郡诸军事,传檄吴地州郡尽杀石冰所部署将吏,前侍御史贺循、庐江内史华谭皆起兵响应,又檄命丹阳句容人葛洪为将兵都尉,攻破石冰别部。次年,顾祕与周玘配合西晋右将军陈敏,终将石冰攻灭。迁员外散骑常侍,出为交州刺史,永嘉(307—312)中卒于任。善诗,今存《答陆机》。

长子顾参,继父领交州刺史,寻卒。次子顾寿,继兄权领交州刺史,杀长史胡肇等,为帐下督梁硕擒获后毒死。子顾众,别有传。

（沈 骅 李 峰）

陆 晔 (261—334)

陆晔,字士光,吴郡吴县(今江苏苏州)人。生于三国吴永安四年(261)。陆瑁孙,陆机从兄。父陆英,历官高平相、员外散骑常侍。

陆晔为孝子,早有声望。察举孝廉,曾授永世、乌江两县县令,皆不应命。司马睿出镇江左,以陆晔为祭酒,欲进拜振威将军、义兴(治今江苏宜兴)太守,因病未成。后陆晔参加征讨江州刺史华轶,以功封平望亭侯,累迁散骑常侍、吴郡大中正。

东晋大兴元年(318)司马睿即位,称晋元帝,陆晔迁太子詹事。时元帝近臣多为北人,在物色南人近臣时,以陆晔清白坚贞、威望素高,遂拜为侍中、尚书,兼领扬州大中正。明帝即位后,转任光禄勋,迁太常,代替纪瞻为尚书左仆射,兼领太子少傅,不久又加授金紫光禄大夫、领军将军。平定钱凤之乱后,晋爵江陵伯。太宁三年(325)明帝病重,陆晔与大司徒王导、尚书令卞壸、中书令庾亮、丹阳尹温峤和车骑将军郗鉴等同为顾命大臣,辅佐太子司马衍,陆晔更受命领禁军值夜。明帝遗诏赞其节操忠贞,加散骑常侍、录尚书事。

晋成帝司马衍即位后,拜陆晔为左光禄大夫、开府仪同三司,领亲兵常侍左右。咸和二年(327),历阳(治今安徽和县)太守苏峻联合镇西将军祖约起兵反晋,次年攻破京师建康(今江苏南京),大肆劫掠。陆晔陪侍成帝移驻城西清凉山石头城,忠心耿耿,不因苏峻的凶暴而变节;苏峻也因为陆晔清望卓著,为南士之首,不敢轻易加害,让陆晔坐镇宫廷。咸和四年,苏峻被荆州刺史陶侃率军击杀,陆晔与弟陆玩成功劝说投靠苏峻并占据宫城苑城的匡术归降,并被百官推举主持宫城军事,苏峻之乱平定后加封卫将军,晋爵江陵公。

咸和九年九月陆晔病逝,追赠侍中、车骑大将军,谥穆公。

子陆谌,授散骑常侍。

(沈 骅)

陆 机(261—303)

陆机,字士衡,吴郡吴县(今江苏苏州)人。生于三国吴永安四年(261)。陆抗子,与弟陆云合称"二陆"。

陆机少有异才,擅写文章,服膺儒术。年十四丧父,与兄弟分领父兵,为牙门将。年二十吴灭国,与弟陆云隐居故里,闭门勤学,著《辨亡论》上下两篇,纵论吴国兴亡,追述祖上功业。西晋武帝太康十年(289),与陆云入洛阳,拜访太常张华,被荐于重臣,名气大振,时有"二陆入洛,三张减价"[1]之说。陆机曾拜访晋武帝婿王济,王济指席中羊酪问陆机:"卿吴中何以敌此?"陆机机敏地对曰:"有千里莼羹,但未下盐豉!"[2]时人称为名对。其时,北方士族对江东大族仍多歧视和防范心态,将他们视为亡国之余,吴地士族子弟常遭贬抑。范阳大宗卢志曾当众问陆机:"陆逊、陆抗于君远近?"古时称字为敬,直接呼名为不敬,陆机针锋相对地答道:"如君于卢毓、卢珽。"[3]卢志无言以对。

---

[1] "三张"指张载与弟张协、张亢,都为西晋文学家,安平(今属河北)人。另说"三张"指张华、张载和张协。
[2] 余嘉锡:《世说新语笺注》,中华书局1983年,第88页。
[3] 房玄龄等:《晋书》卷五四《陆机传》,中华书局1974年,第1473页。

太熙元年（290），陆机被太傅杨骏辟为祭酒，元康元年（291）征为愍怀太子洗马。好游权门，与弟陆云均为外戚贾谧"二十四友"，为时人所讥。吴王司马晏出镇淮南，四年，以陆机为郎中令，迁尚书中兵郎，转殿中郎。赵王司马伦掌政后，于永康元年（300）以陆机为相国参军。后与谋诛贾谧，受封关中侯。司马伦谋图篡位时，以陆机为中书郎。司马伦败灭后，陆机被齐王司马冏下狱，幸得成都王司马颖、吴王司马晏等相救，又逢大赦，才得脱免。

时司马颖已进位大将军，颇为看重陆机才华，让其参预军事，太安元年（302）表奏为平原内史，故世称陆机为"陆平原"。二年，从司马颖征讨长沙王司马乂，为前锋都督、前将军、假节，顿居诸将之右，司马颖的亲信将领王粹、牵秀等心皆不服，左长史卢志诬指陆机视司马颖为暗主而不尊。宠信宦官孟玖有弟孟超，领万人在陆机帐下，却公开鄙视陆机。孟超部下军纪散漫，掠夺百姓，陆机下令抓捕为首者，孟超亲率骑兵百余人，竟然直入陆机营中将为首者夺出，还出口讽刺陆机"貉奴能作督否"〔1〕！陆机听同郡好友孙惠所劝，向司马颖请辞都督未获准。率军与司马乂战于鹿苑，大败，孟超因不听指挥，轻兵冒进被灭，孟玖怀疑是陆机所陷害，遂在司马颖前再度谮言陆机有异志，司马颖密令牵秀收捕陆机，拷掠后被冤杀于军中，二子陆蔚、陆夏同时遇害。

陆机文采出众，辞藻斐然，被誉为"太康之英"，刘勰《文心雕龙》、钟嵘《诗品》等都有评析。今流传诗作一百零五首，多为乐府诗和拟古诗。赋存二十七篇，音律皆美，讲究对偶，善对典故。在史学方面也有所建树。陆机的《平复帖》还是目前中国存世最早的名人书法真迹。

（沈　骅）

陆　云（262—303）

陆云，字士龙，吴郡吴县（今江苏苏州）人。生于三国吴永安五年（262）。年十三丧父，与兄弟分领父兵。年十六举贤良。天资聪颖，六岁能文，擅玄学，有才思，文藻虽不如其兄陆机，但立论精当，更胜出一筹，齐名并称"二陆"，吴国尚书闵鸿誉之以"龙驹""凤雏"。吴国灭亡后，与兄陆机归隐故里。

西晋太康九年（288），晋武帝司马炎诏令全国推荐才能之士，次年与兄陆机应诏入京师洛阳，被誉为江东二俊。陆云素来好笑，有一次穿孝服登船，在水中见到自己的形象，狂笑不息而落水，人救幸免。与兄陆机拜访名士张华时，见张

---

〔1〕"貉奴"为两晋南北朝时北人轻视南人的蔑称。

华好打扮,用丝绳缠绕胡须,又是大笑不止。幸而张华气度宽宏,不以为意,还介绍陆云与名士荀隐相识,要求两人交谈勿作俗人之语。陆云自我介绍称:"云间陆士龙。"荀隐对曰:"日下荀鸣鹤。"陆云又云:"既开青云睹白雉,何不张尔弓,挟尔矢?"荀隐回道:"本谓是云龙骙骙,乃是山鹿野麋。兽微弩强,是以发迟。"[1]张华在旁鼓掌大笑,两人对答也成为当时文坛佳话。刺史周浚将陆云比作孔子高足颜回,延为从事。

后陆云从公府掾为太子舍人,出为浚仪令,该县人口繁多、号称难理。陆云到任后,整顿吏治,下不能欺,又擅长断案。县中有民被杀,主犯遍索不得,陆云拘被害县民之妻,却不加讯问,十余天后放出,暗中派县役尾随,并告诉县役会有男子在僻远处等候县民之妻,将此男子抓获即可。果如陆云所料,经讯问,等候县民之妻的男子正是私通合谋县民者。真相大白,人称神明。因郡守嫉妒其才,常遣人责训,陆云遂辞官,县中父老绘像供祀。

陆云立身处世秉承儒家义理,曾切谏吴王司马晏大兴土木营造宅邸,认为应效仿厚戒丰奢的先帝遗教,又反对司马晏令亲信部将查核寺台的来往开支,认为应充分信任清慎忠诚的公卿大臣。亦好才,常向当朝者举荐才能之士。

历官尚书郎、侍御史、太子中舍人、中书侍郎,成都王司马颖当政时颇加信用,表请为清河内史。与兄陆机从司马颖讨伐齐王司马冏,充前锋都督。司马冏败亡后,为大将军右司马。司马颖后期政纲紊乱,陆云仍节操不坠。司马颖亲信宦官孟玖,想让其父任邯郸县令,左长史卢志等曲意附从,唯陆云坚持不同意,认为宦官之父不宜为一县之长,孟玖深怀愤怒。太安二年(303)司马颖征讨长沙王司马乂,因兄陆机败绩,陆云也被收捕,属官江统、蔡克等上书司马颖,称陆云如果无罪被杀,太过冤枉,蔡克在司马颖前叩头直至流血,其他僚属无不流泪固请。正当司马颖打算宽宥陆云时,卢志提醒斩草要除根,再加上孟玖力催,陆云终被冤杀。门生故吏将其迎葬清河(今属河北邢台),四时祠祭。著有文章三百四十九篇,今有《陆云集》传世。

(沈骅)

张 翰

张翰,字季鹰,吴郡吴县(今江苏苏州)人。张俨子。素有文名,任情自放,不愿求当世名,也不喜受礼法拘束,有步兵校尉名士阮籍之风,故有"江东步兵"之

---

[1] 房玄龄等:《晋书》卷五四《陆云传》,中华书局1974年,第1482页。

称。西晋元康九年(299),会稽名士贺循应召赴洛阳,水路途经吴县阊门时,在船中弹琴。张翰听得琴声优美,循音上船,一见如故,大有相见恨晚之感,随即临时决定同船赴洛,连家人都未告知。

后齐王司马冏掌权,以张翰为大司马东曹掾。张翰目睹中原诸王纷争,知其不可为而不为,遂萌生退意,并对同乡好友顾荣表达了对时局的担忧,顾荣深有同感,愿相与采南山蕨,饮三江水。永宁二年(302),一日秋风忽起,张翰有感而作《秋风歌》:"秋风起兮佳景时,吴江水兮鲈正肥。三千里兮家未归,恨难得兮仰天悲。"并感叹道:"人生贵得适志,何能羁宦数千里,以要名爵乎!"[1]遂托言思念吴中菰菜、莼羹、鲈鱼鲙,弃官南归。当年,长沙王司马乂围攻洛阳,司马冏被擒斩首,次年吴中名士陆机、陆云兄弟亦被成都王司马颖杀害。而张翰已被公府除名,未受牵连,幸免于难,人们称道其能洞悉先机。

张翰性至孝,丧母丁忧,哀毁过于礼法,卒年五十七。

素擅文翰,诗赋俱佳,状景寄情,多独到可观,故李白有"张翰黄金句,风流五百年"之句,隆誉至极。原有文集二卷,已佚,今存作品有《杂诗》《顿丘赋》《思吴江歌》《杖赋》《豆羹赋》《诗序》等。

(沈骅 俞前)

顾 荣(?—312)

顾荣,字彦先,吴郡吴县(今江苏苏州)人。顾雍孙。父顾穆,又名裕,曾任三国吴宜都太守。顾荣天资聪颖,好抚琴,富才略,年二十仕吴,历任黄门侍郎、太子辅义都尉。吴亡后,西晋太康十年(289)与陆机、陆云兄弟同入洛阳,时人号称"三俊"。后拜为郎中,转廷尉正,为人厚道。赵王司马伦准备除掉淮南王司马允,先将司马允僚属收付廷尉治罪,顾荣处置公允,多人得以保全。后司马伦当政,其子司马虔为大将军,顾荣为长史。顾荣曾与同僚宴饮,席间见负责烤肉者相貌不凡,并流露出想吃烤肉的神色,于是割取自己的那份烤肉请其品尝,同席者不解,顾荣谓天下哪有让人终日烤肉却不知烤肉滋味之理。后司马伦败灭,顾荣被抓将被杀,危急时刻,遇领兵者乃昔日烤肉者,得以获救。[2]

---

[1] 房玄龄等:《晋书》卷九二《张翰传》,中华书局 1974 年,第 2384 页。参阅龚明之:《中吴纪闻》卷三《张翰传》。

[2] 刘义庆《世说新语》卷一《德行》所载稍有不同:"顾荣在洛阳,尝应人请,觉行炙人有欲炙之色,因辍己施焉。同坐嗤之,荣曰:'岂有终日执之,而不知其味者乎?'后遭乱渡江,每经危急,常有一人左右己,问其所以,乃受炙人也。"参见余嘉锡:《世说新语笺注》,中华书局 1983 年,第 25—26 页。

齐王司马冏当政后,以顾荣为主簿。司马冏擅权恣肆,顾荣知其必败,总是战战兢兢,担心殃及,见到刀与绳总想自尽,遂终日饮酒,不理政事,以为避祸之举。顾荣将实情告知友人冯熊,冯熊又建议司马冏的长史葛旟,将好酒的顾荣撤换,葛旟以为顾荣为江南望士,且刚上任,不便轻易撤换,复从冯熊建议让顾荣改任清要之职中书侍郎。顾荣就职后不再饮酒,不料又引人怀疑,顾荣担心引罪上身,不得不再度饮酒。及司马冏遇诛后,顾荣以征讨葛旟立功,封嘉兴伯,转太子中庶子,又先后任长沙王司马乂长史、成都王司马颖丞相从事中郎。永安元年(304)十一月,晋惠帝被河间王司马颙的部将张方劫持到长安,征顾荣为散骑常侍。顾荣见时局紊乱未行,返归吴中。东海王司马越在徐州纠集各路势力时,以顾荣为军咨祭酒。

永兴二年(305),右将军陈敏起兵反晋,南渡长江,逐扬州刺史刘机和丹阳太守王旷,派遣子弟占据诸郡,又礼遇当地大族和豪杰之士,以顾荣为右将军、丹阳内史,颇有割据江东之势。顾荣择机力劝陈敏结好江东才能之士,又看出陈敏为平庸之辈,政令反复,子弟骄矜,早晚会覆灭,担心招致大祸。和义兴强族周玘商定,准备与西晋征东大将军刘淮里应外合,又分别成功说服陈敏部将钱广、姻亲甘卓,陈敏攻甘卓不战自溃,随后被诛。

陈敏之乱平定后,顾荣被朝廷征拜侍中,与征拜尚书郎的纪瞻同时北上,至徐州时听闻北方政局愈乱,又听说东海王司马越要派兵强迫他们入洛阳,两人和陆玩一日一夜行三百里,回奔故里。

永嘉元年(307),琅琊王司马睿移镇建业(今江苏南京),听从王导建议,大力招揽南士。顾荣为江东士族之首,尤受倚重,授军司,加散骑常侍。司马睿凡有政事筹划,皆咨取顾荣意见。顾荣又向司马睿推荐大批江东名士,包括陆晔、甘卓、殷庆元、族兄顾公让及会稽人杨彦明、谢行言、贺生、陶薛兄弟等,皆得录用。

六年,顾荣卒于任,司马睿亲临吊丧,追赠侍中、骠骑将军、开府仪同三司,谥号元。东晋建武元年(317),司马睿改称晋王(次年称元帝),追封顾荣为公爵、开国,享有食邑。顾荣子顾毗继嗣,官至散骑常侍。

(沈骅)

朱 诞

朱诞,字永长,吴郡(今江苏苏州)人。三国吴时举贤良,迁议郎,末帝孙皓时出为建安太守(治今福建建瓯)。吴亡归家自守,同郡蔡洪列举吴地"旧姓",称誉其"体履清和,黄中通理","诚理物之至德,清选之高望也"[1]。

入晋后任淮南内史。吴地名士陆机、陆云兄弟及陆耽遇害后,大将军参军、吴郡富春人孙惠写信给朱诞,痛悼"三陆"的不幸际遇。西晋永兴二年(305),右将军陈敏图谋割据江东时,吴地不少豪杰之士都接受陈敏的委任,只有朱诞与会稽郡贺循不参与其事,名节为世所称。

(沈 骅)

顾 众(274—346)

顾众,字长始,吴郡吴县(今江苏苏州)人。生于三国吴凤凰三年(274)。顾祕子,顾荣族弟。出嗣伯父,伯父早逝后,尽心侍奉伯母,以孝著称乡里。州府召为主簿,举秀才,皆不受。东晋元帝司马睿为镇东将军时,任为参军,后以参加讨伐华轶有功,封东乡侯,任丞相掾。西晋永嘉(307—312)中,父顾祕卒于交州刺史任上;长兄顾参被部众拥立为刺史,寻卒;兄顾寿继领刺史,不久即遇害。顾众前往交州奔丧,途遭杜弢之乱,拖延六年才得以返回。父曾任吴兴(今浙江湖州)内史,吴兴故旧凑钱两百万以示慰问,但顾众坚辞不收。

晋元帝践位后,征拜顾众驸马都尉、奉朝请,转尚书郎。大将军敦请为从事中郎,又上表补南康太守,顾众适逢诏授鄱阳太守,加广武将军,未拜访王敦而直奔鄱阳赴任。及至王敦起兵,令顾众出军却拖延不动,王敦怒以军令召回顾众严加责问,顾众却面不改色,后王敦怒气渐消。时宣城内史陆喈又触怒王敦,顾众又为陆喈辩白,王敦长史陆玩在旁很替顾众担忧,出门后称赞顾众:"卿真所谓刚亦不吐,柔亦不茹,虽仲山甫何以加之。"[2]王敦军事获胜时,欲以顾众为吴兴内史,顾众极力推辞,举荐吏部郎恒彝,恒彝也推让,后皆未受此职。王敦镇守姑孰时,仍任命顾众为从事中郎。王敦之乱平定后,顾众授太子中庶子、义兴太守,加扬威将军。

咸和二年(327)十一月,苏峻以讨庾亮为名,联结祖约反叛,屡败晋军。顾众自义兴回吴县举义兵,吴国内史蔡谟任为吴国督护,仍领扬威将军,从弟顾飏为威远将军、前锋督护,吴地豪杰群起响应。屡败苏峻部将,檄任五郡大督护,兵败后坚守柴壁,任命临平人范明为参军,聚合义军收复吴县,又派督护朱祈率义军,与兰陵太守李闳共守庱亭大败来犯之敌,斩首二千余级。苏峻之乱平定后,朝廷

---

[1] 余嘉锡:《世说新语笺注》,中华书局1983年,第432页。
[2] 房玄龄等:《晋书》卷十六《顾众传》,中华书局1974年,第2016页。仲山甫又作仲山父,周宣王时受举荐入王室,任卿士,位居百官之首,力施改革,促成"宣王中兴"。

论功行赏。顾众与蔡谟上表互相推让,被传为美谈。后封鄱阳县伯,授平南军司,顾众不就,改拜丹杨尹、吴国大中正,入朝为侍中,转尚书。

咸康末年(342)升领军将军、扬州大中正,坚辞不就,后因母丧离职。晋穆帝即位后,何充当政,顾众被召为领军将军,待母丧期满后才赴任。何充崇佛,顾众以为太过奢侈浪费,曾多次劝止。时顾众在朝野之中颇具声望,王充常予以礼遇。晚因年老请求致仕未准,又迁尚书仆射。永和二年(346)去世,追赠特进、光禄大夫,谥号靖。

长子顾昌承嗣,三子顾会,任中军谘议参军,时称为才德之士。（沈　骅）

陆　玩(278—342)

陆玩,字士瑶,吴郡吴县(今江苏苏州)人。生于三国吴天纪二年(278)。陆晔弟。为人宽宏儒雅,弱冠就名声在外,同郡名士贺循常赞其节操清贞、处事公允。东海王司马越辟为掾不就,琅琊王司马睿移镇江东,授以丞相参军。起初,陆玩颇轻视南渡的北方士族,竟然拒与丞相王导联姻。曾在王导家吃过一次北人喜爱的奶酪,不料因此得病,遂致书王导:"仆虽吴人,几为伧鬼。"[1]

累迁奋武将军,拜侍中,以病辞。王敦任为长史,且以军令相逼,陆玩被迫受职。太宁二年(324)王敦之乱平定后,陆玩和王敦的其他属官一度面临禁锢之祸,幸得丹杨尹温峤等申辩,免遭牵连。仍授侍中,迁吏部尚书,皆坚辞不就,转授尚书左仆射,领吴郡大中正。苏峻之乱中,陆玩与兄陆晔同守宫城,冒险劝说占领宫城苑城的匡术归顺朝廷,以功封兴平伯。

咸和六年(331),升尚书令,晋成帝下诏嘉奖,加授光禄大夫、开府仪同三司、散骑常侍,屡疏请辞,成帝皆不准。自咸康五年(339)七月至次年正月,半年之内,朝中重臣丞相王导、太尉郗鉴和司空庾亮相继去世,陆玩以德望进侍中、司空。虽登公辅之位,但自认为是东晋人才凋零的结果,故处处谦恭自律。司空按例可征辟掾属,陆玩却谦让不辟,因成帝劝说才从命。陆玩常不吝奖掖后进,朝中不少官员曾得其恩惠,任命司空僚属时,也大多选用出身低微但德行出众者。

咸康七年十二月病逝,谥号康,后追赠太尉,故世称陆太尉。子陆始继嗣,历任侍中、尚书。（沈　骅）

---

[1] 房玄龄等:《晋书》卷七七《陆玩传》,中华书局1974年,第2024页。"伧鬼",意为北方之鬼。两晋南北朝时,南人轻侮北人为"伧鬼",北人蔑称南人为"貉奴"。

顾　和（288—351）

顾和，字君孝，吴郡吴县（今江苏苏州）人。生于西晋太康九年（288）。顾众族子。曾祖顾容，三国吴时官荆州刺史。祖父顾相，官临海太守。

顾和两岁丧父，童年就有节操，族叔顾荣非常器重他，誉为"麒麟"。王导领扬州刺史，召顾和为从事。每月初一例为下属进见长官之日，顾和先停车门外，伸手于衫中捉虱，恰遇周顗，坦然不动。周顗看在眼里，走过后突然回首，指顾和胸口问此中有何物，顾和缓缓答称："此中最是难测地。"周顗见王导，颇赞顾和才，王导极为认同，曾面赞顾和："卿圭璋特达，机警有锋，不徒东南之美，实为海内之俊。"王导派诸从事巡视各地方郡守，其他从事归后，都对郡守施政得失大加议论，唯顾和不发一言。王导问顾和有无所闻，顾和对称："明公作辅，宁使网漏吞舟，何缘采听风闻，以察察为政。"〔1〕王导深以为然。

累迁司徒掾，时任长水校尉的东海王司马冲选为主簿。东晋元帝永昌元年（322），任司徒左曹掾。明帝太宁元年（323），为王敦主簿，迁太子舍人、车骑参军、护军长史。历任诸职都获良誉。又迁散骑侍郎、尚书吏部。司空郗鉴奏请为长史，掌晋陵（治今江苏常州）太守。成帝咸康初拜御史中丞，常抗言上疏，尽心职守。尚书左丞戴抗贪污百万钱，顾和上书弹劾，戴抗被收议罪，尚书傅玩、尚书郎刘佣也被免官，百官敬畏。后迁侍中。

南渡后，东晋礼仪制度不全，帝王冠冕混用翡翠、珊瑚及杂珠等，顾和建议一律采用玉珠，成帝令太常采纳。成帝因保姆有养育之恩，欲赐予名号，宫廷内外都遵从旨意，独顾和上疏劝谏，还举出汉灵帝封乳母赵娆为平氏君被指滥用私恩的史例，为成帝听从。

康帝即位（342）后，顾和迁尚书仆射，以奉养老母固辞未准，被特许晚上出宫归家。后转拜银青光禄大夫，领国子祭酒。母丧期满后，任尚书令，不畏权贵。南中郎将谢尚为皇太后之舅，领宣城内史，擅自拘捕并处死泾县令陈干，有司以谢尚违法而查察其罪，欲加贬斥，康帝却下令宽宥。顾和专门上奏，认为谢尚借小事逞其威虐，处事不公，虽然身为外戚可以免遭追究，但属下官吏应予惩罚。汝南王司马统、江夏公卫崇都为庶母服丧三年，顾和认为不合儒家礼制，又疏请加以贬黜，康帝诏从之。

永和七年（351）病重辞归，拜左光禄大夫、仪同三司，加散骑常侍，尚书令如

---

〔1〕　房玄龄等：《晋书》卷八三《顾和传》，中华书局1974年，第2164页。

故。同年去世,追赠侍中、司空,谥号穆。

子顾淳,历官尚书吏部郎、给事黄门侍郎、左卫将军。

（沈 骅）

陆 纳(约326—395)

陆纳,字祖言,吴郡吴县(今江苏苏州)人。约生于东晋咸和元年(326)。陆玩子。少有节操。初为镇军大将军、武陵王司马晞部属,被举为秀才。会稽内史王述敦请出任建威长史,累迁黄门侍郎、扬州别驾、尚书吏部郎,为官清廉,素尚俭朴。后出任吴兴(今浙江湖州)太守,不领俸禄。召拜左民尚书,领州大中正,返京时,随身行囊只有被袱,其余物件均封还官府。谢安欲来访,陆纳照例不做准备,兄子陆俶则暗中张罗。谢安来后,陆纳只待以清茶和干果,陆俶遂将二人请入宴席,食物丰盛,珍馐毕具。陆纳大怒,送走客人后,痛斥陆俶辱其清白操守,并杖四十。

陆纳一生忠贞清廉,朝野钦服。先迁太常,徙吏部尚书,加奉车都尉、卫将军。后爱子陆长生有病,请求免官照料;兄子陆禽犯法,又自请免官抵陆禽之罪。陆长生康复后,陆纳代理原职。又迁尚书仆射,转左仆射,加散骑常侍,再拜尚书令。太元二十年(395)去世,追赠左光禄大夫、开府仪同三司。

子陆长生先于陆纳去世,其弟之子陆道隆承嗣,后为廷尉。

（沈 骅）

杨 羲(330—386)

杨羲,字羲和,吴郡吴县(今江苏苏州)人。生于东晋咸和五年(330)。少好学,读书涉经史,工书画,有通灵之鉴。迁居句容,与许迈、许谧交往密切,经许谧推荐,成为笃好佛道的会稽王司马昱(后为晋简文帝)公府舍人。

杨羲本为天师道士,后成为上清派创始人之一,在东晋南朝上清派形成过程中起着重要作用。[1]兴宁二年(364),南岳魏夫人魏华存"降授"杨羲上清众经三十一卷,使作隶书写出,传给句容许谧、许翙父子抄录修行,东晋末年又经道教徒王灵期改写增广,遂广泛流行于世。魏华存之时,或许已有部分《上清经》出世,后为杨羲所得,并与许穆、许翙等人依托魏夫人"降授",又从而增演之,"盖

---

〔1〕 上清派是东晋时形成的一个道教派别,因奉《上清经》(《上清大洞真经》)为主要经典而得名。该派不重炼外丹,以存思、服气、咽津、念咒等为主要修持方法,是东晋南北朝江东地区最具影响的道派。南朝梁、陈时第九代宗师陶弘景,创茅山宗,以茅山为祖庭,故后世也称上清派为茅山宗。

当时造经者,不乏其人"[1]。上清派后来在江东流传广泛,该派后奉晋代道士魏华存为第一代宗师,奉杨羲为第二代宗师。

太元十一年(386)羽化。著有道教诗歌多篇,北宋宣和年间被敕封为"洞灵显化至德真人"。

(沈 骅)

张 凭

张凭,字长宗,吴郡吴县(今江苏苏州)人。祖父张镇,字义远,历仕两晋,历官散骑常侍,建威将军,苍梧、吴二郡太守,奉车都尉,封兴道县侯。世为冠族,忠贞简正,朝野宗重。东晋明帝太宁三年(325)卒,寿至八十,谥德,葬于吴县张陵山祖茔。[2]

张凭幼时即被祖父看好,成年后颇有志向,受誉乡里。才华自负,坚信自己日后必能跻身名流。举孝廉后,欲拜访时任丹阳尹的名士刘惔,却被同乡和其他举为孝廉者讥为不自量力。张凭仍然前去拜访,寒暄后,被刘惔很不在意地安置于末座,试图找个机会发言,一时半会却无合适的话题。正逢刘惔的好友、名士王闿前来清谈,两人言语间有不能沟通处,坐在末座的张凭便分析评判,言深旨远,举座皆惊。刘惔遂请张凭上座,清谈终日犹不尽兴,又留宿一晚。次日清晨张凭辞别,刘惔主动承诺与其一起拜见东晋简文帝。刘惔先见简文帝,盛赞张凭为太常博士最佳人选。简文帝和张凭畅谈一番后,连声赞叹,认为张凭"勃窣为理窟"[3],既才华横溢又深晓义理,即任为太常博士。后官至吏部郎、御史中丞。著有《论语注》《张凭集》等,今皆不传。

(沈 骅 李 峰)

竺道壹

竺道壹,本姓陆,吴郡(今江苏苏州)人。少年出家,潜心修节,埋首学问,但韬光隐智,从不自我夸矜,颇为名士王珣、王珉兄弟敬重。东晋太和(366—370)年间,竺道壹到京城瓦官寺,受学于高僧竺法汰。几年后学问愈精,与同门昙一皆以操行学问得到简文帝及社会舆论的一致推崇,时人称昙一为"大一",道壹为"小一"。

---

[1] 卿希泰:《中国道教史》第一卷,四川人民出版社 1996 年,第 339 页。
[2] 邹厚本:《东晋张镇碑志考释》,《文博通讯》1979 年第 27 期。
[3] 余嘉锡:《世说新语笺注》,中华书局 1983 年,第 236 页。

简文帝和竺法汰去世后,竺道壹谢绝众僧的苦劝挽留,东返吴郡虎丘山。京城众僧又请丹阳尹出面劝归,竺道壹回信申明隐逸志向:"盖闻大道之行,嘉遁得肆其志。唐虞之盛,逸民不夺其性……今若责其属籍,同役编户,恐游方之士,望崖于圣世,轻举之徒,长往而不返,亏盛明之风,谬主相之旨。且荒服之宾,无关天台,幽薮之人,不书王府。幸以时审翔,而后集也。"[1]此后,竺道壹就避居虎丘山中。[2]

帛道猷为若耶山(今浙江绍兴境内)名僧,少能文,性爱山林野趣,吟咏常有玄机,与竺道壹在一次讲经中相识,引为同道。后写信给竺道壹,既感慨优游山林之乐、探究释儒之趣,又以不能和竺道壹同游为憾。竺道壹得信后,极有同感,当即前往若耶相聚,两人以经书自娱,纵情于尘世之外。不久,会稽内史王荟在城西建嘉祥寺,慕竺道壹名而请其主持寺务。竺道壹只随身携带佛门弟子生活必备的六物前往[3],并为嘉祥寺募铸金牒千像。竺道壹因精擅佛典,又戒律清严,所以四方僧尼都慕名来访,时人尊称为"九州都维那"。[4]

后来竺道壹又回驻吴郡虎丘寺,晋安帝隆安(397—401)年间因病去世,葬于虎丘山南,终年七十一岁。

(沈 骅)

张玄之

张玄之,一名玄,字祖希,吴郡(今江苏苏州)人。顾和外孙。祖父张澄,曾任东晋吴郡太守。

顾和孙顾敷[5]与张玄之年龄相仿,都以聪慧著称。顾和曾和宾客清谈,年仅七岁的张玄之[6]和顾敷在旁玩耍,貌似漠不关心,后来在灯下闭目凝神,居然能把宾主双方的交谈全部复述出来,且无遗漏。顾和听到后既惊又喜,称赞两人是家族之宝。又有一次,张玄之和顾敷随顾和去寺庙,看到塑像描摹释迦牟尼去

---

[1] 释慧皎:《高僧传》,中华书局1992年,第207页。
[2] 虎丘山有虎丘寺。据唐陆广微《吴地记》载,咸和二年(327)王珣、王珉兄弟舍虎丘山别墅,立东虎丘寺和西虎丘寺。按王珣、王珉为东晋丞相王导孙,王珣官司徒,王珉官至司空,是年皆尚未出生。另一说舍宅为寺为太和三年(368),参见丁福保:《佛学大辞典》,上海书店1991年,第1237页。
[3] 佛门六物指大衣、上衣、中衣、钵、坐卧具、水囊。
[4] "都维那"是寺院中统理僧众杂事之职。
[5] 顾敷,字祖根,吴郡吴县(今江苏苏州)人。《顾恺之家传》称其"滔然有大成之量",仕至著作郎,年二十三早逝。
[6] 张玄之和顾敷两人年龄接近,但有二说,刘义庆等《世说新语》"言语第二"称"于时张年九岁,顾年七岁","夙惠第十二"又称两人"年并七岁"。

世时,身边弟子有的哭,有的不哭。顾和问原因何在,张玄之称受到佛陀爱护的弟子会哭,不受爱护的弟子就不哭;顾敷则不认同,认为动凡俗之情的弟子会哭,不动就不哭。张玄之及长学问益精,被经学家范宁曾誉为"吴中之秀"。官至左卫将军、吏部尚书,后出为冠军将军、吴兴太守,又称"张吴兴"。出镇吴兴那年,名臣谢安之侄谢玄也转授左将军、会稽内史,两人声名并列,时人赞为"南北二玄"。

张玄之有妹嫁与吴郡士族顾氏。谢玄姊谢道蕴嫁与王羲之次子王凝之,以才学著称。张玄之常赞其妹可与谢道蕴相匹,有同时出入王、顾两家的尼姑评曰:"王夫人神情散朗,故有林下风气。顾家妇清心玉映,自是闺房之秀。"[1]

(沈 骅)

张彭祖

张彭祖,吴郡吴县(今江苏苏州)人。汉张良裔孙,出身士族。东晋永和(345—356)间,历官龙骧将军,太元(376—396)中任广州刺史。笃信佛法,与高僧竺道壹高足张道宝为莫逆之交。

祖、父皆仕宦,有才学,以书法擅名。祖父张嘉,字子胜,官至光禄大夫。书师钟繇,善隶书,羊欣称其胜于王羲之在临川。父张澂,字国明,亦官光禄大夫。与郭璞为友。正书壮利纤薄,有钟繇遗风,入妙品,有咸康八年(342)带名正书《上成帝启》。张彭祖能世家学,尤善隶书,友王羲之每见其缄牍,辄珍存赏玩。唐张怀瓘《书断》列其隶书入能品。

子敞,安帝时历官侍御史、度支尚书。元兴二年(403)桓玄篡位后,被降为廷尉卿。次年刘裕起兵讨桓玄,其上表献忠,后任吴郡太守。敞子茂度、邵,别有传。

(李 峰)

陈 遗

陈遗,吴郡吴县(今江苏苏州)人。出任郡主簿,有孝名。因母好食釜底锅巴,便常带一囊贮焦饭奉母。东晋安帝隆安五年(401),随吴郡太守袁山松平孙恩所部陆瑰起事,因战败逃入山泽,以所携焦饭得活,时人称为至孝所报。后世

---

[1] 房玄龄等:《晋书》卷九六《烈女传·王凝之妻谢氏传》,中华书局1974年,第2517页。

将其列为"二十四孝"之一。　　　　　　　　　　　　　　　　　　　　　　　（王晋玲）

道　祖(348—419)

道祖,俗姓竺,吴郡吴县(今江苏苏州)人。生于东晋永和四年(348)。少出家,为台寺支法齐弟子。后与僧迁、道流等入庐山七年,师从慧远并受戒。还居京师建康瓦官寺,受桓玄敬信,及桓玄辅政,辞还吴郡台寺。元兴二年(403)桓玄篡位称帝,道祖称病拒召。元熙元年(419)示寂。曾续成道流初作《魏世经录目》《吴世经录目》《晋世经录目》《河西经录目》等。　　　　（李　峰）

僧　璩　　　僧　若(451—520)

僧璩,俗姓朱,吴郡吴县(今江苏苏州)人。少师僧业,出家于虎丘山寺。博览众经,尤明《十诵》,时称为律学名家。兼善史籍,颇有文藻。南朝宋孝武帝敕任僧正,住京师建康中兴寺,作《诫众论》,持律谨严。少帝景平元年(423)从受五戒,名士袁粲、张敷皆极钦敬。后移住庄严寺而卒。著有《僧尼要事》《胜鬘经注》等。

僧若,生于南朝宋元嘉二十八年(451)。僧璩兄之子。胞兄僧璿,少时出家,后住建康冶城寺。精研佛理,经论通达,兼明外典,时有声名。

僧若年十五于吴郡虎丘出家,住东山精舍。后住京师建康冶城寺二十余年,经数通达,以硕学知名。工草隶,善诸经及外书,尤精《法华经》。与太常卿陆惠晓、尚书陆澄等同乡有深交。齐建元四年(482)归居虎丘,梁天监八年(509)敕任吴郡僧正。普通元年(520)圆寂。　　　　　　　　　　　　　　（李　峰）

张茂度(376—442)

张茂度,本名裕,避南朝宋武帝刘裕之讳,以字称,吴郡吴县(今江苏苏州)人。生于东晋太元元年(376)。汉代张良后裔[1],张彭祖孙,张敞子。

---

〔1〕沈约《宋书》卷五三《张茂度传》:"张茂度,吴郡吴人,张良后也。名与高祖讳同,故称字。良七世孙为长沙太守,始迁于吴。"见中华书局2000年,第995页。朱长文《吴郡图经续记》卷下载:"张良七世孙曰睦,字选公,为后汉蜀郡太守,始居吴郡。吴郡张氏皆其后也。"见中华书局1985年,第50页。其七世祖历官待考。

早年即有名声,志向高远,郡、州之职都不就。除琅琊王卫军参军、员外散骑侍郎,转尚书度支郎,丁父忧不拜。服阕,任何无忌镇南参军,不久出补晋安太守。东晋义熙六年(410),广州刺史卢循起兵北上,覆没江州,茂度及建安太守孙蚪之曾受其符书,供其调役,俱坐免官。复任始兴相,郡城经劫乱,廨宇焚烧,民物凋散,百不存一。茂度创立城寺,吊死抚伤,收集离散,民户渐复。在郡一周,征为太尉参军,寻转主簿、扬州治中从事史。刘裕西伐荆州刺史刘毅,茂度留守,经理州事。军还,迁中书侍郎。出为司马休之平西司马、河南太守。刘裕将讨伐司马休之,茂度闻知,乘轻舟潜逃,逢刘裕于中路,任录事参军,太守如故。江陵平,骠骑将军司马道怜为荆州刺史,茂度仍为谘议参军,太守如故。还为扬州别驾从事史。刘裕北伐关洛,茂度复任留州事。出为使持节、督广交二州诸军事、建武将军、平越中郎将、广州刺史。以疾求还,复为司马道怜司马。丁继母忧,服阕,除廷尉,转尚书吏部郎。

南朝宋文帝元嘉元年(424),茂度出为使持节,督益、宁二州,梁州之巴西、梓潼、宕渠、南汉中,秦州之怀宁、安固六郡诸军事,冠军将军、益州刺史。三年,文帝讨伐荆州刺史谢晦,诏益州遣军袭江陵,谢晦已平而茂度军始至白帝城。茂度与谢晦素善,议者疑其出军迟留,时茂度弟张邵为湘州刺史,起兵应大驾,太祖以张邵诚节,故不加罪,被带还京师。七年,起茂度为廷尉,加奉车都尉,领本州中正。入为五兵尚书,徙太常。以脚疾出为义兴太守,加秩中二千石,不久即解职还家。后征为都官尚书,加散骑常侍,以疾固辞,即家拜光禄大夫,加金章紫绶。茂度内足于财,自绝人事,隐居吴县华山[1],优游七年。十八年,除会稽太守。素有吏能,职事甚理。翌年病卒于官,谥恭子,归葬华山[2]。

子张演、张镜、张永、张辩、张岱均著声于世,时谓"张氏五龙"。　　(李嘉球)

张　邵

张邵,字茂宗,吴郡吴县(今江苏苏州)人。张敞子,张茂度弟。早年为东晋琅琊内史王诞龙骧将军府功曹。元兴元年(402),王诞被流放广州,亲友部曲都离其而去,只有张邵感怀情谊,泣涕追送王诞南下,并在战乱中资助其妻子儿女以免饥馁。

---

[1] 民国《吴县志》卷三六《寺观二》:张裕宅在华山莲花峰下,后改为僧寺,即今天池山寂鉴寺。
[2] 民国《吴县志》卷四〇《冢墓一》:会稽内史张裕墓,《寰宇记》在县西二十七里华山。

桓玄篡位后,刘裕组织北府旧部起兵讨逆。张邵建议其父张敞投奔刘裕,献款军门获激赏。桓玄覆灭后,扬州刺史王谧辟张邵为主簿。时刘毅爱才好士,其职权仅次于刘裕,当世很多才俊前往投奔,唯张邵不赴。有人问其中缘由,张邵道:"主公命世人杰,何烦多问。"[1]直接表示了依附刘裕的政治态度。刘裕得知此事后,更加亲近张邵,迁转为其太尉府参军,署长流贼曹。

义熙六年(410),广州刺史卢循起事,北上围攻京师建康,张邵坚守南城,以待刘裕率北伐军队回援,临事镇定。次年刘裕为扬州牧,张邵寻转为扬州主簿,尽心政事,精力过人,颇为刘裕钦重,谓张邵真可谓与其同忧同虑。九年,刘裕世子刘义符开征虏将军府,以张邵为录事参军,后迁转刘义符中军将军府谘议参军,领记室。十一年,刘裕北伐后秦,将京中诸事委托于刘穆之与张邵。十三年,刘穆之去世,朝中人心惶惶,发诏让世子任命司马徐羡之以代,张邵认为事虽危急,仍须报请北伐军中刘裕以咨定夺,不久得刘裕首肯,这才使世子颁令,朝廷及太尉府诸事皆由徐羡之定夺。刘裕由此益加看重张邵临事不挠的处事风格。

刘裕子刘义隆为荆州刺史,以张邵为司马,领南郡相,代决荆州诸事。刘裕建宋后,张邵以元勋被封为临沮伯。南朝宋永初三年(422),分荆州立湘州[2],张邵为刺史,认为湘州处于内地,并非军事要冲,置军府僚佐反而扰民,刘裕乃不设军府。元嘉五年(428),张邵为征虏将军、雍州刺史。到襄阳上任后,修筑堤堰,开垦农田数千顷,郡民因之而富赡。但雍州境内丹川、淅川流域的蛮民与郡民屡屡发生冲突,张邵诱骗蛮民首领,乘机诛杀,并袭击其余蛮民,遂失威信。于是雍州境内蛮民骚乱,水陆交通断绝。张邵之子张敷至襄阳省亲回京,蛮民欲伺机报复。恰好柔然国遣使朝贡,蛮民误将柔然国使认作张敷,加以劫持。张邵由征虏将军降为扬烈将军,又因在雍州营私贪污事件被告发,交付廷尉审查,免去官爵、食邑。后起为吴兴(治今浙江湖州)太守,不久卒于任,复其爵位和食邑,谥简伯。

(徐 成)

张 镜

张镜,吴郡吴县(今江苏苏州)人。张茂度次子。南朝宋元嘉元年(424)任新安太守。兄弟五人时称"张氏五龙",其与兄张演名最高。少好玄谈,为名士

---

[1] 沈约:《宋书》卷四六《张邵传》,中华书局1974年,第1393页。
[2] 沈约:《宋书》卷三七《州郡志三》,中华书局1974年,第1129页。

颜延之叹服。善文赋,笃信佛法,与南谯王刘义宣论辩儒释之道,辞切旨远。著有《东宫仪记》《张镜集》。

(李 峰)

顾 琛(388—475)　　子 顾宝光

顾琛,字弘玮,吴郡吴县(今江苏苏州)人。生于东晋太元十三年(388)。顾和曾孙。祖父顾履之,父顾惔,都曾任司徒左西掾。

顾琛为人严谨,不尚浮华。初入仕为本州从事,后历任大匠丞、彭城王刘义康右军骠骑参军、晋陵令、司徒参军、尚书库部郎,并任本郡中正。南朝宋元嘉七年(430),宋北伐失利,兵器甲仗损失殆尽,武库因而空虚。宋文帝宴会,有远方归顺者在座,文帝问武库甲仗数,顾琛诡言还可装备十万人。按例武库所贮甲仗为机密,文帝发问后即后悔失言,及顾琛虚言以对,文帝颇喜。不久,顾琛因违例带私人进入尚书省被遣,并免去郡中正,但百日后仍无人能接替,顾琛按例复任本职。后转为彭城王刘义康司徒府录事参军,刘义康意欲以其为心腹,但顾琛不能讨好刘义康的亲信刘湛,十五年,被外放为义兴(今江苏宜兴)太守。十九年,文帝以顾琛为东阳(今浙江金华)太守,以防备已失势的江州刺史刘义康,顾琛力辞不受,遂被废黜还家。

元嘉二十七年后,顾琛复出仕,任会稽(今浙江绍兴)太守东海王刘祎冠军将军府司马,代行会稽郡日常事务。随王刘诞代刘祎为会稽太守后,又以顾琛为安东将军府司马。三十年,文帝子刘劭、刘濬弑文帝自立,分会稽等五郡置会州,任刘诞为刺史,刘诞不受伪命而率部起事。孝武帝平定刘劭、刘濬之乱后,顾琛因功转为吴兴(今浙江湖州)太守。孝建元年(454),改吴郡太守。大明元年(457),顾琛因当众言及孝武帝政事过失被免官,归家侍奉老母。三年,刘诞谋反,派陆延稔携任命书邀约顾琛。孝武帝闻知,遣使者前往诛杀顾琛父子。但陆延稔先到,顾琛即将其斩杀,让两子送首级入京奏明情况。孝武帝对顾琛忠顺之心加以褒奖,再任为吴兴太守。次年,因本郡很多人从事于翦钱及私铸货币,再被免官。大明六年后,再仕于朝,先后为大司农、都官尚书、东海太守、吴郡太守。明帝泰始初年,参与四方动乱兵败后,侍奉母亲逃奔会稽,不久归降明帝。母卒服丧期满后,任员外常侍、中散大夫,后废帝元徽三年(475)卒。

次子顾宝光,一作顾宝先,字彦先。南朝宋大明元年为尚书水部郎,迁司空参军。三年,与父拒从司空、竟陵王刘诞叛。入齐为司徒左曹掾。书善行草,为王僧虔所重。工画人物、鸟兽,师法陆探微,代表作有《宋景陵王像》《褚渊袁粲图》《天竺僧像》《洛中车马图》《高丽斗鸭图》《越中风俗图》等。南朝画家谢赫评顾宝光的画谓："全法陆家,事事宗禀,方之绥、倩则优,在第四品蘧道愍下,王维、史道硕上。"〔1〕

（徐　成）

顾觊之（390—467）

顾觊之,字伟仁,吴郡吴县（今江苏苏州）人。生于东晋太元十五年（390）。出身世族。高祖顾谦,为西晋陆机的姊夫。祖父顾崇,父顾黄老,皆仕宦有声。

顾觊之早年为本郡主簿。南朝宋元嘉元年（424）,任南蛮府功曹,并为荆州刺史谢晦卫将军府参军,谢晦"爱其雅素,深相知待"〔2〕。后为扬州刺史王弘辟为扬州主簿,又为王弘卫将军府参军,历官盐官令、衡阳王刘义季右将军府主簿、尚书都官郎、护军府司马。当时大将军彭城王刘义康秉政,与殷景仁交恶,顾觊之不欲搅入政争,以脚疾辞官归里。后刘义康被宋文帝流放,很多朝臣受到牵连,顾觊之独因辞官而免祸。

不久,顾觊之再次出仕,先后为东迁（今浙江湖州南浔区）、山阴（今浙江绍兴）县令。山阴县有三万民户,前后在该县为官者,昼夜处理事务犹不能办妥。顾觊之到任后,化繁为简,县中事务顿时简约很多,县衙甚至白天垂帘,门厅闲寂。刘宋一朝任职山阴县,崇尚简约而政绩优异者,以其为最。

后任尚书吏部郎,正色立朝。宋孝武帝即位后,为湘州刺史,政绩卓著。大明元年（457）,征为度支尚书、扬州大中正。次年,转为吏部尚书。坚守儒家礼法孝道,风节严峻。出为吴郡太守。时孝武帝宠臣戴法兴权倾朝野,但顾觊之对戴法兴从无丝毫退让巴结之意,友左光禄大夫蔡兴宗嫌其风节过于严峻,顾觊之答以曹魏辛毗守正不阿故实〔3〕,风骨高洁于此可见一斑。

顾觊之家门和睦,在乡里很有名望。子顾绰很富有,乡人多有向其借贷。顾觊之常劝顾绰不必放债,在吴郡太守任上时,将顾绰所藏债券尽焚,并告知远近民众,凡已向顾绰所借财物钱款都不要偿还。顾觊之常说,人生命运自有定分,非个人的智商能力所能改变,为人应该自我约束,遵守道义,如果妄图侥幸,除了

---

〔1〕张彦远：《历代名画记》卷六"顾宝先"条,浙江美术出版社2011年,第103页。
〔2〕沈约：《宋书》卷八一《顾觊之传》,中华书局1974年,第1377页。
〔3〕陈寿《三国志》卷二五《魏书·辛毗传》："时中书监刘放、令孙资见信于主,制断时政,大臣莫不交好,而毗不与往来。毗子敞谏曰：'今刘、孙用事,众皆影附,大人宜小降意,和光同尘；不然必有谤言。'毗正色曰：'主上虽未称聪明,不为闇劣。吾之立身,自有本末。就与刘、孙不平,不过令吾不作三公而已,何危害之有？焉有大丈夫欲为公而毁其高节者邪？'"线装书局2008年,第449—450页。

使雅道有亏,实质上无关得失,并让其侄顾愿著《定命论》一文,来表达自己的这些思想。

泰始二年(466),顾觊之复为湘州刺史,次年去世,谥简子。 （徐　成）

陆　徽(391—452)

陆徽,字休猷,吴郡吴县(今江苏苏州)人。生于东晋太元十六年(391)。早年被本郡辟为主簿,后历任卫军、车骑二将军府参军,扬州主簿,王弘卫将军府主簿,尚书都官郎,又出任建康令。清平无私,得到南朝宋文帝赏识,迁转司徒府左西掾。

南朝宋元嘉十四年(437),任始兴(今广东韶关南)太守。次年升广州刺史,加都督。历官清廉,名声仅次于东晋末年的广州刺史王镇之,为士民爱戴传颂。积极推荐广州别驾从事史朱万嗣等当地廉干之士入仕,又荐举忠义之士龚颖等[1]。二十年,宋文帝欲讨伐林邑国,朝臣议论不已,只有陆徽与侍中沈演之赞同征伐,最终军事行动获得成功,果如陆徽所言[2]。二十一年,陆徽被征为南平王刘铄冠军将军府司马、长沙内史,不久因母丧离职守孝。二十三年,起为益州刺史,加都督。益州由于历经战乱,政务荒废,民众不安,陆徽百般抚恤民众,治理地方恩威并用,治安稳定,盗贼不行,民众富足,具有良好的口碑。二十九年卒,家无余财。宋文帝非常痛惜,下诏褒奖陆徽的廉洁奉公和政绩,并赐陆氏钱十万、米二百斛,谥简子。 （徐　成）

张　畅(408—457)

张畅,字少微,吴郡吴县(今江苏苏州)人。生于东晋义熙四年(408)。张敞孙。父袆,历宦州府,琅琊王国郎中令。

少有文才,与从兄张敷、张演、张镜齐名,被誉为后进之秀。吴郡太守徐佩之召为主簿,南朝宋元嘉三年(426)冬,徐佩之因受叔父徐羡之牵连,以谋反被诛,张畅制服尽哀,为论者称美。弟牧尝为狸犬所伤,医师谓宜食蛤蟆脍,弟甚为难,张畅含笑先尝,弟因此乃食而创亦即愈。州辟为从事,历为衡阳王刘义季征虏行参军、彭城王刘义康平北主簿、司徒祭酒。又任度支左民郎,江夏王刘义恭征北

---

[1] 沈约·《宋书》卷九一《龚颖传》,中华书局1974年,第2242页。
[2] 沈约·《宋书》卷六三《沈演之传》,中华书局1974年,第1686页。

记室参军、晋安太守,刘义季安西记室参军、南义阳太守,临川王刘义庆卫军从事中郎,扬州治中别驾从事史,累迁至太子中庶子。

刘骏镇守彭城(今江苏徐州),以张畅为安北长史、沛郡太守。元嘉二十七年,北魏太武帝拓跋焘率大军南征,太尉、江夏王刘义恭总统诸军,出镇彭、泗。魏军至萧城,离彭城十数里。彭城兵多而军食不足,刘义恭欲弃守南归,计议弥日不定。时历城兵少食多,安北中兵参军沈庆之建议,以车营为函箱阵,精兵为外翼,奉二王及妃媛直趋历城,分兵配护军萧思话留守。太尉长史何勖则欲席卷奔郁洲,自海道还京都。刘义恭去意已判,唯二议未决,更集群僚谋之,众人惶扰,皆无异议,张畅独主坚守彭城,道:"若历城、郁洲有可致之理,下官敢不高赞。今城内乏食,百姓咸有走情,但以关扃严固,欲去莫从耳。若一旦动脚,则各自散走,欲至所在,何由可得。今军食虽寡,朝夕犹未窘罄,量其欲尽,临时更为诸宜,岂有舍万安之术,而就危亡之道。若此计必用,下官请以颈血污公马蹄!"[1]文帝赞成其议,刘义恭乃止。随即,张畅与北魏太武帝及其尚书李孝伯周旋,随宜应答,吐属如流,音韵详雅,风仪华润,李孝伯及左右皆叹服。魏军寻攻彭城南门,并放火,张畅躬自前战,身先士卒。拓跋焘自瓜步北走,声称当出襄阳,张畅遂被任为南谯王刘义宣司空长史、南郡太守。三十年二月,太子刘劭与心腹陈叔等矫诏弑父自立。武陵王刘骏起兵讨刘劭,四月即位为孝武帝,五月攻入京师建康,杀刘劭及其四子。张畅支持刘骏,镇定大局,事平征为吏部尚书,封夷道县侯,食邑千户。

南谯王刘义宣得知刘劭弑父,发丧之日亦举兵讨伐,实际另有异图。蔡超等以张畅有民望,劝刘义宣留之,乃解南蛮校尉以授畅,加冠军将军,领丞相长史。张畅遣门生荀僧宝下都,欲通过颜竣陈报刘义宣衅状,因刘义宣起兵未成。刘义宣将叛,恐张畅不附,欲杀以徇众,赖司马竺超民护持获免。刘义宣既而进号抚军,别立军部,以收民望。张畅虽署文檄,而饮酒常醉,不省文书。随刘义宣东下,梁山战败后乘兵乱自归,为军人所掠,衣服尽失。右将军王玄谟部下诸将欲杀之,经队主张世营救得免。送京师,下廷尉狱,被削爵土,配左右尚方。

后起为都官尚书,转侍中,代子淹领太子右卫率。孝建二年(455),出为会稽太守,大明元年(457)卒于官。谥宣子。著有《张畅集》《张畅录》。

弟张悦,亦有美称,任中书吏部郎,大明五年(461)官至侍中。历官临海王刘子顼前军长史、南郡太守,后领巴郡太守,泰始六年(470)卒。

---

[1] 沈约:《宋书》卷五九《张畅传》,中华书局1974年,第1599页。

张畅子张浩,官至义阳王刘昶征北谘议参军。张浩弟张淹,初仕黄门郎,起为太子中庶子,讨平臧质有功,封广晋县子,迁太子右卫率。历官东阳太守、光禄勋、临川内史。泰始二年(466)参与拥立晋安王刘子勋称帝,兵败被杀。

(李嘉球)

张 永(410—475)

张永,字景云,吴郡吴县(今江苏苏州)人。生于东晋义熙六年(410)。张茂度三子。历郡主簿、州从事,转司徒士曹参军,出补余姚令,入为尚书中兵郎。南朝宋元嘉二十二年(445)除建康令,二十三年,造华林园、玄武湖,奉敕监统,凡诸制置都受则于张永。

又除广陵王刘诞北中郎录事参军,徙为江夏王刘义恭太尉中兵参军、越骑校尉、振武将军,广陵南、沛二郡太守。二十八年,又任江夏王刘义恭骠骑中兵参军。有才能,所在每尽心力,宋文帝谓其堪为将。二十九年,以张永为督冀、青二州之济南、乐安、太原三郡诸军事及扬威将军、冀州刺史,督王玄谟、申坦等诸将,经略河南。三十年,起为督青、徐二州之东安、东莞二郡诸军事及辅国将军、青州刺史。司空南谯王刘义宣起义,张永又被任命为督济南、乐安、太原三郡诸军事及辅国将军、冀州刺史,派司马崔勋之、中兵参军刘则二军驰赴国难。事平,召为江夏王刘义恭大司马从事中郎,领中兵。

孝建元年(454)臧质反,宋孝武帝派张永辅武昌王刘浑镇京口,后出为扬州别驾从事史,次年召为尚书左丞。大明元年(457),迁黄门侍郎,寻领虎贲中郎将、本郡中正。三年,迁廷尉,加宁朔将军、尚书吏部郎、司徒右长史。四年,立明堂,张永以本官兼将作大匠。七年,为宣贵妃殷氏立庙,复兼将作大匠。出为寻阳王刘子房冠军长史。八年,召为御史中丞。永光元年(465),出为吴兴太守,迁度支尚书。

同年宋明帝即位,改元泰始,拜张永吏部尚书,以将军假节,徙为吴郡太守,率军东讨。又为散骑常侍,迁使持节,监青、冀、幽、并四州诸军事及前将军,青、冀二州刺史,统诸将讨徐州刺史薛安都,累战克捷,破薛索儿等。又兼都督徐、兖、青、冀四州诸军事。时薛安都据彭城请降,而诚心不款,明帝派张永与沈攸之以重兵迎之,加督前锋军事,进军彭城。薛安都招引北魏兵既至,张永大败,士卒离散,复值寒雪,脚指断落,仅以身免。泰始三年(467),徙都督会稽、东阳、临海、永嘉、新安五郡诸军事及会稽太守。后以破薛索儿功,封孝昌县侯,食邑千户,加护军将军,迁金紫光禄大夫。后废帝即位(472),进右光禄大夫,加侍中,领安成王师,又领本州中正,出为吴郡太守,秩中二千石,侍中如故,元徽三年(475)卒。顺帝昇明二年(478),追赠侍中、右光禄大夫。

张永涉猎书史,骑射杂艺触类兼善,又能文章,善隶书,晓音律,有《元嘉正声伎录》。富有巧思,更为宋文帝所知。纸墨皆自营造,文帝每得其表启,辄执玩咨嗟,自叹供御者不及。著有《乐府歌诗》《乐府三校歌诗》《乐府歌辞》《太乐歌诗》《太乐歌辞》《张永文集》等。

子张瑰,别有传。

(李嘉球)

陆子真

陆子真,吴郡吴县(今江苏苏州)人。家世贵显。从曾祖陆玩到其父陆万载,及其兄陆仲元,世代任侍中,品行和声名都值得称道。子陆慧晓是南朝齐的名臣。时人将陆氏一门比作西汉世族金日䃅、张安世二家。

历官尚书三公郎,礼贤爱才。南朝宋元嘉三年(426),宋文帝诛司徒徐羡之后,分遣大使巡行天下州郡,陆子真巡使江州,次年即推荐隐者豫章雷次宗、寻阳陶潜、南郡刘凝之、南阳涅阳宗彧之等入仕。孝武帝时,陆子真再次为大使巡行州郡,又荐关康之入仕。其为国荐贤皆类此。

曾任海陵(今江苏泰州)太守。中书舍人秋当家在海陵郡属县,深得宋文帝信任,但是陆子真不与其家有任何私人来往,人皆赞誉。秋当休假还家葬父,因县内部分路、桥毁坏,丧车不能通过,县里请求陆子真调发民众修理道路。陆子真认为此举妨碍农时,最终没有应允。司徒彭城王刘义康听闻此事后,非常赏识陆子真,召为国子博士、司徒府左西掾,后任扬州治中,临海(今属浙江)、东阳(今浙江金华)太守,因眼病辞官归里,后加中散大夫。

王僧达出自琅琊王氏,为东晋南朝顶级高门,恃才傲物。初任吴郡太守,才入阊门,就称赞吴郡多名门望族和才俊之士:顾琛出自吴郡顾氏,自曾祖顾和三代一公两掾,英才辈出;陆子真出自吴郡陆氏,五代人皆有任侍中、内侍于皇室者,皆为与琅琊王氏类似的家族。足见陆子真当时地位之高。

(徐 成)

孙超之(?—476)

孙超之,吴郡吴县(今江苏苏州)人。出身贫贱,出入行伍之中。南朝宋泰始元年(465),明帝即位,江州刺史、晋安王刘子勋等约同孝文帝一系的皇亲与州郡起兵,一时四方俱反。孙超之时任员外散骑侍郎,拥戴明帝,率台军平叛,率军至湘州,所到之处望风瓦解。不久转任尚书比部郎,又奉命随将军吴喜东下,征讨会稽郡。经历晋陵苦战,再北讨破釜,所率水军断绝叛军粮运,复在葛冢、石梁战胜,率军进次永兴(今浙江杭州萧山东)同市,遇到叛将孔觊所部陆孝伯、孔豫两军,会同诸将大破敌军,斩杀陆孝伯、孔豫。泰始二年(466)叛平,以军功被封于长沙郡罗县,列功臣第二等。七年五月,以宁朔将军府长史转任广州刺史。

泰豫元年(472),后废帝即位后,喜怒无常。孙超之与杜幼文、沈勃等明帝旧臣成为后废帝的爪牙之士。元徽四年(476),豫州刺史阮佃夫谋废帝,事泄被杀,孙超之等因与阮佃夫平日交往甚多,招致后废帝疑忌,且与阮佃夫等人在京住处相近,常相走动,后废帝更加疑心。当年六月,有人诬告孙超之、杜幼文、沈勃为阮佃夫同谋,后废帝即刻率领宿卫兵将三人诛杀,孙超之还惨遭后废帝剖腹。

(徐 成)

顾景秀

顾景秀,吴郡(治今江苏苏州)人。素善丹青,南朝宋孝武帝大明年间(457—464)被誉称国手,与顾宝光齐名,在陆绥洪等人之上。

在陆探微之前即于孝武帝左右供奉。孝武帝曾赏赐给何戢蝉雀扇,扇面就是顾景秀所绘,陆探微、顾宝光都赞叹不已,称为"巧绝"。齐高帝萧道成颇好画扇,南朝齐建元三年(481),何戢为吴兴(今浙江湖州)太守,将孝武帝所赐蝉雀扇献给萧道成,所获酬报极其厚重。南齐人物画家、绘画理论家谢赫认为,顾景秀在神韵和气力上,不如前代画家,但是在笔法的严谨和纤细上,则远超前人。顾景秀改变了传统的绘画方法,创造了当时绘画的一种新的模式,在扇面上画蝉雀,即由其创始。

顾景秀的知名作品很多,曾绘《宋文帝像》《宋谢琨兄弟四人像》《晋中兴帝相像》《王献之竹图》《刘牢之小儿图》《鹔鹴图》《鹦鹉画扇》等,所绘《王僧绰像》《蝉雀麻纸图》《杂竹样》《怀香图》至南朝梁已失传,隋代官藏的只有《孙公命将图》《王谢诸贤像》《陆士衡诗会图》《名臣像》《刺虎图》《小儿戏鹅图》六幅。[1]

(徐 成)

---

[1] 裴孝源:《贞观公私画史》,卢辅圣:《中国书画全书》第1册,上海书画出版社1993年,第171页。

陆探微

陆探微,吴郡吴县(今江苏苏州)人。精于绘画,南朝宋明帝时(465年至472年在位)侍奉左右,称为国手,号称当时之最。南朝齐高帝萧道成按技能高低将古今精于绘画者一一排次,共分四十二个等级,其中陆探微位列第一等。

陆探微绘画师法东晋大家顾恺之。顾恺之的绘画紧劲连绵,循环超忽,调格逸易,风趋电疾。意存笔先,画尽意在,所以神气皆全。这类似于王献之草书的笔势,每行的第一字以下,顺势成字,世称"一笔书",而陆探微的绘画也可称作"一笔画"。南齐谢赫认为绘画有生动、用笔、象形、赋彩、位置、摹写六个方面的要素,一般的绘画家不可能兼备,但陆探微则兼备且应用自如,各尽其妙,故谢赫盛赞其"穷理尽性,事绝言象,包前孕后,古今独立",置于上上品已属屈就。后世对陆探微也是推崇备至。唐张怀瓘认为,陆探微的作品精深,"参灵酌妙,动与神会,笔迹劲利,如锥刀焉,秀骨清像,似觉生动,令人懔懔若对神明,虽妙极象中,而思不融乎墨外"[1]。唐张彦远认为,陆探微的画作"精利润媚,新奇妙绝"[2],在刘宋一朝,无与伦比。张弘靖曾将其所藏历代名书画献于唐宪宗,并特别交代陆探微的《萧史图》"妙冠一时,名居上品"[3]。

平生作品大多是人物画,其中又以古圣贤像为多。唐朱景玄所撰《唐朝名画录》认为,绘画中以人物为最难画,档次也最高,依次为禽兽、山水、建筑等。而陆探微的人物禽兽作品,都是用静态的方式将动态的人物和鸟兽展现出来,极为难得。宋米芾亦谓,能将画中的人物轻易地辨别出来,唯有顾恺之、陆探微与唐代的吴道子。可见陆探微人物画水准之高。

当时的儒者伏曼容精于《老子》《周易》,且风采不凡,宋明帝比作嵇康,特命陆探微画嵇康像赐给伏曼容。[4]侍中王秀之素蔂隐士宗测,但宗测拒而不见,遂请陆探微画宗测像,自己常与画像相对而立。[5]因麻纸较软,吸墨性太强,绘画时难以推笔,不为画家所用,而陆探微曾在麻纸上画释迦牟尼像,成为世代相传的珍宝。

陆探微的作品很多,仅《历代名画记》著录的就有七十余幅,隋代官藏作品还

---

[1] 张彦远:《历代名画记》卷六"陆探微",浙江美术出版社2011年,第101页。
[2] 张彦远:《历代名画记》卷二"论顾陆张吴用笔",浙江美术出版社2011年,第26页。
[3] 张彦远:《历代名画记》卷一"叙画之兴废",浙江美术出版社2011年,第8页。
[4] 姚思廉:《梁书》卷四八《伏曼容传》,中华书局1973年,第663页。
[5] 李延寿:《南史》卷七五《隐逸上·宗少文传附宗测传》,中华书局1975年,第1862页。

有《宋明帝像》《宋景和像》《豫章王像》等十三幅。由于世人推崇,从南朝开始就出现摹本,在唐初所存署名陆探微的作品中,摹本几占其半。宋徽宗喜欢丹青水墨,御府所藏陆探微的作品有《无量寿佛像》等十一幅。

顾宝光、袁倩都师承于陆探微,子陆绥洪、陆绥肃善承家学,也卓然有成。

(徐 成)

褚思庄

褚思庄,吴郡(今江苏苏州)人。生活于南朝宋、齐之际,善围棋。时人以弈棋论,琅琊王抗列第一品,褚思庄与会稽夏赤松、南齐高帝萧道成列第二品,泰山羊玄保等列第三品。夏赤松思维敏捷,弈棋时善于大开大合,而褚思庄思维缜密,善于从局部着眼斗棋。

南朝宋元嘉年间(424—453),羊玄保任会稽太守,宋文帝让褚思庄东下会稽,与羊玄保对弈,褚思庄并将双方对弈的棋局绘制成图本,还呈于宋文帝。宋明帝继位(465)后,以喜好围棋,仿照九品官人法置官,以建安王刘休仁为围棋州都大中正,王谌与太子右率沈勃、尚书水部郎庾珪之、彭城丞王抗四人为小中正,而时任奉朝请的褚思庄等人则在各地访查弈棋之人。

建元元年(479)高帝萧道成建齐后,褚思庄任给事中。齐高帝与褚思庄等弈棋,常常连续数局而不觉倦乏。褚思庄与同任给事中的王抗奉命在御前对弈,并下赌注,自吃饭时对弈到日落时分,才下一局。齐高帝困倦,让二人回集书省继续对弈,直到五更时才决出胜负。王抗在棋局后大睡,褚思庄则彻夜回味不眠。时人认为,褚思庄之所以能高达二品,就在于思维沉静、深邃,一般人难以抗衡。这是褚思庄制胜的诀窍所在。

(孔祥军)

张 岱

张岱,字景山,吴郡吴县(今江苏苏州)人。张茂度五子。仕南朝宋,初为州辟从事,累迁南平王右军主簿、尚书水部郎,出补东迁令。时殷冲为吴兴太守,对人道:张岱亲贫须养,所以栖迟下邑。然名器方显,终当大用。后为司徒左西曹掾,迁山阴令,职事闲理。巴陵王刘休若为北徐州刺史,未亲理政事,以张岱为冠军谘议参军,领彭城太守,行府、州、国事。后临海王为征虏将军、广州刺史,豫章王为车骑将军、扬州刺史,晋安王为征虏将军、南兖州刺史,张岱历为三府谘议、三王行事,与典签主帅共事,端平为政,待物以礼,事举而情得。入为黄门侍郎,迁骠骑长史,领广陵(今江苏扬州)太守。

泰始元年(465),四方反叛,兄子张瓌、弟张恕诛吴郡太守刘遐有功,时萧道成当政,欲以张恕为晋陵郡太守。张岱言:"恕未闲从政,美锦不宜滥裁。"萧道成言:"恕为人,我所悉。且又与瓌同勋,自应有赏。"张岱言:"若以家贫赐禄,此所不论,语功推事,臣门之耻。"〔1〕寻加散骑常侍。出为使持节、督西豫州诸军事、辅国将军、西豫州刺史,后迁冠军将军、北徐州刺史,都督北讨诸军事。累迁吏部郎。泰始末(471)为吴兴太守。元徽(473—476)中,为益州刺史,加都督,因政绩显著,征拜侍中,领长水校尉,度支尚书,累迁吏部尚书。因吏部郎王俭专断曹事,张岱每与其相违执,及王俭为相,以此颇不相善。

建元元年(479),萧道成建齐为高帝,张岱出为左将军、吴郡太守。高帝知其清廉正直,至郡未几,召为护军,加给事中,因病特诏以家为府。次年,迁金紫光禄大夫,领鄱阳王师。武帝即位(483),复为散骑常侍、吴兴太守,秩中二千石,为政更以宽恕著名。迁使持节,监南兖、兖、徐、青、冀五州诸军事,后将军,南兖州刺史,常侍如故,未拜而卒,年七十一岁,谥贞子。

(李嘉球)

张 绪

张绪,字思曼,吴郡吴县(今江苏苏州)人。父张演,为张茂度长子,南朝宋时官太子中舍人,兄弟五人时称"张氏五龙",与弟张镜名最高。

张绪少知名,清简寡欲,叔张镜及从伯张敷、从叔张畅对其都特别器重,张镜比为乐广。张畅言于宋孝武帝,用为尚书仓部郎。宋明帝每见张绪,辄叹其清淡。转太子中庶子、本州大中正,迁司徒左长史。吏部尚书袁粲谓张绪有正始遗风,宜为宫职。复转中庶子。后为侍中,迁吏部郎,参掌大选。后废帝元徽初(473),东宫官罢,选曹拟以舍人王俭为格外记室,张绪以王俭人地兼美,荐转秘书丞。张绪又迁侍中,出为吴郡太守。昇明二年(478),自祠部尚书为萧道成太傅长史。

南朝齐建元元年(479),萧道成登位为齐高帝,张绪任中书令。以善谈玄,深见敬异,仆射王俭谓此人江南所未有,高帝用为右仆射,因诸子轻侠未就职。及立国学,张绪为太常卿,领国子祭酒。武帝即位(482),转吏部尚书,祭酒如故。

---

〔1〕 萧子显:《南齐书》卷三二《张岱传》,中华书局2000年,第391页。

永明二年（484），领南郡王师，加给事中。三年，转太子詹事，以德望为武帝礼敬，迁散骑常侍、金紫光禄大夫。

张绪吐纳风流，听者皆忘饥疲，见者肃然如在宗庙，虽终日与居，皆莫能测。刘悛之为益州刺史，献蜀柳数株，枝条甚长，状若丝缕。时旧宫芳林苑始成，武帝遂植于太昌灵和殿前，常赏玩咨嗟，叹称此杨柳风流可爱，似张绪当年时。学长于《周易》，言精理奥，一时称为宗师。又精通佛学，清简寡欲，淡泊名利，朝野皆贵其风。其口不言利，有财辄散。清谈端坐，或竟日无食。门生见其饥，为之办餐，然未尝求。卒日无宅以殡，遗命死后不讲排场，不设灵堂，只以芦蕟、辒车引灵柩，上置一杯水、一炷香足矣。追赠散骑常侍，特进光禄大夫，谥简子。

子张完，宋后废帝时为正员郎，险行见宠，坐事废锢。张完弟张允，永明中官安西功曹，后因淫通杀人伏法。张允兄张充，别有传。　　　　　　　　　　（李嘉球）

何　求（433—489）

何求，字子有，庐江灊（今安徽霍山东北）人。生于南朝宋元嘉十年（433）。西晋末年，庐江何氏一族随晋室南迁，便居于吴（今江苏苏州）。祖父何尚之，官至司空。父何铄，官宜都太守，因患疯病杀妻，对何求及两弟何点、何胤有心理影响，兄弟皆抱隐遁之志。

元嘉末年，何求为宋文帝挽郎，起家著作郎，历任中军将军、卫将军行佐、太子舍人、平南将军府参军、抚军将军府主簿、太子洗马、丹阳、吴郡丞。又任征北将军府参军事务、司徒主簿、太子中舍人。泰始（465—471）间，将亡妻归葬于吴县旧墓，隐居吴县波若寺内，召为中书郎不受。明帝亡故，才赴京奔国丧，任为司空从事中郎，不就，改任永嘉（今浙江温州）太守，时寄居南涧寺，不肯前往台省，请于寺中拜受官诰获准。某晚忽乘小船逃回吴县，隐居在虎丘山。朝廷又授为黄门郎，亦不就任。齐永明四年（486），武帝任为太中大夫，仍不肯任职，七年去世。与弟何点、何胤皆有学行，并称"何氏三高"，何点、何胤别有传。　　（孔祥军）

陆　澄（425—494）

陆澄，字彦渊，吴郡吴县（今江苏苏州）人。生于南朝宋元嘉二年（425）。祖父陆邵，临海太守，父陆瑗，本州从事。陆澄"少好学博览，无所不知，行坐眠食，手不释卷"〔1〕。初仕为太学博士,历官中军卫军府行佐、太宰参军,补太常丞,郡主簿,北中郎将府行参军等。泰始初年,任尚书殿中郎,以意立议,主皇后名讳班下应依旧称姓,被左丞徐爰引经据例驳斥,遂被免官,以白身领职。郎官旧有坐杖,有名无实,陆澄在官积前后罚,一日受杖上千。转尚书通直郎、兼中书郎,寻转尚书左丞。泰始六年(470),诏皇太子朝贺服衮冕九章,陆澄与仪曹郎丘仲起议:"服冕以朝,实著经文,秦除六冕,汉明还备。魏晋以来,不欲令臣下服衮冕,故位公者加侍官。今皇太子礼绝群后,宜遵圣王盛典,革近代之制。寻转著作正员郎,兼官如故。除安成太守,转刘韫抚军长史,加绥远将军、襄阳太守,并不拜。仍转刘秉后军长史、东海太守。迁御史中丞。"〔2〕南齐建元元年(479),新任骠骑谘议沈宪等坐家奴客为劫,陆澄以沈宪等无归罪事状而不纠,被劾免官,仍以白身领职。二年,转给事中,历秘书监,迁吏部。四年,复任秘书监,领国子博士。迁都官尚书。出为辅国将军、镇北镇军二府长史,廷尉,领骁骑将军。

永明元年(483),转度支尚书,寻再领国子博士。时国学置立郑玄、王肃注《易》,杜预、服虔注《春秋》,何修注《公羊》,糜信注《穀梁》及郑玄注《孝经》,陆澄以为郑玄注《孝经》乃小学之类,不宜列在帝典,"观其用辞,不与注书相类。案玄自序所注众书,亦无《孝经》"〔3〕。与尚书令王俭论辩诸家得失,意见相左。陆澄年岁倍高于王俭,而王俭自以为博闻多识,读书超过陆澄,召集学士何宪等商略,陆澄待王俭语毕,再列举所遗漏之数百上千条,王俭皆所未见,乃大为叹服。

此后陆澄转散骑常侍、秘书监,为吴郡中正、光禄大夫,又加给事中,中正如故。三领国子祭酒。竟陵王萧子良得一古器,口小腹方而底平,可盛七八升,询问陆澄此为何物,陆澄告知此乃单于送与苏武之物,名"服匿"。萧子良后详视器底,有字仿佛可识,正如陆澄所言。隆昌元年(494),陆澄因年老有病,转光禄大夫,加散骑常侍,未拜命。卒年七十,谥靖子。

陆澄当世称为硕学,富藏珍本秘籍,多人所罕见,然读《易》三年仍不解文义,欲撰《宋书》亦未成,王俭戏称之为"书厨"。所撰地理著作及杂传等,卒后才得以面世。

(孔祥军 李峰)

---

〔1〕 萧子显:《南齐书》卷三九《陆澄传》,中华书局1972年,第681页。
〔2〕 萧子显:《南齐书》卷三九《陆澄传》,中华书局1972年,第681页。
〔3〕 萧子显:《南齐书》卷三九《陆澄传》,中华书局1972年,第682页。

王敬则(435—498)

王敬则,晋陵南沙(今江苏常熟北)人。生于南朝宋元嘉十二年(435)。自幼喜好刀剑,以屠狗为业,富谋勇,有大志。年二十余,以善于"拍张"被前废帝召为左右,随后又为禁卫军队主。景和元年(465)十一月,刘彧发动政变,王敬则与寿寂之等手刃前废帝,刘彧即位为宋明帝,王敬则因功授直阁将军,封重安县子。泰始初年,任龙骧将军、军主,随宁朔将军刘怀珍征讨寿春殷琰有功,授奉朝请,出补暨阳令。

元徽二年(474),从萧道成大破刘休范水军。战后,身兼南泰山太守,右侠毂主,转越骑校尉、安成王车骑将军府参军等职,为萧道成心腹,将后废帝在宫中的举动都密报萧道成。后废帝死后,王敬则于朝堂之上以武力压迫刘宋权贵屈服,萧道成自此控制朝政。昇明元年(477),王敬则任辅国将军、知殿内宿卫兵事。沈攸之、袁粲等以诛萧道成起兵,内外惶恐,王敬则于内廷捕杀禁军中其内应,以功拜右卫将军,先后增封三千户,子也封为东乡侯。萧道成为齐王,以王敬则为中领军。萧道成欲代宋称帝,宋顺帝不肯出宫逊位,王敬则前往逼宫,驱逐宋顺帝出宫。萧道成拍着王敬则的手,承诺以辅国将军、十万钱酬答如此大功。

南朝齐建元元年(479),萧道成登位为高帝,以王敬则为都督、南兖州刺史,封平北将军、寻阳郡公。次年北魏攻淮、泗等地,王敬则弃地还都,百姓都惊慌逃散。萧道成因王敬则是有功之臣,不加追究,反任命为都官尚书、抚军将军。不久王敬则出任吴兴(今浙江湖州)太守。当地多有盗劫事,一小儿擅取路边遗物,被王敬则所杀,全郡自此无劫匪。又抓一盗贼,当其亲属面鞭打,又命盗贼天天持帚打扫街路,并检举境内其他盗贼以赎己罪,其他盗贼生怕被识皆远遁。

建元三年,晋侍中、抚军将军。齐高帝死前立下遗诏,命王敬则为丹阳尹。不久改任会稽(今浙江绍兴)太守、都督五郡军事。永明三年(485),加封征东将军,以公事免官。此后历任都督豫州刺史、司空、散骑常侍。齐武帝亡故,萧鸾觊觎帝位,任王敬则为都督、会稽太守,又任太尉。王敬则虽处高位,但不以富贵为意,与士人庶民说话,皆用吴语。虽不识书,但为人警觉聪明,任地方官时,让僚属读文书,自己颁布教令,都符合情理。

齐明帝即位(494),王敬则进位大司马。明帝大肆杀害高帝、武帝旧臣,虽然礼遇王敬则,但心怀疑忌,常探问王敬则饮食起居等情况,王敬则十分惶恐。因王敬则年事已高,且处会稽内地,明帝才稍得安心。永泰元年(498),明帝病危,任张瓌为吴郡太守,防备王敬则,顿时谣言四起,认为朝廷将对王敬则有所不利。

王敬则惶惧起兵,吴中百姓群起响应,众至十万人,但战斗力不强,于晋陵(今江苏常州)兵败军溃,王敬则临阵被杀。

(孔祥军)

王仲雄(?—498)

王仲雄,晋陵南沙(今江苏常熟北)人。王敬则次子。

王敬则为南朝齐高帝、武帝旧臣,为齐明帝所忌。建武三年(496),王敬则时任都督、会稽(今浙江绍兴)太守,王仲雄在京师建康任员外郎。明帝遣萧坦之领五百人,至武进(今属江苏常州)皇陵祭拜。当时王敬则诸子在京,以为明帝遣军捉拿其父,惶惧而无计可施,明帝知道后,让王仲雄东下会稽抚慰其父。

王仲雄能诗,尤善于弹琴,当时号称新绝。皇家江左主衣库藏有东汉末年蔡邕的焦尾琴,明帝令每五天取出让王仲雄演奏。王仲雄曾于御前鼓琴作《懊侬曲歌》:"常叹负情侬,郎今果行许!"又曰:"君行不净心,那得恶人题。"[1]歌中暗喻王敬则功高受忌,明帝听后非常惭愧,但是对王敬则的猜忌也随之加深。

永泰元年(498),王敬则被迫起兵,明帝诛杀其在京诸子,王仲雄乃不幸遇难。

(孔祥军)

顾宪之(435—509)

顾宪之,字士思,吴郡(今江苏苏州)人。生于南朝宋元嘉十二年(435)。祖父顾觊之,曾任宋镇军将军、湘州刺史。

年未及二十,州府征召为议曹从事,又举秀才,历官太子舍人、尚书比部郎、抚军将军府主簿等。元徽年间(473—476),任建康(今江苏南京)县令。曾有人盗窃耕牛,牛被主人认出,但偷窃者称系自家之牛,双方讼词、证据皆同,前任县令不能判决。顾宪之到任后,将状纸翻转,下令解开牛,任随牛走,牛直接走回原主人家,偷窃者才伏地认罪。顾宪之揭发奸邪或藏匿的罪犯大多类此行事,号称"神明"。处理事务,不受有权势者请托,皆按法公正处理,打击贪残官员,从不偏袒和放纵。品性清廉节俭,勤于治政,深得百姓拥护。

齐高帝萧道成即位(479)后,顾宪之转任衡阳内史。此前衡阳连年瘟疫流行,很多人染病而死,因棺木价昂,只得以苇席裹尸,弃置路旁。顾宪之到任后,

---

[1] 李延寿:《南史》卷四五《王敬则传》,中华书局1975年,第1131页。

分别通告所属各县,寻找死者亲友,要求对死者全部殡葬。家人皆死,百姓又患病无助的,顾宪之就捐俸禄,派仆从设法救护。当地风俗,百姓患病以为乃先人所带灾祸,都掘墓棺冲洗枯骨,称为"除祟"。顾宪之向百姓晓之以理,说明生死之别,祸事不相因,陋俗得以改正。刺史王奂到各地督察事务,发现只有衡阳没有诉讼官司,极为感慨,称顾宪之对百姓的教化已达极致,如果全国都这样做,根本无须督察。

不久,顾宪之任太尉府从事中郎,后外放为东中郎将府长史,掌管会稽郡事务。山阴人吕文度为齐武帝宠信,在余姚建宅邸,很是气派。顾宪之到任后,即上表要求拆除。吕文度后来回乡葬母,各郡县争先恐后去吊唁,而顾宪之却不理睬。吕文度深为怀恨,但最终难以加害。天监元年(502)梁武帝萧衍登位,顾宪之已得病且逐渐加重,坚请归里,次年在家被授予太中大夫。生平廉直,家徒四壁,不免陷于饥寒,八年辞世。

(孔祥军)

何 点(437—504)

何点,字子皙,庐江灊(今安徽霍山东北)人。生于南朝宋元嘉十四年(437)。容貌端庄清秀,少年即博通群书,善于言谈议论,有名士风范,与兄何求、弟何胤并称"何氏三高"。

父何铄因患疯病杀妻,何点因家祸而感伤,不欲结婚,不愿出仕,立志隐逸。祖父何尚之强要何点娶琅琊王氏,终因何点坚持而作罢。南朝宋曾征召为太子洗马,齐武帝时又征召为中书郎,皆不就。豫章王登门造访,何点却从后门逃走。就连与其有旧交的梁武帝萧衍的征召,也辞病不赴,隐居于吴郡(今江苏苏州)虎丘山,"不入城府,而遨游人世,不簪不带,或驾柴车,蹑草屦,恣心所适,致醉而归"[1]。其如此洒脱不羁、任性恣行之风范,获无数士大夫仰慕与追随,世人称其为"通隐"。司徒、竟陵王萧子良因在法轮寺见到着隐士服饰入席的何点而高兴不已,赠予何点嵇叔夜酒杯、徐景山酒铛,可见其士林声望和地位之高。

何点生性放达,不拘小节,好施赠与人,旁人所赠予的财物不会拒绝,但也不会接受,而是马上赠送出去。曾经坐车经过朱雀门街,有人在车后偷取衣服,何点知道却不作声,旁边有人将此贼抓住送到何点面前,何点还将衣服送给此贼,并要其赶快离去。何点也善于识人。吴兴(今浙江湖州)丘迟幼童时,即被何点

---

[1] 姚思廉:《梁书》卷五一《何胤传》,中华书局1973年,第732页。

赏识,济阳(今河南商丘)江淹地位尚卑,即获何点赞扬,后两人果如何点所说,显露了非凡才能。

何点尤崇奉佛教,曾在吴中石佛寺建讲。居东离门时,常召好友及名僧清谈赋诗,悠然自得。宋大明年间(457—464),何点"招僧大集",邀请僧印讲经说法,听众达七百多人。[1]

素好文学,曾与梁武帝赋诗置酒,与张融也曾作诗互讥。诗作大多已佚,有《寒晚诗》《赠谢举》《答谢举》等佚诗存目。

梁天监三年(504)卒。

(李文才)

张 融(444—497)

张融,字思光,吴郡吴县(今江苏苏州)人。生于南朝宋元嘉二十一年(444)。张畅子。素有孝义,忌月三旬不听乐,事嫂甚谨。刘义宣之乱,官军欲杀其父张畅,因张兴世以袍覆张畅而坐之得免。张兴世卒后,张融著高履,负土成坟。张兴世子欣时坐罪当死,张融上疏竟陵王欲代死,王敬其义。

弱冠有才名,神明俊出,机辩如流。同郡道士陆修静以白鹭羽麈尾扇赠送,谓此既异物,以奉异人。出任封溪令,路经嶂岭,被"獠贼"所执,将杀而食之。张融神色不动,方作《洛生咏》,"獠贼"异之而不加害。浮海至交州,于海中遇风,终无惧色,咏诗自若,又作《海赋》,文辞诡激,独与众异。举秀才,对策中第。为尚书殿中郎,不就,改为仪曹郎。后辟齐太傅掾,稍迁中书郎,非其所好,自请为中散大夫,未准。

吴中张氏自张敷以来,并以理音辞、修仪范为事。张融虽形貌短丑,而风止诡越,坐常危膝,行则曳步,翘身仰首,意制甚多。见者惊异,聚观成市,而张融了无惭色。随例同行,常稽迟不进。出入朝廷,大臣都拭目惊观。而齐高帝萧道成素爱张融,为太尉时常相款接,谓此人不可无一,不可有二。即位后,见张融衣服粗旧如故,的确素怀有本,赐己所着一通旧衣,令量体裁减以称张融之体。

出为长沙王镇军,竟陵王征北谘议,并领记室,为司徒从事中郎。永明八年(490),迁司徒兼右长史、黄门郎,太子中庶子,司徒左长史。建武四年(497)病卒,遗命建白旌无旒,不设祭,令人捉麈尾登屋复魂,曰:"吾生平所善,自当陵云一笑。三千买棺,无制新衾。左手执《孝经》《老子》,右手执小品《法华经》。妾

---

[1] 释慧皎:《高僧传》卷八《僧印传》,中华书局1992年,第330页。

二人哀事毕,各遣还家。"[1]

生平玩涉百家,长于佛理,精音乐,能诗文。尤善草书,常自美其能。齐高帝谓其书殊有骨力,但恨无二王法,张融答称,非恨臣无二王法,亦恨二王无臣法。常感叹不恨我不见古人,所恨古人又不见我,其自负如此。著有《少子》《三破论》《玉海集》《大泽集》《金波集》等上百卷。

(李嘉球)

茹 皓(约445—504)

茹皓,字禽奇,吴郡(今江苏苏州)人。约生于南朝宋元嘉二十二年(445)。父茹让之,本名要,大明四年(460)从徐州刺史、巴陵王刘休若为将。因南方饥荒,茹皓迁居淮阳郡(今江苏睢宁)上党,时年十五六岁。相貌英俊,行事谨慎,为本县金曹吏,得南徐州刺史沈陵赏识,随入洛阳,以白身侍奉北魏孝文帝左右。

北魏宣武帝即位(499),茹皓仍在禁中侍奉,渐被宠信,宣武帝亲政后,益被眷顾信赖。宣武帝东宫旧人赵修也被宠信,嫉妒茹皓,请求宣武帝任茹皓为外官,茹皓也怕在京中受祸,不愿做内官,出为濮阳太守。父茹让之因功也被授予兖州阳平太守,封子爵。父子皆任名郡太守,二郡也相距很近,时人为荣。茹皓出身寒微,为官尚简约、识大体。后赵修等获罪,茹皓因在外为官未受牵连。

宣武帝到邺城讲武,茹皓伴驾,转任左中郎将,领直阁将军。显贵之后,自称其家出自雁门,遂授肆州大中正。素有巧思,督建华林园,在天渊池西修假山,将邙山石及汝、颍等地竹子罗列其间,亭台楼榭和草木等错落分布,颇有些自然景致,颇称宣武帝心意。

茹皓娶尚书仆射高肇堂妹,即宣武帝婶娘,能屈己下人,但私受贿赂,家产巨万,并在宫城西建造宅第。宣武帝亲政后,茹皓常留宿宫中,将门下省的奏事转呈于帝。转为光禄少卿,日益贵宠,热衷于干预政事,太傅北海王元详以下都畏惧、依附之。高肇向来痛恨元氏宗亲诸王,常常策划陷害,忿于元详等与茹皓往来密切,正始元年(504)向宣武帝告发茹皓等将谋反,以擅权、纳贿罪名捕送御史台,次日即定为死罪。茹皓与妻哭别后,吞椒自尽。

(徐 成)

---

[1] 李延寿:《南史》卷十二《张融传》,中华书局2011年,第837页。

何　胤（446—531）

何胤，字子季，庐江灊（今安徽霍山东北）人。生于南朝宋元嘉二十三年（446）。西晋末年先世随晋室南迁，便居于吴（今江苏苏州）。初受业于沛国刘瓛，学《易》《礼》及《毛诗》，后入钟山定林寺学佛经，皆精通，与兄何求、何点以学行并称"何氏三高"。

初为萧齐秘书郎，迁太子舍人。后出为建安太守，"为政有恩信，民不忍欺。每伏腊放囚还家，依期而返"[1]。累迁司徒主簿、中书郎、太子中庶子等职。永明三年（485），国子学立，任国子博士，后接任国子祭酒，组织修撰新礼，前后历经九载终得完成。郁林王（493—494）时，因何胤为皇后族人，颇受优待，进侍中、左民尚书，领骁骑、中书令，虽富贵显达却常怀隐逸之志。明帝建武初年，于郊外筑屋，称之为小山，常与士林友人游聚。不久，即私自辞官归隐于会稽（今浙江绍兴）若邪山。时人称其兄何点为大山，何胤为小山，又称作东山。

梁武帝萧衍践祚（502），诏何胤为特进、右光禄大夫，固辞不受。梁武帝以何胤"居儒宗，加以德素"，欲借其力振兴儒业而不得，转而派遣何子朗、孔寿等六人到何胤处受学。卫阳王萧元简对何胤十分尊崇，每月常常驾车拜访，相与讨论交流。因若邪山地势狭隘，容不下学生，何胤遂迁居秦望山，筑学舍聚徒讲学。年七十二岁时迁回吴，在虎丘西寺讲论经学，学生们又都跟随学习，东部地方长官往来途中过吴时，都要到寺中听讲。

何胤学问博洽，兼通儒佛，精信佛法，持戒不懈，但讲究食味，曾被学生议论，晚年"遂绝血味"。亦喜与僧侣交游，法藏法师临终前派人将自己的经书和香炉送给何胤，可见交情之深。

梁武帝中大通三年（531）卒。曾注《百法论》《十二门论》《周易》等，著有《毛诗总集》《毛诗隐义》《礼记隐义》《礼答问》等，均佚。清人严可均辑《全上古三代秦汉三国六朝文》存其文一篇，逯钦立《先秦汉魏晋南北朝诗》辑录其《皇太子释奠诗》九章。

（李文才）

顾　㬭（448—496）

顾㬭，吴郡吴县（今江苏苏州）人。生于南朝宋元嘉二十五年（448）。宋昇

---

[1] 姚思廉：《梁书》卷五一《何胤传》，中华书局1973年，第735页。

明元年(477),为吴郡太守张瓌引为纲纪。齐永明元年(483)举秀才。三年,为尚书殿中郎,迁萧子良司徒左西掾,举荐名士钟嵘、陆厥,为文坛佳话。十年,为太子中舍人兼尚书左丞。隆昌元年(494)为安西将军王玄邈谘议参军,兼秘书监著作郎。建武初迁太中大夫。三年,因其力救,钟嵘幸得免祸。同年去世,官终中散大夫。

(李 峰)

陆慧晓

陆慧晓,字叔明,吴郡吴县(今江苏苏州)人。生于南朝宋元嘉二十六年(449)之前。陆子真子。有节操,交友谨慎。幼年时,会稽内史张绪初见便非常赏识。为州郡所辟,举为秀才,任卫尉史,又历任各府行参军,清正耿直有父风。辞官奉养老母十余年。萧道成辅政时,拜为尚书殿中郎。亲族来贺,陆慧晓谓己年过三十,因妻父掌选官才作尚书郎,没什么值得庆贺。

当时,萧道成上表请求禁止奢侈之风,陆慧晓草拟答诏颇受萧道成的赏识,被荐举为萧道成太傅府东阁祭酒。齐建元初年,改任太子洗马。武陵王萧晔出为会稽太守,齐高帝萧道成替他精心挑选下属官员,以陆慧晓为征虏将军府功曹。陆慧晓与本府参军刘琎同回京述职,经过吴县时,刘琎听闻张融宅第与陆慧晓家相邻,其间有池,认为此水定有特别的风味,特意跑去舀了一杯喝下。

经何点向豫章王萧嶷推荐,陆慧晓补任司空掾,加以礼遇,累迁安西谘议、兼冠军录事参军。又调任竟陵王萧子良司徒府右长史,与左长史陈郡谢朏并称两贤,王融答萧子良所问,称两位贤者同时,前代所无,无可比拟。萧子良在西邸编书,让陆慧晓参知其事。后迁为西阳王征虏将军、巴陵王后军将军以及临汝公辅国将军等三府长史,履行府州事务。又任西阳王左军长史,领会稽郡(治今浙江绍兴)丞,行郡事。隆昌元年(494),调任晋熙王冠军将军府长史、江夏内史,行郢州事。所至立身处事都很廉洁正直,生性厌恶别人无礼,故处处以礼待人,凡同僚及属官前来拜访,都要起身迎送。生平反对待人有贵贱之分,从不称士大夫为卿,认为贵人不可以称卿,而贱者才可以称卿,故终身都以职位称呼别人。

齐明帝建武初年(494),任西中郎将将军府长史,仍旧履行郢州、江夏等职。不久召为黄门郎,未拜授又改吏部郎。尚书令王晏选拔很多门生充任内外要职,陆慧晓只录用几人,王晏送一位女妓以相交好,但陆慧晓拒受。历来吏部郎习惯性地以铨选官吏事咨询吏部曹都令史,而陆慧晓却总是独自做出决定,从不与都令史商量。明帝派亲信单景俊前去责问,陆慧晓谓年已六十,不能再做凡事询问都令史的吏部郎,如帝认为不称职,定当辞归。明帝因此也很敬畏,后欲用为侍中,因陆慧晓身材矮小不适合作罢。后陆慧晓历任辅国将军、晋安王镇北将军府司马、征北将军府长史、东海太守,行府州事。又回京任五兵尚书,行扬州事。永元二年(500)四月,崔惠景叛乱平息后,领右军将军、监南徐州,寻升任持节、督南兖徐青冀五州军事、辅国将军、南兖州刺史,到任不久即因病回京。卒年六十二岁,追赠太常。

(孔祥军)

韩兰英

韩兰英,吴郡(今江苏苏州)人。好文学,工书法。南朝宋元嘉三十年(453),孝武帝在平息刘劭弑父叛乱后登基,韩兰英撰《中兴赋》进献,颇得赏识,因而入宫,任后宫司仪。明帝时仍在宫中供职,是宫官之属。建元四年(482)齐武帝继位后,韩兰英被任命为内博士,教导六宫宫人学习儒经与书法,因为年迈且博闻多识,被称为"韩公"。隆昌元年(494),郁林王欲罢废萧鸾(同年即位为明帝),而罢废的文书就是韩兰英所作。时有颜姓女子,因其夫嗜酒,父母强令回家,入宫为列职。春夜韩兰英奉郁林王命作《为颜氏赋诗》:"丝竹犹在御,愁人独向隅。弃置将已矣,谁怜微薄躯?"将颜氏之愁肠诉尽,郁林王顿生怜悯之情,乃令颜氏还家团聚。

韩兰英善言谈戏谑,精于文辞,钟嵘《诗品》论其文学造诣,赞道:"兰英绮密,甚有名篇。"[1]齐武帝曾谓,韩兰英假如与鲍照之妹鲍令晖生于同时,刘宋宫廷艳丽的诗句可蔚为大观。韩兰英的撰述曾结为《宋后宫司仪韩兰英集》四卷,至迟于唐初已亡佚。

(孔祥军)

陆 厥(472—499)

陆厥,字韩卿,吴郡吴县(今江苏苏州)人。生于南朝宋泰豫元年(472)。州举秀才。齐武帝永明九年(491),顾𣅳荐于朝。任吴郡太守,曾上疏极陈百姓贫苦。其父陆闲,字遐业,为陆慧晓侄。历仕扬州刺史、始安王萧遥光扬州别驾、中

---

[1] 周振甫:《〈诗品〉译注》,江苏教育出版社2006年,第152页。

从事。慎交不苟,为张绪所知。永元元年(499)萧遥光作乱败亡,陆闲未预逆谋却被冤杀,陆厥哀恸而卒。

善属文,文学主张不从沈约之声病说,致书相辨,理直辞强。其五言诗创作,引致诗坛新变。著有《陆厥集》。

(李 峰)

张僧繇(?—约547)

张僧繇,吴中(今江苏苏州)人。南朝梁天监年间(502—519)为武陵王国侍郎、直秘阁知画事,历官右军将军、吴兴太守,以画艺领袖江南。太清初年(547)曾入蜀为梁武帝子武陵王绘像。

一生苦学,"手不释笔,俾夜作昼,未曾倦怠,数纪之内,无须臾之闲"。其作品多数为佛教题材,也有人物画、风俗画,兼画山水、禽兽,亦能塑像。所绘人物、肖像,形态丰盈,面短而艳,各得其妙。梁武帝思念在外诸王,见张僧繇之画貌后,有对画如对人之叹。梁武帝崇信佛教,凡装饰佛寺,多命其画壁。所绘佛像自成样式,为画工所范,世称"张家样",对唐代画圣吴道子、塑圣杨惠之颇有影响。又工画龙,《神异记》中载有其"画龙点睛、破壁飞去"的神话。画山水喜用青绿,不作勾勒,是为"没骨山水"。

唐人多对张僧繇推崇备至,李嗣真评论其画骨气奇伟,师模宏远,岂唯六法精备,实亦万类皆妙。张怀瓘评张僧繇的成就,在于"思若涌泉,取资天造,笔才一二,而像已应焉"[1]。

张僧繇与顾恺之、陆探微并称"六朝三杰",各具特色,有"张得其肉,陆得其骨,顾得其神"之称。所创造的绘画风貌,对南北朝后期和隋唐时代的绘画艺术,影响极其深远,因此与顾恺之、陆探微、吴道子被推为古代"画家四祖"。其最主要的艺术成就是创造了疏体画法,突破了从顾恺之、陆探微以来独尊密体画法的局面。张僧繇吸收传统艺术的优点,从卫夫人《笔阵图》中得到启发,创造了"点、曳、斫、拂"四个基本技法。与顾恺之、陆探微一笔画之"密体"相较,张僧繇多以书法作画,遒劲犀利,点画不多而若断若续,有笔不到意到之感,史称其为"疏体"画派。

张僧繇善于借鉴外来绘画艺术的优点,曾于京师建康(今江苏南京)一乘寺画凹凸花,用天竺(古印度)的晕染法,并施朱及青绿等色,使观者远望眼晕如凹

---

[1] 张彦远:《历代名画记》卷七,京华出版社2000年,第62页。

凸，就视乃平，一乘寺后也被称为"凹凸寺"。其吸收古印度凹凸晕染法的长处，画面色彩艳丽，高下分明，增强了立体感，对后世影响颇大，因此多以张僧繇为中国画家参用西法的第一人。

绘画作品有《孔子问礼图》《吴王格虎图》《田舍儿舞图》《维摩诘像》《十高僧图》《汉武射蛟图》《羊鸦仁跃马图》《行道天王像》《摩衲仙人像》《朱异像》《梁宫人射雉图》《醉僧图》《横泉斗龙图》《杂人兵马刀图》《昆明三龙图》《青溪宫水怪图》等，传说张僧繇还画过卢舍那佛像和孔子十哲像。唐代梁令瓒临摹其《五星二十八宿神形图卷》还流传于世，现藏日本大阪市立美术馆。

子张善果、张儒童均善画，能承家学。

(李文才)

张　瓌（？—505）

张瓌，字祖逸，吴郡吴县（今江苏苏州）人。张永子。仕南朝宋，累迁桂阳内史，不想超过兄张玮职俸，自免不拜。后为司徒右长史、通直散骑常侍、骁骑将军。当初其父拒桂阳王刘休范于京师白下（今江苏南京）败绩，阮佃夫等欲加罪，为萧道成佑护，张瓌颇为感恩。后遭父母丧，还吴持服。昇明元年（477），刘秉有异图，其弟刘遐为吴郡太守，召张瓌委以军事。张瓌伪受命，奉萧道成密令，以全族百口性命而一掷，与叔张恕领兵十八人入郡邸，斩杀刘遐，从弟张融闻之嗟惊。以功授辅国将军、吴郡太守，封义成县侯，食邑千户，并被赐以嘉名。郡人顾昺、陆闲少年未知名，张瓌并引为纲纪，荐举出仕，后都有名声，世人以为张瓌能知人。

除冠军将军、东海东莞二郡太守，不拜。建元元年（479），萧道成登位为高帝，增邑二百户，寻改封平都侯，迁侍中，加领步兵校尉。次年，任都官尚书，步兵校尉如故。出为征虏将军、吴兴太守，以己既有国秩，不取郡俸。高帝敕上库别藏其俸，以表其清。三年，坐乌程令顾昌玄有罪不纠被免官，次年任度支尚书，武帝即位后，为冠军将军、鄱阳王北中郎长史、襄王相、行雍州府州事，随府转征虏长史。永明四年（486），仍为持节、督雍梁南北秦四州郢州之竟陵司州之随郡军事、辅国将军、雍州刺史，寻领宁蛮校尉。任辅国将军、雍州刺史，不久领宁蛮校尉，加都督，征拜左户尚书，加右军将军。还都后，领右军将军，迁冠军将军、大司马长史等。十年，转太常，以闲职自陈衰疾，愿从闲养，遂拜为散骑常侍、光禄大夫。复用为后将军、南东海太守，秩中二千石，行南徐州府州事，又行河东王国事。到官复称病，还为散骑常侍、光禄大夫。

郁林王即位(493)后,加金章紫绶。隆昌元年(494)七月郁林王被废,朝臣到宫门参承萧鸾,张瓌托脚疾不至。海陵王立,加右将军。萧鸾疑外藩起兵,以张瓌镇京师石头城,督众军事,张瓌见朝廷多难,遂常卧床称疾。十月萧鸾登位为明帝,张瓌转任给事中、光禄大夫。建武二年(495),北魏欲伐齐,张瓌以本官假节督广陵诸军事、行南兖州事,北魏退兵后乃还。建武末,屡请始许还吴。居室豪富,伎妾盈房,承家学,晓音律,优游自乐,不惧人讥,曰:"我少好音律,老而方解。平生嗜欲,无复一存,唯未能遣此处耳。"[1]

永泰元年(498)四月明帝病重,疑大司马王敬则谋反,授张瓌以平东将军、吴郡太守。王敬则起兵后,张瓌所部于松江不战自败,遂弃郡城,事平乃还,被免官削爵。次年初复任光禄大夫,加前将军、金章紫绶。永元三年(501)梁武帝起兵,东昏侯萧宝卷以张瓌假节戍守石头城,梁武帝军至新亭,张瓌即弃城还宫。梁天监元年(502)复拜光禄大夫,四年辞世。

(李嘉球)

陆 琏

陆琏,吴郡(今江苏苏州)人。高僧法云佛弟子。工诗文,精研礼学。曾仕于南朝萧齐。梁天监四年(505),武帝诏开五馆,建立国学,其与贺玚等并授五经博士。奉诏修五礼,以征虏记室参军掌修军礼,皆遵古制。七年,奉敕议大裘制度,开创玄领朱裳之制。著有《梁军礼》《军礼仪注》。

(李 峰)

张 充(449—514)

张充,字延符,吴郡吴县(今江苏苏州)人。生于南朝宋元嘉二十六年(449)。张绪子。少好逸游。父曾告归至吴,刚入西郭,逢张充狩猎,右臂鹰,左牵狗。张充遇父船至,放绁脱鞲拜于水岸。受父讥责,跪言三十而立,今年二十九岁,请看来年。父嘉其知过而能改。次年张充果痛改前非,发愤苦学,尤通《老子》《周易》,能清言。与从叔张稷俱有令誉。

历尚书殿中郎、武陵王友。时尚书令王俭当朝用事,齐武帝取决皆从之。某日王俭方聚亲宾,张充縠巾葛帔,至便求酒,言论放逸,一坐尽倾。及闻武帝欲以张绪为尚书仆射,而王俭坚执不可,愠怒与王俭书辩,王俭以书示张绪,张充被张

---

[1] 萧子显:《南齐书》卷二四《张瓌传》,中华书局2000年,第303页。

绪杖一百,又为御史中丞到㧑所奏,免官禁锢。沈约见其书,叹言张充始为之败,终为之成。久之,为司徒谘议参军,与琅琊王思远、同郡陆慧晓等并为司徒竟陵王宾客。累迁义兴太守,为政清静,吏人称便。后迁侍中。

永元三年(501)春萧衍起兵,杀东昏侯,百官集西锺下,召张充不至。萧衍霸府建,以张充为大司马谘议参军。天监元年(502)萧衍登位为梁武帝,张充历官太常卿、吏部尚书,再迁散骑常侍、国子祭酒。张充擅长义理,登堂讲说,皇太子以下都至。时王侯多在学,执经以拜,张充朝服而立,不敢当礼。不久,任云骑将军、晋陵太守,后拜尚书左仆射,授云麾将军。十年,出为吴郡太守。下车恤贫老,故旧莫不忻悦,以政绩授散骑常侍、金紫光禄大夫。十三年卒,诏赠侍中、护军将军,谥穆子。

(李嘉球)

双袭祖(?—627?)

双袭祖,字仲远,吴郡(今江苏苏州)人。自小敦厚素朴,寡言端肃。早年耕田为业,后出家修道,属上清派第六代,与陆修静同时。特别尊崇上清派存神内守的修习功法。因魏夫人是上清派始祖,又于南岳羽化升天,遂至南岳拜访魏夫人遗迹,感叹良深,于集贤峰下构草庵,寻建黄庭观,收徒传道,虔诵《黄庭经》,常谓精诚所至,高真必通。

后住南岳灵禽峰白马洞,修成沂流妙术后,往来于荆襄之间,游踪难觅。不久再回南岳,遇异人授升仙秘诀,勤修行气、运气、练气,餐风饮露,存思存神,内视中空,心如渊泉,日久境界益高。复住云阳山秦人洞,此洞是南岳朱陵洞外的洞口,传说南岳太虚真人赤松子曾住此。双袭祖在秦人洞,一面日诵《黄庭经》,一面练气养神,又建一座黄庭观,以表达对上清派教义和魏夫人的虔诚信念。

擅医术,南朝梁天监十四年(515),曾往武陵寻丹砂,制药治病,获施皆赈救贫乏。后住九嶷山白马岩,突然心有感悟,认定此处为其返真之地。一日闭室静坐,七天不出,弟子皆感惊异,开门后见师已逝,相传为唐贞观元年四月初七日(627年5月26日)。

(李文才)

张 稷(451—513)

张稷,字公乔,吴郡吴县(今江苏苏州)人。生于南朝宋元嘉二十八年(451)。张永子,张瓌弟。性疏率朗悟,有才略,与族兄充、融、卷俱知名,时称

"四张"。

初授著作佐郎,不拜。后为骠骑法曹行参军,迁外兵参军。齐武帝永明初,任剡县令。永明四年(486)唐瑶起义,于钱唐(今浙江杭州)称帝,立太子,置百官,后又攻东阳、山阴等地。张稷率众保全县境。入为太子洗马、大司马东曹掾,转护军司马。北魏攻寿春,张稷出为宁朔将军,镇豫州。北魏军退后,迁平西司马、南平内史,后拜黄门侍郎,复为司马,新兴、永宁二郡太守。迁镇南长史,历任寻阳太守、辅国将军、南兖州刺史等职。

永元末(501),征为侍中,宿卫宫城。时东昏侯萧宝卷荒淫暴虐,人不敢言。萧衍督军围京师建康(今江苏南京)数月,北徐州刺史王珍国与张稷谋商,派张齐等杀死萧宝卷。张稷召集尚书右仆射王亮等文武大臣,当众宣布萧宝卷暴虐无道,并派国子博士范云、舍人裴长穆等打开城门迎萧衍。张稷因功被任为侍中、左卫将军,不久升为大司马左司马。

天监元年(502),萧衍代齐称梁武帝,以张稷为散骑常侍、中书令,封江安县侯,食邑千户。又为侍中、国子祭酒,领骁骑将军,迁护军将军、扬州大中正,后为度支尚书、祠部尚书、都官尚书、领军将军。出为吴兴太守,进号云麾将军。下车存问遗老,为政宽恕。征为尚书左仆射,自吴兴赴任路经吴郡,乡亲等候者挤满水陆,以睹其风采,张稷则单装径还京都,无人能识。后自请于外,命为青州、冀州刺史。北魏攻朐山,诏为都督,进号镇北将军。因不得志,常阅读佛经。宽弛无防,僚吏颇致侵扰,十二年二月,被州民徐道角夜袭所害,有司奏削其爵土。

张稷性刚烈明亮,善与人交,以孝友著称乡里。为官清廉,所得俸禄分亲友,家无余财。生有六子,以张伊、张霍、张畯、张嵊颇有名。

(李嘉球)

智 藏(458—522)

智藏,俗姓顾,吴郡(今江苏苏州)人。生于南朝宋大明二年(458)。八世祖顾曜为三国孙吴少傅,祖父顾瑶之曾任员外郎,父顾映为奉朝请。

幼聪颖,性谦让,颇受乡人尊重。年十六岁代宋明帝出家,泰始六年(470)敕住兴皇寺。曾受学于定林寺僧远、僧祐和天安寺弘宗等名僧,尊师至诚。后受学于僧柔、慧次,挹酌经论,统辩精理,洞晓若神,二僧叹揖,自以为弗及。齐太尉、豫章文宪王萧嶷对其学识十分敬佩,叹息相见恨晚。竟陵文宣王萧子良崇信佛法,讲《净名经》,选集深解经义之名僧二十人,智藏名列其中,因年龄最小而坐末座,但讲述经义称最。

后应请到会稽(今浙江绍兴)弘法多年,复回京师建邺(今江苏南京)研究《十诵律》。齐永元二年(500)再去会稽,重游禹穴,住法华山,授徒讲学。天监元年(502),梁武帝践祚,智藏被请入京,居钟山开善寺,备受崇信,可自由出入宫廷,甚至梁武帝殿内的座位也可坐。梁武帝曾拟自任"白衣僧正",依戒律立法,整治僧纪,因智藏劝阻而罢。其后,智藏屡奉诏讲《成实论》《般若经》,听者皆一时之翘楚。梁武帝受菩萨戒时,又任戒师。普通三年(522)卒于寺。

智藏毕生从事讲经、注经,尤精《成实论》,与庄严寺僧旻、光定寺法云并称为"梁代三大家"。著有《成实论义疏》。还讲过《涅槃》《般若》《法华》《十地》《金光明》《百论》《阿毗昙心论》等多种经论,于《般若》大小品、《涅槃》《法华》等经也著有义疏,惜今皆不传。

(李文才)

陆　杲(459—532)

陆杲,字明霞,吴郡吴县(今江苏苏州)人。生于南朝宋大明三年(459)。陆徽孙。父陆叡,曾为扬州治中。

少好学,与其舅张融齐名[1]。历仕南齐中军法曹行参军、太子舍人、卫军王俭主簿。调任尚书殿中曹郎,拜官之日,因迟到而获罪免官。后为司徒竟陵王萧子良外兵参军,调任征虏宜都王功曹史、骠骑晋安王谘议参军、司徒从事中郎。萧衍被封为梁王后开府,以陆杲为相国西曹掾。

南朝梁天监元年(502),萧衍登基为梁武帝,陆杲迁御史中丞。性强直,无所顾忌,执法不佞权贵,不受请托,刚正不阿。山阴令虞肩在位时贪赃数百万,陆杲奏请拘捕惩治,中书舍人黄睦之为虞肩求情,陆杲不允。梁武帝闻知此事,面询陆杲,知陆杲不认识黄睦之,遂指告旁边即黄睦之,陆杲面斥黄睦之为小人,竟敢为罪人到公府求情,黄睦之大失其色。陆杲曾因公事检举堂舅领军将军张稷,被张稷报怨,却得梁武帝称誉。

陆杲后出任义兴(今江苏宜兴)太守,宽政爱民,为民众和下属所称颂。历官左户尚书、太常卿,出任临川(今江西抚州)内史,后入为金紫光禄大夫、特进、扬州大中正。中大通四年(532)卒,谥质子。

擅书法,绘画体致不凡。素崇佛法,持戒极严。著有《沙门传》三十卷。

(李文才)

---

[1] 姚思廉:《梁书》卷二六《陆杲传》,中华书局1973年,第398页。

宝 唱

宝唱,俗姓岑,吴郡(治今江苏苏州)人。少时清贞好静。家境贫寒,白日种田,晚上常受雇抄书或为笔札,勤奋好学,强记诵,且颇识义理。

年十八出家,拜江南名僧僧祐为师,博览群经,颇有建树。后常住京师庄严寺,学习经律。认识到开悟士俗,要以通济为先,故兼听处士顾道旷、吕僧智等讲经史及《庄》《易》,略通大义。性至孝,归家养亲,年近三十父母亡故。南朝齐建武二年(495)离京听人讲经,历时五年,又患风疾。齐末避乱至浙闽一带参禅、游学,斟酌义理。

梁武帝天监四年(505)回到京师,奉敕任新安寺主,总撰集录,即将佛教群籍中有关建福禳灾、礼忏除障、飨接神鬼、祭祀龙王等实际宗教活动的内容,分门别类,钩稽整理,书成近百卷,有"包括幽奥,详略古今"[1]之誉,很受梁武帝赏识,诸所祈求,帝必亲览。七年,梁武帝先后令名僧僧曼、智藏、僧朗分别纂辑《众经要抄》《众经理义》(号称《义林》),注《大般涅槃经》。宝唱奉诏参与此事,后又奉诏编写《续法轮论》七十余卷,又撰《法集》一百四十卷(一说一百三十卷),广为流传。十四年,梁武帝敕安乐寺僧绍撰《华林佛殿经目》,对初稿不甚满意,又敕宝唱修订重撰,共四卷,分类合理,注述得当,颇受各界赞赏,梁武帝遂敕其主管华林园宝云经藏。宝唱广泛搜求遗失经典,使之日臻完备,并从中整理出三卷,进呈梁武帝观览。后奉敕撰成《经律异相》五十五卷、《饭圣僧法》五卷。晚年因得罪梁武帝谪配越州,后敕停摈,令其回京任翻译之职。

宝唱在中国佛经典藏、编译和目录学等领域学术贡献巨大,著作宏富,有《经律异相》《名僧传》《比丘尼传》《众经供圣僧法》《众经目录》《众经诸佛名》《众经忏悔灭罪》《出要律仪》等,今存《经律异相》《比丘尼传》及《名僧传钞》等。清严可均《全上古三代秦汉三国六朝文》辑存其文四篇。

(李文才)

僧 旻(467—527)

僧旻,俗姓孙,富春(今浙江富阳)人。生于南朝宋泰始三年(467)。吴大帝孙权裔孙。七岁出家于吴郡(今江苏苏州)虎丘西山寺,师从僧回受五经,后移住京师建康(今江苏南京)庄严寺,师事昙景。齐永明十年(492),始于兴福寺讲

---

[1] 释道宣:《续高僧传》卷一《宝唱传》,台湾文殊出版社1988年,第7页。

《成实论》，名震京师。永元元年（499），奉敕入华林园夏讲为法主。齐末避于徐州，还吴营缮虎丘西山寺。梁天监五年（506）赴京，武帝敕京师五大法师讲经，以其居首，因请其为家僧。后吴郡太守张充、吴兴太守谢览等皆恭请布法，僧俗景仰，时人比拟为孔子"素王"于周。普通初（520）病归虎丘静养，五年，奉敕回京住钟山开善寺，大通元年（527）圆寂，敕葬于寺。

博通经论，立义多儒，与法云、智藏同为梁《成实论》三大家。曾奉敕主持以类抄撰《众经要钞》，注《胜鬘经》。著有《四声指归》《诗谱决疑》《成实论义疏》等。

（李　峰）

陆　倕（470—526）

陆倕，字佐公，吴郡吴县（今江苏苏州）人。生于南朝宋泰始六年（470）。陆慧晓子。少勤学，善文章，颇为外祖父张岱称赏。曾于宅内构茅屋，闭门读书，过目不忘。曾向别人借阅《汉书》，不慎将《五行志》四卷遗失，遂凭记忆默写后还人，竟无一点遗漏。

年十七举为本州秀才。时齐竟陵王萧子良设西邸，延引文学英士，陆倕在列，与沈约、谢朓等并称"竟陵八友"。陆倕深受沈约赏识，与任昉尤善。任昉为御史中丞时，文人争与交好，然参与游宴者仅殷芸、到溉、刘孝绰兄弟及陆倕，号称"龙门之游"。陆倕与任昉为忘年之交，曾作《感知己赋》以赠，颇受时人青睐。

初仕齐为议曹从事参军、庐陵王法曹行参军。入梁，为安成王外兵参军，转主簿，后迁临川王东曹掾。天监六年（507），因礼乐制度多所创革，梁武帝萧衍因与陆倕有西邸旧游之谊，爱其才，乃命陆倕撰《新漏刻铭》，文辞华美。后陆倕又奉敕撰成《石阙铭记》，梁武帝盛赞辞义典雅，足为佳作。十四年，出为寻阳太守，行江州府事，赴任途中作《以诗代书别后寄赠京邑僚友》，表达了对任昉这样富有才华之人深深的惋惜之情。在任有《思田赋》，反映了对美好田园生活的憧憬。后累迁太子庶子、国子博士、中书侍郎、太常卿。

陆倕诗文并有盛名。萧纲《与湘东王书》以谢朓、沈约之诗，任昉、陆倕之笔并举。昭明太子萧统《宴阑思旧诗》称赞其"佐公持文介，才学罕为俦"。普通七年（526）陆倕卒后，梁元帝萧绎亲撰墓志铭，称其"词峰飚竖，逸气云浮"[1]。

---

[1] 萧统、萧绎赞语，转引自张溥著，殷孟伦注：《汉魏六朝百三家集题辞注·陆太常集》，人民文学出版社1960年，第236页。

《梁书·陆倕传》记载陆倕有文集二十卷,至隋只有十四卷,后散佚。明张溥辑有《陆太常集》,收录于《汉魏六朝百三名家集》中。清严可均辑《全上古三代秦汉三国六朝文》存其文二十四篇,逯钦立辑《先秦汉魏晋南北朝诗》存其诗四首。

(李文才)

范怀约

范怀约,吴郡吴县(今江苏苏州)人。顾协、梁颜协师。儒生。博闻多识,尤勤于书艺,南朝梁天监(502—519)时官东宫侍书。工行、草书,精隶书,真楷有力,方正循纪,颇为梁武帝称赏。时人学正书,以其与殷钧为主,有正书《写正览》。曾与王深、褚洵等为张率缮写书达百卷之多。

(李 峰)

顾 协(470—542)

顾协,字正礼,吴郡吴县(今江苏苏州)人。生于南朝宋泰始六年(470)。顾和七世孙。幼时丧父,随母寄居外祖父张永家,颇为张永欣赏,认为顾氏兴盛有望。及长颇好学,能专心致力,湘东王谓其"行称乡闾,学兼文武,服膺道素,雅量邃远,安贫守静,奉公抗直,傍阙知己,志不自营"[1],评价甚高。

初为扬州议曹从事史,举为秀才,沈约赞其策试"江左以来,未有此作"[2]。迁安成王国左常侍,兼廷尉正。太尉、临川王萧宏召为掌书记,侍奉西丰侯萧正德读书。萧正德任巴西(今四川阆中县西)、梓潼(今属四川)郡守,顾协被任命为一县县令,因母去世而未就。服丧期满,出任西阳(今河南光山西南)郡丞。归授北中郎行参军,再兼廷尉正。西丰侯萧正德任吴郡太守,顾协被授予中军参军,领郡五官,迁轻车将军、湘东王萧绎参军事,兼记室,与颜协才学相亚,府中称为"二协"。梁普通六年(525)从萧正德北伐,为府录事参军,掌书记,回军后,经湘东王举荐,授员外散骑常侍、鸿胪卿,兼中书通事舍人,得以经常参与机密。梁武帝萧衍有记述、著作总要给顾协看,当时以为荣耀。

素性清正耿直,在朝十六年,不受贿赂,器服俭朴。原任廷尉正时,冬天衣服单薄,寺卿蔡法度想将自己的短袄奉送,畏其严正,始终未敢开口。有个门生知顾协廉洁,只送二千钱,不敢送重礼。顾协气极,将此门生打二十大板,从此手下

---

[1] 姚思廉:《梁书》卷三十《顾协传》,中华书局1973年,第445页。
[2] 李延寿:《南史》卷六二《顾协传》,中华书局1975年,第1519页。

无人再敢给其送礼。

顾协少时正欲与其舅亲生女定亲,因母丧而未成婚,丧服除后便未再娶。到顾协六十几岁时,该女仍未嫁人,顾协佩服其义举,迎为妻室,但无子嗣。自服母丧,终身只穿布衣、吃蔬菜。梁大同八年(542)卒,谥温子。卒时竟无衾褥装殓,士子皆嗟叹不已。

生平博览群书,对文字和禽兽草木等研究精深,著有《异姓苑》《琐语》及文集十卷,流传于世。 (李文才)

张 绎

张绎,字士和,吴郡吴县(今江苏苏州)人。于茅山修道,属上清派。奖励学徒,整肃法事,讲论理致深密,深为南朝梁武帝钦赏。曾与陶弘景讨论释、老二教,颇有条理。梁普通三年(522),张绎曾立《九锡真人三茅君碑》。后隐居嘉兴专心道法。工书法,诸体皆善,别制云篆,所作《茅山南洞碑》甚工。 (李 峰)

张 率(475—527)

张率,字士简,吴郡吴县(今江苏苏州)人。生于南朝宋元徽三年(475)。张瓌子。十二岁能属文,常日限为诗一篇,或数日不作,则追补之,稍进作赋颂,至十六岁,积诗两千余首。因虞讷诋其诗,张率尽焚,重新作诗呈虞讷,托名沈约。虞讷则句句嗟称,无字不善,张率告知此为己作,虞讷羞惭而退。友陆少玄家有书万余卷,张率遂尽读其书。

齐建武三年(496),举秀才,除太子舍人,被左卫将军沈约誉为后进才秀,并与任昉订交。后除太子洗马,萧衍霸府建,引为相国主簿。天监元年(502)萧衍登位为梁武帝后,张率为司徒谢朏掾,直文德待诏省,奉敕抄乙部书,又撰古妇人事,派工书法者琅琊王琛、吴郡范怀约等写给后宫。张率请假东归,论者谓为傲世,张率惧,奏呈《待诏赋》,梁武帝甚见称赏,手敕答曰:"(司马)相如工而不敏,枚皋速而不工,卿可谓兼二子于金马矣。"[1]又侍宴赋诗,武帝赐诗将其誉为东南才子,深庆得人为盛。不久以张率为秘书丞,掌集书诏策。出为新安太守。

天监四年,丁父忧去职。父有女伎数十人,其善讴者有姿色,邑子仪曹郎顾

---

[1] 姚思廉:《梁书》卷三三《张率传》,中华书局2000年,第329页。

珌之求娉,讴者不愿而出家为尼,曾于张率宅为斋会,被顾珌之诬告相奸。南司以事奏闻,武帝惜其才,寝其奏,然犹致时论。七年,敕召张率,出任中权建安王中记室参军。转宣毅谘议参军、中书侍郎。十三年,为宣惠谘议,领江陵令。复以谘议领记室,出监豫章、临川郡。除太子仆,累迁招远将军、司徒右长史、扬州别驾。后为黄门侍郎、新安太守。大通元年(527)卒。

平生嗜酒,性宽雅,以文才著称,著有《文衡》十五卷、《文集》三十卷。[1]

(李嘉球)

陈景尚

陈景尚,吴郡吴县(今江苏苏州)人。修道通经,善讲诵,道释中无人可及,南朝梁武帝六子邵陵王萧纶雅相敬重。中大通四年(532),萧纶拜郢州刺史,召陈景尚随至郢。后卒于江夏。所作《灵书经》大行于世,为道教灵宝派创始时期重要典籍。

(李 峰)

陆 襄(480—549)

陆襄,字师卿,吴郡吴县(今江苏苏州)人。生于南朝齐建元二年(480)。本名衰。后有人上奏将"衰"误写为"襄",梁武帝萧衍为之改名襄。父陆闲,曾任南齐始安王萧遥光扬州治中,永元末年(501)因萧遥光作乱牵连被误杀。陆襄二十岁遭家祸,终身粗茶淡饭,衣着简单,不听音乐,口不言杀害之语五十来年。

梁武帝天监三年(504),被荐为著作佐郎,受任永宁令。迁司空临川王法曹、外兵参军、轻车庐陵王记室参军。昭明太子萧统听闻陆襄学问品行,荐于梁武帝,任为太子洗马,调中舍人。后出任扬州治中,累迁国子博士、太子家令、太子中庶子。昭明太子卒后,又被任为中散大夫、领步兵校尉、金华宫家令、知金华宫事。中大通七年(535),外任鄱阳内史,颇有德政。同年改元大同,郡人鲜于琛起事,被陆襄生擒,迅即平定,惩治党羽时枉直无滥,民为歌谣:"鲜于平后善恶分,民无枉死,赖有陆君。"[2]陆襄还成功调解彭、李二家纷争,民众又作歌曰:

---

[1] 姚思廉《梁书》卷二二作三十卷,范成大《吴郡志》卷一四作四十卷。
[2] 姚思廉:《梁书》卷二七,中华书局1973年,第410页。

"陆君政,无怨家,斗既罢,仇共车。"[1]在官六年,一郡大治,民为其立碑颂德,又上表乞求陆襄留任未成。

历官至秘书监、扬州大中正、度支尚书。太清二年(548),侯景叛军围宫城,陆襄时直侍中省,次年三月城陷后逃回吴县。叛军下吴郡,侯景命苏单于为太守,陆黯起义杀死苏单于,并推举陆襄代理郡事。此时淮南太守、文成侯萧宁避难至吴地,陆襄派人迎为盟主,派陆黯与兄子陆映公率兵抵抗侯景部将宋子仙,陆黯于松江战败逃走,吴下诸军各自逃散。陆襄藏身墓下,一夜之间忧愤而死。侯景之乱平定后,被追赠为侍中、云麾将军,后因兴起义兵之功,又被追封为馀干(今余干)县侯,食邑五百户。

(李文才)

顾 烜(? —约549)

顾烜,吴郡(今江苏苏州)人。顾雍裔孙。父顾子乔,曾为南朝梁东中郎武陵王参军事。顾烜仕梁,历任临贺王萧正德记室兼吴郡五官掾、建安令等职,赐侯爵,多善政,尤以儒术知名。

著有《顾烜钱谱》一卷,原书《钱谱》《钱图》各一卷。《隋书·经籍志》《旧唐书·经籍志》《新唐书·艺文志》《宋史》以至明万历四十四年(1616)陈第编《世善堂藏书目录》俱见著录。《顾烜钱谱》原书今虽亡佚,但曾被多种著作引用,如洪遵《泉志》就引用四十二处,故尚得见其中部分内容。《顾烜钱谱》论述六朝钱最多,述及六朝同朝的北方钱和属地钱也很多,一些奇异稀有的钱币也有论及。

该书唐宋以来被推崇为中国第一部钱币学著作,集中体现了中国钱币学初创阶段的学术成果,对后世影响深远。南宋洪遵编著的《泉志》为今人所见最早的完整的钱币原作,其《泉志·序》开篇即云:"泉之兴……岁益久,类多湮没无传,梁顾烜始为之书,凡历代造立之原,若大小重轻之度,皆有伦序,使后乎此者,可以概见,唐封演辈从而广之。"[2]

梁太清三年(549),侯景反叛,兵破吴郡,顾烜殉难,葬于吴县(今江苏苏州)穹窿小王山。子顾野王,别有传。

(李文才)

---

[1] 姚思廉:《梁书》卷二七,中华书局1973年,第410页。
[2] 邹志谅:《论〈顾烜钱谱〉对中国钱币学的贡献》,《中国钱币》2000年第3期。

陆 罩(487—?)　　　弟 陆 煦

陆罩,字洞元,吴郡吴县(今江苏苏州)人。生于南朝齐永明五年(487)。陆杲子。博学有文才,诗风绮丽。梁普通四年(523),被雍州刺史、晋安王萧纲召为记室参军,曾撰《帝集序》。中大通三年(531),萧纲被立为太子,陆罩迁太子中庶子,掌管记,六年,与萧子显等辑成《法宝联璧》,又为萧纲编定文集。大同七年(541),以母老辞官,公卿以下皆相送,太子特赐黄金五十斤,时人皆以为荣。仕终光禄卿。

弟陆煦,东昏侯永元间仕南朝齐。梁天监元年(502)武帝萧衍践祚后,历任中书侍郎、尚书左丞、太子家令。学涉广博,有思理,尤精史地之学,撰《晋书》未成而卒。著有《陆史》《陆氏骊泉志》等。

(李　峰)

皇 侃(488—545)

皇侃,一作皇偘,吴郡(治今江苏苏州)人。生于南朝齐永明六年(488)。青州刺史皇象九世孙。从小好学,师事会稽(今浙江绍兴)名儒贺瑒,尽通其学,尤精《三礼》《孝经》《论语》。梁初曾任国子助教,于学馆讲论经义,学生数百人。所撰《礼记义疏》五十卷进呈梁武帝,后交秘阁珍藏。不久,被召进寿光殿讲解《礼记》,梁武帝赏识其才学,拜为员外散骑侍郎,仍兼国子助教。生性孝敬,常常每天背诵《孝经》二十遍。母卒后,为守丧而解职归里。平西邵陵王仰慕其学问,以厚礼迎请。大同十一年(545),皇侃因染心疾而卒。

皇侃所著《论语义疏》《礼记义疏》为时人所重,儒者相互传习。《论语义疏》凡十卷,博采群言,可补何晏《论语集解》之未备,表现了南朝的玄学学风及玄学对儒学的影响:"名物制度,略而弗讲,多以老、庄之旨,发为骈俪之文,与汉人说经相去悬绝。此南朝经疏之仅存于今者,即此可见一时风尚。"[1]此书即邢昺《注疏》之蓝本,南宋时亡佚,有唐时旧本传入海外。清康熙时,日本学者山井鼎称其国见该书,乾隆年间觅回,收进《四库全书》,清钟谦钧的《古经解汇函》亦有刻本。所著《礼记义疏》四十八卷,唐贞观中太宗令孔颖达等修《礼记正义》,便以皇氏为本,以北朝名儒熊安生《礼记义疏》补所不足。孔颖达曾指出,皇氏虽章句详正,稍嫌繁杂面广,既遵照郑玄,又常不合郑义,如同落叶不归其根。然而

---

[1] 皮锡瑞:《经学历史》,中华书局1981年,第176页。

能摭采众家,词富理博,使说《礼》之家钻研不尽。对于《礼记义疏》,皮锡瑞则认为,熊安生、皇侃二人相较,则皇侃为胜。南宋卫湜的《礼记集说》、清孙希旦的《礼记集解》,都是在皇侃《礼记义疏》的基础上完成的,既有所继承和借鉴,也有所提高。

另著有《礼记讲疏》九十九卷、《孝经义疏》三卷,均佚。清马国翰据孔颖达等《礼记正义》和邢昺《孝经正义》所引,辑有《礼记皇氏义疏》《孝经皇氏义疏》。

(李文才)

张 嵊(488—549)

张嵊,字四山,吴郡吴县(今江苏苏州)人。生于南朝齐永明六年(488)。张稷子。少方雅,有志操,能清言。梁天监十二年(513)父于青州被州民徐道角夜袭所害,爵土亦被奏削。张嵊感家祸,终身蔬食布衣,手不执刀刃,不听音乐。

州举秀才,起家秘书郎,累迁太子舍人、洗马、司徒左西掾、中书郎。出为永阳内史,升中军宣城王司马、散骑常侍。又出为镇南湘东王长史、寻阳太守。中大同元年(546),征为太府卿,不久迁吴兴太守。

太清二年(548),叛将侯景围京城建邺(今江苏南京),张嵊派弟张伊率郡兵数千人援救。次年宫城陷,御史中丞沈浚避难东归。张嵊往见,慷慨道:"贼臣凭陵,社稷危耻,正是人臣效命之秋。今若收集兵力,保据贵乡。若天道无灵,忠节不展,虽复及死,诚亦无恨。"〔1〕沈浚力助张嵊举义拒逆,收集士卒,缮筑城垒。时邵陵王东奔至钱唐(今浙江杭州),闻张嵊义举,即授以征东将军,加秩中二千石。侯景行台刘神茂攻破义兴(今江苏宜兴),派使者劝说张嵊,如果早降附,当还以郡相处,复加爵赏。张嵊命斩其使者,仍派军主王雄等率兵于鱣渎逆击刘神茂,刘神茂兵败退走。侯景复派中军侯子鉴率精兵二万人,助刘神茂反攻,张嵊派军主范智朗出郡西拒战,为刘神茂所败退归。敌骑乘胜焚栅,栅内众军皆土崩瓦解。张嵊乃释戎服,坐于听事,叛军临之以刃,终不为屈,被执送侯景。侯景将舍之,张嵊言速死为幸;侯景本想存其一子,张嵊言己一门已心在鬼录,不就你处求恩,遂皆被杀于都市,子弟同遇害者十余人。侯景之乱被平定后,追念张嵊捐躯殉节,英风劲气,赠侍中、中卫将军、开府仪同三司,谥忠贞子。

(李嘉球)

---

〔1〕 姚思廉:《梁书》卷四三《张嵊传》,中华书局1973年,第610页。

僧 迁(495—573)

僧迁,俗姓严,吴郡吴县(今江苏苏州)人。生于南朝齐建武二年(495)。出家为僧,诵习《法华经》。师事京师建康(今江苏南京)钟山灵曜道则法师,博涉经论,颇被推重。曾问难招提寺慧琰禅品义,精思纵辩,为众叹服,招提寺因此而改旧制,更新章句。天监元年(502)梁武帝萧衍称帝后,于善言殿集众讲论,钦嘉僧迁以家僧之礼。僧迁明通《胜鬘经》,凡讲《涅槃》《大品》十八部经皆著义疏。

后梁宣帝萧詧建元大定(555),敕任僧迁为僧正。明帝天保十二年(573),卒于荆州大宝精舍,葬于江陵中华北山。 (李 峰)

张 种(504—573)

张种,字士苗,吴郡吴县(今江苏苏州)人。生于南朝梁天监三年(504)。祖父张辩,为张茂度四子。历官吏部郎、大司农、广州刺史。笃信佛法。与兄演、镜、永及弟岱皆知名当世,时称"张氏五龙"。

年四十余张种始出仕,历任中军宣城王府主簿、始丰令,以母老辞任武陵王左西曹掾。承圣元年(552)侯景之乱平,起为外兵参军、贞威将军、治中从事史。陈天嘉元年(560)为左民尚书,次年权监吴郡,复任本职,迁侍中,领步兵校尉。后任太常卿、弘善宫卫尉,扬东、扬州大中正。宣帝即位(569),任都官尚书,领左骁骑将军,迁中书令。位显家贫,清虚学尚。太建五年(573)卒,赠特进,谥元子。著有《张种集》。 (李 峰)

陆山才(509—566)

陆山才,字孔章,吴郡吴县(今江苏苏州)人。生于南朝梁天监八年(509)。祖父陆翁宝,曾任梁尚书水部郎。父陆汎,曾任散骑常侍。

少时气度即卓越豪迈,爱好文史,为范阳张缵与弟张绾所钦重。出任王国常侍、外兵参军,因父病回家侍奉。承圣元年(552),陆山才被王僧辩任为仪同府西曹掾。陈霸先灭王僧辩后,陆山才逃到会稽(今浙江绍兴)依附张彪,张彪败后,才归附陈霸先。绍泰(555—556)中,都督周文育出镇南豫州(治今安徽宣城),因不擅文书和奏疏,遂命陆山才为长史,并将政事全部委付。周文育南伐,打败萧勃,生擒欧阳颁,谋划大多出自陆山才。周文育西伐王琳时,留陆山才监理江州政事,仍镇守豫章(今江西南昌)。周文育和侯安都在沌口(今湖北武汉汉阳区西南)战败时,余孝顷进犯豫章,陆山才收拢集合余众,依附于周迪。周迪活捉了余孝顷、李孝钦等,派陆山才从都阳(今广西都安县西)乐安岭东道解送京师。陆山才被任为中书侍郎,后又由乐安岭前去平定安抚南川诸部。

周文育重新镇守豫章、京口(今江苏镇江),陆山才又被任为贞威将军、镇南长史、豫章太守。陈永定三年(559),熊昙朗杀害周文育,并囚禁陆山才等,送于王琳,尚未到达,因侯安都在宫亭湖击败王琳部将常众爱,陆山才得以返回,并被任为贞威将军、新安太守。因王琳叛乱尚未平定,陆山才留镇富阳(今属浙江),以保卫东道。后入为员外散骑常侍,又升为宣惠始兴王长史,主管东扬州事务。从侯安都讨伐留异有功,被任为明威将军、东阳太守。入朝后任镇东始兴王长史,兼任会稽郡丞,主持东扬州事务,尚未就任,改为散骑常侍,兼度支尚书,满一年后实授。天嘉六年(565),从陈顼南伐周迪,任军司,平定周迪后官复原职。回朝后,因在侍宴上有言语过错遭劾免职,寻为散骑常侍,升云旗将军,西阳、武昌两郡太守。天康元年(566)卒。

陆山才能诗,今存一首:"田横感义士,韩王报主臣。若为留意气,持寄禹川人。"[1] 逯钦立辑入《先秦汉魏晋南北朝诗》。

(李文才)

陆云公(511—547)

陆云公,字子龙,吴郡吴县(今江苏苏州)人。生于南朝梁天监十年(511)。陆倕从孙,陆厥、陆襄侄。父陆完,曾为宁远长史。

自幼聪慧,五岁能背诵《论语》《毛诗》,九岁时读《汉书》,从祖父陆倕和刘显考问《汉书》中十事,皆一一作答而毫无遗漏。刘显对其赞叹不已,认为有异于常人。长成之后,好学有才思。州举秀才,任宣惠武陵王、平西湘东王行参军。陆云公曾作《太伯庙碑》,吴兴太守张缵见后非常欣赏,称其为"今之蔡伯喈(蔡邕)",回京掌管选官,荐于梁武帝萧衍。命兼尚书仪曹郎,入直寿光省,以本官管著作郎事。累迁中书黄门郎,监管著作,颇受梁武帝恩宠厚待,欲任为侍中。当时天渊池新造鯿鱼舟,梁武帝闲暇时常乘此舟随波荡漾,陆云公与太常刘之遴、国子祭酒到溉、右卫朱异同为陪伴,时以为荣。太清元年(547)卒后,梁武帝颇

---

[1] 李延寿:《南史》卷六四《张彪传》,中华书局 1975 年,第 1567 页。

为悼惜,手诏称其"风尚优敏,后进之秀"。张缵也致书陆云公叔父陆襄兄长陆晏子,谓陆云公英年殒逝,"非唯贵门丧宝,实有识同悲,痛惋伤惜,不能已已"[1]。

陆云公善弈,工词翰,著有文集十卷,已佚。逯钦立《先秦汉魏晋南北朝诗》辑有其《释奠应令诗》十章。清严可均《全上古三代秦汉三国六朝文》存其文三篇。陆云公所作《星赋》,假设汉武帝同司马迁、司马相如的对答,描绘君臣夜游昆明池的情景,颇为别致。

(李文才)

许孝敬(?—566)

许孝敬,小名嗣儿,吴郡吴县(今江苏苏州)人。劲勇过人,为梁武帝孙岳阳郡王萧詧之骁将。梁元帝承圣四年(555),萧詧附西魏为后梁,于江陵称帝,许孝敬多有战功。后梁明帝天保四年(566),许孝敬以大将军守河东郡,因无救援,为南朝陈大将吴明彻所擒,杀于建康(今江苏南京)。后梁追赠车骑大将军。

子许世武,少袭父大将军职。轻财重宾客,好勇而不拘行检。后梁天保七年(569),为陈司空章昭达大败于竟陵青泥。家产略尽,郁郁不得志。二十四年五月萧琮嗣位后,依附隋朝,世武与陈荆州刺史、宜黄侯陈慧纪相交结,密谋降陈,事泄被杀于江陵。

(李 峰)

慧 勇(515—583)

慧勇,一作法勇,俗姓桓,吴郡吴县(今江苏苏州)桓里人,祖籍谯国龙亢(今属安徽怀远)。生于南朝梁天监十四年(515)。幼从扬都灵曜寺僧则法师出家。后从静众寺僧峰律师学十诵律,从龙光寺僧绰、建元寺法宠禀宗《成实论》。年三十盛开讲席。太平二年(557)南朝梁亡后,住金陵摄山(今江苏南京栖霞山)止观寺,与僧诠义兼师友,大法获传。陈天嘉五年(564),文帝请于太极殿讲说。住大禅众寺十八年,营造般若讲堂。能文善辩,宣讲《华严经》《涅槃经》《方等经》《大集经》《大品般若经》《大智度论》《中论》《百论》《十二门论》等,时有高誉。

至德元年(583)卒,葬于摄山西岭。

(李 峰)

---

[1] 姚思廉:《梁书》卷五十《陆云公传》,中华书局2000年,第503页。

孙　玚（516—587）

孙玚,字德琏,吴郡吴县(今江苏苏州)人。生于南朝梁天监十五年(516)。祖父孙文惠,齐越骑校尉、清远太守。父孙循道,梁中散大夫,以朴雅名世。

年少倜傥,好谋略,博览经史,尤善书牍文札。起家为梁轻车将军、临川嗣王行参军,后任安西将军、邵陵王水曹中兵参军事,从邵陵王出镇郢州,得到赏识恩遇。太清二年(548)任假节、宣猛将军、军主,从王僧辩讨伐侯景叛乱,被荐为戎昭将军、宜都(今湖北枝江)太守。随王僧辩前往武昌援救徐文盛,适逢郢州失陷,受命留守巴陵(今湖南岳阳),击败侯景叛军,随大军沿江东下,攻克姑孰,战功卓著,被任为员外散骑常侍,封富阳县侯,食邑千户。不久又任假节、雄信将军、衡阳内史,未及赴任,改任衡州平南将军府司马,因镇压黄洞蛮民起事有功,出任东莞(今属广东)太守,行广州刺史。不久又被任为智武将军,监湘州事。梁敬帝继位(555)后,出任持节、仁威将军、巴州刺史。

陈霸先称帝(557)后,王琳在郢州另立梁永嘉王萧庄为帝,乃任孙玚为太府卿,加通直散骑常侍。不久,王琳伐陈,命孙玚为使持节、散骑常侍、都督郢荆巴武湘五州诸军事、安西将军、郢州刺史,统领留守之任。北周遣大将史宁率军四万乘虚攻郢州,孙玚部将张世贵举外城以投敌,孙玚所部虽不足千人,守御顽强,士卒用命。北周军久攻不下,乃谎称授孙玚柱国、郢州刺史,封万户郡公,孙玚假装应允,暗中修造战斗器械。北周军闻知陈军已大败王琳,即将乘胜西进,不得不解围而去。孙玚亦遣使上表归顺陈朝。

天嘉元年(560),任使持节、散骑常侍、安南将军、湘州刺史,封定襄县侯,食邑千户。孙玚内心不安,一再请求入朝,陈文帝改任其为持节、安东将军、吴郡太守,任满后征为散骑常侍、中领军。留异据东阳郡(今浙江金华)反叛,孙玚奉诏率军讨伐,叛乱平定后迁镇右将军,不久,出任使持节、安东将军、建安(今福建建瓯)太守。

太建四年(572),任都督荆信二州诸军事、安西将军、荆州刺史,出镇公安(今属湖北)。在职六年,因公事被免,调任通直散骑常侍。北伐失利后,出任散骑常侍、都督荆郢巴武湘五州诸军事、郢州刺史。十二年,因被诬里通境外免职抵罪。

博涉经史,尤善书翰,常广集鸿儒论学,并与高僧等辩佛理,时有高论。以孝友闻名,财物都散给亲友。善于品评人物,凡婚姻嫁娶都选择高门。性通达豪奢,庭院楼阁、歌舞伎女,当时少有。在郢州时,曾将十余条船拼接成大舫,在大舫中设置亭台池榭,泛游长江。

陈后主即位(582)后,孙玚历任通直散骑常侍,兼起部尚书,心思机巧,军国器械大多由其修造。后为侍中、祠部尚书。后主屡次至其家看望,并吟诗作赋称赞其功勋品德。祯明元年(587)卒于任,赠护军将军、侍中,谥桓子。　　(孔祥军)

陆　缮(517—580)

陆缮,字士缛,吴郡吴县(今江苏苏州)人。生于南朝梁天监十六年(517)。陆慧晓孙。父陆任,仕梁为御史中丞。

幼有大志。起家为梁宣惠将军武陵王府法曹参军。梁元帝承圣年间(552—554)任中书侍郎,掌东宫管记。江陵失陷,微服潜归京师建康(今江苏南京)。绍泰元年(555),任司徒府右长史,进御史中丞,因其父在御史中丞任上去世,遂不肯就任。改陈霸先司徒府司马,迁给事黄门侍郎、领步兵校尉、通直散骑常侍,兼侍中。南朝陈永定元年(557),迁侍中。当时留异拥兵割据东阳郡(今浙江金华),新安向文政与留异联结,占据本郡,朝廷任用陆缮为贞威将军、新安太守。

陈文帝继位(559),征召陆缮为太子中庶子,领步兵校尉,掌东宫管记。陆缮仪表端庄,举止安闲高雅,陈文帝让太子诸王都以其为标准。改任尚书吏部郎中,仍领步兵校尉,侍奉东宫。陈宝应叛乱被平定后,出任贞毅将军、建安太守。任职期满,改散骑常侍、御史中丞,仍以其父卒于此职不肯就任,因朝廷不许,姑且更换官舍办公。

太建初年(569),升度支尚书、侍中、太子詹事,掌管东宫事务,领扬州大中正。太子亲政后,加散骑常侍,随后改加侍中。再迁尚书右仆射,转左仆射,参与官员铨选,侍中依旧。此后再任尚书仆射,领前将军,复为左仆射,领扬州大中正,与徐陵等七人参议政事。十二年卒,赠侍中、特进、金紫光禄大夫,谥安子。

(孔祥军)

顾野王(518—581)

顾野王,字希冯,吴郡吴县(今江苏苏州)人。生于南朝梁天监十七年(518)。顾烜子。幼好学。七岁习读五经,九岁能文章,所作《日赋》受到领军将军朱异赏识。年十二岁随父游宦建安,撰《建安地记》二篇。及长益笃学,通览经史,"天文地理、蓍龟占候、虫篆奇字,无所不通"[1]。为人谦和纯厚,有孝友名。

梁大同四年(538),以太学博士起家入仕。后为中领军将军临贺王记室参军。太清二年(548),侯景乱起,顾野王时居家丁父忧,听闻京师建康被叛军围攻,即招募同乡数百人,随义军驰援京师,执戈披甲,慷慨激昂,"见者莫不壮之"[2]。建康陷落后至会稽,转东阳郡,与刘归义守城抗敌,颇受太尉王僧辩赞赏,承圣元年(552)侯景之乱平定后,便委派其督管海盐县。

陈霸先称帝(557)后,顾野王为临川王陈蒨的安东将军府记室参军,迁谘议参军。陈蒨即位(559)后,顾野王为撰史学士,不久又加任招远将军。光大元年(567),任鄱阳王镇东将军府谘议参军。太建二年(570),调任国子博士,兼太子陈叔宝东宫管记。六年,任太子率更令,不久领大著作,掌国史,兼任东宫通事舍人。后调任黄门侍郎,光禄卿,主持五礼事,其他官职不变。十三年卒,追赠秘书监,至德二年(584)又追赠右卫将军。

顾野王擅书法、绘画,据说梁宣城王任扬州刺史时,在东府建宅院,命顾野王画古代贤像,王褒写赞,时称二绝。勤于著述,有《玉篇》《舆地志》《符瑞图》《顾氏谱传》《分野枢要》《续洞冥纪》《玄象表》等,多见于《隋书·经籍志》《日本国见在书目》等,以《玉篇》《舆地志》最为有名。

(孔祥军)

陆　庆　　子　陆士季

陆庆,吴郡吴县(今江苏苏州)人。通习"五经",尤明《春秋左氏传》。仕南朝梁,初为武陵郡王萧纪右常侍,历征西府墨曹行参军,出任娄县令。梁末丧乱隐居,专心佛典。陈天嘉初(560),辞征通直散骑侍郎。太建(569—582)中,吴郡太守、永阳王陈伯智慕名欲见,陆庆辞而不见。后鄱阳王、晋安王俱征以记室,皆不赴。时人比为西汉名节之士严遵、郑朴。

长子陆士季,字幼容。顾野王弟子。南朝陈时为桂阳王左常侍。入隋,为越王杨侗记室兼侍读,皇泰元年(618)杨侗称帝后,擢著作郎。时王世充将篡位,陆士季献策,自愿为皇泰帝谋刺王世充,事泄停官侍读。唐太宗李世民即位后,为太学博士,兼弘文馆学士,约卒于贞观二年(628)。学问博洽,精于《左氏春

---

[1] 姚思廉:《陈书》卷三〇《顾野王传》,中华书局1972年,第399页。
[2] 姚思廉:《陈书》卷三〇《顾野王传》,中华书局1972年,第399页。

秋》《史记》《汉书》。著有《陆士季集》。

（李　峰）

陆子隆(523—570)

陆子隆,字兴世,吴郡吴县(今江苏苏州)人。生于南朝梁普通四年(523)。祖父陆敞之,梁嘉兴县令。父陆悛,梁封氏县令。

少年时便慷慨激昂,有志于功名,起家为东宫直后。太清二年(548)侯景叛乱,陆子隆在家乡起义兵,为吴郡太守张彪部将,张彪改会稽太守,又随同赴任。陈蒨讨伐张彪,张彪部将沈泰、吴宝真、申缙等先后降附,陆子隆却奋战兵败。陈蒨惜其才能,仍令统帅旧部,委为中兵参军。此后历任始丰、永兴县令。

陈蒨即位(559)为陈文帝后,陆子隆领甲兵在宫中值宿警卫。不久随侯安都于栅口抵御王琳,王琳平定后,被任为左中郎将。天嘉元年(560),封益阳县子,食邑三百户,任高唐太守。次年任明威将军、庐陵(今江西吉水东北)太守。当时周迪叛据临川郡(今江西抚州),东昌县人修行师响应周迪,率兵来攻,军锋甚锐。陆子隆于城外设伏,紧闭城门,偃旗息甲,示之以弱,及修行师率军到此,两面夹击,修行师大败乞降,被解送京师。四年,随都督章昭达击败周迪,又讨伐陈宝应,军至建安(今福建建瓯)后,奉命监理郡中事务。章昭达先与叛军交战失利,陆子隆闻讯驰援,大败叛军。晋安郡(今福建福州)平定后,陆子隆因功劳最大,升任假节、都督武州诸军事,将军号仍旧。不久改封朝阳县伯,食邑五百户。废帝即位(566)后,进号智武将军,加员外散骑常侍。

光大元年(567),华皎据湘州谋反,因陆子隆所据乃心腹之地,深以为患,屡遣使招诱同反,陆子隆不从,派兵来攻又不能胜。及华皎战败于郢州,陆子隆出兵袭击其后,与大军会合。被任为持节、通直散骑常侍、都督武州诸军事,进侯爵,增加食邑至七百户。不久迁都督荆信祐三州诸军事、宣毅将军、荆州刺史,持节、常侍如故。当时荆州新设,治所在公安,城池不坚,陆子隆修城抚民,甚得人心,时称名宦。荆州吏民到京师上表朝廷,请求立碑颂美陆子隆功绩,获允。

太建元年(569),陆子隆加云麾将军。次年卒,追赠散骑常侍,谥威。

（孔祥军）

陆　通(？—572)

陆通,字仲明,吴郡(今江苏苏州)人。生于北魏孝昌二年(526)之前。曾祖陆载,东晋末随刘裕北伐,随其子刘义真留镇长安,兵败失陷于赫连氏大夏。后为北魏中山(今河北定州)太守。父陆政,为人至孝,曾任宇文泰关西大行台左丞、原州(今宁夏固原)长史,封中都县伯。

少即敦厚好学,心存节操。幼年随父流落河西,因战乱与父走失,自己一路东归,先后附从尔朱荣、尔朱兆。尔朱氏覆灭后,于夏州投附宇文泰,任帐内督。不久,关中大行台、大都督贺拔岳为侯莫陈悦所害,传言贺拔岳部属都已逃散,宇文泰为此非常忧虑,陆通以为传言必然不实,果不其然,益为宇文泰礼遇。陆通身处机密之地,更加恭顺谨慎,被宇文泰更加看重。永熙三年(534),魏孝武帝从洛阳投奔宇文泰,陆通迎奉有功,进封都昌县伯,西魏大统元年(535),又进侯爵,与东魏多次交战均有战功。

西魏大统四年,从宇文泰与东魏战于洛阳,失利而回,献策迅速平定东魏降卒赵青雀等在长安的叛乱,累计前后功劳,进封公爵,任徐州刺史。因战乱未停,未赴徐州任,与于谨讨刘平伏,加大都督。又随宇文泰增援玉壁,升为仪同三司。九年,东魏北豫州刺史高仲密举州降附西魏,东、西魏再次爆发大战。陆通从将军若干惠与东魏战于邙山,西魏诸军失利,纷纷撤退,唯有若干惠与陆通所部奋力拼杀,夜中乃悄然撤退,东魏也不敢紧逼。陆通由此进封骠骑大将军、开府仪同三司、太仆卿,被赐姓步六孤氏,进爵绥德郡公。北周孝闵帝登基(557)后,拜为小司空,武帝保定五年(565),又任大司寇。建德元年(572),转为大司马,当年去世。

性格柔顺严谨,长期为官,行事清廉谨慎,所得俸禄和赏赐都分给亲朋故友,家无余财。

(徐 成)

陆 逞(528—573)

陆逞,字季明,吴郡(今江苏苏州)人。生于北魏武泰元年(528)。本名彦,字世雄。陆通弟。少即严谨,早有声名。兄陆通已因军功授爵,遂让陆逞承袭其父陆政中都县伯爵位。初仕西魏羽林监,为文帝亲信。时人多以骁勇善战以求显贵,唯独陆逞兼有文学雅致,文帝因此多加礼遇。大统十四年(548),参宇文泰大丞相府军事,寻兼记室。北周武帝保定元年(561),任吏部中大夫,历为蕃部、御伯中大夫,进骠骑大将军、开府仪同三司,改司宗中大夫,转军司马。处事干练详明,多有政绩,屡受褒敕,进封公爵。

天和三年(568),北齐遣侍中斛斯文略、中书侍郎刘逖来修邦交之好。陆逞奉诏以正使出使北齐，姿容英俊，善辞令，聪慧而又知礼节，得到北齐君臣赞许。回国将近长安时，诏令以高规格的车马和仪仗郊迎，时人以为极大荣耀。天和四年（569），任京兆尹，不久又迁司会中大夫，出为河州（今甘肃临夏）刺史。晋公宇文护表请为中外都督府司马，府中事务悉予委办，不久又转司会，兼任纳言，再迁小司马。

天和七年（572），宇文护被北周武帝诛杀，陆逞亦被免官。不久，复任纳言，因病难承繁重政务，乃改授宜州（今陕西富平）刺史。按惯例，刺史赴任辞别皇帝，朝廷要为之准备扈从仪仗，陆逞以时当农忙奏请免去，武帝褒奖其节操高雅。在宜州有惠政，翌年立太子，改任太子太保，不久去世。 （徐　成）

陆　琼（约538—586）

陆琼，字伯玉，吴郡吴县（今江苏苏州）人。生于约南朝梁大同三年（537）。陆云公子。幼年聪敏伶俐，思维有条理，六岁能写五言诗，且颇有文采。八岁时，父陆云公受梁武帝诏令校定《棋品》，陆琼在朱异、到溉等人面前能恢复已散乱的棋局，京城称为"神童"。梁武帝下令召见，见陆琼神态机敏，举止详慎，颇觉奇异。年十一父卒，悲哀过度，人称至孝，叔祖父陆襄感叹此儿必能光耀门庭。侯景之乱时，陆琼携母避难本县西乡，刻苦读书，富学识，擅文章，文史兼通。

陈武帝时州举秀才。天嘉元年（560），为宁远将军始兴王府法曹行参军，寻兼代尚书外兵郎，期满实授，名声素佳，深受陈文帝赏识。讨伐周迪、陈宝应等叛乱时，诏令及各种重要文书，文帝皆命陆琼草拟，为新安王选文学僚佐，又以陆琼为东宫管记。宣帝陈顼任司徒时，精选属官，吏部尚书徐陵荐陆琼为司徒府左西掾。不久又兼通直散骑常侍，到北齐报聘。太建元年（569），再以本官掌东宫管记。又拜太子庶子，兼通事舍人，转任中书侍郎、太子家令。长沙王为江州刺史，年少不循法度，宣帝以陆琼为江州长史，行江州军府及江州事、兼任寻阳太守。陆琼以母年高不欲远任，太子也坚请留用，遂未赴任。再迁给事黄门侍郎，兼羽林监，调任太子中庶子，兼步兵校尉。又领大著作，撰写国史。

陈后主继位（582），陆琼入直中书省，负责草拟诏书。不久转授散骑常侍，兼领度支尚书、扬州大中正。至德元年（583），实授度支尚书，参掌诏书诰命之撰，并判廷尉、建康刑狱。当初其父陆云公奉梁武帝命撰写《嘉瑞记》，陆琼按照原书旨趣续撰永定到至德年间事，乃成一家之言。又改任吏部尚书，仍兼大著作，详悉谱牒，善于品评人伦，号为称职，陈后主很是器重。陆琼生性谦虚俭朴，从不聚敛财货,虽然官位声望日渐隆盛,仍持素志,更加谦逊。所居园池屋室不做改变,车马衣服不崇尚华丽,俸禄都散给宗人,家无余财。晚年力避权要,常称病不到职治事。不久母丧,扶柩还乡,后主亲拟其母墓志铭,朝野皆以为荣。陆琼悲哀过度,至德四年去世,诏赠领军将军。

(孔祥军)

陆 琰(539—573)

陆琰,字温玉,吴郡吴县(今江苏苏州)人。生于南朝梁大同五年(539)。陆琼堂弟,陆瑜兄。父陆令公,梁中军将军宣城王记室参军。

幼年丧父,但好学不倦,志向高远,操守纯洁,州举秀才。起家为陈宣惠将军始兴王行参军,因功绩卓著擢法曹、外兵参军,为嘉德殿学士。陈文帝政务闲暇时尤喜读史书,陆琰因博学广知,善于口授典籍,被文帝引为亲信,侍奉左右。曾奉文帝命撰《刀铭》,一气呵成,无须修改,文帝赞叹不已,赐以衣物。不久,兼任直散骑常侍。以副使从王厚出使北齐,至邺城王厚病逝,陆琰遂成正使,时方二十余岁,玉树临风,风采出众,出言对答才思敏捷,颇为北齐士大夫敬佩。回国后,任云麾将军新安王府主簿,迁安成王府长史、宁远将军府记事参军。太建元年(569),任武陵王明威将军府功曹史,兼任东宫管记。

平生清心寡欲,不慕荣利,唯喜涉猎各种典籍。因丁母忧去职,五年卒。太子陈叔宝极为伤感,手诏为陆琰举哀,对其家眷多有馈赠,并亲撰墓志铭。陈叔宝登位为后主,于至德二年(584)追赠陆琰司农卿,还曾编陆琰文集两卷,唐代以后亡佚。

(孔祥军)

陆 瑜

陆瑜,字幹玉,吴郡吴县(今江苏苏州)人。陆琰弟。生于南朝梁大同六年(540)之后。州举秀才。起家为骠骑将军安成王府行参军,转为军师晋安王府外兵参军、东宫学士。兄陆琰时为东宫管记,兄弟以才学侍从太子左右,时人比作曹魏应玚、应璩兄弟。

南朝陈太建二年(570),太子陈叔宝在太学释奠,东宫臣僚一一赋诗,陆瑜奉太子命为众人所赋诗作序,辞极赡丽。不久迁尚书祠部郎中,后丁母忧去职。服阕回京,任桂阳王明威将军府功曹史,兼东宫管记,再迁永阳王文学、太子洗马、中舍人。

陆瑜自幼读书勤奋,昼夜不舍,聪明强记,过目不忘。曾从汝南周弘正习《老子》《庄子》,从僧滔法师习《成实论》,都能通晓大意。太子好学,欲博览群书,因子部、集部书繁多,陆瑜奉命钞撰,未及编成而卒。太子非常悲哀,手令为其举哀,官府办丧,又亲撰祭文,派专人吊祭,并与詹事江总论述陆瑜文辞之美。太子登位为后主,于至德二年(584)追赠陆瑜为光禄卿。

陆瑜有文集十卷,至唐代犹存。

(孔祥军)

朱满月(547—586)

朱满月,吴郡(今江苏苏州)人。生于北朝西魏大统十三年(547)。先世归于北朝。北周时因其家获罪入宫,为东宫尚服宫女,得太子宇文赟宠幸,建德二年(572)生宇文衍,后名阐。宣政元年(578)六月宇文赟继位,为北周宣帝,大成元年(579)二月,禅位于其子宇文衍,是为静帝,而自称天元皇帝,历封朱满月为天元帝后、天皇后、天大皇后,位仅次于元配皇后杨丽华。大象二年(580)五月宇文赟逝后,被尊为皇太后。大定元年(581)二月,隋国公杨坚篡位建隋,静帝被害,朱满月遂出家为尼,法号法净。隋开皇六年(586)卒,被礼葬于长安。

(李 峰)

郑法士   弟 郑法轮

郑法士,吴郡(今江苏苏州)人,郡望荥阳,系出名门。素喜绘事,出于吴中张僧繇门下。南朝梁武帝天监(502—519)中,张僧繇历官武陵王国侍郎、直秘阁知画事,官至右军将军、吴兴太守,于顾恺之、陆探微之后以画艺领袖江南,开创南朝新风。郑法士"伏道张门,谓之高足。邻几睹奥,具体而微。气韵标举,风格遒俊"[1],尽得张僧繇疏体画派嫡传。擅写真,人物仪表风度、冠璎佩带,幽雅威仪,皆有法度。尤工绘楼阁亭台,点染浮云流水、树石花草,笔得形容之妙,而能变古通今,承先启后。张僧繇卒后,郑法士得名益著,"论者谓江左自僧繇已降,法士独步"[2]。

太清二年(548),酿成侯景之乱,南梁裂败,敬帝太平二年(557)为陈所代,同年北周亦代西魏。郑法士入北周,历官大都督左员外侍郎、建中将军,封长社

---

[1] 张彦远:《历代名画记》,人民美术出版社1983年,第159页。
[2] 杨家骆编:《艺术丛编》第1集第9册《宣和画谱》卷五,台湾世界书局1971年,第159页。

县子。开皇元年（581）入隋，授中散大夫。

北周至隋国力日盛，文化开放，京城长安（今陕西西安）丹青妙手一时称盛。郑法士早有画名，又从名家杨契丹求教画本，虚心问艺，复结为姻亲之好，师法自然，悟而艺进，终出其上。画屏风一扇值二万金，次者亦一万五千金，与董伯仁、展子虔等声价相侔。

为适应佛教繁兴之艺术需求，郑法士亦为长安菩萨寺大佛殿、开业寺、清禅寺、延兴寺等创作壁画，而永泰寺东精舍《灭度变相》、海觉寺双林塔后壁及西南院门北壁神像甚妙，其为北壁僧院《郑余庆诗碑》起样，尤为雕饰奇巧。

郑法士居散官清要，供奉内廷。所作《北齐畋游图》《游春苑图》《洛中人物车马图》《明堂朝会图》《读碑图》及《贵戚屏风》等，山水、人物表现出自然主义绘画趋向。所绘人物，除《阿育王像》等宗教题材外，亦摆脱了类型化和装饰性而走向写实，堪与史并传。郑法士曾作《隋文帝入佛堂像》。开皇九年隋灭陈，郑法士作功臣《杨素像》《贺若弼像》及降臣陈豫章王《陈叔英像》等，称颂盛世一统。炀帝大业十三年（617），农民起义首领卢明月于南阳为王世充擒杀，郑法士作《擒卢明月像》以记。隋末天下大乱，郑法士不知所终。

弟郑法轮，工画，全学郑法士体。擅释道人物，用笔调润。所作画扇，与杨契丹、田僧亮、乙僧、阎立德等并称名家，每扇值万金。善绘壁画，为长安龙兴寺佛殿、纪国寺西禅院小堂所作颇精美。隋文帝立大云经寺，他与田僧亮、杨契丹合作东浮图北七宝塔壁画，时称"三绝塔"。

子郑德文，画师其父，能秉承家学，笔迹纤懦。上都崇圣寺、长安东禅寺均有其壁画。

郑法士南延张僧繇一脉于北，后来冠冕，誉称名家，于其时绘画艺术风格变化具有关键性影响。除弟郑法轮、子郑德文承家学擅名外，袁子昂、陈善见、刘乌、孙尚子、阎立本兄弟等皆师其法，各有形似，尤以阎立本名重于世。（李　峰）

孙尚子

孙尚子，一作尚孜，吴郡吴县（今江苏苏州）人。仕隋，曾任建德县尉。师法顾恺之、陆探微、张僧繇、郑法士诸名家，画善战笔之体，极富骨气。尤善画鬼神，画仕女亦有风姿，所作有《美人诗意图》《杂鬼神像》《屋宇样》等。长安定水寺、总持寺、西禅寺均有其画迹。

（李　峰）

褚 徽

褚徽，一作晖，字高明，吴郡（今江苏苏州）人。通经学，尤以三礼学著称于江南。隋大业元年（605），奉炀帝诏征至京，与徐文远、包恺、陆德明、鲁世达等南北学者于内史省论学，以博学善辩著名。擢太学博士，礼学最称专门。著有《礼疏》。

（李 峰）

潘 徽（？—约614）

潘徽，字伯彦，吴郡（今江苏苏州）人。少聪敏好学，师从郑灼、施公、张冲、张讥诸名儒，分受《礼记》《诗经》《尚书》及《老子》《庄子》之学，讲论并能贯通大义。又精《史记》及两汉书并音韵文字诸学，长于训诂。能诗赋，文有生气，笔力狂简，亦善持论。

南朝陈尚书令江总引致文儒之士，颇敬潘徽才学。潘徽释褐新蔡王国侍郎，选为客馆令。隋魏澹使陈将返，致谢启于陈后主："敬奉弘慈，曲垂饯送。"潘徽以为"敬奉"为轻，"伏奉"为重，对辩从礼，魏澹遂从而改之。

南朝陈祯明三年（589）陈亡后，隋授扬州博士。隋文帝三子秦王杨俊为扬州总管，筑馆招贤，召为学士，从朝京师，在途奉令马上为赋，行一驿即成《述恩赋》，杨俊称善。杨俊复令潘徽为《万字文》，又命撰集字书，讨论群艺，商略众书，"创立新意，声别相从，即随注释。详之诂训，证以经史"[1]，成《韵纂》三十卷并为序。开皇二十年（600）杨俊卒后，扬州总管、晋王杨广复引潘徽为扬州博士，令与诸儒撰《江都集礼》一百二十卷并作序，予以称赏恩奖。

杨广嗣帝位，大业二年（606）令潘徽与陆从典、褚亮、欧阳询等助越国公杨素撰《魏书》，寻以杨素卒未成。授京兆博士。杨素子杨玄感袭爵楚国公，迁礼部尚书，爱重文学，有盛名于天下，颇礼重潘徽，笔札往从甚密。九年，炀帝二征高丽，杨玄感于黎阳起兵败亡。十年，潘徽以杨玄感故交，谪为西海郡威定县主簿，途至陇西抑郁病卒，被同行的褚亮瘗葬于路侧。

（李 峰）

---

[1] 魏徵：《隋书》卷七六《潘徽传》，中华书局1973年，第1745页。

法　濨(？—约605)

　　法濨，吴郡(今江苏苏州)人。博涉文章书史，性机敏，善谈论。初从兴皇寺朗法师讲释《中论》《百论》《十二门论》，后于江都开善寺聚徒讲学，与吉藏、道庄、智炬等为三论宗大家。晋王杨广于扬州置四道场，召其入讲。隋仁寿三年(603)，奉敕居长安日严寺，开讲《大智度论》。次年炀帝杨广即位，大业元年(605)，法濨随驾至东都洛阳，讲于慧日道场。卒年七十余。

(李　峰)

圆　光(532—630)

　　圆光，俗姓朴，三韩新罗(古朝鲜国)人。生于南朝梁中大通四年(532)。梁元帝承圣三年(554)，来金陵游历讲筵。南陈时诏准其出家于苏州虎丘山寺。创《通成论》，讲《般若经》，名望远播于岭表。开皇八年(588)隋军南下灭陈，虎丘山寺面临劫难，圆光临危自缚于塔前，为隋军统帅钦敬，得以获释，郡人亦免被刑戮。次年赴长安，享誉京师。后还新罗国，唐贞观四年(630)卒于皇隆寺。

(李　峰)

智　炬(535—606)

　　智炬，一作智矩，俗姓吴，吴郡(今江苏苏州)人。生于南朝梁大同元年(535)。初师兴皇寺朗法师，与吉藏同学。后聚徒开讲《智度论》《中论》《百论》《十二门论》四论及《大品》，复于金陵建初寺讲《中论》《百论》《十二门论》，对答机辩，声望冠于当时。隋灭南陈后，扬州总管、晋王杨广召其讲于扬州慧日道场。隋开皇十九年(599)，奉敕住长安日严寺，大业二年(606)卒。

　　书善草隶，文藻横逸。与吉藏、道庄、法濨齐名，皆为三论宗大家。著有《中论疏》。

(李　峰)

管　崇(？—614)　　朱　燮(？—614)

　　管崇，常熟(今属江苏)人。朱燮，吴郡(今江苏苏州)人。朱燮曾出家为道士，通经史，习兵法，为昆山县(今昆山市)博士。

　　隋大业九年(613)八月，管崇起兵反隋，响应杨玄感，大破隋将赵六儿。朱燮亦率数十学生起义响应,与管崇合兵十余万,自称将军,攻略江左。十月共推刘元进为天子,进据吴郡,皆自任尚书仆射,驻屯毗陵。十二月,攻润州兵败,管崇与隋将吐万绪战败被俘,与所部五千余人同被杀。朱燮后与隋将王世充力战而死,余部三万余人皆被坑杀于黄亭涧。

（李　峰）

陆德明（约 550—630）

陆德明,名元朗,一作玄朗,字德明,以字行,吴县(今江苏苏州)人。约出生于南朝梁大宝元年(550)。陆晔后裔,陆元方先祖,陆瑜族人。受学于张讥,乃得玄学领袖周弘正再传。善言玄理,也以《易》《老》《庄》及玄学化经学为主,"皆传其业"[1]。

南朝陈宣帝太建(569—582)中,年始弱冠,应太子陈叔宝召,与四方名儒于承光殿讲义,时国子祭酒徐孝克恃贵纵辩,陆德明居下坐,独与抗对,满朝赏叹。解褐任陈叔陵始兴王国左常侍。至德元年(583),陈叔宝嗣帝位为后主,陆德明被授为国子助教,祯明三年(589)陈亡归隐。隋炀帝嗣位,大业元年(605)陆德明应许善心荐,与徐文远、包恺、褚徽、鲁世达等召授学官,为太学博士,以《易》与徐文远《左氏》、褚徽《礼》、鲁世达《诗》并以专门名家,时人称"皆为一时之最"[2]。炀帝广召明晓经典之士,陆德明与鲁世达、孔褒都于门下省辩论,无人出其之右。转任国子助教。十二年,炀帝被杀,皇泰帝杨侗授陆德明国子司业,入殿侍讲经典。时天下大乱,群雄竞起。唐高祖武德二年(619),王世充僭号于东都洛阳建郑称帝,封子王玄恕为汉王,署陆德明为其子师[3]。时徐文远为王世充师犹拜服,孔颖达在洛阳为隋皇泰帝太常博士,与长史韦节、杨续等为王世充受命撰禅代议。唯陆德明经行兼修,不降其志,服巴豆散卧床称病。王玄恕至其家行束脩扎,跪拜床下,陆德明遗痢竟不与语,后隐成皋杜门养病,风节卓然可谓大勇。四年二月,王世充降,高祖授陆德明为太学博士。七年,高祖释奠国学,

---

[1] 姚思廉:《陈书》卷三三《张讥传》,中华书局 1972 年,第 445 页。《旧唐书》卷一八九、《新唐书》卷一九八《陆德明传》皆言陆德明初受学于周弘正。陆德明《经典释文》中称引周弘正称周说,或称陈周弘正,引张讥则称师说。

[2] 刘昫:《旧唐书》卷一八九《徐文远传》,中华书局 1975 年,第 4942 页。徐文远擢授国子博士,一说召授秘书学士。据魏徵《隋书》卷五八《许善心传》载,隋炀帝大业元年,"奏荐儒者徐文远为国子博士,包恺、陆德明、褚徽、鲁世达之辈,并加品秩,授为学官"。中华书局 1973 年,第 1427 页。

[3] 司马光:《资治通鉴》卷一八七,列此事于武德二年四月戊申。胡三省注:"识见犹高于蔡沉、孔颖达远矣。"中华书局 1976 年,第 5853 页。

时徐文远讲《孝经》,沙门惠乘讲《波若经》,道士刘进喜讲《老子》,陆德明奉诏与三人论辩问难,雅有词致,论难锋起,随方立义,遍析其要,众皆为之屈。高祖称曰:"儒、玄、佛义各有宗旨,刘、徐等并当今杰才,德明一举而蔽之,可谓达学矣。"[1] 特赐帛五十匹。秦王李世民辟为文学馆学士,列名十八学士之一。以经授中山王李承乾,补太学博士。贞观元年(627)李世民即位为太宗,陆德明转国子博士,封吴县男,四年辞世。[2]

陆德明经术为贵,玄风可师,誉称通儒[3]。其学本宗南派,学问清通简要,精于义疏,隋平陈而天下统一,其能自南徂北,遍通众家之学,取北人学问渊综广博之长,于北学统一于南而不随世运转移,颇著先声。著述弘富,有《周易并注音》《周易太义》《周易文句义疏》《周易文外大义》《庄子文句义》及《周易释文》《周易师说》《易疏》《老子疏》等。历仕三朝,穷极平生,研经六籍,搜访异书,作《易》《书》《诗》《三礼》《三传》《孝经》《论语》《尔雅》《老》《庄》等十四部经典注音、释义,训诂兼及校勘,著成《经典释文》三十卷,体例独别,"古今并录,括其枢要;经注毕详,训义兼辩;质而不野,繁而非芜,示传一家之学,用贻后嗣"[4]。多为孔颖达作《五经正义》所取资,成为经学史上汉学系统的总结性文献。唐太宗称美其弘益学者:"德明虽亡,此书可传习。"[5]

子陆敦信,唐龙朔年间为左侍极、同东西台三品,封嘉兴县子。　　　(李　峰)

陆从典(562—618)

陆从典,字由仪,吴郡吴县(今江苏苏州)人。生于南朝陈天嘉二年(561)。陆琼三子。自幼聪敏好学。八岁读《沈约集》,见《回文砚铭》,援笔拟作即有佳致。年十二作《柳赋》辞藻华美,时父任东宫管记,以示同僚,咸称异才。陈宣帝太建(569—582)中,年十五州举秀才。起家著作佐郎,转太子舍人。至德元年(583),陈后主赐仆射江总并陆琼诗,陆琼代江总为谢启立成,"文华理畅,总甚异焉"[6]。寻授信义王陈祗文学,转太子洗马,迁司徒左西掾,兼东宫学士。四

---

[1] 刘肃:《大唐新语》卷十一《褒锡第二十四》,中华书局1984年,第162页。另参《佛祖统纪》卷三九及《旧唐书·陆德明传》。
[2] 陆德明生卒年有几说,姜亮夫等推论卒于贞观元年,享年72岁。
[3] 刘肃《大唐新语》载褚亮赞语。
[4] 陆德明:《经典释文·序录》,中华书局1983年,第1页。
[5] 刘昫:《旧唐书》卷一八九《陆德明传》,中华书局1975年,第4944页。
[6] 姚思廉:《陈书》卷三十《陆从典传》,中华书局1972年,第398页。

年,丁父忧。起为德教学士,固辞不就,后主敕留一员虚位以待。

祯明三年(589)陈亡入隋,仕为给事郎兼东宫学士。又除著作佐郎。开皇十七年(597),奉诏助秘书丞许善心编《七林》,正定图籍经史错谬。炀帝嗣位,大业二年(606)令其与潘徽、褚亮、欧阳询等助越国公杨素撰《魏书》,杨素又奏令陆从典续《史记》讫于隋,名为《后史》,以杨素卒未成。陆从典后坐弟曾受叛乱之汉王杨谅职,以主簿谪居南阳(今属河南)。朱粲据南阳,引为宾客,十四年,时遭饥馁,合家惨为饿兵所食。[1]

陆从典笃好学业,博涉群书,笃性孝友,伯父东宫学士陆瑜特为赏爱,陈太建中,临终以家中藏书及文稿尽予托付。陆从典乃集陆瑜文为十卷,序文甚工,颇著孝名。

(李 峰)

智 琰(564—634)

智琰,俗姓朱,字明璨,吴郡(今江苏苏州)人。生于南朝陈天嘉五年(564)。八岁出家于通玄寺,为僧璩法师弟子。诵习《法华经》,复博采群经,遍历名刹开弘经论会。至德三年(585),与百名法师竞辩,弘通纵横,为众叹服。南陈将亡,归隐苏州虎丘山寺,后深为隋炀帝礼异。唐武德七年(624),苏州总管李世嘉礼迎智琰还虎丘山寺。贞观八年(634)圆寂后,葬于虎丘南岭。

(李 峰)

陆 摺

陆摺,字士绅,吴郡吴县(今江苏苏州)人。南朝梁侍中陆晥孙。隋仁寿(601—604)中,召补春宫学士。大业(605—618)中,为燕王杨倓记室。唐太宗李世民即位后,陆摺为唐太宗子越王李泰文学。贞观十年(636),李泰徙封魏王,仍为王府文学,授朝散大夫。与唐太宗及许敬宗、于志宁、长孙无忌、褚遂良等相唱和,列名翰林学士。

(李 峰)

法 恭(568—640)

法恭,俗姓顾,吴郡吴县(今江苏苏州)人。生于南朝陈光大二年(568)。初

---

[1] 司马光:《资治通鉴》卷一八七,中华书局1976年,第5838页。新旧《唐书》之《朱粲传》同。姚思廉《陈书·陆从典传》及李延寿《南史·陆从典传》作病卒,今从《资治通鉴》。

为虎丘聚法师弟子。受具足戒后,从余杭宠法师、屹法师分习《成实论》与《毗昙》。宠法师圆寂后,法恭承遗嘱相弘持,博通内外,行高学广,三吴九派之流争趋问道。后游京师建业(今江苏南京),历询名师,归居虎丘。隋开皇(581—600)中,应苏州刺史刘权礼请,居城内回向寺。唐贞观十二年(638),奉诏赴洛阳,十四年,被特诏请为戒师,移住长安(今陕西西安),圆寂于大庄严寺,归葬于虎丘南岭。

(李　峰)

朱子奢(？—641)

朱子奢,吴郡吴县(今江苏苏州)人。博览子史,能诗善文辞。早年从郡学者顾彪习《左氏春秋》,并通《礼》,遂以经学专门名家。

隋炀帝大业(605—618)中,为直秘书学士。隋末世乱,病辞还乡,投杜伏威义军。唐高祖李渊武德四年(621),随吴王杜伏威入朝,授国子助教。九年,新罗、百济派使臣至长安,诉高句丽荣留王封闭道路不让入朝,又屡相侵掠。贞观元年(627),高句丽、百济又联伐新罗,新罗遣使告急。太宗李世民命朱子奢假为员外散骑侍郎,奉旨持节出使调解三国纷争,令其宣讲大义,勿受馈赠,倘若称旨,当授以中书舍人。朱子奢仪观端肃,讲《春秋》学,颇被钦敬,三国皆上书谢罪。还朝因受三国馈赠及收纳美女违旨受责[1],令以散官直国子学,为国子博士。二年末,与房玄龄奏议,太宗诏准于国学建孔子庙,尊称先圣。四年,奉敕撰《豳州昭仁寺碑》以纪浅水原大捷功。累转谏议大夫、弘文馆学士,迁国子司业。

唐初宗庙四室,制度未备。贞观九年五月太上皇李渊卒,将附神主于宗庙,太宗诏礼官详议庙制。朱子奢奏议,认为汉丞相韦玄成奏议五庙,刘歆认为当七庙。郑玄本于韦玄成,王肃本于刘歆,故历代庙议不能统一。首请尊古制天子建七庙,若亲尽,请上依晋宋,建三昭三穆六庙,而虚太祖之位。诏从其议,增建太庙。后太宗卒乃改制七庙,终行其议。

九年十月,太宗欲阅《起居录》以知得失臧否,朱子奢直言谏称:"愚以为圣德在躬,举无过事,史官所述,义归尽善。陛下独览《起居》,于事无失。若以此法传示子孙,窃有未喻。大唐虽七百之祚,天命无改,至于曾元已后,或非上智,但中主庸君,饰非护短,见时史直辞,极陈善恶,未必省躬罪己,唯当致怨史官。

---

[1] 刘昫:《旧唐书》卷一八九《朱子奢传》,中华书局1975年,第4948页。欧阳修:《新唐书》卷一九八《朱子奢传》,中华书局1975年,第5647页。

但君上尊严，臣下卑贱，有一于此，何地逃刑？既不能效朱云廷折，董狐无隐，排霜触电，无顾死亡，唯应希风顺旨，全身远害，悠悠千载，何以闻乎？所以前代不观，盖为此也。"[1]太宗不从，房玄龄等乃删改《高祖实录》与《太宗实录》以进，太宗见所书玄武门之变事多隐晦，乃命削去浮词，直书其事。

十一年三月，群臣请封禅泰山，多议新礼中封禅仪注简略未周，朱子奢奉令与秘书少监颜师古同四方名儒博物之士参议得失，上《请封禅表》裁议诸家。

朱子奢持儒家"德主刑辅"之法律思想，主张以律断狱。栎阳尉魏礼臣劾治池阳令崔文康，御史疏言其枉，魏礼臣奉敕解任不服，反诉御史结党，请会审，如冤枉则愿死。大理审明乃魏礼臣不实，敕令处以极刑。朱子奢疏谏，依律上书不实有定罪，今若以魏礼臣上诉不实即杀，于律不合，而死者不可复生，纵想自新而不及。且天下唯知上书获罪，必皆畏惧而噤言。太宗下诏允纳。

性乐易，颇滑稽，风流蕴藉，尤善谈辩，而佐证以经义。侍宴时帝令其与群臣论难，群臣皆所不及，故甚加恩礼，贞观十五年，卒于任。曾与撰《文思博要》《五经正义》，主撰《礼记义疏》，明析郑玄、王肃注太庙之异，以归于一，堪称经学由分立走向统一之先驱。

（李　峰）

惠　旻（573—649）

惠旻，字玄素，河东（今属山西）人。生于北周建德二年（573）。九岁出家，诵《法华经》。后师从回向寺新罗人光法师，讲经于海盐光兴寺。又师从竹园寺志律师，文理精通。后居苏州通玄寺，十七年不出寺门。入唐后，于华亭谷干山立寺行道，复入常熟海虞山隐居二十余载，植树数十万株。远方请业常百余人，受业学士传化者二十余人。唐太宗贞观二十三年八月十一日（649年9月22日）圆寂。著有《十诵私记》《僧尼行事》《尼众羯磨》《道俗菩萨戒义疏》等。

（李　峰）

张后胤（576—658）

张后胤，一名胤，字嗣宗，昆山人。生于南朝陈太建八年（576）。系出吴郡（今江苏苏州）。南梁零陵太守张僧绍孙。父张冲，字叔玄，以儒学名，尤精《尚

---

[1] 周绍良：《全唐文新编》卷一三五，吉林文史出版社2000年，第1525页。

书》,为潘徽师。仕陈为国子博士,至左中郎将。隋文帝开皇末(600),汉王杨谅出为并州总管,引为博士。著有《春秋义略》《前汉音义》等。[1]

张后胤承家学,能文善辩,精图谶符验之学。随父至并州,亦以学行见称。炀帝大业(605—618)末,唐王李渊镇太原,引其为师友,特蒙优遇,命授子李世民《春秋左氏传》。李世民曾问:"隋氏运终,何族当得天下?"张后胤奉对:"李姓必得。公家德业,天下系心,若于此首谋,长驱关右,以图帝业,孰不幸赖!"[2]又历陈图谶,备详兴灭,"蕴帝师之略,综微言于系表"[3]。唐武德元年(618),李渊从李世民议起兵称帝,张后胤为齐王府文学,封新野县公。后任酆王府文学、燕王友,寻除员外散骑常侍。九年,李世民即帝位,是为太宗,张后胤进燕王府谘议参军。从燕王入朝,君臣叙问对旧事,太宗问现今弟子多少,张后胤奉对称,昔孔子弟子三千,臣唯弟子一人而得成帝业,故超出于先圣。太宗敬以师礼,赐宴令与群臣辩难《春秋》。迁燕王府司马,出为睦州刺史,轻浮裁革,政务廉平。以自昔攸难,闻望兼资,太宗允其请,授以国子祭酒,封新野康公,转散骑常侍。高宗永徽五年(654)致仕,显庆三年(658)卒,赠礼部尚书,谥康,陪葬于太宗昭陵。

曾孙张齐丘,唐玄宗时官至朔方节度使,号称名将。张齐丘子张镒,唐德宗时官至宰相、陇右节度使,亦为名臣,皆别有传。

(李　峰)

陆柬之(585—638)

陆柬之,吴郡吴县(今江苏苏州)人。生于南朝陈至德三年(585)。陆机裔孙,陆元方伯父。祖父陆琛,字梁玉,陈给事黄门侍郎。

陆柬之仕唐,曾任著作郎,官至朝散大夫、太子司议郎、崇文侍书学士,贞观十二年(638)卒。以书法著称于世。少学于舅父虞世南,而虞世南学于王羲之七世孙智永禅师,陆柬之乃得正传。又学欧阳询,再学王羲之、王献之父子,善临摹,"落笔浑成,耻为飘扬绮靡之习",晚出而有青出于蓝之誉,书名堪与欧阳询、

---

[1] 刘昫:《旧唐书》卷一八九《张后胤传》,中华书局1974年,第4950页。《张后胤传》谓父张中,误。张后胤孙张承休,小师长子,见《全唐文》卷二三一。其籍贯,张说作墓志谓"吴郡吴人"。王仲丘撰其妻即后胤玄孙女墓志,称"新妇吴郡张氏,国子祭酒后胤之玄孙"。见《唐代墓志汇编》开元402号《王君夫人吴郡张氏墓志》。张志和为张后胤玄孙,见《全唐文》卷三四〇颜真卿撰《张志和碑铭》。

[2] 刘昫:《旧唐书》卷一八九《张后胤传》,中华书局1975年,第4950页。

[3] 李义府:《大唐故礼部尚书张府君之碑》,董诰等:《全唐文》第7册《唐文续拾》卷二,山西教育出版社2002年,第6684页。

褚遂良比肩,名重一时。工正书,隶书、行书入妙品,草书笔老意古,人能品。所书龙华寺额、头陀寺碑、武丘东山碑、《急就章》及《五言兰亭诗》刻帖等皆闻名,今存陆柬之书陆机《文赋》帖,世称"二绝",开行楷书之先河。

子陆彦远,为"草圣"张旭舅父。官至赞善大夫。工书有名,传父书法,时称"小陆"。经褚遂良指授,由其用笔如"印印泥",悟用笔如"锥画沙",力道劲险,明利媚好。甥张旭得其法,又转授颜真卿,为历代书家尊奉。（李　峰）

顾　胤（？—约667）

顾胤,吴县（今江苏苏州）人。三国孙吴丞相顾雍之弟顾徽十二世孙。祖父顾越,南朝陈给事黄门侍郎。父顾览,隋秘书学士。

博学多识,有文史才。唐贞观十二年（638）,太宗四子魏王李泰设馆,顾胤奉召以秘书郎与萧德言、谢偃、蒋亚卿等编撰《括地志》,十六年,书成五百五十卷,又序略五卷,为分道计州之地志。以贞观十三年大簿为纲,叙述政区沿革,兼记山岳形胜、河流沟渠、风俗物产、往古遗迹、人物故事等,称地理名著。后累官起居郎,兼修国史。永徽五年（654）,高宗以太宗驸马薛元超荐其"有才干"[1],奉敕与长孙无忌、敬播续修成《太宗实录》二十卷。以功加朝散大夫,授弘文馆学士。显庆元年（656）,与长孙无忌、于志宁、令狐德棻等撰《武德贞观两朝国史》,成书凡八十卷。加朝请大夫,封余杭县男,赐帛五百段。龙朔元年（661）,以崇贤馆学士与许敬宗等撰修类书《瑶山玉彩》,三年六月书成,凡五百卷,迁司文郎中。麟德元年（664）,又与许敬宗、上官仪等撰修类书《芳林要览》三百卷。约乾封二年（667）卒于任。[2]

"顾胤清芬,可观彝范"[3],时与令狐德棻、邓世隆、李延寿、李仁实等"皆以史学称当世"[4]。著有《汉书古今集义》二十卷,考证精核,多为张守节《史记正义》、司马贞《史记索隐》及后世学者采信,惜佚不传。

子顾琮,历官补阙。武则天久视元年（700）,为天官（吏部）侍郎。秉性公

---

[1] 崔融:《薛元超墓志铭》,吴钢:《全唐文补遗》第一辑,三秦出版社1994年,第69页。
[2] 刘昫《旧唐书》卷七三《顾胤传》谓:"龙朔三年,迁司文郎中。寻卒。"见中华书局1975年,第2600页。陈思《宝刻丛编》卷十四"唐宏文馆学士顾君墓志"条:"正书无书撰人姓名,乾封二年三月立碑,已残缺,亡其前一段。以事考之,盖顾胤也。胤,高宗朝为宏文馆学士、司文郎中卒。"见清文渊阁《四库全书》本。
[3] 刘昫:《旧唐书》卷七十三《薛收顾胤等传史臣论》,中华书局1975年,第2604页。
[4] 欧阳修:《新唐书》卷一百二《顾胤传》,中华书局1975年,第3985页。

直,尤恶权要公行嘱托。长安元年(701)五月,以天官侍郎,同凤阁鸾台平章事。次年卒,谥靖。

(李 峰)

史德义

史德义,昆山人。志尚虚玄,谦冲孝友,博闻强识,经学精于《礼记》《诗经》。唐咸亨初(670)[1],隐居苏州虎丘,以琴书自适,不时骑牛带瓢,出入郊郭廛市,号为逸人。高宗闻其名,召赴洛阳,固辞征辟,慕效东汉高士严光,称病归隐,公卿以下皆赋诗饯别,其亦以诗留赠,文辞甚美。

天授元年(690)九月,武则天称帝,以江南道宣劳使、文昌左丞周兴表荐,诏征史德义入朝,褒美其"行藏之理斯得,去就之节无违。风操可嘉"[2]。特予优奖,委职正谏大夫,授朝散大夫,进正议大夫[3]。周兴滥杀无辜称酷吏,于二年十一月下狱,三年二月流徙岭表道中被杀,史德义被牵连放归,声誉稍减于前。卒后,景龙三年(709)旧交宋之问过其故宅,作诗凭悼,将其誉为"兰之国香"。

(李 峰)

印 宗(628—713)

印宗,俗姓印,苏州(今属江苏)人。生于唐贞观二年(628)。出家为僧,精习《涅槃经》。高宗咸亨元年(670),抵长安传经弘法,敕命居大敬爱寺,辞往蕲春,师从弘忍咨受禅法。后过岭南,上元三年(676),于番禺遇六祖慧能,始悟玄理。归籍置坛传戒,奉诏入内造慈氏大像,又于江东天柱、报恩诸寺各置坛,度僧授戒。开元元年(713),卒于会稽山妙喜寺。博学能文。著有《心要集》。

(李 峰)

---

[1] 范成大《吴郡志》卷二二《史德义传》作咸宁初,应为讹误。
[2] 刘昫:《旧唐书》卷一四二《史德义传》,中华书局1975年,第5118页。
[3] 宋之问有《过史正议宅》诗。傅璇琮主编《唐五代文学编年史·初盛唐卷》谓景龙三年(709)"诗作于苏州。史正议,当作史正谏,即史德义。召授正谏大夫",并称据两唐书。查两唐书武则天诏,皆谓:"特宜优奖,委以谏曹,可朝散大夫。"按:《太平御览》卷五〇六作谏议大夫,《册府元龟》卷六五八作"征拜朝散大夫,守谏议大夫"。范成大《吴郡志》卷二二《史德义传》作授谏议大夫。谏议大夫,唐高祖武德五年置,隶门下省,为正五品上。高宗龙朔二年(662)改称正谏大夫,中宗神龙元年(705)复旧称。谏议大夫及后之补阙、拾遗等官,皆称谏曹。朝散大夫,唐为从五品下。正议大夫,唐为正四品上,皆为文散官阶。就宋之问诗题而言,此当为史德义最后官阶。傅璇琮等谓史正议当作史正谏,未见根据,《旧唐书》本传谓"以朝散大夫放归丘壑",亦误。

陆元方(639—701)

陆元方,字希仲,吴郡吴县(今江苏苏州)人。生于唐贞观三年(629)。世为吴郡著姓。陆琛曾孙[1],陆柬之侄。

早年举明经,又应举八科均中,累转监察御史。武则天初建周称帝,陆元方奉命安辑岭外,使还称旨,任殿中侍御史,擢凤阁舍人、秋官侍郎。不久,遭酷吏来俊臣构陷,因武则天手敕特赦,得以幸免。长寿二年(693),再迁鸾台侍郎,同凤阁鸾台平章事。延载元年(694),加凤阁侍郎。证圣元年(695),因李昭德得罪武则天而牵连,被贬绥州刺史。几个月后,复为春官侍郎,转天官侍郎兼司礼卿、尚书左丞。因荐举人才无私,圣历元年(698),再拜鸾台侍郎、同凤阁鸾台平章事。办事尽心尽职,不好大喜功。武则天曾问外事,陆元方答以位在宰相,有大事即当奏报,民间琐碎之事不敢以烦圣览。武则天不悦,以为恃才不敬,革去宰相,责授太子右庶子,罢知政事,转文昌左丞。长安元年二月初七日(701年3月20日)[2]病逝,赠越州都督。唐玄宗开元十八年(730),又追赠扬州大都督。

生平清正谨慎,博学大度。为相时,武则天每有进退群臣,必先访问之,而陆元方必密封以进,不掺私恩,外密莫知。临终,取前后草奏悉命焚之,谓己于人多阴德,望其后福不衰。又有书一匣,常自缄封,家人莫有见者,卒后开启,皆为前后敕书,其缜密如此。

生有六子并有美誉,而陆象先、陆景倩、陆景融尤知名。陆象先、陆景融别有传。陆景倩,官监察御史,以清正闻名于时。陆景献,历任殿中御史、屯田员外郎。陆景裔,历任河南令、库部郎中。高僧一行,少时与陆象先昆弟相善,常对人称美陆氏兄弟才行,古之荀氏、陈氏也无法超过。

(李嘉球)

陆余庆

陆余庆,吴郡吴县(今江苏苏州)人。南朝陈右卫将军陆珣孙,陆元方从父。方雅有祖风。年已冠而名未显,表兄陆玄表励其学,遂闭户诵读三年,以博学著称。举制策甲科,补萧县尉,累迁洛阳阳城(今属河南登封)县尉。拜员外监察。

---

[1] 刘昫《旧唐书》、欧阳修《新唐书》之《陆元方传》均称陆琛为陆元方曾祖,《新唐书·宰相世系表》则作祖父。

[2] 张说《文昌左丞陆公墓志》:"大足元年二月七日,寝疾而终,春秋六十有三。"张说:《张燕公集》卷二三,中华书局1985年,第243页。

万岁登封元年(696),擢监察御史。圣历初(698),历陕州刺史,招慰灵、胜二州党项族首领率众内附,迁殿中侍御史。久视(700)中,迁凤阁舍人。武则天封嵩山,陆余庆以劳授中书舍人。大足元年(701),武则天令其草诏于殿上,回惑至晚难著一词,降为左司郎中,转洛州长史。善论事而慎于行,决判多迟缓,被时人嘲曰:说事即喙长三尺,判事则手重五斤。实因其时酷吏用事,中宗朝幸臣贵主斜行,而陆余庆独以道自持〔1〕。玄宗立,封为广平郡开国公,迁太子右庶子。开元元年(713),出为河南、河北宣抚使,罢官离魏州,有车一乘而图书半之,卓有廉声。还任大理寺少府监。四年,以主持制造睿宗丧车不精,出为沂州刺史。迁宗正卿、判尚书左丞〔2〕,历大理寺卿、右散骑常侍,终太子詹事。卒后谥庄。

为人修谨厚重,雍容文雅,萧散风华。坦易介直,能面言人过,于寒品后进尤悉力荐籍,如富春孙逖、京兆韦述、吴兴蒋洌、河南达奚珣等皆成名士。雅善赵贞固、卢藏用、陈子昂、杜审言、宋之问、毕构、郭袭微、司马承祯及僧怀一,时号方外十友,而陆余庆尤以风流敏辩著名。

子陆璪,字仲采。举明经,补长安尉。玄宗开元初改新乡令,以惠政民为立祠。历迁渑池令、兵部郎中、洛阳令。开元二十一年,萧嵩罢相,陆璪拒诬萧嵩而忤权要,出为太原少尹,累徙汾州刺史。所至廉能,有余庆风烈。陆璪子长源,别有传。

(李　峰)

思　恒(651—726)

思恒,俗姓顾,苏州(今属江苏)人。生于唐永徽二年(651)。北周左监门大将军顾明曾孙。幼从持世法师出家,咸亨(670—673)中,随师奉敕入太原寺。年二十具足戒,开讲坛。精研诸经,参修素律师新疏讲八十余遍,弟子有五千余人。玄宗初召入内道场,命为菩萨戒师,充十大德,统知天下佛法僧事,并绘其像于林光殿,御制画赞。开元十四年(726),圆寂于长安大荐福寺。

(李　峰)

孙　翌

孙翌,一作翊,讹作翃,字季良,吴郡(今江苏苏州)人,寄籍偃师(今属河

---

〔1〕 刘昫:《旧唐书》卷八八《陆元方传附陆余庆传》,中华书局1975年,第2875页。欧阳修:《新唐书》卷一一三《陆元方附陆余庆传》,中华书局1975年,第4239页。

〔2〕 李希泌:《唐大诏令集补编》上册卷十一,上海古籍出版社2003年,第403页。

南)。唐玄宗开元七年(719)进士,登文辞雅丽科第七名。十年,授校书郎,入丽正院,为修撰学士。历右拾遗。十三年,改集贤院直学士。十五年,曾以监察御史奉使洪州。

博通诸经精义,曾预修《唐六典》《初学记》,以门人为名儒尹知章立碑于东都洛阳国子监。献诗于玄宗,敕赞其雄词卓杰,雅思纵横。精诗论,尤重汉魏四言诗。选初唐人诗编成《正声集》,颇负盛誉,刘希夷诗名以此得显于世。工正书,曾撰书常熟县令郭显谟、玄宗宠侍高力士之父高福墓志。 （李 峰）

道 鉴

道鉴,俗姓冯,吴郡吴县(今江苏苏州)人。十岁于郡中灵岩寺出家为僧。善医,以道行闻名,被尊称为灵岩和尚、灵岩圣僧,因好食茭粽,士民竞相供送。唐玄宗先天二年(713),曾救治陆象先之子疾病,立见效验。后住齐州灵岩山寺,曾游居长安十年。卒年七十八,吴人绘像礼拜崇祀。 （王晋玲）

周 广

周广,苏州(今属江苏)人。隐居有高行。唐开元(713—741)中,获吴名医纪明所授秘诀,观人颜色笑,即可知疾病深浅,言之精详,无须诊脉检查。

玄宗闻周广名,征召至京,令于宫中择病人诊治,以试其医术。有一宫人,因大华宫主人大摆生日宴三天,该宫人为歌舞乐队主唱,声音不响亮,又常吃猪蹄羹,吃饱后即唱于宴席上。唱罢咽中感觉极热,与人去高台玩耍,从上往下跳,半空即被后跳之人撞跌倒地,很长时间方醒。自此每日午后笑唱啼号不已,似中邪得狂病,脚亦不能着地。周广看后道,该宫人因吃过饱,紧接着又出力献唱,不久又跌倒在地所致。宫人服用其云母汤后不久,即不再癫狂,又遵周广嘱熟睡,醒后果然康复。玄宗深感惊异,命周广复治他人,皆得周验,遂深加礼遇,欲授以官爵。周广固辞,获准还吴。水部员外郎刘复为之作传,声名远播。 （王晋玲）

陶 岘

陶岘,昆山人。东晋文学家陶渊明九世孙。唐开元(713—741)中,定居邑中千墩(今千灯)陶家桥。家有良田千顷,广厦无数,仆从如云,富可敌国。素以文学自许,娴熟经世济民之学,而疏脱自放,不谋仕进。择家人诚实可靠、能守事业者,家事悉付之。自己则云游江湖,遍行天下,往往数年不归。回家见子孙长大成人,初不辨识其名字,却毫不在意,人皆笑其癫狂。

平生洞晓八音,精通音律,撰《乐录》八章,定音之得失。曾自制三舟,备极坚巧。一艘自乘,一艘载宾客,一艘贮载饮食用品。宾客中有进士孟彦深、孟云卿及布衣焦遂,每人都带着仆妾一起出游。陶岘有女乐一部,善奏清商之曲。逢佳山水,必穷其胜,游至尽兴而已。开元末名闻朝廷,所经郡邑,当局靡不招延。然自谓麋鹿野人,多不肯赴,但有时也不请自到。雅慕谢灵运之为人,高洁有雅量,言终当乐死山水,吴越之士称其为"水仙"。浪迹山水三十余年,后游襄阳西塞山(今湖北黄石东长江南岸),其诗《西塞山下回舟作》有句:"匡庐旧业是谁主[1],吴越新居安此生。"遂返乡不复出游,隐居终老。　　　　　　(马一平)

杨惠之

杨惠之,吴县(今江苏苏州)人。初与吴道子同学画,师法张僧繇,号为画友,巧艺并著。吴道子艺成显名,杨惠之遂毅然发奋专攻雕塑。"能夺僧繇画相,乃与道子争衡。时人语曰:'道子画,惠之塑,夺得僧繇神笔路。'"[2]唐玄宗开元年间(713—741),以天下第一手被誉为塑圣。

杨惠之善画,亦工书[3],并能结合运用于雕塑创作,又善于继承影塑与浮塑技巧,创制壁塑,颇能出奇创新。所作多泥塑,云水、山岛、楼阁、树石外,尤善神仙佛道人物,创制千手千眼大悲菩萨尤称绝,装绘彩饰,形神毕肖生动,时称合乎相术,为古今绝技,列神品第一。于长安塑名伎留杯亭像,亲手妆染,于市集面墙而置,人视像背皆能识认。相传有石匠雕刻大佛,成像后佛头狭小,苦无良策,杨惠之举斧削瘦两肩,于是法相庄严。杨惠之所塑洛阳广爱寺三门上五百罗汉像

---

〔1〕 此句为《全唐诗》卷一二四所载,李昉等编《太平广记》卷四二〇作"匡庐旧业自有主"。

〔2〕 刘道醇:《五代名画补遗》塑作门第六《杨惠之》,吴孟复主编:《中国画论》卷一,安徽美术出版社1995年,第300页。刘道醇谓杨惠之"不知何处人"。民国《吴县志》卷七五引《横山志略》作"吴山张古村人"。苏辙《将出洛城过广爱寺见三学演师引观杨惠之塑宝山朱瑶画文殊普贤为赋三首》之三云:"壁毁丹青在,移来殿庑深……风流出吴样,遗法到如今。"见启功等主编:《唐宋八大家全集·苏辙集》上,国际文化出版公司1997年,第62页。应是吴人。

〔3〕 张彦远《历代名画记》卷三载长安佛寺壁画:"两京千福寺东塔院涅槃、鬼神,杨惠之画。"徐松《增订唐两京城坊考》:"千福寺额,上官昭容书。东塔院额,高力士书。又有杨惠之、僧怀素书。"中华书局1996年,第201页。

及山亭院楞伽山,被誉为"精绝殊甚,古无伦比"[1]。洛阳北邙山玄元观南老君庙,"殿台高敞,下瞰伊洛,神仙泥塑之像,皆开元中杨惠之所制,奇巧精严,见者增敬"[2]。苏轼观杨惠之所塑凤翔天柱寺维摩像,赋诗称道:"今观古塑维摩像,病骨磊嵬如枯龟。乃知至人外生死,此身变化浮云随……此叟神完中有恃,谈笑可却千熊罴。"杨惠之所塑昆山慧聚寺毗沙门天王像,"塑状若耸,帆然柱空",旁二侍女像尤佳,宋侍郎徐林记其像,力戒后人不可妄加修饰。

作品尚有京兆府长乐乡北太华观玉皇大帝像、临潼骊山福严寺山水壁塑,河南汴州安业寺(后改大相国寺)净土寺院大殿内佛像和枝条千佛像、东经藏院殿后三门两神像与当殿维摩居士像,郴州通禅师院九子母一堂等,后皆被毁,今存苏州甪直镇保圣寺罗汉像传为其作,弥足珍贵。手法技艺为后世所师,著有《塑诀》一卷,惜佚。

(李　峰)

张　旭(658—747)

张旭,字伯高,一字季明,吴郡吴县(今江苏苏州)人。生于唐显庆三年(658)。虞世南曾外孙,陆柬之侄外孙,颜真卿师。与贺知章、张若虚、包融号称"吴中四士"。初仕为常熟尉,官至金吾卫长史,世称"张长史"。卒于天宝六年(747)。

生平以书法擅名,得之于张芝、二王,字字有法。晓精楷法,尤精草书。"其草字虽奇怪百出,而求其源流,无一点画不该规矩者"[3],故被列为神品,时与李白诗、裴旻剑舞并称三绝,被尊为"草圣"。豪放嗜酒,与李白、贺知章、李适之、李进、崔宗之、苏晋、焦遂称"饮中八仙"。常于醉中以头发濡墨大书,故有"张颠"之称,又与僧怀素并称"颠张醉素"。传世书迹有《郎官石柱记》《肚痛帖》《古诗四帖》等。

张旭心致工细,注重从日常生活及事物中启发灵感,偶有所获,即运用于书法创作之中,故能独创新意。相传他见公主与挑夫争道,又闻鼓吹而得笔法之意。在河南邺县时爱看公孙大娘舞西河剑器,并得悟草书神韵。韩愈《送高闲上人序》评曰:"喜怒、窘穷、忧悲、愉佚、怨恨、思慕、酣醉、无聊、不平,有动于心,必

---

[1] 刘道醇:《五代名画补遗》塑作门第六《杨惠之》,吴孟复:《中国画论》卷一,安徽美术出版社1995年,第300页。
[2] 康骈:《剧谈录》卷下《老君庙画》,古典文学出版社1958年,第46页。
[3]《宣和书谱》卷十八,卢辅圣:《中国书画全书》第2册,上海书画出版社1993年,第50页。

于草书焉发之。观于物,见山水崖谷,鸟兽虫鱼,草木之花实,日月列星,风雨水火,雷霆霹雳,歌舞战斗,天地事物之变,可喜可愕,一寓于书。故旭之书,变动犹鬼神,不可端倪,以此终其身而名后世。"[1]

身负盛名而乐善好义,当时其片纸只字都被人视若珍品。某邻居家境贫寒,致书张旭请求资助,张旭回信道,你只要说此信为张旭所写,要价可达上百金。邻人遵嘱将信上街售卖,果如张旭之言,被人争购一空。邻人为此对张旭感激不已。

能文,"而诗亦清逸可爱"[2],尤以七绝见长。《全唐诗》存诗六首,《全唐诗补编》存诗四首,《唐文拾遗》存文五篇。

(李　峰)

陆象先(665—736)

陆象先,字崇贤,吴县(今江苏苏州)人。生于唐麟德二年(665)。陆元方长子。本名景初,唐睿宗谓"子能绍先构,是谓象贤者"[3],乃赐名象先。

少有气量,器识深邃,举制科高第,拜扬州参军事。秩满调选,时吉顼与陆元方同为吏部侍郎,推荐陆象先为洛阳尉,陆象先固辞不敢当,吉顼以其才望高雅,非常流所及,秉公奏请授之。迁左台监察御史,转殿中,历授中书侍郎。景云二年(711)冬,授同中书门下平章事,监修国史。

起初,太平公主谋引中书侍郎崔湜为宰相,暗中先告以己意,崔湜坚请让于陆象先而不允,遂亦请辞。太平公主不得已而言于睿宗,于是皆拜相。陆象先清净寡欲,不以细务介意,议论高简,雅为时贤所服,崔湜叹称陆公高于人一等。太平公主擅权用事,宰相萧至忠、岑羲及崔湜等都倾附之,唯陆象先从未往谒。太平公主暗中谋逆欲废帝,召宰相议,谓宁王长,不当废嫡立庶,帝有一时功,今失德怎可不废。陆象先谓立以功者,废必以罪,今不闻天子过失,岂能随便废除。太平公主怒,改与窦怀贞等谋,事败。开元元年(713),陆象先与萧至忠、岑羲等因由太平公主所进,将同诛,唐玄宗遽召免陆象先,感慨道:"岁寒然后知松柏之后凋!"陆象先以保护功封兖国公,赐实封二百户,加银青光禄大夫。当初难作,睿宗御承天楼,群臣稍集,帝谓助朕者留,不助者去!于是有投名自验者。事平,玄宗得所投名,诏陆象先收按,陆象先悉焚之。玄宗大怒,欲并加罪,陆象先顿首

---

[1] 韩愈:《送高闲上人序》,孙昌武:《韩愈选集》,上海古籍出版社2013年,第438页。
[2] 杨慎:《升庵诗话笺证》卷十《张旭诗》,上海古籍出版社1987年,第310页。
[3] 欧阳修:《新唐书》卷一一六《陆元方传附陆象先传》,中华书局1975年,第4237页。

谢曰："赴君之难,忠也。陛下方以德化天下,奈何杀行义之人?故臣违命,安反侧者,其敢逃死?"[1]玄宗觉得在理。时穷治萧至忠、岑羲等党羽,连累众人,陆象先密为申救,保全甚多,然从未言及,当时无人知道。

是年,陆象先出为益州大都督府长史、剑南道按察使。为政尚仁恕,认为以严刑以树威,损人益己,恐非仁恕之道。历迁河中尹。六年,为蒲州刺史,兼河东道按察使。曾有小吏犯罪,仅略加教育,期其改过自新,不加杖责。陆象先常言:"天下本自无事,只是庸人扰之,始为繁耳。但当静之于源,则亦何忧不简。"[2]前后为刺史,其政如一,故所至为民吏所怀。八年,入为太子詹事,历工部尚书。十年冬,知吏部选事,加刑部尚书。十三年,起复同州刺史,不久迁太子少保。二十四年卒,赠尚书左丞相,谥文贞。著有《太极格》十卷。墓在苏州西部光福山。

(李嘉球)

陆景融(?—748)

陆景融,吴县(今江苏苏州)人。陆象先异母弟,张旭表弟。工笔札,善书法,博学有识鉴。

以父陆元方荫补千牛,转新郑令,为政有风绩。历大理正,守尚书左丞,知吏部、兵部选事,清直奉公,唯才是举。转守吏部侍郎,出任郑州刺史。曾任襄阳、陈留二郡太守,并兼采访使。累迁工部尚书、东京留守。唐玄宗天宝七载(748)卒,赠广陵郡都督。

(李 峰)

张无择(672—754)　　子 张 諴　　孙 张平叔

张无择,字君选,吴县(今江苏苏州)人。生于唐咸亨三年(672)。世居孝张里。南朝宋司徒张茂度五世孙。善文学,为贺知章、贾彦璿推许。

从乡试登明经第,应制举,中精通经史科。补弘文馆校书郎,调左金吾录事,改杭州录事参军。授绛州录事参军,不媚权贵,奏主婿怙宠豪夺数罪,为丞相姚崇褒美。寻改太原府功曹参军。奏为部从事,授获嘉令,以刚直贬为鄂州司马,移深州,转虢州长史。擢和州刺史,仁政恤民,又历贬苏州、曹州别驾。天宝十三载(754),卒于洛阳,葬于河南府伊阙县中李原。

---

[1] 欧阳修:《新唐书》卷一一六《陆元方传附陆象先传》,中华书局1975年,第4237页。
[2] 刘昫:《旧唐书》卷八八《陆元方传附陆象先传》,中华书局1975年,第2877页。

子张誡,一作张诚,字老莱。生于开元二年(714)。陆善经女婿。能诗有文行,常自负其才。年十八以通经中第,调判入高等,授苏州长洲县尉。补授左武卫骑曹参军,分司东都。拒受安禄山伪职,隐遁陆浑山。唐肃宗即位(756),敕书褒美其忠义气节,特授密县主簿,迁砀山县令,在任三年大治。大历三年(768),奏授试大理评事,充岭南观察推官,因病未任,卒于伊川别墅,祔其父葬于李原。累诏赠尚书工部侍郎,白居易曾为其撰神道碑铭。

孙张平叔,为张誡次子,陆善经外孙。幼孤,母亲授诗书,被白居易誉为才子。善理财政。唐穆宗长庆二年(822),时任通议大夫、守尚书户部侍郎、判度支、上柱国,疏奏改革榷盐旧法积弊,以劝农积货,富国强兵,因廷议反对未行。

(李　峰)

张齐丘(？—766)

张齐丘,昆山人。张后胤孙。起家左金吾卫引驾,出为灵州镇将。唐玄宗天宝五载(746)十二月,迁都督、朔方节度使。八载三月,于中受降城西北五百余里木剌山可敦城筑横塞军,迁安北都护府治于此,以振远军使郭子仪为横塞军使[1],兼任安北都护府副都护。次年张齐丘改朔方节度使兼御史大夫,又加管内诸军采访使。领安北、单于二都护府,灵、夏、盐等六州,三受降城,统经略军、丰安军、定远军。朔方距长安一千二百里,捍御东突厥,为保卫北疆及关中、京师长安安全之关键。张齐丘治边有方,抚循将士,唯才是用。郭子仪智勇双全,为其爱将。铁勒九姓浑部浑释之世为皋兰都督,以才武从军朔方,积战多功。其子浑瑊年十一,善骑射,随父防秋,张齐丘戏称:"与乳媪俱来邪?"浑瑊是年即立跳荡功。后二年,从破贺鲁部,拔石堡城、龙驹岛,"其勇常冠军"[2]。父子后皆成名。

天宝九载八月初一日,以发放军粮失宜,军士哗变,殴打节度判官,因兵马使郭子仪以身捍护,张齐丘乃得免于难。初七日,降为济阴太守[3]。代宗永泰初(765)再任朔方节度使。一小将负罪惧事发,煽动军士数百谋叛,十余人持刀入帐,畏张齐丘之威,遂皆被擒。

张齐丘酷信佛,每晨更新衣,于佛像前念《金刚经》十五遍,数十年不懈,性尤

---

[1] 司马光:《资治通鉴》卷二一六,中华书局1976年,第799页。
[2] 欧阳修:《新唐书》卷一五五《浑瑊传》,中华书局1975年,第4891页。
[3] 司马光:《资治通鉴》卷二一六,中华书局1976年,第801页。

惠爱。恩敕令与一子奉御官,张齐丘奏请愿让与早孤之两侄,为帝嘉赏,令别给两侄六品以下官。张齐丘子张镒年始十岁,仍命为东宫卫佐。[1]

大历元年(766),卒于东都留守任,谥贞献。建中三年(782),德宗诏史馆考定列古今名将六十四人,张齐丘与王仁恭、裴行俭、郭元振及郭子仪列名其中,绘像配祀武成王庙。[2]

子张镒,别有传。

(李　峰)

张　镒(？—783)

张镒,字季权,一字公度,昆山人。张齐丘子。自幼颖异,十岁即以父荫授东宫卫佐[3]。迁左卫兵曹参军。其父部属郭子仪任关内副元帅,辟为判官,授大理评事,迁殿中侍御史。唐肃宗乾元初(758),华原令卢栿以公事呵责宦官齐令诜,遭其诬陷,张镒依法按验卢栿当降官,有司枉法竟判杖死。张镒着公服告其母:"上疏理栿,栿必免死,镒必坐贬。若以私则镒负于当官,贬则以太夫人为忧,敢问所安?"[4]母训其当秉公守正道,遂疏请改正,卢栿配流,已被贬抚州司户参军。徙晋陵令,未任。洪吉观察张镐辟其为判官,奏授殿中侍御史,迁屯田员外郎,历转祠部员外郎、右司员外郎。居母丧有孝名。起任司勋员外郎。代宗大历五年(770),任濠州刺史,政务清简,州事大治,又招经术之士讲训生徒,文教大兴。考评名列第一。十一年八月,李灵耀于汴州叛乱,其训练乡兵严备守御有功,获诏书褒美,十月乱平,加侍御史,兼沿淮镇守使,次年兼寿州刺史,以善政特加五阶,百姓立碑颂德。陆贽闻名来谒,留居三日,颇称赏其才,结为忘年之契交。[5]

德宗即位(779)后,任江南西道都团练观察使、洪州刺史、兼御史中丞,赈济孤独,存问赢老,大兴学校,均平赋税,关爱民生。征拜吏部侍郎,寻改河中晋绛都防御观察使,到任数日,改汴滑节度观察使、汴州刺史,兼御史大夫。病辞,诏令在家休养。后任永平节度使,守工部尚书,判度支[6]。建中二年(781)六月,

---

[1]《唐人轶事汇编》卷十三《张齐丘》,上海古籍出版社2008年,第679页。
[2] 刘昫:《旧唐书》卷十五《礼乐志五》,中华书局1975年,第247页。
[3]《唐人轶事汇编》卷十三《张齐丘》,上海古籍出版社2008年,第679页。
[4] 刘昫:《旧唐书》卷一二五《张镒传》,中华书局1975年,第3545页。
[5] 刘昫:《旧唐书》卷一三九《陆贽传》,中华书局1975年,第3791页。
[6] 司马光:《资治通鉴》卷二二七,中华书局1976年,第924页;薛用弱:《集异记》,新兴书局有限公司1983年,第12页。

拜中书侍郎,同中书门下平章事,为集贤殿学士,监修国史。三年,时当两河用兵财政困难,奏请"减堂餐钱及百官廪俸三分之一,以资用度"[1]。时诬告成风,狱诉充溢府县。是年郭子仪卒,宰相卢杞尤忌勋族,借故将郭子仪女婿少府少监李洞清、光禄卿王宰下狱治罪。郭子仪女婿太仆卿赵纵亦被奴仆当千告发隐私,下御史台狱劾治,当千则留置内侍省。张镒疏请重审,举贞观二年(628)唐太宗禁断奴告其主谋逆之法极弊,定律奴告主当斩,以防微杜渐。又举建中元年五月二十八日诏令:"准斗竞律,诸奴婢告主,非谋叛已上者,同自首法,并准律处分。"今赵纵非叛逆,遭奴诬告,倘不依法断治,则"明诏始行,一朝偕违,不与众守,于教化恐失,于刑法恐烦,所益悉无,所伤至广"[2]。诏准杖杀当千,赵纵从轻贬为循州司马。

以名重道直为宰相卢杞所忌,七月卢杞荐张镒兼任凤翔尹、陇右节度等使,以代朱泚。时唐与吐蕃连年用兵,张镒至任,释俘囚,定疆界,以恩信与吐蕃结为邻好。四年正月,与吐蕃相尚结赞于清水升坛盟誓:安危同体,弃利蹈义,坚盟从约。兵革由此平息。时藩镇割据,将骄兵悍。八月,朱泚据长安,德宗逃至奉天,张镒备御准备迎驾,遣朱泚旧部后营将李楚琳出屯陇州,防其为乱。李楚琳借故不行,暗应朱泚,十月初八日发动兵乱。张镒缒城逃出凤翔三十里,与二子皆被追杀。[3]诏称其"文武兼资,望重内外"[4],赠太子太傅。

张镒性情儒雅,边幅修净。博学通经,不杂交游,尤与杨绾、崔祐甫相善。著有《三礼图》《五经微旨》《孟子音义》等。

(李 峰)

陆善经

陆善经,或名该,字善经,吴郡吴县(今江苏苏州)人。约生于武则天久视元年(700)之前。东晋司空陆玩裔孙。高叔祖陆孜,曾任苏州刺史。

历官河南府仓曹参军。唐玄宗开元十七年(729),为中书令、集贤殿学士萧嵩荐入集贤院,助韦述修国史纪传之书,又与贾登、张烜、施敬本、李锐、王仲丘、洪孝昌等纂辑《大唐开元礼》一百五十卷。二十年九月书成,颁所司行用。迁集贤院直学士。中书令、集贤殿大学士张九龄知院,荐其修《唐六典》,二十

---

[1] 欧阳修:《新唐书》卷一五二《张镒传》,中华书局1975年,第4830页。
[2] 刘昫:《旧唐书》卷一二五《张镒传》,中华书局1975年,第3547页。
[3] 司马光:《资治通鉴》卷二二八,中华书局1976年,第942页。
[4] 欧阳修:《新唐书》卷一五二《张镒传》,中华书局1975年,第4831页。

四年,陈希烈代张九龄判集贤院事,又命其与学士徐安贞、直学士刘光谦、齐光乂等同注《御刊定礼记月令》。二十六年,成《唐六典》三十卷。次年任集贤学士。太常议禘袷礼,为礼部员外郎崔宗之所驳,太常执前议不改,"中书令李林甫又令集贤学士陆善经更加详核,善经以其议为允"〔1〕,诏从之。天宝初年(742),迁国子司业。三载正月,贺知章归,玄宗饯行赠诗,陆善经从群臣奉和称盛。五载八月,为饶州刺史李良代撰《荐〈蒙求〉表》未行。十四载,安史之乱起,与陈希烈、徐安贞、刘光谦、白琪、李安甫等隐避于昌江(今湖南平江),卒于芭蕉寺。〔2〕

陆善经博通经史,工诗文,精选学,通音韵文字训诂,尤深于经,著述颇勤。以梁元帝类纂《同姓名录》多有遗略,赓续增广,撰《古今同姓名录》二卷。又仿《说文解字》著《字林》,多收奇字,胜于晋吕忱同名之作。

东宫卫佐冯光震曾注昭明太子《文选》,以迂解贻讥于萧嵩。开元二十年五月,令王智明、李玄成及陆善经专注《文选》。后萧嵩罢相,王智明等学术非深,素无修撰之艺,其后或迁官,功竟不就。陆善经学问湛深,遂独竣其事,著成《文选注》,补订李善注尔雅详赡,佚文略存于《唐写文选集注残本》。

赵岐注《孟子》分四十四篇为时所宗,陆善经删汰赵注,复《孟子》七篇之旧,成《孟子注》七卷,注有新见,可补诸家之缺。另有《周易注》八卷、《周诵注》十卷、《古文尚书注》十卷、《三礼注》三十卷、《春秋三传注》三十卷、《论语注》六卷、《列子注》八卷,并由遣唐使携归日本,皆佚。又有《史记注》,今有《陆善经史记注佚文拾遗》一种。

子陆珽、陆鼎。陆珽,少传父业,颇通经史。官监察御史,迁殿中侍御史,曾出使新罗、日本。大历六年(771),涉李少良祸罹罪被杀。陆鼎,博学有史才,官左补阙,充史馆修撰。一女,适同郡岭南观察推官、试大理评事张诫,持家贤明有度。追封嘉兴县太君、吴郡太夫人。

(李 峰)

陆南金

陆南金,吴县(今江苏苏州)人。陆庆玄孙,陆士季曾孙。祖父陆谋道,精通班固《汉书》,隋为昭王文学详正学士,唐为周王府文学详正学士。父陆元感,官

---

〔1〕 王溥:《唐会要》卷十三,上海古籍出版社1991年,第353页。
〔2〕 夏力恕:《湖广通志》卷十三,清文渊阁《四库全书》影印本第533册,第744页。北宋词人范致虚《岳阳风土记》载:"陆善经坟在芭蕉(今瓮江河东芭蕉村)。"

至黄州司马,少传家学,老而无倦。[1]

陆南金颇涉经史,言行修谨,以孝友侠义著称。初仕为奉礼郎。太常少卿卢崇道以文学知名,唐玄宗开元(713—741)初,坐其婿中书令崔湜附太平公主案,流徙岭表经年,逃归东都洛阳。时陆南金母丧居家守制,卢崇道假称吊唁告以实情,陆南金藏隐不报。卢崇道寻为仇人告发,为侍御史王旭捕获穷治,遂绳治陆南金以重法。陆南金弟赵璧谒王旭,自言藏卢崇道,请代兄死。陆南金不允,固称弟实自诬,自请当罪。王旭按问其由。弟称兄嫡长能干家事,亡母未葬,小妹未嫁,故请代兄死。玄宗嘉其兄弟孝友侠义,并予特赦。陆南金因此大知名,左丞相张说及宗人太子少保陆象先皆加钦重。

天宝二载(743),出任鄞县令。率众修筑堤堰开浚西湖,溉田五百顷,民惠其利。累转库部员外郎,以病固辞,转太子洗马。卒年五十余。弟陆赵璧,官至马邑郡长史,强学而儒门照瞻。

(李　峰)

张从师(704—761)　　张从申　　佫 张惟素

张从师,名深,以字行,吴郡吴县(今江苏苏州)人。生于武后长安四年(704)。祖父张损之,隋大业中进士甲科,仕唐至侍御史内供奉、尚书水部郎。父张汯,为武后久视元年(700)进士,自监察御史为会稽令,皆以硕学丽藻,名动京师。

张从师质性冲和纯粹,承继家学,辩博闳达,卓荦好古,傥荡逸群。以秀才高第,起家临濮县尉,历官冯翊、伊阙二县主簿。乾元元年(758),拜监察御史。三世擢秀才而衣绣衣,君子以为荣。为宣歙观察使、御史中丞郑炅之辟为从事,转河南府法曹参军。时值安史之乱,数陷险境,忧患以归。上元二年(761)[2]卒于家,时值丧乱,权窆于苏州虎丘山西原。

生性诙谐不羁,颉颃傲世,推贤进善,言不近名,博学通经,尤精研左氏及谷

---

[1] 刘昫:《旧唐书》卷一八八、欧阳修《新唐书》卷一九五《陆南金传》皆言南金祖士季。据周绍良主编《唐代墓志汇编》所载陆南金父元感《大唐故朝散大夫护军行黄州司马陆府君墓志铭》,元感曾祖庆,祖士季,父谋道为隋昭王文学详正学士、唐周王府文学详正学士。上海古籍出版社1992年,第1125页。

[2] 独孤及:《唐故河南府法曹参军张公墓表》,周绍良《全唐文新编》卷二九三,吉林文史出版社2000年,第4499页。按,张从师卒日为八月辛卯,查上元二年八月无辛卯日,乃为九月初十日。存疑待考。

梁《春秋》。少好黄老,且修禅慧,"谈薮清风,词林逸韵,墨池真草"[1],三事称绝。书法与从义、从约、从申诸弟皆得王羲之风规,誉称"张氏四龙,名扬海内"[2]。晚节持六经微言,诸子惟俭、惟静能禀暮训,文雅称盛。

张从申,为从师幼弟。亦举进士。上元二年,经纪张从师丧葬,时任秘书省正字。历官检校礼部员外郎,大历五年(770)任大理评事,七年至十三年试大理寺司直。后历官长史,建中元年(780)迁检校礼部郎中,故世称"张郎中"。

张氏四龙中,从申自有时名,书法尤高。曾受业于颜真卿,笔意绝似李邕,渊源实出于王献之,尤得王羲之风规,卓有晋韵。其"志业精绝,工正行书。握管用笔,其于结密,近古所少"[3]。老硬奇谲,古拙处人不知其妙,风格沉峭,列入能品。其书碑多为李阳冰篆额,时称二绝。天宝(742—756)中,曾书李华撰《唐崔相国德政碑》,立于合肥郡治。大历七年(772),书舒州刺史独孤及撰《镜智禅师碑》,由李阳冰篆额。同年所书柳识撰《茅山紫阳观玄静先生碑》,时于行书中最称烜赫。十四年,又为润州刺史萧定书《改修吴延陵季子庙碑》。其时"九宫之学,徐会稽、李北海、张郎中三家为尤密"[4]。大历后,徐浩已老,张从申书名"远近称美,独步江外"[5]。

张从申子张惟素,建中二年(781)进士。贞元十九年(803)时任右补阙,进吏部司勋员外郎、司封郎中。元和八年(813),时任吏部郎中,九年,迁吏部侍郎,十一年时任给事中,出任华州刺史。入为中散大夫、左散骑常侍、上柱国。十五年,友韩愈于国子监祭酒任上,举其自代。穆宗立(820),进右散骑常侍。官至工部侍郎。卒于长庆元年(821)。生平喜书画,精鉴藏,工书法,曾撰《徐法师碑》。

张惟素子张周封,字子望。西川节度使李德裕辟为泾州从事,试协律郎。历补阙,长庆(821—824)中官工部员外郎。与段成式、李商隐友。喜书画,精鉴藏。著有《华阳风俗录》。

(李　峰)

---

[1] 独孤及:《唐故河南府法曹参军张公墓表》,周绍良:《全唐文新编》卷二九三,吉林文史出版社2000年,第4499页。
[2] 窦臮撰,窦蒙注:《述书赋》,栾保群:《书论汇要》,故宫出版社2014年,第196页。
[3] 窦臮撰,窦蒙注:《述书赋》,栾保群:《书论汇要》,故宫出版社2014年,第196页。
[4] 包世臣:《艺舟双楫》卷五,《包世臣全集》,黄山书社1993年,第374页。
[5] 吕总:《续书评》,卢辅圣:《中国书画全书》第2册,上海书画出版社1993年,第454页。

顾诚奢

顾诚奢，吴郡吴县（今江苏苏州）人。唐开元（713—741）中，与韩择木、蔡有邻以书法齐名，为唐玄宗称赏，并入直侍奉。天宝十五年（756），任太子率更丞、翰林待诏，上元（760—761）间为太子文学、翰林待诏。大历三年（768），曾为老友杜甫题诗于壁。

工正、篆书，精八分，誉称"顾八分"。擅小字，有正书长安《兴唐寺石经藏赞》。所作八分书《唐吕谭表》，字画甚大，尤壮伟可喜。　　　　　　（李　峰）

真　娘

真娘，一称贞娘，本名胡瑞珍，唐中期苏州名妓。貌美聪慧，精于琴棋书画，尤擅歌舞，被誉为"吴门女郎""吴国佳人"，时人比之于钱塘名妓苏小小。相传苏州士子王荫祥欲娶为妻，其不愿迫而自尽，脂肤犹如少年。王荫祥感其节义，葬于虎丘，墓多花草，人称"花冢"。白居易、李绅以来，历代文士慕其华丽，哀其不幸，每过其墓竞相题咏。

谭铢，唐吴郡吴县（今江苏苏州）人。会昌元年（841）进士。咸通（860—873）末曾为苏州盐院官，后官池阳，罢职后优游九华山等名胜。习佛学，善文学，时誉为吴门秀逸之士，所题《真娘墓》七绝独为擅场。　　　　　　（李　峰）

顾　生

顾生，吴郡吴县（今江苏苏州）人。善画山水。唐代宗大历（766—779）中，游于京师长安（今陕西西安）诸侯之门。每画着棉袄，先贴绢数十幅于地，使人吹角击鼓，饮酒至半酣，绕绢十余匝，再以墨汁及诸色倾泻绢上，以长巾捆缚，令众人坐压拽曳多遍，然后以墨笔随势开决，故所绘峰峦岛屿绝妙。　　（李　峰）

石荆山　　姚兼济

石荆山，吴郡吴县（今江苏苏州）人。工琴，能弹曲目颇多，技艺精湛。唐代宗大历（766—779）时，为常州刺史独孤及所知重，所弹每操以十盒小豆为准，尽一升而换曲移品。

姚兼济，亦吴县人。琴得石荆山之传。在扬州曾逢异人授以琴操《清风景云》等五调，人称为嵇康《广陵散》遗音。论琴主随意成声而达意。著有《琴论》。

（李　峰）

张　璪

张璪，或作藻，一名通，字文通，吴郡（今江苏苏州）人。性和善，雅擅文学，尤精绘事，擅水墨山水，小品巨障，"绘画多出意象之表，松石尤奇"[1]。唐玄宗天宝（742—756）中，历官尚书郎。天宝十五年（756），安禄山叛军陷洛阳、长安，张璪与郑虔、王维等朝官被驱迫至洛阳，胁受伪职。肃宗至德二年（757）秋，唐军收复长安、洛阳，按治伪官，张璪与郑虔、王维同被囚于京师宜阳里杨国忠旧宅待罪，为宰相崔圆召至私邸，绘名画数壁[2]，"运思精深，颇极能事。故皆获宽典"[3]。

宝应二年（763），刘晏为宰相，判度支，对张璪颇为赏知。王维弟王缙为宰相，大历四年（769）舍宅为宝应寺，张璪为西南院小堂北壁所绘山水松石极精巧，人称可居神品。所画古松"往往得神骨"[4]，奇态妙绝。时有左庶子毕宏，善山水树石，尤善画古松，天宝中即得名。每见张璪翰墨，皆惊叹心服，曾与张璪同绘荐福寺律院北廊，并获称誉，而张璪以精诚游于卿相大臣间，尤"盛名赫然"[5]。五年，王缙再入为相，荐授张璪检校祠部员外郎、盐铁判官。十二年三月，王缙以附宰相元载获罪下狱，贬括州刺史。张璪亦贬为朗州司马。[6]官闲无事，曾为长沙元门寺绘松石壁画。与荆州从事、监察御史陆澧及符载诸名士游酬雅集，多有所作。其于荆州陟岯寺云上人院为高僧玄览斋壁绘古松，符载为文赞美，卫象题诗于

---

[1] 沈作喆：《寓简》，陈泽珲：《长沙野史类钞》上部《古人笔记》卷七《书画集萃》，岳麓书社2011年，第483页。
[2] 欧阳修：《新唐书》卷二〇二《郑虔传》，中华书局1975年，第5766页。参阅《郑虔墓志》，吴钢：《全唐文补遗·千唐志斋新藏专辑》，三秦出版社2006年。
[3] 李昉：《太平广记》卷二一二《崔圆壁》引《明皇杂录》，中华书局1981年，第1628页。
[4] 元稹：《元稹集》上册卷三《古诗·画松》，中华书局1982年，第33页。
[5] 符载：《江陵陆侍御宅讌集观张员外画松石图》，董诰等：《全唐文》卷六九〇，中华书局1983年，第7065页。
[6] 据唐人符载《江陵陆侍御宅讌集观张员外画松石图》："居长安中，好事者卿相大臣，既迫精诚，乃持权衡尺度之迹，输在贵室，他人不得诬妄而睹者也。居无何，谪官为武陵郡司马。"当非如学人所言为王缙初为宰相时荐授，时当为刘晏属官。唐张彦远《历代名画记》卷十仅谓张璪"坐事贬衡州司马，移忠州司马"，未载武陵郡司马。按，朗州，天宝元年（742）改武陵郡，乾元元年（758）复为朗州，领武陵、龙阳二县，治今湖南常德。衡州，天宝元年改衡阳郡，乾元元年复改衡州，今属湖南。忠州，天宝元年改南宾郡，乾元元年复为忠州，即今忠县，属重庆市。

后,世谓三绝。后移衡州司马、忠州司马。德宗即位后,还居长安,张彦远先祖以同宗往还颇密,多藏其画。建中四年(783)十月初三日,长安兵变,朱泚为乱称帝,张璪时奉令于平原里画八幅山水屏障,破墨未了,闻变逃难,不知所终。[1]

张璪以衣冠文学称时之名流。明通画理,擅画论,创作以"外师造化,中得心源"为旨归,强调客观物象与主观情感之统一,故其艺"非画也,真道也。当其有事,已知夫遗去机巧,意冥元化,而物在灵府,不在耳目。故得于心,应于手……道精艺极"[2]。所绘水墨画最具典范意义。山水渲淡,一变钩斫之法,得于南宗王维之传,首创破墨法:"高低秀丽,咫尺重深,石尖欲落,泉喷如吼。其近也若逼人而寒,其远也若极天之尽。"[3]画水墨树石清润可爱,喜用紫毫秃锋,以掌摸色,皴擦渲染,中遗巧饰,外若混成,"气韵俱盛,笔墨积微,真思卓然,不具五彩,旷古绝今,未之有也"[4]。画松寓情,尤特出古今,有"双管齐下"之誉:"手握双管,一时齐下,一为生枝,一为枯枝。气傲烟霞,势凌风雨,槎枒之形,鳞皴之状,随意纵横,应手间出,生枝则润含春泽,枯枝则惨同秋色。"[5]有唐一代善绘树石者,妙于韦鶠,而穷极于张璪。[6]弟子传其画艺者,以刘商最为知名,影响及于后世深远。

画迹著录于《宣和画谱》《清河书画舫》等,尚有《松泉漱石图》《山堂琴会图》《寒林图》《松竹高僧图》《流水涧松图》等。著有《绘境》一篇,言画之要诀,已佚。

(李 峰)

陆 曜

陆曜,一名庭曜,吴郡(今江苏苏州)人。唐时出家为道士,有高行。精赏鉴,画称妙品。擅画人物、鬼神,画功德时称第一。曾绘天卿寺神,又绘行道僧四壁于浙西甘露寺文殊堂。绘陶潜、边韶等名士有《六逸图》,栩栩如生。 (李 峰)

---

[1] 张彦远:《历代名画记》,人民美术出版社1983年,第159页。
[2] 符载:《江陵陆侍御宅讌集观张员外画松石图》,董诰等:《全唐文》卷六九〇,中华书局1983年,第7066页。
[3] 朱景玄:《唐朝名画录》,四川美术出版社1985年,第11页。
[4] 荆浩:《笔法记》,俞剑华:《中国古代画论精读》,人民美术出版社2011年,第262页。
[5] 朱景玄:《唐朝名画录》,四川美术出版社1985年,第11页。
[6] 张彦远:《历代名画记》卷一《论画山水树石》,人民美术出版社1983年,第159页。

麴信陵(？—约794)

麴信陵，字宗魏，吴县包山(今江苏苏州洞庭西山)人。好学能文，笃信佛，师恒禅师。唐大历(766—779)末，以"乡贡进士"游居长安。[1]贞元元年(785)，举进士第四人，同年九月与归登等复登贤良方正能直言极谏科。历官司直，与郎士元贫交颇契。六年，出为舒州望江县令。施仁政，爱民如子，尤恤孤独。某年望江大旱，忧心如焚，斋戒为文，以铁板丹书，作《投石祝江文》祷雨："必也私欲之求，行于邑里，惨黩之政，施于黎元，令长之罪也。神得而诛之，岂可移于人以害其岁？"[2]焚毕竟降大雨。望江民间流传九龙潭故事，谓城南深潭藏九条恶龙，欲为非作歹，麴信陵深入潭底，斩除恶龙，民得以安。

任满，邑民阻道请留，得再任，约贞元十年(794)卒于官。[3]灵柩将归葬故里，邑民遮道号哭，车不得行，遂留葬县城北隅高阜，立碑建祠。卒后十五年，约元和四年(809)，白居易于长安闻知其事，作《秦中吟·立碑》直歌其事："我闻望江县，麴令抚茕嫠。在官有仁政，名不闻京师。身殁欲归葬，百姓遮路歧。攀辕不得归，留葬此江湄。至今道其名，男女涕皆垂。无人立碑碣，唯有邑人知。"[4]北宋崇宁四年(1105)，徽宗敕赐灵施庙，每年二月初八日敬祀成俗。

擅文辞，诗与同年进士羊士谔齐名。著有《麴信陵诗》《麴信陵集》，已佚。

(李　峰)

归崇敬(712—799)

归崇敬，字正礼，吴县(今江苏苏州)人。生于唐太极元年(712)。少勤学，以经业擢第。治礼家学，多识容典。遭父丧哀毁，孝名著闻乡里。调授国子直讲。[5]玄宗天宝(742—756)末，举博通坟典科，对策第一，迁四门博士。有诏举才可宰百里者，归崇敬复策高等，授左拾遗，改秘书郎。历迁起居郎、赞善大夫，兼史馆修撰，又加集贤殿校理，修国史、仪注。以家贫求为外职，历同州、润州长

---

[1] 大历十四年(779)麴信陵撰《大唐故资敬寺尼常清墓志铭并序》，见王育龙等：《陕西西安新出唐代墓志铭五则》，荣新江：《唐研究》第七卷，北京大学出版社2011年，第450页。
[2] 洪迈：《容斋五笔》卷七《书麴信陵事》，上海古籍出版社1978年，第693页。
[3] 傅璇琮：《唐才子传校笺》第2册，中华书局1989年，第372页。
[4] 傅东华：《白居易诗》，崇文书局2014年，第12页。
[5] 刘昫：《旧唐书》卷一四九《归崇敬传》，谓"调授四门助教"，中华书局1975年，第4014页。

史。会玄宗、肃宗二帝山陵,参掌礼仪,改主客员外郎。又兼史馆修撰,改膳部郎中。代宗幸陕西,召问得失,归崇敬极陈民生疲敝、百姓疾苦,劝代宗当以俭化天下,则国富而兵可用。

学通六典,精治礼学,常参议国典大礼。大历初(766),以新罗王卒,授仓部郎中、兼御史中丞,赐紫金鱼袋,充吊祭、册立新罗使。至海中流,波涛迅急,舟船坏漏,众人皆惊骇。舟人请其以小艇转载避祸,归崇敬道,舟中凡数十百人,我何忍独自济渡?不久,波涛稍息。以往,使新罗者至海东多有所求,或携资帛而往,贸易货物,规以为利。而归崇敬一概谢绝,囊橐中惟衾衣,新罗人称重其德。使还,授国子司业,兼集贤学士。八年,奉派祀衡山。与诸儒官同修《通志》,所主《礼仪志》,众称允当。因史给禀钱不实之罪,贬为饶州司马。德宗即位(780)后召还,复拜国子司业。选翰林学士,迁左散骑常侍,充皇太子侍读,加银青光禄大夫。又兼晋王元帅参谋,封余姚郡公。因两河田悦、李纳初禀朝命,归崇敬以本官兼御史大夫持节宣慰,奉使称旨。及还,上表请归拜墓,获赐缯帛,儒者以为荣。不久,加特进、检校户部尚书,迁工部尚书,并依前翰林学士,充皇太子侍读。以年老累表辞乞归,改兵部尚书致仕。贞元十五年(799)卒,享年八十八岁[1],赠尚书左仆射,谥宣。著有《归崇敬集》。

(李嘉球)

辩 秀(714—780)

辩秀,俗姓刘,生于唐开元二年(714)。汉楚王刘交三十一世孙。幼孤至孝。出家长行,事杭州灵隐寺谋禅师。天宝四载(745),受戒于东海鉴真大师。传律于会稽昙一。至德(756—757)中,举高行,隶名于苏州开元寺。乾元(758—759)中,诏天下二十五寺各定大德七人长讲戒律,辩秀列名其中。坛场一十六番度人孤制,律枢正持,僧纲自肯,湖南北皆相敬仰,观察使韦元甫、李栖筠及虢州刺史李纾、御史中丞李道昌等慕德与交。建中元年(780)圆寂,葬于苏州虎丘西寺松门之右。

(李 峰)

---

[1] 欧阳修:《新唐书》卷一六四《归崇敬传》,中华书局1975年,第5035页。《旧唐书》卷一四九本传谓:"贞元十五年卒,时年八十。"中华书局1975年,第4019页。

道　钦（714—793）

　　道钦，一作法钦，俗姓朱，昆山人。生于唐开元二年（714）。初习儒术。28岁荐为宾贡，于丹阳鹤林寺从玄素禅师出家。后南游杭州径山，开讲弘教。天宝二载（743），受具戒于龙泉寺法仑和尚。大历三年（768），奉诏居京师长安（今陕西西安）章敬寺，赐号国一大师。归径山寺，建中初（780）徙居龙兴寺。贞元九年（793）圆寂后，唐德宗赐谥大觉禅师。

（李　峰）

陆长源（？—799）

　　陆长源，字泳之，一说名泳，字长源，改以字行，吴县（今江苏苏州）人。生于唐玄宗开元（713—741）中。[1] 陆余庆孙。父陆璪，官终汾州刺史，廉正有陆余庆风烈。

　　肃宗乾元（758—759）中，陆长源陷河北安史叛军之地。宝应二年（763）薛仁贵子薛嵩降唐，拜刑部尚书、昭义军节度使，陆长源被辟为从事[2]，与韩愈、孟叔度、丘颖、杨凝皆一时同幕，常从容规切薛嵩戒侈汰[3]。大历七年（772）十二月薛嵩卒后，历为员外郎。建中元年（780），任建州刺史，百姓颂美其惠政："令我州郡泰，令我户口裕，令我活计大，陆员外。令我家不分，令我马成群，令我稻满囷，陆使君。"[4] 时称治平为天下第一。[5] 兴元元年（784），权领湖州刺史，授信州刺史，封吴县开国男，以贤能人称"陆上饶"，伟词迈气，礼待东南之士，士乃以不登其门为耻。贞元元年（785），为检校郎中，迁国子司业兼御史中丞，充江淮转运副使。三年，罢为都官郎中，改万年县令，五年，出为汝州刺史。上宰相董晋书，建言秉政用贤，治庸除弊："其宰相之寄也，在于用贤，贤不滥而人自理；次于秉政，政不挠而国自安。用贤者，除改是也；秉

---

[1]　韩愈为董晋次子董溪作《唐故朝散大夫商州刺史除名徙封州董府君墓志铭》："尚书左仆射陆公长源，齿差太师（董晋），标望绝人。"《韩昌黎文集校注》卷六，上海古籍出版社1986年，第441页。

[2]　《河朔访古记》卷中："汤阴县北十里有古垒，南北斜长五里。父老云，唐九节度师营垒也。垒东北有万人冢，即九节度溃兵之遗骸，乃节度使薛嵩掩骨作此大冢，命幕府御史陆长源撰记刻碑立冢上云。"清文渊阁《四库全书》本。亦见嘉庆《安阳县志·金石录》卷四，台湾成文出版社1968年，第853—854页。

[3]　欧阳修：《新唐书》卷一五一《陆长源传》，中华书局1975年，第4822页。

[4]　彭定求：《全唐诗》卷八七四《建州人歌》，中华书局1960年，第9888页。

[5]　李翱《贺行军陆大夫书》："昔阁下为建州刺史，人足食与衣，且知廉耻礼义，治平为天下第一。其为信州，犹建州也，其为汝州，犹信州也。"见周绍良：《全唐文新编》卷六三六，吉林文史出版社2000年，第7180页。

政者,赏罚是也。"又批评当时尚书六司,"兵部无戎帐,户部无版图,虞水不管山川,金仓不司钱谷,光禄不供酒,卫尉不供幕,秘书不校勘,著作不修撰:官曹虚设,禄俸枉请。计考者假而为资,养声者籍而为地。""某齿发向衰,志力犹在。遇贤相,逢明时,亦愿一豁平生,少展微分。不然者,老于泉石,亦求仁而得仁。"〔1〕陆长源勤政而清白自将,十二年,去职时两车相送,忆其祖陆余庆于魏州离职时,单车而图书居半,犹自愧不及先人。

安史之乱后,藩镇坐大,兵悍将横,朝命难行。是年,宣武军节度使李万荣病重,子李乃自署为兵马使,李万荣旧部邓惟恭将李乃执送京师,意欲自代。七月,兵部尚书董晋出任汴州刺史、宣武军节度使,朝廷恐董晋年高柔懦,八月以陆长源为宣武节度使行军司马、检校右散骑常侍、兼御史大夫知使事,充副使,实主其政。陆长源奏准朝廷将邓惟恭擒送京师,流置汀州。陆长源处事守法,遇董晋苟且因循,即为纠正,故招军士忌恨。进尚书左仆射。〔2〕十五年二月初三日董晋卒,陆长源奉诏知留后事,重申将士不守宪章必绳以法,拒循旧例故事赏三军,以钱贿买旌节。十一日,诏以陆长源为检校礼部尚书、汴州刺史、御史大夫、宣武军节度度支营田、汴宋亳颍观察等使,诏未至军已变乱,陆长源遇害,惨被碎尸分食。以忠直血白刃,中外悼惜,诏赠尚书右仆射。白居易作《陆长源郑通诚哀辞》,誉称"二良",赞曰:"洁于身,俭于家,勤于邦,又申之以言行、文学、智谋、政事,故其历要官,参剧务,如刀剑发铏,割而无滞;如钟磬在悬,动而有声。"〔3〕

陆长源性平易,无威仪,好诙谐,以清俭忠直自守。所至褒扬贤能,曾撰东阳令戴叔伦及颜真卿去思碑。与韩愈、李翱、封演及高僧皎然、澄观及茅山宗师韦景昭等交善,与孟郊交谊最为久切。博学擅书史,留心学问,故多撰述。著有《唐春秋》六十卷,小说《辨疑志》三卷,专斥神怪妖异迷信之妄。

(李　峰)

---

〔1〕 陆长源:《上宰相书》,周绍良:《全唐文新编》卷五一○,吉林文史出版社2000年,第5792页。
〔2〕 韩愈为董晋次子董溪作《唐故朝散大夫商州刺史除名徙封州董府君墓志铭》:"太师(董晋)之平汴州,年考已高,挈持维纲,锄销荒颣,纳之大而已。其囊箧细碎,无所遗漏,繁公之功,上介尚书左仆射陆公长源,齿差太师,标望绝人。闻其所为,每称举以戒其子。杨凝、孟叔度以材德显名朝廷,及来佐幕府,诣门请交,屏所挟夹。太师薨,始以秘书郎选参军京兆府法曹。"可知陆长源职任。《韩昌黎文集校注》卷六,上海古籍出版社1986年,第441页。
〔3〕 贞元十六年(800)徐州节度使张建封卒,判官郑通诚为留后,兵变被杀。见刘昫:《旧唐书》卷一四○《张建封传》,中华书局1975年,第3828页。

顾　况（727—816）　　子 顾非熊

顾况,字逋翁,晚号华阳山人,苏州(今属江苏)人。[1]生于唐代宗开元十五年(727)。东宫官属司仪郎吴兴丘惕女婿。系出吴郡,家世不详。其叔七觉,字惟旧,神龙初(705)八岁为僧,学际天人,通达善道,至德三年(758)于虎丘西寺圆寂。从兄顾愔,大历三年(768)以监察御史副归崇敬出使新罗,著有《新罗国记》。从兄顾苌,历官长史,朱泚叛乱时从唐德宗于奉天,官终骑曹,客死于湖湘鄱水之湄,立身有高节,能诗称才士。

顾况幼颖异,少倚剑好勇行侠义,机捷好学,曾从其叔七觉和尚习大乘佛典《维摩经》《法华经》,又与从兄顾苌究道茅山,近于方外,早有才名。然性孤直,好诙谐,以嘲诮能文,自目为狂生或狂人。王公贵人与交必受戏侮,特以行谊人喜亲近,东南名诗人多与其交。

唐玄宗天宝十四载(755)十一月安史之乱起,次年五月长安沦陷,兵火蔓延至南。肃宗至德二年(757),苏州刺史李希言奉诏举江东进士六人,顾况获登龙门,张继有诗称:"吴乡岁贡足嘉宾,后进之中见此人。"目睹时艰,哀悯生民,顾况欲从军

---

[1]《旧唐书》卷一三〇《李泌传》附《顾况传》及《唐才子传》卷三作苏州人。宋尤袤《全唐诗话》及计敏夫《唐诗纪事》作姑苏人。宋朱长文《吴郡图经续记》卷下:"辟疆(园),唐时犹在,顾况尝假以居。郡守赠诗曰:辟疆东晋日,竹树有名园。年代更多主,池塘复裔孙。"乾隆《江南通志》卷三一:"辟疆园在吴县,晋时顾辟疆之园也。唐顾况尝假以居。"《赤城志》卷三二:"唐顾况,吴中人,字逋翁,以文入仕,终江南郡城。"大和三年(829)皇甫湜应顾况子非熊之请,作《唐故著作佐郎顾况集序》云:"吴中山泉气状,英淑怪丽,太湖异石,洞庭朱实,华亭清唳,与虎丘、天竺诸佛寺,钩绵秀绝。君出其中间,禽清轻以为性,结泠汰以为质,熙鲜荣以为词……以童子见君扬州孝感寺,君披黄衫……既接欢然,以我为扬雄、孟子,顾恨不及见。三十年于兹矣,知音之厚,曷尝忘诸?"可为确证。序见四部丛刊影印宋刊本《皇甫持正文集》卷二。傅璇琮《唐代诗人丛考》之《顾况考》亦定为苏州人,见中华书局1980年,第402—404页。
唐张彦远《历代名画记》谓顾况吴兴人。皎然《送顾处士歌》云:"安贫日日读书坐,不见将名干五侯。知君别业长洲外,欲行秋田循畎浍。"诗题下注:"吴兴丘司仪之女婿,即况也。"顾况诗《题梨花睡鸭图》谓:"昔年家住太湖西,常过吴兴罨画溪。"吴兴说误。
司马光《资治通鉴》称顾况海盐人,后人多因之,且以海盐横山为顾况居地。明人沈孝徵《顾华阳集叙》、姚士麟《顾著作传》,俱谓顾况"尝求知新亭监,监在盐官海滨,复家于县南五十里之横山"。见《顾华阳集》三卷补遗一卷,清咸丰五年双峰堂刻本。所据刘长卿作《过横山顾山人草堂》诗,储仲君《刘长卿诗编年笺注》及杨世明《刘长卿集校注》均考订为苏州横山,至德间任长洲尉时作。据杨世明《刘长卿集编年校注》附《刘长卿年谱》,刘长卿天宝十四载(755)冬安史之乱爆发前赴吴中,至德元年(756)到任长洲尉,有诗题《至德三年春正月,时谬蒙差摄海盐令,闻王师收二京,因书事寄上浙西节度李侍郎中丞行营五十韵》。寻罢摄官,入狱获释。就诗题看,若系顾况,时当未仕。则诗中横山当在吴县,横山又名踞湖山,在苏州城西南十里,历称吴中胜地,可参顾嘉誉《横山志》。
至顾况为云阳即丹阳人说,所据顾况《哭从兄苌》诗《共居云阳里》句,乃指昔年同于茅山元阳观读书问道事。顾况有诗《题元阳观旧读书房赠李范》:"此观十年游,此房千里宿。还来旧窗下,更取君书读。"李范系关中人,能诗。顾况晚年归隐,复居元阳观。据《茅山志辑要》载,元阳观在丹阳茅山小茅岭。

赴国难,慷慨赋诗:"弭节结徒侣,速征赴龙城……寄语塞外胡,拥骑休横行";"少年胆气粗,好勇万人敌。仗剑出门去,三边正艰厄。怒目时一呼,万骑皆辟易。杀人蓬麻轻,走马汗血滴。丑虏何足清,天山坐宁谧,不有封侯相,徒负幽并客。"[1]

代宗广德元年(763)安史之乱平后,顾况志尚疏逸,时有宰相招致欲授以好官,乃自请任余杭郡新亭盐监,辟画家王默为副监,解任后落笔有奇趣。[2]与皎然、韩章、颜真卿、陆羽、张志和、陆鸿渐、秦系、朱放、李冶、灵澈等于湖州诗会往还。大历七年(772),知温州永嘉盐监。后至江西与柳浑、李泌交为方外友,得受李泌服气之法。建中元年(780)正月,韩滉除苏州刺史,充浙江东西都团练观察使,二年五月加检校礼部尚书兼御史大夫、润州刺史,充镇海军节度使、浙江东西道观察等使,顾况被辟为判官,参谋军事,心感知遇,竭力辅成韩滉之治绩。韩滉以乳母违禁与外勾结私通欲杀之,顾况用郭舍人以激将解救汉武帝乳母之术,晓言情理,韩滉悲悟,乳母得释。[3]韩滉曾与顾况议不合,欲排出幕。顾况告之己梦口与鼻、眼争功高下:"眉曰:'我虽无用,亦如世有宾客,何益主人? 无即不成礼仪。若无眉,成何面目?'"[4]韩滉悟其讥,待之如初,益加信用。值皇家大庆,顾况进献德宗《高祖受命造唐赋》,称颂开国至开元、天宝功业,又于《上高祖受命造唐赋表》中力陈时政:

"臣闻上古灭迹以恢至道,其次立名以扶大化。臣山谷之人,顷为韩滉参谋。滉性嫉恶,臣性孤直;滉先朝露,臣复故山。陛下拔臣,臣况口噤汗出,不敢论天下事。然自开元、天宝以来,耳目所接,精经茂德,略有百人,不霑一命,非不欲出,无益所以不出,岂大国无人? 而党与之徒,未详菽麦,骤居清贵,此由权臣上负明主下负苍生,中遏贤路耳。是非邪正,势不两立。唐有天下,赋敛甚薄,刑罚甚宽,神人保和,鸟兽咸若。然而时有反侧逋逃之诛,得无因乎? ……伏惟陛下赫赫巍巍,与天同功。凤凰巢于阿阁,麒麟乳于郊薮,臣之愿也。"[5]

---

[1] 顾况:《从军行》二首,高文:《全唐诗简编》上册,上海古籍出版社1993年,第758页。
[2] 李绰《尚书故实》、计有功《唐诗纪事》卷二八载此事作顾况。新亭监当在盐官县。《旧唐书》谓盐官县汉海盐县。张彦远《历代名画记》卷十记略有异:"王默师项容,风颠酒狂,画松石山水,虽乏高奇,流俗亦好。醉后以头髻取墨抵于绢画。王默早年授笔法于台州郑广文虔。贞元末于润州殁,举柩若空。时人皆云化去。平生大有奇事。顾著作知新亭监时,默请为海中都巡,问其意,云要见海中山水耳。为职半年解去,尔后落笔有奇趣。顾生乃其弟子耳。彦远从兄监察御史厚与余具道此事,然余不甚觉默画有奇。"人民美术出版社1983年,第159页。
[3] 冯翊子:《桂苑丛谈·史遗》;王楙:《野客丛书》卷二六《隶释·释乳母之过》。
[4] 王谠《唐语林》卷六,周勋初:《唐人轶事汇编》卷十八,上海古籍出版社1995年,第953页。
[5] 顾况:《上高祖受命造唐赋表》,周绍良《全唐文新编》卷五二八,吉林文史出版社2000年,第6147页。

贞元二年(786)十一月韩滉入为宰相后，顾况被擢为大理寺司直，缘事被免。[1] 次年二月韩滉卒，顾况代太常博士李溪畅上议请谥"忠肃"。柳浑、李泌相继为相，顾况起为校书郎，历迁著作佐郎、著作郎。[2] 曾于宣平里其宅与柳浑、崔汉衡及从表兄礼部侍郎刘太真等为诗会，文士相和，举国传览以为盛观。白居易初举问诗，得其推誉显名。五年正月柳浑卒，三月李泌继卒，顾况作《海鸥咏》诵贤相功业，傲诋朝官，益为众挤排，遂求归于吴。坐诗语调谑被劾贬"行饶州司士参军员外置同正员"[3]，刘太真亦被贬信州刺史。八年，刘太真及友秘书监包佶、饶州刺史李公表和从兄顾莐卒，顾况伤感亲友略尽，正道不行。九年秋以老病归吴，携家隐于茅山元阳观，获授上清道箓，养生游酬，誉称华阳真逸。元和十一年(816)，寿登大耄卒。[4]

素性清逸自适，晓音乐，习乐器，精于鉴赏，亦能琴曲，曾作《龙宫操》。工正、行书。画师王默，山水笔墨随势开决，皎然誉称为醉书、神画。所作《江南春图》"笔法潇洒，天真烂然"[5]，并撰《画评》一卷。擅文赋，诗长于歌行，逸歌长句，骏发踔厉，写实讥时，寓讽谕于教化，曾欲以古诗三百篇之体制为新乐府，仿《诗经》作《上古之什补亡训传十三章》，开白居易新乐府"首句标其目"之先导。

---

[1] 顾况贞元三年(787)闰五月作《韩滉行状》，自署："故金紫光禄大夫检校尚书左仆射同中书门下平章事晋国公韩公故支将仕郎前大理寺司直顾况谨上。"见周绍良：《全唐文新编》卷五三〇，吉林文史出版社2000年，第6164页。

[2] 两唐书作初征校书郎，久之迁著作郎。《唐才子传》卷三柳浑辅政荐为秘书郎。贞元十六年(800)顾况作《宛陵公署记》末署"前秘书著作郎顾况记"，次年作《嘉兴监记》则署"前秘书省著作佐郎"。

[3] 刘昫《旧唐书》卷一三〇《李泌传附顾况传》作贬饶州户参军。贞元五年(789)夏，顾况赴贬所途经苏州和韦应物诗，题为《奉同郎中使君郡斋雨中宴集之什》，自署"州民朝议郎行饶州司士参军员外置同正员顾况"。《桂苑丛谈·史遗》谓贬信州司马，未知所据。是年刘太真贬信州刺史。

[4] 顾况享年，皇甫湜《唐故著作郎顾况集序》谓："为江南郡丞累岁，脱糜复无北意，起屋于茅山，意飘然若将续古三仙，以寿九十卒。"见胡云翼：《唐文选》，中华书局1940年，第161页。其序乃大和二年(828)受顾况之子非熊所托，作于大和三年，最为可靠。清同治元年(1862)双峰堂《顾华阳集》将九十改为九十四，亦为后人有所采信，实不足为据。

顾况生卒年，历有人考，河北大学冯淑然博士论文《顾况及其诗歌研究》于诸家介绍颇详，与赵昌平等据段成式《酉阳杂俎》卷十三《冥迹》等关于顾况子非熊角逐场屋三十年，以及顾况七十丧子而生非熊等记载，推断顾况生卒年为727—816年。《全唐诗》卷二六四录顾况《伤子》一诗："老夫哭爱子，日暮千行血。声терм断猿悲，迹随飞鸟灭。老夫已七十，不作多时别。"与《酉阳杂俎》略同。顾况前有《哭从兄莐》诗，言及"稚子学新拜，枯杨生一枝"。《悼稚》诗云："稚子比来骑竹马，犹疑只在屋东西。莫言道者无悲事，曾听巴猿向月啼。"当为贞元九年(793)后归隐茅山作，又有诗《大茅岭东新居忆亡子从真》，从真似非《酉阳杂俎》记所丧十七岁子。此事传奇且不论。考订顾况生卒年，最可靠的是由非熊生年入手。考非熊生于贞元十二年(796)，则顾况当生于玄宗开元十五年(727)，卒于元和十一年(816)。

[5] 明张丑《清河书画舫》卷四上。又云："尝闻琴川刘以则孙某，秘藏顾况《江南春图》袖卷，后有宋元名贤题跋，笔法潇洒，天真烂然，近始见之项氏。昔人评画品入神，源出王洽而秀润过之，殆非过许云。况又有《茅山图》……《咏顾处士江南春图小木诗》：'浦翁诗酒外，妙写江南春。清逸不火食，堪为摩诘邻。'"见卢辅圣：《中国书画全书》第4册，上海书画出版社1992年，第923页。

著有《顾况集》二十卷,已佚,后世辑有《华阳集》三卷、《顾逋翁诗集》四卷、《华阳真逸诗》二卷及《顾况诗集》《顾况诗注》等。

子顾非熊,约贞元十二年(796)生于茅山[1]。少颖悟,强记诵,早有诗名。弱冠始下茅岭应举。然性滑稽,好谈辩,恃才凌轹权贵子弟,故遭排挤,三十年屡试不第,"屈声聒人耳"[2]。会昌五年(845)试进士,榜发无名,武宗久闻其才,亲阅所试文章,敕令追榜放令及第[3]。累佐使府。后任泗州盱眙尉。以不喜官场拜迎,厌恶劣政,弃官归隐茅山。父子递享清望,世为美谈。卒于大中八年(854)后一二年间。[4]

顾非熊生平与王建、贾岛、姚合、刘得仁、项斯、朱庆馀、马戴、储嗣宗等交,契友段成式常相往访。诗长于五律,俊婉可讽有父风,"亦有诗名于时"[5]。大和(827—835)初集父遗诗二十卷,曾撰《妙女传》,著有《顾非熊诗》一卷。(李　峰)

于公异

于公异,苏州(今属江苏)人。唐建中二年(781)进士。文章精拔,颇有才名。四年,被李晟辟为招讨府掌书记。兴元元年(784)六月,李晟平朱泚之乱,收复京师长安,于公异奉命作《破朱泚露布》,进呈唐德宗,德宗览后不禁感怀落泪,询知为于公异所作,称叹有加。后为尚书左丞卢迈荐举,迁祠部员外郎。

少年时不为后母所容,后游学远方,入仕后从未归乡省亲。应进士时,即与同郡举人陆贽不睦。作《破朱泚露布》为德宗称赏,陆贽时在翰林,闻知后心尤不悦。贞元八年(792),陆贽任宰相,借人言奏劾于公异不能敬侍后母,素无孝

---

[1] 赵昌平《关于顾况生平的几个问题》,据段成式《酉阳杂俎》卷十三《冥迹》,顾况70岁生非熊之事,及非熊会昌五年(845)及第时间及项斯《送顾非熊及第归茅山》诗,推生年为贞元十三年(797)。郭文镐《〈茅山志纂集唐代诗人杂论〉商榷》据非熊诗《陈情上郑主司》,推生年为贞元十五年(799)。笔者以为当生于贞元十二年(796)。《旧唐书》卷一三〇《顾况传》下附小传、《唐摭言》卷八《已落重收》条,谓"非熊既为所排,在举场三十年。屈声聒人耳"。非熊有《冬日寄蔡先辈校书诗》云:"弱冠下茅岭,中岁道不成。"会昌五年(845)方举进士。项斯《送顾非熊及第归茅山》:"吟诗三十载,成此一名难。"上推30年,则弱冠之年初应举为元和十年(815),则其当生于贞元十二年(796)。

[2] 王定保:《唐摭言》卷八《已落重收》,上海古籍出版社1978年,第89页。

[3] 刘得仁《贺顾非熊及第,其年内索文章》诗:"愚为童稚时,已解念君诗。及得高科晚,须逢圣主知。"计有功:《唐诗纪事》卷六三,中华书局1965年,第943页。

[4] 闻一多《唐诗大系》和《唐才子传校笺》均作大中八年(854)左右。《全唐文》卷七六五顾陶《〈唐诗类选〉后序》云:"近则杜舍人牧、许鄂州浑,洎张祜、赵嘏、顾非熊数公,并有诗句,播在人口,身没才二三年。"见周绍良:《全唐文新编》卷七六五,吉林文史出版社2000年,第9110页。顾陶为会昌四年(844)进士,自谓序作于"大中景子之岁",即大中十年(856)。

[5] 刘昫:《旧唐书》卷一三〇《顾况传附顾非熊传》,中华书局1975年,第3625页。

行,亏于礼教。德宗诏赐于公异《孝经》,命罢归自省,坎坷终身。人惜其才,皆不喜陆贽褊急之举。

著有《唐于公异奏记》一卷,已佚。《全唐文》存其《破朱泚露布》《吴狱祠堂记》等文十五篇。

(李　峰)

施士匄(734—802)

施士匄,吴(今江苏苏州)人。生于唐玄宗开元二十二年(734)。先祖代出名贤。春秋鲁惠公子施父[1],桓公时大夫,称名臣。其后施之常为孔子弟子[2]。施雠,西汉宣帝时博士。以今文《易》学名家,创施氏之学[3]。施延,明五经,通天文历数,东汉顺帝时历官大鸿胪、太尉,其孙始为吴人。祖父施旭,官至袁州宜春尉,父施姥,为豪州定远丞,亦能承绪家学。[4]

施士匄通经学,精于《毛诗》《郑诗》,兼通《春秋左氏传》。时啖助、赵匡、陆淳以《春秋》,仲子陵等以《礼记》,蔡广成以《周易》,强蒙以《论语》,"皆自名其学,而士匄、子陵尤称卓异"[5]。德宗兴元元年(784),任四门助教,迁太学助教,再迁博士,教授诸生二经。太学秩满当去,诸生即拜疏请留。或留或迁,凡十九年不离太学。善讲说,正讹解惑,多有发明。其时,太学生习《毛诗》《郑诗》《春秋左氏传》者皆其弟子,贵游子弟来太学坐于诸生下静听。朝中贤士大夫从学者、执经考疑者相继于门,讲论明晰,如客得归。贞元十八年(802),刘禹锡与柳宗元、韩泰曾听其讲《毛诗》,论说"维鹈在梁""陟彼岵兮""勿翦勿拜""维北有斗"四义,《毛诗》皆未注,乃以己意体味经文,不取传注[6],合于其时复古思潮兴起与变革之政治要求。虽不免失之空疏,然讲求义理,脱旧出新,学者闻如新井美泉,开宋人说《诗》之先河。是年十月十一日(802年11月9日)卒,"贤士

---

[1] 施父,姬姓,名尾,字施父,鲁惠公之子。
[2] 司马迁:《史记·弟子列传》:"施之常,字子桓。"中华书局1962年,第2224页。
[3] 班固:《汉书》卷八八《儒林传》,中华书局1962年,第3598页。施雠,汉沛人,字长卿。从田王孙学《易》,西汉宣帝时博士。甘露三年(前51)于石渠阁参与五经同异之议。
[4] 施延,字君子,东汉沛国蕲县(今安徽宿县南)人。少为诸生,明五经,通晓天文。和帝时为侍中。和帝废太子刘保,延与太仆来历等固争。东汉安帝建光(121—122)初,征有道高第,拜侍中。顺帝即位,为大鸿胪,阳嘉二年(133),任太尉。韩愈《施先生墓铭》:"先生之祖,氏自施父。其后施常,事孔子以彰。雠为博士,延为太尉、太尉之孙,始为吴人。曰然曰绩,亦载其迹。"见启功等:《唐宋八大家全集·韩愈集》,国际文化出版公司1977年,第448页。
[5] 欧阳修:《新唐书》卷二〇〇《儒学下》,中华书局1962年,第5707页。
[6] 韦绚:《刘宾客嘉话录》,车吉心:《中华野史·唐朝卷》,泰山出版社2000年,第193页。

大夫、老师宿儒、新进小生,闻先生之死,哭泣相吊"[1],弟子共葬其于万年县神禾原。同僚郭伉买石志其墓,韩愈为作墓志铭,敬称施先生。著有《施氏诗说》一卷,《春秋传》已佚。

(李 峰)

韦应物(737—791)

韦应物,字义博,京兆万年(今陕西西安)人。生于唐玄宗开元二十五年(737)。先世自汉代入关中,代为望族,入唐后尤盛,人才辈出。高祖韦挺,刑部尚书兼御史大夫、黄门侍郎、扶阳公。曾祖韦待价,尚书左仆射、同中书门下。祖父韦令仪,梁州都督。父韦銮,宣州司法参军。[2]

韦应物为韦銮三子。少时豪纵不羁,天宝(742—756)中以门荫补右千牛,授三卫郎,为玄宗侍卫,并入太学附读,改羽林仓曹,历授高陵尉、廷评。安史之乱起,辗转流落,始折节读书。广德元年(763),迁洛阳丞。永泰元年(765)授河南兵曹,后因惩办不法军吏被讼,辞官闲居。大历九年(774)为京兆府功曹参军。十一年,进朝请郎,代理高陵宰。十三年,任鄠县令,次年六月制除栎阳令,次月以病辞官。建中二年(781)拜比部员外郎,在长安与畅当、刘太真、李儋、吉中孚等相交游。四年,诏以滁人凋残,领滁州刺史,多有惠政,兴元元年(784)冬罢任。贞元元年(785)加朝散大夫,任江州刺史,治如滁州之政。时廉使有从权之敛,韦应物以调非明诏,悉无所供。因有是非之讼,有司详按,帝以州疏端切,三年,优诏赐封扶风县开国男,食邑三百户。征拜左司郎中,总辖六官,循举戴魏之法。四年七月,出任苏州刺史,为政凌厉,豪猾屏息。州举贫士陈昌言、朱公荐、戴察,因贫难赴京应试,即予赡助。暇时与顾况、秦系、孟郊、丘丹、皎然等名士来往唱酬,世称"韦苏州"。韦应物贵而能贫,勤于吏职,能反躬自省。任苏州刺史时给友诗中有句:"身多疾病思田里,邑有流亡愧俸钱。"沈德潜称为"是不负心语"。六年,缘事罢任,曾闲居苏州永定寺,次年年初卒于苏州官舍,州人感念其俭德,为之罢市。归葬于少陵原祖茔,墓在今西安韦曲镇。

---

[1] 韩愈:《施先生墓铭》,启功等:《唐宋八大家全集·韩愈集》,国际文化出版公司1977年,第448页。

[2] 贞元十二年(796)丘丹撰《唐故尚书左司郎中苏州刺史京兆韦君墓志铭并序》谓:"其先高阳之孙,昌意之子,别封豕韦氏。汉初有韦孟者,孙贤为邹鲁大儒,累迁代蔡义为丞相。子玄成,学习父业,又代于定国为丞相。奕世继位,家于杜陵。后十七世至逍遥公敻,枕迹丘园,周明帝屡降玄纁之礼,竟不能屈,以全黄绮之志。公弟郧公宽,名著周隋,爵位崇显,备为国史。逍遥公有子六人,俱为尚书。五子世冲,民部尚书、义丰公,则君之五代祖。"全文见《韦应物一家四方墓志录文》,《文汇报》2007年11月4日。

工楷书。所著诗赋、议论、铭颂、记序,凡六百余篇行于当时,尤以诗人擅名。其诗原于曹、刘,参于鲍、谢,加以变态,恬淡高远,忽造佳境,别开户牖。能反映战乱灾难及黎民百姓疾苦,尤以山水田园诗著名,人比之陶潜,并称"陶韦",又以其与王维、孟浩然、柳宗元并称"王孟韦柳"。著有《韦苏州集》。

子韦庆复,字茂孙。贞元十七年(801)进士。工辞赋,书词尤异,历官集贤殿校书郎、渭南县主簿、监察御史、河东节度判官。

长女婿杨凌,字恭履,弘农(今河南灵宝)人,家居苏州。少有文名,与兄杨凭、杨凝被吴中父老号为"三杨"。大历十一年(776)举进士。累迁协律郎。贞元初官至大理评事。学富识达,遍悟文体,柳宗元称其兼善著述、比兴,堪为陈子昂之后。有集已佚。

(李　峰)

陆　淳(?—805)

陆淳,后改名质,字伯冲,一作元冲,号文通,吴郡吴县(今江苏苏州)人。南朝梁名儒陆澄七世孙,世以儒学著称。唐肃宗上元元年(760),拜故润州丹阳县主簿啖助为师,秉笔持简侍先生左右十一年,"述释之间,每承善诱,微言奥指,颇得而闻"[1]。啖助、赵匡相友并称异儒,皆精研《春秋》,陆淳颇传其学,由是知名。大历五年(770)啖助卒,陆淳痛师学不彰,乃与啖助子啖异抄录遗稿《春秋集传》及《春秋统例》,赴浙东请越州刺史陈少游幕客赵匡加以损益发挥,纂汇成书《春秋集传纂例》。

大历八年,淮南节度使陈少游镇扬州,陆淳被辟为从事。十年,以荐授太常寺奉礼郎。建中元年(780)拜为左拾遗,三年,以杨炎获罪牵累,与沈既济等自秦徂吴,皆谪居东南。后历尚书郎,贞元四年(788)时任刑部员外郎,请依贞观例于磻溪立齐太公祠。德宗慎重祀典,每事依礼,六年十一月亲行郊享之礼,陆淳时以仓部郎中与柳冕、徐岱、张荐皆摄太常博士,同修郊祀仪注,以备顾问。十一年七月,时官左司郎中,与议禘祫礼。改国子博士。十二年,进献《春秋集注》,申明尊攘大义,主张反经合道,问理本生人为重,社稷次之,论治乱变而得

---

[1] 刘昫《旧唐书》卷一八九、欧阳修《新唐书》卷一六八《陆质传》,皆言少师赵匡,未言啖助。吕温代陆淳作《进集注春秋表》:"臣不揣蒙陋,斐然有志,思窥圣奥,仰奉文明,以故润州丹阳县主簿臣啖助为严师,以故洋州刺史臣赵匡为益友。"柳宗元《陆文通先生墓表》:"有吴郡人陆先生质,与其师友天水啖助洎赵匡,能知圣人之旨。"陆淳在《春秋集传纂例》卷一《修传始终记》中,称啖助为啖先生,称赵匡为赵子,称啖助之讳助,称赵匡名匡,可为旁证。按,啖助生于唐开元十二年(724),赵州人,后迁关中。卒于大历五年(770)。据陆淳《修传始终记》,大历五年,赵匡往浙东陈少游幕府,途经丹阳拜会啖助讨论《春秋》,啖助寻去世。赵匡与啖助此前似未谋面,当是互为师友关系。参阅宋淑华:《陆淳〈春秋〉三书研究》,山东师范大学 2012 年硕士学位论文。

中,"推言治道,凛凛然可畏,终是得圣人个意思"[1],为柳宗元、凌准、韩泰、吕温等引为政治同道。十九年,出为信州刺史,次年调台州刺史,皆行仁政。二十一年正月顺宗即位,二月召陆淳为给事中,与王叔文、韦执谊、柳宗元、刘禹锡、吕温、韩晔、韩泰、李景俭、陈谏等十余人"定为死交"[2],与谋革新。柳宗元尤极称其学,比邻而居,问学"执弟子礼"[3]。顺宗病重,王叔文等预谋另立皇嗣计划失败,立李纯为太子,四月顺宗赐陆淳更名质,征为太子侍读,遂言其所学,进献《古君臣图》即《君臣图翼》,然不为李纯所亲信。八月顺宗改年号永贞,任用王叔文等力行革新,顺宗寻卒,李纯嗣位为宪宗。九月十三日,柳宗元、刘禹锡等被逐出朝,革新告败。十五日(805年10月17日),陆淳病卒于京。门人世儒以其能文圣人之书,通于后世,私谥文通先生,柳宗元作墓表誉称巨儒。

陆淳博学工诗文,通经学,精于《礼》,尤以精治《春秋》名家。著有《春秋集传纂例》《春秋集传辩疑》《春秋微旨》《春秋集注》《类礼》《君臣图翼》等。其治《春秋》,抑《左传》而褒《公羊传》《穀梁传》,以为《左传》长于叙事,经文大义少,是非交错,浑然难证。《公羊传》辞辩、《穀梁传》意深,虽间有乖谬,失其纲统,然为子夏所传,经密于《左传》。故信经驳传,汇纂啖助、赵匡之说,"务在考三家得失,弥缝漏阙,故其论多异先儒"[4],开宋儒疑经风气,变专门为通学,为《春秋》经学一大变。

(李　峰)

文　畅

文畅,吴县(今江苏苏州)人。少业儒。后出家,服道江表三十年,穷佛根源,被敬称为"上人"。唐贞元十八年(802)北上五台,次年入京师长安(今陕西西安)。元和元年(806)复北游。文章清越有致。凡远行,必请缙绅先生咏歌其志,白居易、韩愈、柳宗元等曾为其作序。

(王晋玲)

顾少连(741—803)　　子 顾师闵　顾师邕

顾少连,字夷仲,吴郡吴县(今江苏苏州)人。生于唐玄宗开元二十九年

---

[1] 朱熹:《朱子语类》卷八三,朱杰人等:《朱子全书》第17册,上海古籍出版社、安徽教育出版社2002年,第2869页。
[2] 刘昫:《旧唐书》卷一三五《王叔文传》,中华书局1975年,第3734页。
[3] 柳宗元:《柳河东集》卷三一《答元饶州论春秋书》,上海人民出版社1974年,第505页。
[4] 纪昀等:《四库全书总目提要》卷二六经部《春秋类》,中华书局1965年,第213页。

(741)。晋司空顾和十三世孙。曾祖顾君卿,官柳州司马。祖父顾克忠,缙云郡司仓参军。父顾望,博通六经,以高隐知名。

代宗大历五年(770),顾少连试进士,尤为礼部侍郎薛邕器重,擢甲科。不久,丁父忧。后为东都留守郑叔则辟为从事,终以病辞。以书判高第典校秘文,秩满授登封县主簿。县有虎为患,民惊惧不安,少连命填塞陷阱,移文祀嵩山岳神祝祷,虎不为患。义行为御史大夫于颀所推,荐为监察御史。建中四年(783)十月,朱泚叛乱据长安称帝,唐德宗逃奔奉天被围,顾少连携子师闵冒险徒步谒帝陈策,十二月拜水部员外郎、翰林学士,随驾避于汉中。兴元元年(784)六月朱泚叛乱平定后,加礼部郎中。奏请徙东吴先茔于洛阳,德宗事多倚重,乃诏遣少连长子往,且命中使护葵葬事。贞元四年(788),与韦执谊等以本官并知制诰。七年,迁中书舍人,以正直谨密著称。八年四月出翰林院,改户部侍郎,九年二月权礼部侍郎,知贡举,奏请准以建中二年十二月敕,以口问经义录于纸上,以便依经疏对奏,查失有凭,黜退有据,防弊端而绝流议。[1]

裴延龄自贞元八年迁户部侍郎、判度支,奸猾求媚,分建六库,苛敛别贮,以供德宗私欲,势倾朝野,人多趋附。十一年十一月,宰相陆贽及盐铁转运使张滂、京兆尹李充、司农卿李铦等,以劾裴延龄皆罢职贬外。裴延龄恃宠跋扈日甚,朝臣侧目而无敢言者。顾少连与裴延龄于田镐府第相会,酒酣之际,佯醉挺笏厉声道,段秀实持笏击打贼臣朱泚,"今吾笏将击奸臣"[2]。后又画一雕,周围群鸟聒噪,当朝呈献德宗,以证裴延龄矫妄。[3]进散骑常侍,复"面折其短,数而绝之,群臣为危,正色不挠"[4]。十二年,典选洛师[5],裴延龄死,中外相贺。

十四年春,以尚书左丞权礼部侍郎,再知贡举,迁吏部侍郎。十六年五月,改京兆尹。政尚宽简,依法均平租赋,不慕虚誉。次年十月迁吏部尚书,封吴县男。十八年六月,转兵部尚书兼御史大夫、东都留守、东都畿汝防御使。整军阅武,奏请将禁苑及汝地闲田募耕以便民,时号良吏。十九年十月初四日(803年10月22日)卒于洛阳私第[6],都人为之泣泪罢市。葬于河南偃师县亳邑乡刘村里

---

[1] 顾少连:《请以口问经义录于纸上以便依经疏对奏》,周绍良:《全唐文新编》卷五一四,吉林文史出版社2000年,第6012—6013页。

[2] 欧阳修:《新唐书》卷一六二《顾少连传》,中华书局1975年,第4995页。

[3] 李肇:《唐国史补》卷上,上海古籍出版社1979年,第30页。

[4] 杜黄裳:《东都留守顾公神道碑》,周绍良:《全唐文新编》卷四七八,吉林文史出版社2000年,第5584—5585页。《文苑英华》卷九一八此碑署韦夏卿撰。

[5] 顾少连:《嵩岳少林寺新造厨库记》,周绍良:《全唐文新编》卷五一四,吉林文史出版社2000年,第6011页。

[6] 欧阳修:《新唐书》卷一六二《顾少连传》,中华书局1975年,第4995页。

先茔。

顾少连以文行忠信、丰德高义映乎时贤,尤爱才胜己,凡三知贡举,取进士或诸科,"大凡以文出门下,由庶士而登司徒者,七十有九人"[1],如状元苑论、柳宗元、刘禹锡、武儒衡、薛公达、卫中行、元稹、吕温、李逢吉、卢元辅、王播、范传正等,多以才名显于世。顺宗永贞元年(805),赖刘禹锡诸门生之力,得追赠尚书右仆射,谥敬[2]。

子顾师闵,生于唐代宗大历七年(772)。性沉静专默,简而好学。建中四年(783),随父谒德宗。贞元中,年二十以经明中第,授同州参军。登拔萃甲科,为京兆府咸阳县尉。丁父忧,不为用。元和三年(808)入湖南观察使李众幕。七年八月,宣歙观察使范传正辟为宣州从事,摄宣、歙、池等州观察判官,次年三月卒于官舍。[3]

顾师闵弟顾师邕,字睦之。恬约好学,慎交游。长庆三年(823)进士及第[4],累迁监察御史。大和九年(835)九月,同年进士李训为相,荐其为水部员外郎,充翰林学士。十一月,奉李训命草诏,谋诛六道巡边宦官田全操等,以"甘露之变"事败未成下狱,判流崖州。十二月初一日(835 年 12 月 24 日)行至蓝田被赐死。[5]

(李 峰)

元 浩(? —817)

元浩,一作元皓,俗姓秦,字广成,苏州(今属江苏)人。幼依晋陵(今江苏常州)灵山寺慧日禅师出家,具满律戒,住龙兴寺。后与长安(今陕西西安)云华寺华严澄观法师同为湛然禅师弟子,被比为孔子门下子游、子夏。初受《法华经》《止观经》,学有所得。耽学三昧,听师言说,分析义理,派流川注,默记暗诵,一言不失,终为天台宗大师。翰林学士梁肃从学《止观》法门,作《心印铭》,与苏州

---

[1] 柳宗元:《与顾十郎书》,《柳河东集》卷三〇,上海人民出版社 1974 年,第 496 页。
[2] 柳宗元《与顾十郎书》:"赖中山刘禹锡等,遑遑惕忧,无日不在信臣之门,以务白大德。顺宗时,显赠荣谥,扬于天官,敷于天下,以为亲戚门生光宠。"注:"少连赠尚书左仆射,谥曰敬,则追赠之荣亦诸门生之力欤。"据范传正撰《顾师闵墓志铭》:"父少连,兵部尚书,赠右仆射,谥曰敬。"1990 年出土于河南省偃师市北部邙山,志存偃师。
[3] 范传正:《顾师闵墓志铭》。据杜黄棠《东都留守顾公神道碑》,顾师闵主奉葬其父。"次曰师安,太常寺太祝。次曰师彧、宗宪,志文好学,不坠先业。"未见师邕名。《新唐书》卷一七九《顾师邕传》称师邕为师闵兄,师闵为少子,当误。然柳宗元《与顾十郎书》,学界谓指师闵,则似非长子,而师邕或系宗彧、宗宪之一而改名,事皆待详考。
[4] 《永乐大典》引《苏州府志》,见徐松:《登科记考》卷十九,中华书局 1984 年,第 715 页。
[5] 欧阳修:《新唐书》卷一七九《顾师邕传》,中华书局 1975 年,第 5325 页。参《新唐书·文宗本纪》。司马光《资治通鉴》卷二四五作流儋州,赐死商山,见中华书局 1976 年,第 7920 页。

刺史田敦请其撰《涅槃经解述》，博综群言以立诚训。唐宪宗元和十二年（817）圆寂，葬于苏州虎丘，苏州刺史崔恭为撰塔碑。

（李　峰）

许孟容（743—818）

许孟容，字公范，长安（今陕西西安）人，家于吴（今江苏苏州）。生于唐玄宗天宝二载（743）。大历十一年（776）进士。后究《王氏易》登科，授校书郎。建中元年（780），荆襄等道黜陟使赵赞表为判官，后入江南西道节度使李皋幕。贞元四年（788），徐州节度使张建封辟为从事，四迁侍御史。八年，表为濠州刺史，历礼部员外郎、郎中，转兵部郎中，迁给事中。贞元末以讽谏论事改太常少卿，永贞元年（805），迁刑部侍郎、尚书右丞。元和四年（809）拜京兆尹，次年改兵部侍郎。七年，以本官权知礼部贡举，出为河南尹，知礼部选事，征拜吏部侍郎。十年，力荐裴度为相以平吴元济叛乱，有大臣风采。由太常卿为尚书左丞，拜东都留守。宪宗元和十三年（818）卒，赠太子少保，谥宪。

少工文辞，通释、老之学。与穆质、杨凭、李鄘齐名，时人称羡，交密者被誉为"杨穆许李之友"。

（王晋玲）

沈既济（约750—约800）

沈既济，苏州吴县（今江苏苏州）人。约生于唐玄宗天宝九载（750）[1]。祖父曾任泉州司户参军，父官至婺州武义县主簿。子传师，官至吏部侍郎，父子皆著才名清望。

进士及第。代宗大历（766—779）中，居钟陵，与韦釜游，又与杨炎雅善。大历十四年（779）五月德宗立，杨炎初为相，沈既济被召为试太常寺协律郎，主张

---

[1] 刘昫《旧唐书》卷一四九《沈传师传附沈既济传》、欧阳修《新唐书》卷一三二《沈既济传》作苏州吴人。司马光《资治通鉴》卷二二六作吴人。《吴郡志》卷二十三、《姑苏志》卷四十七俱言为吴县人。明代魏校《庄渠遗书》卷十一有曰："乡贤有沈既济者，观其选举议，及请冠中宗之年书武氏之事，乃经世之识也。"唐林宝《元和姓纂》卷七作吴兴武康（今浙江德清）人，并称："不害，陈尚书左丞；孙齐家，唐秘书郎；生朝宗，婺州武羲主簿；朝宗生既济、克济。既济，进士，唐翰林学士，生传师、宏师、述师。传师，进士，吏部侍郎。"陈耀东据此等资料作《沈既济父子曾祖籍贯事略考》，见《文献》2002年第4期。然杜牧《樊川集》卷十四《沈传师行状》，称"曾祖某皇任泉州司户参军"，而非秘书郎。按，武康乃西晋初改永康县置，属吴兴郡，隋仁寿二年（602）初属湖州，大业三年（607）改属余杭郡，唐广德初复属湖州。苏州所治于代宗、德宗时早不含武康，且其或子孙籍贯与居地也常有异，而两唐书等所记必有所本，目前未见直接史料可予否定。至沈既济生卒年，今从闻一多《唐文学年表》考订，见《闻一多全集》第10卷，湖北人民出版社2004年，第108、118页。

改革以图治,认为"议事以制不以权,当征其本末,计其遐迩",不可仅以时得时失为言。因上《选举议》直陈选官用人积弊及体制改革之议:"选用之法,三科而已,曰:德也,才也,劳也。今选曹皆不及焉;考校之法,皆在书判、簿历、言词,俯仰而已。夫安行徐言,非德也;丽藻芳翰,非才也;累资积考,非劳也。执此以求天下之士,固未尽矣。今人未土著,不可本于乡闾;鉴不独明,不可专于吏部。臣谨详酌古今,谓五品以上及群司长官,宜令宰臣进叙,吏部、兵部得参议焉。其六品以下或僚佐之属,许州、府辟用。"即按辟吏之法任用佐官,初称补摄,告于吏部、兵部申奏请敕符,敕符下方为正官。"其牧守、将帅或选用非公,则吏部、兵部得察而举之,罪其私冒。不慎举者,小加谴黜,大正刑典。责成授任,谁敢不勉!夫如是,则贤者不奖而自进,不肖者不抑而自退,众才咸得而官无不治矣。今选法皆择才于吏部,试职于州郡。若才职不称,紊乱无任,责于刺史,则曰命官出于吏曹,不敢废也;责于侍郎,则曰量书判资考而授之,不保其往也;责于令史,则曰按由历出入而行之,不知其他也。黎庶徒弊,谁任其咎!"[1]

沈既济指斥其时选举"入仕之门太多,世胄之家太优,禄利之资太厚,督责之令太薄"[2],得仕者如升仙,不仕者如沉泉,若天地之相远。而以科举选人亦不乏构奸入官、坐享禄俸之非人冗才。主张废乡贡,停武举,以绝奸利。"有别须经艺之士,请于国子监六学中铨择"[3],并鼓励州郡荐举异才,以广开用人之路:"今士流既广,不可强废,但键其旧门,不使新入,峻其宦途,不使滥登……若惟善是举,不才决弃,前见爵禄,后临涂泥,人怀愤激,孰不腾进?则中品之人,悉为长材,虽曰慎选,舍之何适?"[4]

博典群籍,经学该明,史笔尤工。建中元年(780),杨炎再为相,荐其有良史才,召拜右拾遗[5],进左拾遗、史馆修撰,与撰《宪宗实录》。沈既济认为:"史氏之作,本乎惩劝,以正君臣,以维邦家。前端千古,后法万代,使其生不敢差,死不忘惧。纬人伦而经世道,为百王准的,不止属词比事,以日系月而已。故善恶之道,在乎劝诫;劝诫之柄,存乎褒贬。"[6]七月上奏议,以开元间吴兢撰《唐

---

[1] 司马光:《资治通鉴》卷二二六,中华书局 1976 年,第 7258 页。沈既济《上选举议》文较简而字词略异,见《全唐文》卷四七六,中华书局 1983 年,第 4866 页。
[2] 欧阳修:《新唐书》卷四五《选举志下》,中华书局 1975 年,第 1178 页。
[3] 杜佑:《通典》卷十八《选举六》,中华书局 1984 年,第 103 页。
[4] 沈既济:《选举论》,《全唐文》卷四七六,中华书局 1983 年,第 4868 页。
[5] 《唐故朝散大夫使持节明州诸军州事守明州刺史上柱国陈郡殷府君墓志铭》,吴钢:《全唐文补遗》,三秦出版社 1994 年,第 101 页。
[6] 沈既济:《论则天不宜称本纪议》,《全唐文》卷四七六,中华书局 1983 年,第 4866 页。

书》,所作《则天本纪》乱名违常,主张删去,以武则天时事合入《中宗本纪》,别纂录其事迹为《则天顺圣武皇后》列入《皇后传》。其议未被采行,乃自撰《建中实录》,"自作五例,所以异于常者,举终必见始,善恶必评,月必举朔;史官虽卑出入必书"[1],为时所称。

二年,诏中书、门下两省,分置待诏官三十,视品给俸,以公廨钱息利供赡用度。沈既济上疏直谏时下冗官冗政、伤财苦民之弊:"今日之治,患在官烦,不患员少;患不问,不患无人。两省官自常侍、谏议、补阙、拾遗四十员,日止两人待对,缺员二十一员未补。若谓见官不足与议,则当更选其人。若广聪明以收淹滞,先补其缺,何事官外置官?夫置钱取息,有司之权制,非经治法。今置员三十,大抵费月不减百万,以息准本,须二千万得息百万,配户二百,又当复除其家,且得入流,所损尤甚。今关辅大病,皆言百司息钱毁室破产,积府县,未有以革。臣计天下财赋耗斁大者唯二事:一兵资,二官俸。自它费十不当二者一。所以黎人重困,杼轴空虚。何则?四方形势,兵未可去,资费虽广,不获已为之。又益以闲官冗食,其弊奈何?藉旧而置犹可,若之何加焉?"[2]事遂罢行。

武则天时,因选官过多过滥,不得不"繁设等级,递立选防,苟以抑之"。沈既济建议官员以五年为一任期,"请准旧令,州为三等,上、中、下。县为五等,赤、畿、上、中、下。其余紧、望、雄、辅之名请废"[3]。以裁汰冗员提高行政效率,革冗除弊。

十月,罢史官,为翰林学士。以杨炎获罪牵累,自左拾遗贬为处州司户参军。[4]贞元中,召为礼部员外郎,奏议:"'汉世'丞相之子不得蠲户课。而近世以来,九品之家皆不征,其高荫子弟重承恩奖,皆端居役物,坐食百姓,其何以堪之?"[5]主张改革制度,以均课赋。贞元十六年(800)卒,后以子传师得赠太子少保。

沈既济与萧颖士之子萧存及许孟容、杜佑、权德舆等友善,皆以文辞知名,"健论卓识,照映千古"[6]。又善文学,论主传奇"志异",亦当"糅变化之理,察神人之际,著文章之美,传要妙之情"[7]。所著《建中实录》十卷外,以前代史官

---

[1] 马端临:《文献通考》卷一九四,中华书局1999年,第1642页。
[2] 欧阳修:《新唐书》卷一三二《沈既济传》,中华书局1975年,第4540页。
[3] 杜佑:《通典》卷十八《选举六》,中华书局1984年,第103页。
[4] 沈既济:《任氏传》,李昉等:《太平广记》卷四五二,中华书局1981年,第3697页。
[5] 周绍良:《全唐文新编》卷四七六,吉林文史出版社2000年,第5566页。
[6] 吴文治:《宋诗话全编》第8册《刘克庄诗话》,江苏古籍出版社1998年,第8411页。
[7] 沈既济:《任氏传》,李昉等:《太平广记》卷四五二,中华书局1981年,第3697页。

于选举阙而不论,乃作《选举志》十卷,所撰《刘展乱纪》一卷可补唐书阙略,均佚。另作《陶岘传》《雷民传》各一卷,所著传奇《枕中记》《任氏传》称名篇,能承六朝志怪余风,开宋元话本之先河。

（李 峰）

杨 凭（？—817）

杨凭,字虚受,一字嗣仁,弘农（今河南灵宝）人,徙居苏州（今属江苏）。唐代宗大历九年（774）进士第一。屡佐使府,征为起居舍人,迁礼部郎中、兵部郎中、太常少卿。贞元十八年（802）,出为湖南观察使,徙江西,为政凌厉。元和元年（806）,入为左散骑常侍,转刑部侍郎。四年,任京兆尹,因劾被贬为临贺尉,移杭州长史。七年,入为恭王傅、分司东都。十二年,以太子詹事卒。

性孝友,善诗文,富才学,与弟杨凝、杨凌并有盛名,东吴贤士大夫称为"三杨"。女婿柳宗元,字子厚,河东（今属山西）人,官终柳州刺史。以文学擅名,为唐宋八大家之一。

（李 峰）

杨 凝（？—803）

杨凝,字懋功,弘农（今河南灵宝）人,徙居苏州（今属江苏）。与兄杨凭、弟杨凌皆孝友能文,东吴贤士大夫号为"三杨"。

唐代宗大历十三年（778）,杨凝中进士第一名。历官秘书省校书郎,兴元元年（784）为山南东道节度使樊泽掌书记,贞元三年（787）,随樊泽任荆南节度使府掌书记。由协律郎三迁侍御史,入为起居郎。迁尚书司封员外郎,执法严明,为权幸所忌。十二年,自左司郎中为检校吏部郎中,宣武军节度使董晋表为观察判官,曾代行亳州刺史事半载,在任增垦田,筑堤治水,惠政为民感戴。十五年,因宣武军乱还京闲居。十八年,拜兵部郎中,以瘴疾卒。

精文论,为文根柢六经百家,长于叙事推理,况今据古,多而不烦,简而不遗。著有《杨凝文集》。

（李 峰）

张 舟（？—约811）

张舟,昆山人。张后胤玄孙。工书能诗,志在经世。初授蕲春主簿。以左领军卫兵曹为安南经略巡官,转金吾卫判官。历监察、殿中、侍御三台御史,加检校尚书礼部员外郎,换山南东道节度判官,复转郎中,为安南副都护,充经略副使,以才具显名。

唐宪宗元和元年(806),迁检校太子右庶子,兼安南都护、御史中丞,充经略使。三年,奏请新筑罗城,并筑骧州、爱州城,防御严固。治政以经术饰吏事,本法理平人心。大力发展外贸,财富盈积,遂大造甲杖军械四十余万,战船四百余艘,军容壮盛,深为吏民爱戴。四年夏,大破来犯之环王国三万余众,擒获其王子及众多将领,边患尽除,复照东汉伏波将军马援例,重立铜柱以正疆界,功业赫赫。属下联名上其功绩,获敕褒奖,秩至中散大夫、检校国子祭酒,封上柱国、武城县开国男。六年,病卒于任,归葬潭州,柳宗元为其撰神道碑铭。 (李　峰)

归　登(754—820)

归登,字冲之,吴县(今江苏苏州)人。生于唐天宝十三载(754)。归崇敬子。性雅实弘厚,事继母以孝称。

大历七年(772),举孝廉高第,补四门助教。贞元(785—804)初,复登贤良科,任右拾遗。裴延龄得幸,唐德宗欲授以相,右补阙熊执易欲上疏论劾,以示归登,归登动容,愿联名,不惧利害。故同列有所谏正,辄联署无所回讳,时人称重。转为右补阙、起居舍人,凡十五年。同列曾出其下者,多以驰骛至显官,唯其与右拾遗蒋武退然自守。后迁兵部员外郎,充皇子侍读,寻加史馆修撰。顺宗即位(805)后,超拜给事中,再为皇太子、诸王侍读,拜给事中,赐金紫,迁工部侍郎。徙改左散骑常侍。宪宗问时当所关切,归登以纳谏为对,时论美之。转兵部侍郎,兼判国子祭酒事,迁工部尚书,累封长洲县男。

有文学,工草隶,宽博容物。元和十五年(820)卒,赠太子少保[1],谥宪。

子归融,字章之,进士擢第,官至礼部尚书、兵部尚书,累封晋陵郡公,赠尚书左仆射。归融诸子归仁晦、归仁翰、归仁宪、归仁召、归仁泽、归仁召、归仁泽皆登进士第。唐懿宗咸通(860—873)中,并至达官。 (李嘉球)

法　相(754—842)

法相,俗姓俞,长水(今浙江嘉兴)人。生于唐天宝十三载(754)。七岁出家

---

[1]　此据刘昫《旧唐书》卷一四九《归崇敬传附归登传》。欧阳修《新唐书》卷一六四《归登传》作赠太子少师。

于嘉禾灵光寺,师授以经法,一月即诵通《法华经》。往京师长安(今陕西西安)安国寺,具足戒,习毗尼道十一年。传法东归,从学者如林。苏州刺史奏请于开元寺置戒坛,众推法相为寺纲管,会昌二年(842)圆寂于寺。

(王晋玲)

李 观(766—794)

李观,字元宾,吴县(今江苏苏州)人,郡望陇西(今属甘肃)。生于唐代宗大历元年(766)[1]。从叔李士举曾任监察御史,举为浙西观察判官,贞元九年(793)冬迁苏州刺史。外祖父曾任河南行军司马,与寓吴名士孟简友善。

家贫寒素,兄弟皆以孝友知名。十岁读书,十六岁能文,弱冠即颇览古今,"受严师心训,属文厉志,立可久之誉"[2],故"挈身复古,立行师古。临事不惑,见危必进"[3],"在朝无近属,当路无至亲,藉父兄之庆余,笃信义以立志",累为郡荐。德宗建中四年(783),再以乡贡进士荐,因贫未赴举。致书睦州刺史独孤汜,述己师古、复古、行古之风,独孤汜颇称奇文,特赏才调,招见即如遇知己。兴元元年(784),以求友胜己,徒步访名士孟简,以孟简称病被拒,遂贻书抒懑,如醉人使酒骂坐。州举贫士陈昌言、朱公荐、戴察,因贫难赴京应试,李观代言上书房武支使及苏州刺史韦应物,请予赡助,时称义举。

贞元五年(789)三月入京,进士两试不第,寄身国子监为广文馆生。与友韩愈、李绛、崔群同游于翰林学士梁肃门下[4],又向梁肃引荐同道孟郊、崔弘礼。读书著文,不废日时。然布衣穷愁,艰苦憔悴。曾出长安,西游谒访邠、宁、庆三州节度观察使张献甫及宗盟兄侍御史李益,往复千里,投身甚难。奔归穷处,萧条如初,却心系国政。上宰相贾耽陈安边之策,请择如开元哥舒翰之名将,行汉晁错、赵充国之策,以守边、强兵、生财、养民,论其要在政:"政为民之命,民为财

---

[1] 韩愈:《李元宾墓铭》。李观《谒夫子庙文》自称:"世载儒训者,陇西李氏子观。"《贻先辈孟简书》:"仆长于江表,今未弱冠。"《东还赋》:"我之家兮,逼江湄而临海湄,其地则古有吴王夫差,十代之风兮。"《与处州李使君书》谓:"观尝言向同道,勉而速行。昨日遂有白衣少年,掉臂而往,连墙数子,祖离于吴闾门外。"皆见李观《李元宾文集》,中华书局1985年版。按,《新唐书·李华传》:"李华,字遐叔,赵州赞皇人……宗子翰,从子观,皆有名。"李华从子李观曾任监察御史,清光绪十年王灏《新刊〈李元宾文集〉跋》,《四库全书总目提要》卷一百五十集部三别集类三、《全唐诗》卷三一九及《郡斋读书志》等皆误苏州李观为李华从子,岑仲勉于《唐集质疑》之《中唐四李观》已予订误。
[2] 李观:《与吏部奚员外书》,董诰等:《全唐文》卷五三二,中华书局1983年,第5406页。
[3] 李观:《与睦州独孤使君书论朱利见书》,董诰等:《全唐文》卷五三三,中华书局1983年,第5409页。
[4] 王定保:《唐摭言》卷七《知己》,上海古籍出版社1978年,第81页。

之资,财为兵之府,兵为边之守,其相藉如此之大也,其可忽邪!"[1]又上兵部侍郎陆贽《安边书》《汉祖斩白蛇剑赞》《报弟书》《邠宁庆三州节度飨军记》《谒文宣王庙文》《大夫种碑》《项籍碑》《请修太学书》《吊韩弁没胡中文》等凡十篇,为所称赏。八年,陆贽知贡举,梁肃、王础佐之,李观高中进士第五名,与韩愈、欧阳詹、冯宿等同榜进士"皆天下选,时称龙虎榜"[2]。同年,又与陆复礼、裴度同中博学宏词科,名列第二。授太子校书郎。九年,归籍省亲,十一月始归京师。以素本病弱,积年劳顿,十年,未及秋季而卒,葬于长安嵩原。

李观行峻洁清,"才高乎当世,而行出乎古人"[3],知人、交道不污,与樊宗师、柳宗元、欧阳詹皆与韩愈同道友善,时称"韩友四子"。论文崇尚复古,主张言以载道,文贵天成,"上不罔古,下不附今,直以意到为辞,辞讫成章"[4]。气调警拔,发愤为雄,而有逸气,立意持论,崭然自异。虽镕铸未纯,辞胜其理,亦能扫却浮靡文风,以古文称家,时人谓可与韩愈相埒。[5]昭宗大顺二年(891),陆希声集其遗文编为《李观文集》十卷,已佚。宋初赵昂另辑《李观文编》三卷、外编二卷。后另辑有《李元宾文集》六卷。清人辑其与吕温、骆宾王所作,编为《唐人三家集》。

(李 峰)

陈 谏

陈谏,吴县(今江苏苏州)人。先世居颍川(治今河南许昌)。国子主簿陈叔孙,婺州司兵参军陈璧子,相国、赠太尉房琯侄曾孙女婿。警敏强记,敏于儒学,志于经政,被称为倜傥好奇之士。于染署岁簿载记所染绫帛规格尺寸,泛览悉记,"州县籍帐,凡所一阅,终身不忘"[6]。唐德宗大历(766—779)中官于朝,为转运使刘晏属吏。刘晏善理财,力行改革,有功于国,以诬被贬忠州刺史,建中元年(780)被赐死。"晏既被诬,而旧吏推明其功。陈谏以为管、萧之亚,著论纪

---

[1] 李观:《上贾仆射书》,董诰等:《全唐文》卷五三四,中华书局1983年,第5420页。
[2] 欧阳修:《新唐书》卷二三〇《欧阳詹传》,中华书局1975年,第5787页。
[3] 韩愈:《李元宾墓铭》,《韩愈全集》文集卷六,上海古籍出版社1997年,第241页。按:才或作文;出或作过。
[4] 李观:《帖经日上侍郎书》,《李元宾文集》卷六,中华书局1985年,第65页。
[5] 陆希声《〈李元宾文集〉序》谓:"元宾尚于辞,故辞胜其质。退之尚于质,故质胜其辞。"王士禛:《池北偶谈》卷十六《李元宾集》,齐鲁书社2007年,第323页。
[6] 李肇:《唐国史补》卷中《陈谏阅染簿》,上海古籍出版社1979年,第42页。参见欧阳修:《新唐书》卷一六八《王叔文传附陈谏传》,中华书局1975年,第5127页。

其详。"[1]

贞元十八年(802),丁家艰,德宗"诏不许还吴,贯籍从隶京兆"[2]。时因世乱汴路不通,遂奉先祖、祖母神座,暂葬于扬州。二十一年初,顺宗嗣位,起为仓部郎中、判度支案。善理财,与王叔文、韦执宜、陆质、韩泰、刘禹锡、柳宗元、韩晔、吕温、李景俭等亲近为"死友"[3]。陈谏妻从父房启为房琯之孙,也因相推致。陈谏协助王叔文掌握朝廷财权,积极参与变法革新。故事:度支按,郎中判入,员外判出,侍郎总统押案而已。其时杜佑以宰相兼度支盐铁使,王叔文为副,遂专权。后王叔文迁户部侍郎,以母丧还家,杜佑有所决事,陈谏谓须请示王叔文,颇为杜佑不满,首先被排挤出朝。七月,出为河中少尹,王伾、王叔文同党由其始去。

同年八月改永贞元年(805),始行革新,宪宗即位后,即尽逐王叔文同党。十一月,陈谏再贬台州司马。元和元年(806)八月,诏陈谏与韦执宜、韩泰、刘禹锡、柳宗元、韩晔、凌淮、程异等八人逢恩赦,不在量移之限。秋九月初七日,陈谏与齐推、杨於陵、王承邺、卫中行、路黄中于会稽山石伞峰雅集,撰《登石伞峰诗序》,并以诗表达钦慕贤者及怀才不遇反遭贬黜的忧愤。[4]十年三月,始量移封州刺史,官进而地益远,有美政,称循吏之才。十五年,迁循州刺史。长庆元年(821)三月,移道州刺史,卒于任。[5]

擅诗文,通佛学,宗奉天台宗,与梁肃游,曾为其《心印铭》作序。工书法,称名家,韩愈撰《南海神广利王庙碑》为其所书并篆额,有晋人遗意。著有《彭城公故事》一卷,称颂能臣刘晏,已佚。

(李 峰)

孟 简(?—823)

孟简,字几道,梁县(今河南汝州)人,寓居吴县(今江苏苏州)。著名诗人孟郊从叔。

---

[1] 欧阳修:《新唐书》卷一四九《刘晏传》,中华书局 1975 年,第 4797 页。
[2] 北京图书馆藏《唐故乡贡进士颍川陈君墓志》拓片,参阅卞孝萱:《〈唐故乡贡进士颍川陈君墓志〉的史料价值》,《文物》1986 年第 2 期。
[3] 欧阳修:《新唐书》卷一六八《王叔文传》,中华书局 1975 年,第 5125 页。
[4] 卞孝萱:《唐代文史论丛》,山西人民出版社 1986 年,第 233—234 页。
[5] 欧阳修《新唐书》卷一六八《王叔文传附陈谏传》谓终循州刺史。刘昫《旧唐书》卷一三五《王叔文传》称:"陈谏至叔文败,已出为河中少尹,自台州司马量移封州刺史,转通州卒。"中华书局 1975 年,第 3737 页。皆误。

唐贞元七年(791)中进士,又登博学宏词科。九年,为浙东观察使皇甫政辟为从事,累迁仓部员外郎,转吏部。元和二年(807)迁司封郎中,四年,超拜谏议大夫。七年,出为常州刺史,浚河道连通长江与运河,漕运灌溉皆颇利,人称为"孟河"。征为给事中,为浙东观察使,十二年,入为户部侍郎,次年为山南东道节度使。十四年,罢为太子宾客、分司东都。后任吉州司马,长庆元年(821)为睦州刺史,次年复为常州刺史,旋入为太子宾客、分司东都,三年辞世。

工行书,善诗文,精于佛典,曾奉诏与归登、萧俛等译《大乘本生心地观经》。

(王晋玲)

张 籍(约766—约830)

张籍,字文昌,苏州吴县(今江苏苏州)人。[1]约生于唐代宗大历元年(766)。家贫而笃学励行。小时曾寄居和州乌江县(今属安徽和县),拜见张巡旧部于嵩,粗知张巡、许远故事,心生敬仰。建中末(783),游学于邢州漳溪,与王建同学十年订契交。贞元六年(790),于舒州刺史郑甫幕府任从事,应望江令魏信陵之请作《祠堂记》。八年,赴京求荐未遇,次年南游鄂、赣、湘、粤,十年冬复北上蓟北,次年五月归江南。十二年,其家迁居乌江县,与孟郊同游桃花坞。次年冬以孟郊荐介,访观察推官韩愈于汴州,"才名相许,论心结契"[2]。韩愈留置于馆,教其为文,十四年秋以诗取中,荐京赴试。

贞元十五年进士及第,韩门弟子李翱称为奇士,荐于徐泗濠节度使张建封。次年居母丧,永贞元年(805)辞平卢淄青节度使李师古之辟,贫居守选。元和初(806),调补太常寺太祝。为少府监胡珦女婿,得识白居易,又为韩昶师。九年,因患眼疾近失明,被孟郊嘲称"穷瞎"。十一年,转国子助教,次年转广文馆博

---

[1] 《新唐书》卷一七六及《旧唐书》卷一六〇《韩愈传》附《张籍传》,作和州乌江人。韩愈《张中丞传后叙》:"元和二年四月十三日夜,愈与吴郡张籍阅家中旧书";《唐故中散大夫少府监胡公墓神道碑》云"公婿广文博士吴郡张籍";《旧唐书·韩愈传》亦云"东郡(按指吴郡)人张籍"。宋王安石《题张司业诗》称"苏州司业诗名老"。张籍诗《寄苏州白使君(居易)》云:"登第早年同座主,题诗今日是州民。"宋汤中《张司业集跋》、元陆友仁《吴中旧攀》、明王鏊《姑苏志》及余嘉锡《四库提要辨正》、傅璇琮主编《唐才子传校笺》等,认为张籍生于吴而曾居和州。关于诸家张籍里籍之说及考订,参阅徐礼节《张籍故乡与南游考辨》,《安庆师范学院学报(社会科学版)》2007年第1期。张籍生年,其诗《逢王建有赠》云:"年状皆齐初有髭,鹊山漳水每追随。"当与王建同龄。二人生年考,有胡适《白话文学史》永泰元年(765)、罗联添《张籍年谱》大历元年(766),持此说者较多,另有闻一多《唐诗大系》大历三年(768)、季镇淮《张籍二则》大历五年(770)、潘竞翰《张籍系年考证》大历七年(772)诸说。笔者从徐礼节《张籍、王建生年及张籍两次入幕考》,《巢湖学院学报》2008年第5期。

[2] 傅璇琮:《唐才子传校笺》卷五,中华书局1989年,第561页。

士。十四年,韩愈贬为潮州刺史,张籍亦改守秘书省校书郎。十五年,韩愈还任国子祭酒,元稹知制诰,张籍进守秘书郎,长庆元年(821)韩愈荐其"学有师法,文多古风;沉默静退,介然自守;声华行实,光映儒林"[1],被特授国子博士。次年三月转水部员外郎,四年八月迁郎中。宝历二年(826)任主客郎中、分司东都。大和二年(828),迁国子司业。时以老病,于吴已置新居宅,欲归老太湖洞庭,约大和四年(830)卒于任,遗言归葬乡山。

性朴直,笃爱梅竹高洁,与人交,荣悴不易,相示以义,施诚相与。时朝野名士皆与游,如白居易、刘禹锡、元稹、于鹄、孟郊、李翱、姚合、贾岛等,与王建最友爱相契,与韩愈师友交三十年尤被称重。求友胜己,情爱深厚,孟郊卒,张籍亲拟谥号"贞曜先生"。

居贫晏然,廉退不竞,独能以道自将。以兴起名教、弘奖仁义为己任。安史之乱以来,目睹宦官擅政,藩镇割据,朋党倾轧,边患四起,民不聊生,而朝野复溺于佛、老之学,故其崇孟子,尊扬雄,力排佛、老,主张:"绝博塞之好,弃无实之谈,弘广以接天下士,嗣孟轲、扬雄之作,辩杨、墨、老、释之说,使圣人之道复见于唐。"[2]并力请韩愈著书立说为天下倡,开古文运动之先声,而其"雅尚古文,不从流俗,切磨讽兴,有助政经"[3],时与韩愈并称"韩张"[4]。

书学王羲之,"用笔皆有法"[5],字画凛然典雅,以行草为最。通经学,尤以诗名当世。律格不涉旧体,近体诗五言律最具影响,工于匠物,字清意远,与贾岛分立诗派,推勉之后进朱庆馀、项斯及任蕃、陈标、章孝标、滕倪、司空图等能承其遗绪[6]。尤工乐府,宗尚杜甫,与王建"体制相似,稍复古意。或旧曲新声,或新题古义,词旨通畅,悲欢穷泰,慨然有古歌谣之遗风"[7],被白居易誉称"举代

---

[1] 韩愈《举荐张籍状》云"登仕郎守秘书省校书郎"。张籍《祭退之》云:"我官麟台中,公为大司成。念此委末秩,不能力扬发。特状为博士,始获升朝行。"似当为校书郎,霍松林《唐乐府诗人张籍生平考证》可参阅。傅璇琮主编《唐才子传校笺》则谓校书郎当为秘书郎之讹。按,元稹元和十五年(820)擢祠部郎中、知制诰,其《授张籍秘书郎制》云:"俾任石渠之职,思闻木铎之音。可守秘书郎。"或因韩愈举荐后,进守秘书郎,再特授国子博士。霍松林以秘书郎职系于任水部员外郎后应误,因元稹时已进宰相。
[2] 张籍:《与韩愈书》,《张司业集》,上海古籍出版社1993年,第59—60页。
[3] 元稹:《授张籍秘书郎制》,《元稹集》,中华书局1982年,第661页。
[4] 张籍《祭退之》云:"公文为时师,我亦有微声。而后之学者,或号为韩张。"见《张司业集》。
[5] 苏颂:《苏魏公文集》卷七二《题张籍墨迹》,中华书局1988年,第1101页。
[6] 参阅杨慎《升庵诗话》卷十一《晚唐两诗派》。宋末元初人方回最早明确提出"张籍诗派",见《瀛奎律髓》卷二十评朱庆馀《早梅》诗。
[7] 高棅:《唐诗品汇·七言古诗叙目》,转引自陈伯海:《唐诗汇评》,浙江教育出版社1995年,第1893页。

少其伦"[1],世称"张籍王建体"。著有《张籍诗集》五卷、《木铎集》十二卷及《张司业集》等。另著《论语注辨》两卷,已佚。

弟张萧远,元和八年(813)进士。工诗,婉切可诵,"与舒元舆声价俱美"[2]。从弟张蒙,与贾岛、姚合、章孝标等友善。元和十五年前后任韶州刺史,约于长庆(821—824)间改滁州刺史,又转饶州刺史。子张黯,会昌六年(846)进士。与李商隐为友,宣宗大中五年(851),代李商隐为东川节度使柳仲郢记室,曾官左司员外郎。

(李 峰)

丁公著(769—832)

丁公著,字平子,苏州(今属江苏)人。生于唐代宗大历四年(769)。幼丧母,哀感学道,稍长,父丁著勉其励学。贞元五年(789),举明经高第。次年又登《开元礼》科,授集贤校书郎。秩未满即辞归侍父,父丧负土筑坟,人称为死孝高行,诏命州刺史亲临慰问,并旌表其门。淮南节度使李吉甫荐授丁公著为太子文学,兼集贤殿校理。李吉甫入朝为相,即日又荐擢右补阙,迁集贤直学士,寻授水部员外郎,充太子及诸王侍读,转驾部员外郎。元和十五年(820)闰正月穆宗即位日,召对于思政殿,以明通政理欲任为相,丁公著固辞颇切,遂超授给事中、集贤殿学士。

时京师公卿士庶好聚饮酣宴,乐歌酒令新奇,穆宗亦荒于酒乐,以为乃国泰民安之象。长庆元年(821)二月,穆宗观杂伎乐于麟德殿,丁公著谏言:"国家自天宝已后,风俗奢靡,宴席以喧哗沉湎为乐。而居重位、秉大权者,优杂倡肆于公吏之间,曾无愧耻。公私相效,渐以成俗。由是物务多废。独圣心求理,安得不劳宸虑乎!陛下宜颁训令,禁其过差,则天下幸甚。"[3]穆宗嘉纳其言。三月迁工部侍郎,知吏部选事。知穆宗欲进用,故疾辞求外任。十月授检校左散骑常侍,兼越州刺史、御史中丞,充浙东观察使[4]。二年,徙河南尹,治政皆以清静著

---

[1] 白居易《读张籍古乐府》。严羽谓"乐府篇法,张籍为第一",见严羽著,郭绍虞校释:《沧浪诗话校释》,人民文学出版社1961年,第165页。
[2] 计有功:《唐诗纪事》卷四一,中华书局1965年,第633页。张萧远,一说为张籍从弟。
[3] 刘昫:《旧唐书》卷十六《穆宗本纪》,中华书局1975年,第485—486页。
[4] 刘昫《旧唐书》卷一八八《丁公著传》载其于穆宗时已任为工部侍郎,后"授浙江西道节度使";欧阳修《新唐书》卷一六四本传记其出为浙西观察使。而《旧唐书·穆宗本纪》长庆元年十月,记此次由工部尚书出为浙东观察使。白居易《尚书工部侍郎、集贤殿学士丁公著。可检校左散骑常侍、越州刺史、浙东观察使制》,见《白居易集》,岳麓书社1992年,第488页。可证两唐书本传误。

闻。还任尚书右丞。敬宗宝历二年(826)五月,为兵部侍郎,后移任吏部侍郎。文宗大和二年(828)五月,迁礼部尚书。次年四月入为翰林侍讲学士,七月出院,以浙西灾异求良师,以丁公著代李德裕为检校户部尚书,兼润州刺史,充浙西观察使。六年五月,奏杭州八县灾疫,得赐米七万石赈饥,民皆感德。八月改授太常卿,九月病归,未至家即卒,赠尚书右仆射。

平生清约守道,不慕荣利。四十丧妻,终身不养妾,以学行礼法著称。著有《礼志》《皇太子诸王训》各十卷,已佚,今存辑本《孟子丁氏手音》一卷。

(李 峰)

陈 羽(约773—?)

陈羽,吴郡吴县(今江苏苏州)人。约生于唐大历八年(773)。贞元八年(792),举进士第二名。仕历东宫卫佐。历游浙、赣、粤、蜀,与韩愈、戴叔伦等交游唱答。善文辞,工诗多警句,所作《从军行》广为传诵。张为著《诗人主客图》,列其为"瑰奇美丽主"武元衡之升堂者。著有《陶说》《陈羽诗集》。 (李 峰)

沈传师(777—835)

沈传师,字子言,苏州吴县(今江苏苏州)人。生于唐大历十二年(777)。沈既济长子。永贞元年(805)进士。元和元年(806),策试制科高名。授太子校书郎、鄠县尉、直史馆,转右拾遗、左补阙,史馆修撰,与撰《顺宗实录》,迁司门员外郎,知制诰。十二年,为翰林学士。长庆二年(822)自尚书兵部郎中、翰林学士罢为中书舍人、史馆修撰,预修《宪宗实录》,次年迁湖南观察使,仍任修撰事。宝历二年(826)为尚书右丞。大和二年(828)出为江西观察使,四年,为宣歙观察使。七年,迁吏部侍郎,卒于任。

与李德裕交契。精治《春秋》,有良史才,曾与撰《元和辨谤略》。书工诸体,尤精楷法,行书亦入妙品。传世书迹有《柳州罗池庙碑》等。

弟沈述师,字子明。贞元进士。历官著作郎、集贤校理、翰林学士。擅作赋。与杜牧、李贺情谊甚笃,为亡友李贺编《李贺集》,大和五年(831)曾请杜牧作《李贺集序》。

子沈询,别有传。

(李 峰)

裴夷直(787—859)

裴夷直,字礼卿,苏州吴县(今江苏苏州)人,郡望河东(今属山西)〔1〕。生于唐贞元三年(787)。五世祖裴世则曾任监察御史,祖父裴仲堪,代宗时曾任凉王府长史,父裴成甫,官左监门卫兵曹。

少孤励学,"抱志业,名闻江左"〔2〕。宪宗元和十年(815)举进士,出崔群门下,文誉籍籍。十二年十一月,随唐节度使李愬以平淮西吴元济功,加检校尚书左仆射、襄州刺史,充山南东道节度等使,裴夷直被辟为从事。十三年秋七月,复随李愬镇徐州,授秘书省校书郎。丁太夫人忧,以孝著闻。十五年九月,崔群任徐州刺史,充武宁军节度等使,裴夷直被表为掌书记,转试太常寺协律郎。长庆二年(822)四月,崔群为秘书监,分司东都,裴夷直随之调授河南寿安尉。十一月,尚书左丞庾承宣为陕虢观察使,裴夷直为陕虢支使、试大理评事,转监察御史、观察判官。庾承宣归朝,裴夷直为四镇交辟,遂拜左拾遗。左武卫大将军张克勤以子尚幼,请以五品官推恩授其外甥,裴夷直时任吏部员外郎判废置,断其请违法不允,并劾奏:"一子官恩在念功,贵于廷赏,若无己子,许及宗男。张克勤自有息男,妄以外甥奏请,苟涉卖官,实为乱法。所请望宜不许。仍永为定例。"〔3〕诏从之。因行正道忤权势,出为凤翔府兵曹参军。四年,娶前凤翔节度使李逊长女李弘。丞相、凉国公李逢吉任山南东道节度使镇汉南,裴夷直为掌书记,改殿中侍御史。大和二年(828)十月,李逢吉改任宣武军节度使,裴夷直复随之徙镇大梁,充节度判官、侍御史。五年八月,李逢吉充东都留守,裴夷直又被辟为判官、检校司勋员外郎。不久即拜侍御史,归台分务洛阳。六年十二月,牛僧孺罢相,裴夷直出为淮南节度使,复辟为节度判官、检校职方郎中。七年二月,李德裕入相,力破朋党,八年,裴夷直为宣歙观察使王质辟为从事,十月,李德裕罢相,李宗闵执政。九年初,裴夷直入为刑部员外郎,转左司员外郎,迁刑部郎中。开成四年(839)八月,以牛僧孺入相,杨嗣复用事,裴夷直迁谏议大夫,旋兼

---

〔1〕 李景让:《唐故朝散大夫守左散骑常侍赠工部尚书裴公(夷直)墓志》作河东人,吴钢:《〈全唐文补遗〉千唐志斋新藏专辑》,三秦出版社2006年,第398页。辛文房《唐才子传》谓:"裴夷直,字礼卿,吴人。"傅璇琮主编《唐才子传校笺》认同此说。裴夷直《秦中卧病思归》诗亦云:"病身归处吴江上,一寸心中万里愁。"

〔2〕 李景让:《唐故朝散大夫守左散骑常侍赠工部尚书裴公(夷直)墓志》,吴钢:《〈全唐文补遗〉千唐志斋新藏专辑》,三秦出版社2006年,第398页。

〔3〕 《唐会要》记为长庆元年(821)正月,误,应为长庆三年(823)或稍后。王溥:《唐会要》,中华书局1955年,第1007页。

知制诰,遽拜中书舍人,以文学端鲠之士特为文宗宠异。

五年正月初四日文宗卒,宦官仇士良等矫诏拥立武宗即位,两省官例当同署名,唯裴夷直立视册牒不署。武宗敕大殓以十四日殡,成服,裴夷直上言期日太远,武宗不听。时仇士良等诛贬文宗时所亲信乐工、内侍,唯裴夷直疏谏当以国体为重,武宗亦不听。八月,葬文宗于章陵。知枢密刘弘逸、薛季棱率禁军护灵驾,欲倒戈诛仇士良等,事败被杀,裴夷直被兵部尚书王起、山陵使崔棱等构陷为同党,为李德裕所救。十一月,由御史中丞贬为杭州刺史[1]。会昌元年(841)三月,再贬为骥州司户。六年,宣宗继位,外贬李德裕,白敏中执政,牛僧孺、李宗闵被召还朝。裴夷直得内徙,历任潮、循、韶、江四州郡佐,换陕州刺史,转历阳刺史,大中十年(856)六月,自兵部郎中任苏州刺史。次年十月任华州刺史、潼关防御、镇国军等使,兼御史中丞。所至地方多惠政,民皆吁请留任。十三年年初,拜左散骑常侍,召见将擢用,七月二十日(859年8月21日)遽卒于安邑里故友之室。诏赠礼部尚书,归葬河南偃师县亳邑乡先茔。

历经穆宗、敬宗、文宗、武宗四朝,与李景让、程昔范交契至厚,为士林之望,又与崔珦、刘蒉、赵晳等誉称"一代名流"[2]。然以权宦擅政,牛李党争激切,其依附牛党,故逐波荣衰亦系与此。诗有盛名,与白居易、令狐楚等游酬。近体擅律绝,含蓄洗练,平稳清丽。著有《裴夷直诗》二卷。

子裴虔余,举进士,僖宗朝官至宣歙观察使,能显扬于后。族子裴澈,官至工部侍郎,同中书门下平章事,尤有朝望盛名。

(李　峰)

陆　畅

陆畅,字达夫,吴郡(今江苏苏州)人。[3]出身寒素,早有才名。频年不第,唐德宗贞元(785—804)中游蜀,与席夔、费冠卿等为剑南、西川节度使韦皋幕客。时韦皋治蜀有年,励精图治,边事称名将,政事行宽仁,礼贤下士,文翰之美

---

[1] 司马光:《资治通鉴》卷二四六唐纪六二,中华书局1976年,第7948页。
[2] 刘昫:《旧唐书》卷一六三《王质传》,中华书局1975年,第4268页。
[3] 韩愈曾为董晋从事,称门下士,与董溪善。元和六年其《送陆畅归江南》诗有句:"岁晚鸿雁过,乡思见新文。践此秦关雪,家彼吴洲云。"张籍有诗《赠陆畅》:"共踏长安街里尘,吴州独作未归身。昔年旧宅今谁住,君过西塘与问人。"再参唐范摅《云溪友议》卷中《吴门秀》,专记陆畅事及其侄陆泠,皆可证陆畅为苏州人。陆畅有说为湖州人,据为孟郊诗《送陆畅归湖州因凭愬故人皎然塔陆羽坟》。姚合亦曾有诗《送陆畅侍御归扬州》:"故园偏接近,雪水洞庭边。归去知何日?相逢各长年。山川南北路,风雪别离天。楚色穷冬烧,淮声独夜船。从军丞相府,谈笑酒杯前。"湖州、扬州皆其游宦所历之地。

冠于一时,军民服其智谋而畏其威。玄宗天宝(742—756)时,李白曾作诗《蜀道难》,斥严武恶政,陆畅感韦皋善政,遂反其词作《蜀道易》诗,谓"蜀道易,易于履平地",颇予称美,韦皋大喜,赠罗八百匹,愈加礼遇。

宪宗元和元年(806)举进士高第,官太子率府参军,为宰相董晋次子董溪女婿,夸映于秀士之群。韦皋部属节度副使刘辟代理节度使事,起兵叛乱。而韦皋上年已卒,朝廷欲追诉其咎,不满韦皋者以其生前所贡兵器皆镂字"定秦",欲藉此定罪。陆畅上疏理辩:"臣向在蜀,知'定秦'者,匠名也。"〔1〕此议遂息,韦皋得全名节。累迁殿中侍御史。六年,董溪以商州刺史贬死湘中,陆畅亦罢归江南。长庆初(821),出为江西观察使王仲舒判官,以终日吟诗不办公牍,略感责意,即拂袖告去,谓"不可偶为大夫参佐而妨志业"〔2〕。王仲舒固留不已,陆畅乃举侄子陆洿自代,己则采药西山,饮泉潄水,以为仕隐,美誉益彰。

大和元年(827)六月,以侍御为淮南节度使段文昌从事。入为金部员外郎,历监察御史、秘书丞,出为舒州观察判官,刺史张次宗上疏称美:"植性谨和,莅事周敏,词赋中第,篇什成名。应物而精力有余,处烦而变通靡滞,所委公事,案牍虽多,巨细无遗,剖断尤速。领刑狱之重,人自不冤。颁廉察之条,法皆可久。"〔3〕屡请奖赐章服。擢凤翔少尹。九年,工部尚书、翰林侍讲学士郑注出为凤翔节度使,谋与李训诛灭权宦仇士良等。十一月甘露之变事败,为监军张仲清设宴诱杀。陆畅以前少尹参预诛郑注功,授凤翔行军司马。后不知所终。〔4〕著有《陆畅集》一卷。

陆畅举止端丽,廉干有吏才,所至乡音不改。然性不羁,自称野性平生,与韩愈、孟郊、皎然等善。酷嗜吟咏,长于绝句,才思敏捷,尤以诙谐著称。初娶董溪女,早晨婢女进澡豆洗面,辄和水服食,谓胜过贵门礼法之苦。任秘书丞时,遇顺宗女云安公主出嫁名将刘昌子,百僚推为傧相。婚嫁时俗调戏,以吴语应对如流,奉诏作《催妆》及《杂咏》诸诗皆顷刻而成。女官宋若华才号学士,以陆畅吴音捷才作诗嘲之:"十二层楼倚翠空,凤鸾相对立梧桐。双成走报监门卫,莫使吴歈入汉宫。"陆畅酬和解嘲:"粉面仙郎选尚朝,偶逢秦女学吹箫。须教翡翠闻王母,不奈乌鸢噪鹊桥。"六宫大喜,嫔娥讽诵,凡十余篇迅捷而成得誉。他诗如

---

〔1〕欧阳修:《新唐书》卷一五八《韦皋传》,中华书局1975年,第4936页。
〔2〕范摅:《云溪友议》卷中《吴门秀》,文物出版社1982年影印本,第8页。
〔3〕张次宗《荐观察判官陆畅请章服状》:"今陆畅前任秘书丞,已是登朝五品,即颇与格文相当,又职事修举。"见周绍良主编:《全唐文新编》卷七六〇,吉林文史出版社2000年,第8987页。
〔4〕《新唐书》卷一二七《张次宗传》,谓陆畅出为澧、明二州刺史卒。《旧唐书》卷一二九《张延赏传附次宗传》,谓出为舒州刺史卒。今权从《旧唐书》。

《惊雪》"天人宁许巧,剪水作花飞",《经崔谏议玄亮林亭》"蝉噪入云树,风开无主花"诸句,"兼亦兴豪"[1],传播内外。

(李 峰)

朱景玄(约787—?)

朱景玄,后世避讳又作景元、景真,吴郡(今江苏苏州)人。泾州节度使朱叔夜从侄。唐宪宗元和(806—820)初进士及第,曾任谏议参军,历翰林学士,武宗会昌(841—846)时,官至太子谕德,称名臣。卒年在宣宗大中九年(855)以后。[2]

酷嗜画艺,尤精鉴赏。长安丹青妙手辈出,所作光华灿烂,如吴道子"凡画人物、佛像、禽兽、山水、台殿、草木,皆冠绝于世,国朝第一"[3]。元和初朱景玄应举,住京师龙兴寺,有尹老年八十余,为述吴道子画兴善寺中门内神圆光时,长安市肆老幼士庶竞观者如堵。立笔挥扫,势若风旋,人皆谓之神助。"景玄每观吴生画,不以装背为妙,但试笔绝踪,皆磊落逸势;又数处图壁,只以墨踪为之,近代莫能加其彩绘。凡图圆光,皆不用尺度规画,一笔而成"[4],故多有品鉴之悟。

其于画艺鉴赏态度严谨,"寻其踪迹,不见者不录;见者必书。推之至心,不愧拙目"[5]。在题材上,赞画家为圣者,穷极造化之力,论画以人物、禽兽移生动质、变态不穷、凝神定照尤为难,故人物居先,禽兽、山水、楼殿屋木次之。在艺术认识上,坚持绘画的真实性、概括性与形象性,重视总结"师造化"之经验,提倡形神统一,反对公式化,以故品题自有创见。自昔鉴赏家分画品,张怀瓘作《书断》《画断》,始立神、妙、能三品之目。李嗣真作《书后品》,始别以李斯等五人为逸品,然其作《画品录》空录人名而不论其善恶,无品格高下,后之观者无所索考。朱景玄以张怀瓘所创神、妙、能三品定其等格,上、中、下又各分为三。又以偶合神交、自然冥契之逸格不拘常法,为表优劣,故列逸品,然无等次以示尊。"合两家之论定为四品,实始景玄,至今遂因之不能易"[6],为后来学者及鉴赏

---

[1] 胡震亨:《唐音癸签》卷七,吴文治:《明诗话全编》第7册,江苏古籍出版社1997年,第6884页。
[2] 朱景玄《唐朝名画录》妙品下"冯少政"条,记载开元中一则逸闻,后有小字夹注出于郑处诲撰《明皇杂录》,郑处诲自序言书成于大中九年。见四川美术出版社1985年,第26页。
[3] 朱景玄:《唐朝名画录》,四川美术出版社1985年,第3页。
[4] 朱景玄:《唐朝名画录》,四川美术出版社1985年,第3页。
[5] 朱景玄:《唐朝名画录·序》,四川美术出版社1985年,序第1页。
[6] 纪昀等:《四库全书总目提要·唐朝名画录》,转引自朱景玄:《唐朝名画录·附录》,四川美术出版社1985年,第38页。

家所趋从。

朱景玄据以著《画断》即《唐朝名画录》三卷,评论唐代画家124人,以神、妙、能、逸四品论画之体,以非画之本法之李灵省、张志和、王墨首列逸品,开创历代以分品列传体编写断代画史之先河。

有书名,文多碑作,如大和五年(831)撰《唐赠右武卫大将军骆奉先碑》,开成四年(839)撰并正书《唐泾州节度朱叔夜墓志》,大中五年(851)撰《唐千福寺重建章资师传教碑》等。著有《朱景玄诗》一卷,擅题咏景物,写景清幽,风格近于王维、孟浩然,佳句为人传诵。

(李　峰)

杨 发

杨发,字至之,冯翊(今陕西大荔)人,徙居苏州(今属江苏)。隋越国公杨素七世孙。父杨遗直,唐贞元(785—804)中献封章,拜兰溪县丞,转濠州录事参军。家世业儒,客居苏州讲学而终。四子发、假、收、严,各以春、夏、秋、冬为义,皆举进士有文学,世号修行杨家。

唐文宗大和四年(830),杨发中进士第二名。又登书判拔萃科,历校书郎、湖南观察推官、西蜀从事。入为监察御史,转侍御史,迁礼部郎中。宣宗大中三年(849),改任左司郎中,转太常少卿,出为苏州刺史,迁福建观察使,为政刚严称健吏,所至有能名。十二年,为御史大夫,移授岭南东道节度使。因军变被贬婺州刺史,卒于任。能文工诗赋,遗作有《大音希声赋》等。

(李　峰)

杨 假

杨假,字仁之,冯翊(今陕西大荔)人,徙居苏州(今属江苏)。杨遗直次子,杨发同母弟。家世业儒,以文学知名。

唐文宗开成五年(840),杨假中进士。以才学被华州刺史郑覃署为从事,从镇京口,授大理评事。后自浙西观察判官入为监察御史,弟杨收亦自西川入为监察御史,兄弟并居宪府,特为新例,人以为荣。转侍御史,历官户部郎中、左司郎中,由司封郎中知杂事,累转太常少卿,仕终常州刺史。

(李　峰)

沈　询（？—864）

沈询，字诚之，苏州吴县（今江苏苏州）人。沈既济孙，沈传师子。唐武宗会昌元年（841）进士[1]。补渭南尉。宣宗大中元年（847）五月，以右拾遗、集贤殿直学士充翰林学士，次年七月特恩迁起居郎，十月出翰林院，守本官知制诰。五年，迁中书舍人。九年，知贡举，以温庭筠喜于考场代人作文，绰号"救数人"，特召温庭筠于帘前考试，不与他生为邻。鄙视温庭筠搅扰考场并上书之行，终未录取。迁礼部侍郎，出为浙东观察使。十二年六月，还授户部侍郎，判度支。咸通四年（863），出为检校户部尚书、昭义军节度使，曹唐为作《游仙诗》称美，京城传诵。在任"治尚简易，人皆便安"[2]。以家奴归秦与侍婢私通，欲杀未及，十二月二十七日（864.2.8）夜，归秦勾结牙将兵变，攻府第，沈询与妻同遇害。赠户部尚书、左散骑常侍。

性本恬和[3]，孤贞雅厚，清粹端美，誉称神仙中人[4]。擅诗，其《更着宴词》："莫打南来雁，从他向北飞。打时双打取，莫遣两分离。"被评为"且怜且惜，语切而直，思婉而深"[5]。文翰尤遒丽，人比为阮籍，时誉"多才阮步兵"[6]。

子沈仁伟，进士。广明元年（880）随唐僖宗入蜀，中和（881—884）间，以右补阙充翰林学士，官至中书舍人，仍充翰林学士。墨钞词芬，谦敏不矜，"人物酷似先德，所谓世济其美"[7]。

（李　峰）

杨　收（816—869）

杨收，字藏之，冯翊（今陕西大荔）人，家于吴（今江苏苏州）。生于唐元和十一年（816）。杨遗直三子，杨发、杨假异母弟。经义深于礼学，少善文咏，吴人称为神童。

会昌元年（841）中进士。杜悰镇扬州，辟为节度推官，奏授校书郎，为度支巡官。杜悰镇东蜀，奏授其掌书记，得协律郎，随杜悰移镇西川，复管记室。奏授渭

---

[1] 孟二冬《登科记考补正》卷二二《永乐大典》引《苏州府志》："沈询，会昌元年登第。"北京燕山出版社2003年，第876页。
[2] 欧阳修：《新唐书》卷一三二《沈询传》，中华书局1975年，第4541页。
[3] 刘昫：《旧唐书》卷一四九《沈询传》，中华书局1975年，第4038页。
[4] 孙光宪：《北梦琐言》卷五"沈蒋人物"条，上海古籍出版社1981年，第35页。
[5] 黄叔灿：《唐诗笺注》，转引自毛谷风：《历代五绝精华》，新文化出版社1998年，第94页。
[6] 曹唐：《游仙诗》第十九首，彭定求：《全唐诗》卷六四一，中华书局1960年，第7347页。
[7] 孙光宪：《北梦琐言》卷五，上海古籍出版社1981年，第35页。

南尉,充集贤校理,改监察御史,辞任而为杜悰节度判官。

入为监察御史,仲兄杨假亦自浙西观察判官入为监察御史,兄弟同居宪府,人以为荣。转太常博士。崔珙镇淮南,辟为观察支使。入为侍御史,改职方员外郎、分司东都,为度支判官。改司勋员外郎、长安令,入为吏部员外郎、翰林学士,以库部郎中知制诰,正拜中书舍人。咸通四年(863),以翰林学士承旨、兵部侍郎同中书门下平章事,加中书侍郎、同平章事。七年,徙门下侍郎,迁刑部尚书。治军江西,于洪州置镇南军,进位尚书右仆射、太清太微宫使、弘文馆大学士。次年检校工部尚书,出为宣歙观察使。九年,贬为端州司马,流贬驩州,次年被赐死。

(李 峰)

杨 严(?—878)

杨严,字凛之。冯翊(今陕西大荔)人,徙居苏州(今属江苏)。杨遗直四子,杨收同母弟。

唐武宗会昌四年(844),杨严中进士。代兄杨收为渭南尉、集贤校理。东川节度使周墀辟为掌书记,复入西川节度使杜悰幕,与兄杨收皆任观察判官。归苏州丁母忧。历迁吏部员外郎,咸通三年(862)中博学宏词科,选为司封员外郎,转郎中。五年,以中书舍人出为越州刺史、御史中丞、浙东观察使。次年进给事中,迁工部侍郎,寻充翰林学士。八年,兄杨收罢相贬岭南,其受牵连亦被贬为邵州刺史。十四年,自澧州移佐临汝,杨收平反昭雪后,迎护兄榇归葬。移任吉王傅,以前宣歙观察使复任给事中。乾符五年(878)时任兵部侍郎、判度支,三疏请辞不允,卒于任。

性机敏,所至有吏才。工书,曾篆额新兴寺碑。

(李 峰)

孙 发

孙发,苏州(今属江苏)人。唐懿宗咸通(860—873)时中进士。时以御题百篇诗赋取士,称为"百篇科"。孙发年少,才子风流,被荐举百篇科,御题宫体百咏半日即成,才思纵横,诗情绮丽,因称"孙百篇",后世无人能继。

登第后初授华亭尉,推为台州从事。皮日休、陆龟蒙、方干等皆有赠诗,方干誉其"才子举世名",尤为推重。

(王晋玲)

徐修矩

徐修矩,吴县(今江苏苏州)人,祖籍东莞(今属广东)。耿介修洁,有才学,仕至恩王府记室参军。家有潮田五万步,草屋十数间,号称"苏州别墅",藏书达万卷。与皮日休、陆龟蒙交密。唐懿宗咸通十年(869),皮日休为苏州刺史,崔璞辟为军事判官,尽观徐修矩所藏,篇章留赠其与任晦不一,号《二游诗》。

(王晋玲)

陆龟蒙(？—881)

陆龟蒙,字鲁望,别号天随子、江湖散人、甫里先生等,吴县(今江苏苏州)人。陆元方七世孙。父陆宾虞,有文才,历官侍御史。

少通六经大义,尤明《春秋》。曾任湖州刺史张抟从事。隐居甫里(今用直)。有田数百亩,屋三十楹。家藏书万卷,勤于校读。自谓:"得一书详熟,然后实于方册。值本即校,不以再三为限。朱黄二毫,未尝一日去于手。所藏虽少,咸精实正定可传。借人书有编简断坏者缉之,文字缪误者刊之。乐闻人为学,讲评通论不倦。有无赖者,毁折糅汗,或藏去不返,先生蹙然自咎。"[1]

通琴曲,嗜茶精品鉴,小品文自成一家。诗名振江左,世称"皮陆"。唐咸通十年(869)至十一年,皮日休为苏州刺史崔璞辟为军事判官,与陆龟蒙为契交,加羊昭业和颜萱、颜荛兄弟等,游酬唱和之作辑为《松陵集》。陆龟蒙后拜左拾遗,中和元年(881)未任卒,追赠右补阙。

著有《小品录》《吴兴实录》《甫里先生文集》《笠泽丛书》等。

(曹培根)

陆希声(？—895)

陆希声,字鸿磬,自号君阳遁叟、君阳道人,吴县(今江苏苏州)人。陆景融四世孙。韦保衡为相,怙势忌贤。商州刺史郑遇欲加任用,陆希声不从,归隐阳羡(今江苏宜兴),故号遁叟。多年后,召为右拾遗。时朝政腐败,财政歉收,陆希声见州县刓敝不尽责,上言当谨视"盗贼"。唐僖宗乾符元年(874),果真爆发王仙芝起义,并蔓延数十州。

---

[1] 陆龟蒙:《甫里先生传》,董诰等:《全唐文》卷八〇一,中华书局1983年,第8420页。

累迁歙州刺史,有政绩。乾宁二年(895)正月,唐昭宗闻其名,召为给事中,拜户部侍郎、同中书门下平章事。在位无所轻重,不谙官场之道,三月后便以太子少师罢相。李茂贞等兵犯京师,陆希声在疾避难。再隐阳羡颐山,筑有别墅,人称"陆相山房"。卒后,赠尚书左仆射,谥文。

生于书法世家。六世伯祖陆柬之,以草书擅名,与欧阳询、虞世南、褚遂良齐名。五世伯祖陆彦远,亦有书名。陆希声复振家法,善正、行书,精楷书。善总结书道,提出擫、押、钩、格、抵"五指执笔法"(又称五字执笔法),亦称"拨镫法"。江南僧辯光得授其法,书艺大进,召为翰林供奉。希声以诗寄辯光:"笔下龙蛇似有神,天池雷雨变逡巡。寄言昔日不龟手,应念江头洴澼人。"〔1〕辯光感其言,引荐希声,后得拜宰相。

博学多识,善属文,治经学,精通《周易》《春秋》《老子》。曾编纂《李观集》《颐山录》。著有《周易传》《周易微旨》及《易图》《释变》《文证》《春秋通例》《道德经传》《君阳遁叟集记》等。能诗,有《颐山诗》传世。

(李嘉球)

希　圆(?—895)

希圆,俗姓张,苏州(今属江苏)人。宗亲皆豪富,独其愿出家受戒,博通三学。唐僖宗光启(885—887)中,由通玄寺避于甬东,往居会稽宝林山寺。昭宗景福(892—893)中,居小房即琅琊山顶,演畅经论,声名达于海外。乾宁二年(895)圆寂后,收其舍利七百余粒,赍往新罗国供奉。著有《弥勒上生经玄中钞》。

(王晋玲)

元　慧(819—896)

元慧,俗姓陆,苏州(今属江苏)人。生于唐宪宗元和十四年(819)。陆机裔孙。文宗开成二年(837),出家于法空王寺,为高僧清进弟子。武宗会昌元年(841),往恒阳纳戒法,习毗尼,入礼五台山。次年归居嘉禾建兴寺,立志持三白法,讽诵《五部曼拏罗经》。五年,因武宗灭佛毁寺,曾被迫暂时还俗。宣宗大中七年(853),重建法空王寺。懿宗咸通(860—873)中,随皇家送佛中指骨舍利,往凤翔重真寺。乾宁三年(896)圆寂于尊胜院,弟子尊为"三白和尚"。

(王晋玲)

---

〔1〕 计有功:《唐诗纪事》卷四八,中华书局1965年,第735页。辯光,或作辨光、辩光。

沈　颜

沈颜,字可铸,苏州(今属江苏)人。沈既济曾孙。唐昭宗天复元年(901)进士。为校书郎。唐末奔湖南,辟为巡官。五代武义元年(919),杨隆演建吴国,沈颜为淮南巡官,累迁礼仪使、兵部郎中、知制诰、翰林学士。顺义(921—927)中卒。

工琴棋,富辞藻,作文敏捷博达,科场中时号为"下水船"。文擅议论,立戒浮靡,仿古作文百篇,辑为《聱书》。另著有《解聱》《陵阳集》。　　　　（王晋玲）

归处讷

归处讷,吴县(今江苏苏州)人。归登玄孙。曾祖归融,字章之,进士。历官至礼部、兵部尚书,封晋陵郡公。

秉性清正,多游秦陇间。喜作嘲谑之诗,明言是非,为人所畏。唐僖宗广明元年(880),因愤宦官杨复恭之义子仗势横行,作《咏疕汉》一诗讥刺,人心大快。又作诗讥刺势利奸小,嘲讽边将无能等状。五代前蜀永平三年(913),校书石钦若十二年未归丁父忧,因其讽诗声名受损。　　　　（李　峰）

滕昌祐

滕昌祐,字胜华,苏州(今属江苏)人。唐广明元年(880),黄巢起义军攻克长安,滕昌祐随唐僖宗避难于成都。初以文学从事,后筑室隐居,不婚不仕,五代时卒,享年八十五。

情性高洁,唯书画是好,无师承而成大家。擅园艺,常于所居树竹石杞菊,种名花异草,以供写生。擅绘花鸟、草虫、蔬果,所绘折枝花,笔致轻利,设色鲜妍,近于边鸾一派。尤擅用笔点写蝉蝶草虫,称为"点画",兼善制作夹苎果实,赋色生动。画牡丹与鹅尤著名,据《宣和画谱》等著录,御府所藏昌祐所作六十五幅,其中有《龟鹤牡丹图》四幅、《牡丹睡鹅图》二幅、《湖石牡丹图》《太平雀牡丹图》《牡丹图》各一幅。所作《山茶家鹅图》,亦曾为宋徽宗藏于宫中。

工书法,善书大字,其时蜀中寺观匾额多出其手,时号"滕书"。　　（李　峰）

吴仁璧（？—约901）

吴仁璧，字廷宝，长洲（今江苏苏州）人。唐昭宗大顺二年（891）进士。通老、庄，精天文、阴阳学及黄白之术。善属文，诗称七言律绝之作手。

因世乱入浙，辞吴越武肃王钱镠辟入幕，又拒为钱镠撰《罗城记》。光化四年（901），钱镠命为水部员外郎。钱镠母卒，命吴仁璧撰墓志铭，因拒命被沉杀于越州东小江。钱镠颇悔，为其立墓祭奠。

（李 峰）

无 作

无作，俗姓司马，字不用，号逍遥子，姑苏（今江苏苏州）人。幼于流水寺出家。删补律钞，通《法华》《上生》等经，一性、五性宗教励精寻究。后参玄学于雪峰存禅师。辞吴越武肃王钱镠请其住持豫章南平院。五代吴越天宝（908—912）中，卒于会稽四明山，年五十六岁。

涉猎儒、道，工诗能画，书善正、行、草、隶，用笔宽，为米芾称赏。注有《道安六时礼佛文》。

（李 峰）

皮光业（877—943）

皮光业，字文通，襄阳竟陵（今属湖北天门）人，生于苏州（今属江苏）。父皮日休，字逸少，改字袭美，号鹿门子、闲气布衣、醉吟先生等。唐咸通八年（867）进士。曾为苏州刺史崔璞辟为军事判官，后徙家苏州。历官著作佐郎、太常博士，出为毗陵副使。论诗宗白居易，与陆龟蒙齐名，时称"皮陆"，唱和之作有《松陵集》。著有《皮子文薮》《皮日休集》《皮子》《皮氏鹿门家钞》等。

皮光业为皮日休长子。唐僖宗光启三年（887），为吴越武肃王钱镠宾客，历任吴越浙西节度推官、浙西安抚判官。五代后梁贞明元年（915），出使后梁，文华风采轰动一时，后梁末帝特赐其进士及第、秘书郎。归国后迁吴越右补阙内供奉，寻兼两浙观察度支使。文穆王钱元瓘即位（932），命知东府事。天福二年（937）任丞相，综理政务富才干。八年卒，谥贞敬。

善谈论，能诗，尤以文称雄于江东。著有《皮氏见闻录》《妖怪录》《启颜录》《三余外志》等。

（李 峰）

钱元璙(887—942)

钱元璙,初名传璙,字德辉,余杭(今浙江杭州)人。生于唐光启三年(887)。吴越武肃王钱镠子。初授沂王府谘议参军、宣武节度判官,累迁散骑常侍,改授马军厅事指挥使。以军功授邵州、睦州刺史。五代后梁乾化三年(913)末,权苏州刺史。后唐同光二年(924),升苏州为中吴军,以镇东军节度、检校太保兼中书令、大彭郡候任节度使。后任建武军节度使,苏、常、润等州团练使,加检校太师、守太傅、同中书门下平章事、侍中、中书令,晋封广陵郡王。后晋天福七年(942)卒,谥宣义。后被崇祀为吴郡名贤。

(李 峰)

钱文奉(909—969)

钱文奉,字廉卿,号知常子,余杭(今浙江杭州)人。生于五代吴越天宝二年(909)。吴越武肃王钱镠孙,钱元璙次子。精于骑射槊击。初为苏州都指挥使,迁节度副使。后晋天福七年(942),代父为中吴军节度使,累加检校太尉、中书令。礼贤才士。作南园、东墅为吴中名胜,聚藏书画珍玩,号称"好事"。涉猎经史,精音律、图纬、医药、鞠弈诸艺。著有《资谈》。

北宋开宝二年(969)卒,谥威显。后被崇祀为吴郡名贤。

(李 峰)

晤 恩(912—986)

晤恩,一作悟恩,俗姓路,字修已,常熟人。生于五代吴越天宝五年(912)。少时出家于常熟破山兴福寺。又于昆山慧聚寺师从绍明学南山律,于嘉兴师从皓端听习经论。后晋开运(944—946)中,建钱唐慈光寺,师从志因学天台三观六即之说,通达《法华经》《金光明经》《止观论》,号为"义虎",为天台宗山外派高僧。归常熟,建宗教院于破山。

北宋雍熙三年(986)圆寂。著有《玄义》《文句》《止观》《金光明》《金錍》论科总三十五帖。

(王晋玲)

希 辩(919—993)

希辩,常熟人。生于五代吴越贞明五年(919)。幼年师从启祥,出家于延福禅院。后于楞严山听戒律,受心印于天台。北宋乾德(963—967)初,奉吴越忠懿王钱弘俶之命,居越州清泰院,号慧智禅师,开宝(968—975)中,吴越忠懿王召其居杭州普门寺。太平兴国三年(978)随忠懿王钱弘俶入觐,太宗赐号慧明大师。端拱二年(989)还,获赐御书《急就章》等,重建延福禅院。淳化四年(993)圆寂。

(王晋玲)

遇 贤(922—1009)

遇贤,俗姓林,长洲(今江苏苏州)人。生于五代后梁龙德二年(922)。雪峰义存禅师第四世传人。

幼从嘉兴永安寺可依禅师出家,后参拜龙华寺彦球禅师,归居苏州相门内东禅寺,广为募化,重兴寺观。擅画,尤工肖像。诗多俗语,颇有理致。嗜饮酒,因号"酒仙"。常携古藤、持铁键槌出入,酒家争相供酒,称其为"圣师"。又喜养白鸽供自食,人称"白鸽禅师"。北宋大中祥符二年(1009)卒。

(王晋玲)

谢 涛(960—1034)　　弟 谢 炎

谢涛,本姓姜,字济之,杭州富阳(今属浙江)人,祖籍缑氏(今属河南偃师)。生于北宋建隆元年(960)。父谢崇礼,自阳夏徙家苏州,为吴越中吴军节度使钱文奉幕僚。谢涛少学《左氏春秋》,曾讲学于苏州阳山澄照寺,耽嗜笔砚歌诗,文才为王禹偁、罗处约称赏。

淳化三年(992)中进士。以梓州榷盐院判官迁观察推官,权知华阳。还拜著作佐郎,通判寿州,移高安郡,改知兴国军,除太常博士。真宗即位(998),以治行召对长春殿命试学士院。改屯田员外郎,出知曹州,斩恶人赵谏。为两川安抚,举两州能吏三十余人。还除三司度支判官,出守海陵、新安。以度支司封员外郎通判河南府。召除兵部员外郎直史馆,出为两浙转运使。进礼部郎中,判司农寺,兼侍御史知杂事。真宗乾兴元年(1022)年初,进户部郎中,除吏部郎中直昭文馆,知越州,还拜太常少卿、判登闻检院。又权西京留守司御史台,拜秘书监,分司西京,迁太子宾客,故世称"谢宾客"。累封陈留伯。大雅不阿,历官治称循良。景祐元年(1034)卒,赠礼部尚书,归葬于富阳。

弟谢炎,字化南,徙居吴江(今江苏苏州吴江区)震泽。端拱元年(988)进士。调补昭应主簿,徙伊阙,历知华容、公安。性劲急,最有文行,文法韩愈、柳宗元,与卢稹相善齐名,时称"卢谢"。卒年三十四。著有《谢化南文集》。

谢涛女婿梅尧臣,字圣俞,宣城(今属安徽)人。大中祥符九年(1016)曾从叔父梅询游宦苏州。官至都官员外郎,人称梅都官。晚年筑室苏州沧浪亭旁,称梅家园,与苏舜钦相邻往还。精史学,文章简古,诗尤负盛名。撰《唐载》多补正旧史阙谬,又编修《唐书》,注《孙子兵法》。著有《宛陵集》等。(李 峰)

丁　谓(966—1037)

丁谓,字谓之,更字公言,长洲(今江苏苏州)人。[1]生于北宋太祖乾德四年(966)。少与友孙何同以才名著称,人称"孙丁"。曾同袖文拜谒长洲令王禹偁,王禹偁颇惊异,当即赠诗:"三百年来文不振,直从韩柳到孙丁。如今便合教修史,二子文章似六经。"[2]

淳化三年(992),以第四名登进士甲科,任大理评事、通判饶州。逾年,直史馆,以太子中允任福建路采访。还朝后上茶盐利害,任转运使,除三司户部判官。后领峡路转运使,累迁尚书工部员外郎,改夔州路。历任三司户部判官、工部员外郎、三司盐铁副使。未几,擢知制诰,判吏部流内铨。景德四年(1007),契丹犯河北,真宗亲征至澶渊,以丁谓知郓州兼齐、濮等州安抚使,提举转运兵马巡检事。契丹深入,百姓惊扰,争赴杨刘渡,而舟人邀利,不肯及时济渡。丁谓取死囚绐为舟人,斩于河上,舟人惧,民得以全部渡河。丁谓立部分守,派兵沿河执旗帜,击刁斗,呼声闻百余里,契丹引兵离去。次年召为右谏议大夫、权三司使。上奏《会计录》,以景德四年民赋户口之籍,较咸平六年(1003)之数,具上史馆,请自今以咸平籍为额,岁较其数以闻,下诏奖励,寻加枢密直学士。

大中祥符元年(1008),朝廷议封禅未决,帝问经费,丁谓称大计有余,封禅之议乃定,诏丁谓为计度泰山路粮草使。又命为修玉清昭应宫使,复为天书扶侍使,迁给事中,拜三司使。建会灵观,丁谓再总领此役。迁尚书礼部侍郎,进户部,参知政事。又为修景灵宫使,摹写天书刻玉笈,玉清昭应宫副使。历工、刑、兵三部尚书,再为天书仪卫副使。九年,拜平江军节度使、知升州。

天禧初(1017),徙保信军节度使。三年,以吏部尚书再度参知政事、检校太尉兼本官为枢密使。时寇准为相,尤恶丁谓,丁谓媒蘖其过,寇准因而罢相。不

---

[1] 丁谓先世居河北,五代迁居苏州。祖父丁守节,与范仲淹曾祖梦龄、陈虞卿曾祖赞明、谢涛父崇礼同为吴越中吴军节度使钱文奉幕僚,任节度推官。后人遂为长洲人。
[2] 龚明之:《中吴纪闻》卷第一,上海古籍出版社1986年,第17页。

久,拜丁谓同中书门下平章事、昭文馆大学士、监修国史、玉清昭应宫使。进尚书左仆射、门下侍郎、平章事兼太子少师。乾兴元年(1022),封晋国公。故居在苏州庆原坊大郎桥东,号晋公坊,南濠丁家巷有别业丁家园。

丁谓机敏有智谋,憸狡过人,文字累数千百言,一览能诵。在三司,案牍繁委,吏久难解者,其一言判之,众皆释然。善谈笑,尤喜为诗,至于天象占卜、图画、博弈、诗词音律,无不洞晓。然心术不正,做事多希合上旨,真宗朝造宫观、奏祥异之事,多丁谓与王钦若引发。天下目为奸邪,与王钦若、林特、陈彭年、刘承珪并称"五鬼"。

仁宗即位后,进司徒兼侍中。凡与寇准善者,丁谓皆驱逐出京。勾结内侍雷允恭,把持政府事,雷允恭则倚丁谓势,更加横无所惮。雷允恭伏诛,丁谓被降职,又因勾结女道士刘德妙,语涉妖诞,贬为崖州司户参军。籍其家,得四方赂遗,不可胜纪。明道(1032—1033)中,授秘书监致仕,移居光州。景祐四年(1037)卒[1],诏赐钱十万、绢百匹,葬于苏州城西华山习嘉原。

著有《圣政录》一百五十卷及《景德会计录》《建安茶录》《刀笔集》《青衿集》《晋公集》《丁晋公谈录》《丁晋公词》等,另有封禅、奉祀、迎奉诸作百余卷等。

(李嘉球)

刘少逸(977—?)

刘少逸,长洲(今江苏苏州)人。自幼敏慧好学。七岁丧父,游学于山阴(今浙江绍兴),为名士潘阆弟子。年十一,诗文辞即精敏老成,潘阆携以见长洲令王禹偁、吴县令罗处约,与时贤联句,被誉为神童。北宋太宗端拱二年(989),十三岁以《周易》学中礼选,御试诗赋皆有旨意,授校书郎,命于三馆读书。时中书令史、守当官陈贻庆举刘少逸以《周易》学究及第,帝追夺所授敕牒。

淳化二年(991)进士及第,因恃才傲物,官仅至尚书员外郎。 (王晋玲)

蒋 堂(980—1054)

蒋堂,字希鲁,号遂翁,常州宜兴人。生于北宋太平兴国五年(980)。幼时聪颖,誉称神童。

---

[1] 日本学者池泽滋子著《丁谓研究》生卒年作(962—1033),误。该书有巴蜀书社1998年版中译本。

大中祥符五年(1012)中进士。初授楚州团练推官。吏部引对,得真宗赏识,特授大理寺丞。出知临川县,治不法富人李甲以死罪。后通判眉州、许州、吉州、楚州,以太常博士知泗州,召为监察御史,勇于谏言。因与范仲淹、孔道辅极言郭后不可黜废,触怒真宗,出为河南发运使,兼江淮发运使。朝廷废发运使,职掌归排岸司,蒋堂奏称,唐裴耀卿、刘晏、第五琦、李巽、裴休皆尝为江淮、河南转运使,不闻别置使名。国朝卞衮、王嗣宗、刘师道亦为转运兼领发运司事,而岁输京师常足。终为朝廷采纳,恢复发运使之职。

蒋堂尤重举荐贤能,延誉晚进。一年曾推荐部吏二百人,有人谓一旦谬举即得罪,蒋堂慨然道:"十得二三,亦足报国。"[1]任转运使时,属县按例在冬至致书相贺,使者送达后即返,有一县使者独执意等回信。当时苏舜钦在座,以为差人如此,该县县令当亦蛮横。蒋堂则认为该县县令必定严明强干,即写回信令使者携归。该县县令得蒋堂称美传扬,后成一代名臣,有人谓即大章阁待制杜杞。

景祐三年(1036),蕲州知州王蒙正陷害下属蕲水知县林宗言致死案被人告发,蒋堂以失察降知越州。越州鉴湖可溉田八千顷,因前守不职多为豪右占侵,蒋堂大加整顿,百姓田地得以灌溉。次年五月,移知苏州,在官百日,召回京师,判尚书刑部二司户部勾院,历户部、度支、盐铁副使,安抚梓夔路。擢天章阁待制、江淮制置发运使,一改前任造大船以私送地方货财至京贿赂权贵的恶习。除河东路都转运使,未行,知洪州,改应天府,累迁左司郎中。

庆历二年(1042)六月,以户部郎中知杭州。复以枢密直学士知益州,将夫子庙之汉文翁石室扩建为学宫,选属官以及乡老之贤者教诲儒生,培植门生,一时儒风翕然。杨日严曾任益州转运使,颇为蜀人信爱。蒋堂素不喜杨日严,到任后即改其政,节制游宴,裁减厨师及下属人员,为政崇尚宽纵。建铜壶阁,曾取材刘备惠陵、江渎祠,为蜀地百姓不喜。历徙知河中府、杭州。皇祐元年(1049)正月再知苏州,次年十月改给事中仍旧任。三年四月,以礼部侍郎致仕,退居苏州难老坊,弟子胡宿知苏州,因师曾有芝草之瑞更名为灵芝坊。至和元年(1054)卒,葬于苏州,特赠吏部侍郎。后移葬于宜兴城东南龙潭。

为人清修纯饬,遇事毅然不屈,贫而乐施。善书法,有《密学帖》。尤工文辞,嗜吟咏,著有《吴门集》。

(马俊芬)

---

[1] 脱脱等:《宋史》卷二九八《蒋堂传》,中华书局1985年,第9913页。

徐奭(985—1030)

徐奭,字武卿,瓯宁(今福建建瓯)人。生于北宋雍熙二年(985)。[1]俊迈有才,善诗赋,学识渊博。真宗大中祥符五年(1012)省试举人第一,殿试进士第一,状元及第,官翰林学士。廷试时所作《铸鼎象物赋》,为时人所推重,名噪天下。

天禧二年(1018)十一月,任著作郎、直集贤院,为开封府发解试考官,因擅自拆阅已弥封试卷,被贬为洪州(今江西南昌)税监。天圣元年(1023)仁宗即位后,任苏州通判。因太湖及其入海河渠堤坝年久失修,积涝成灾严重,徐奭奉朝命与淮南、江浙、荆湖制置发运使赵贺督治水患。徐奭全面考察苏州城的排水设施,观察水路的脉络走向,发现泥沙淤积,农田占道,河道变窄变浅。遂请示朝廷,积极组织人力,在市泾以北、赤门之南,筑土石堤九十里,又奏令开江营兵一千两百人兼修塘岸,南至嘉兴百余里,以加固堤岸,堤上架桥十八座。又疏浚河渠,使河水自吴江经由支渠通流入海,解除水患。计工七十万,舟徒无垫溺之忧。垦复良田数十万亩,清理出隐田者二万六千余户,得苗税三十万缗。由于治水有功,仁宗特下诏嘉奖。

迁两浙转运使,历官起居郎、知制诰、礼部郎中。天圣四年(1026)八月,以起居郎、知制诰,为贺辽正旦使。次年十月,以知制诰,赴滑州祭告黄河,疏议开浚河道。六年二月,以知制诰,奉命除放三月欠负,七月详定三司欠负,凡放二百三十六万。徐奭虽俊迈有才,却久未升迁。八年四月,内宫绕过二府,违背常规程序,径诏徐奭为翰林学士,权知开封府,在任不过半载暴卒,赐封晋宁侯,谥文端。墓在苏州盘门外五龙桥福寿山,祠在郡学东。

(张若雅)

富 严　曾孙 富元衡

富严,吴县(今江苏苏州)人,祖籍洛阳(今属河南)。宰相富弼侄,龚宗元亲家。北宋大中祥符四年(1011)进士。累官三司户部判官。康定元年(1040)以刑部郎中试秘书监,出知苏州。四年,改兵部,知泉州。八年,以太常少卿知越州。皇祐二年(1050)转光禄卿。嘉祐(1056—1063)中,以秘书监再知苏州。致

---

[1] 徐奭生年没有明确定论,据宋人魏泰撰《东轩笔录》卷十四:"本朝状元多同岁,比于星历,必有可推者,但数问术士,无能晓之尔。前徐奭、梁固皆生于乙酉。"见中华书局1939年,第105页。可推知徐奭生于乙酉,即北宋太宗雍熙二年(985)。

仕后居苏州德寿坊。工诗有文名,以耆德著称。卒赠司空,葬于宝华山。

曾孙富元衡,字公权,号洛阳愚叟,寓居常熟。北宋徽宗宣和六年(1124)进士。调随县主簿。南宋高宗建炎元年(1127),为襄阳抚司机宜。绍兴五年(1135),以婺州教授充诸王宫大小学教授,为宗正丞。十一年,知江阴军,改兴国军,二十六年,知袁州,迁湖南提举常平,改利州路提刑、湖北提刑,卓著清节。孝宗隆兴(1163—1164)中,召为工部郎中。乾道元年(1165),除直秘阁奉祠。与王之道为同年契友。工诗。书学苏轼,善行草书,尤精柳叶篆。卒年八十六。

(李　峰)

许　洞

许洞,字洞天,吴县(今江苏苏州)人。刑部尚书许延寿孙,太子洗马许仲容子。性情疏隽,自幼好武艺,熟习射箭、击刺等技。立志勤学,精于《左传》,以文辞称于吴中。北宋咸平三年(1000)中进士。出任雄武军推官。一日至州府陈事,有一吏卒踞坐不起,不懂礼仪,即杖责之,并寄去书函责问时任知州马知杰。马知杰怒许洞狂狷不逊,以私自挪用公款上奏将其除名。归居凤凰里,于居所只植一竹以表特立之操,吴人称之为"许洞门前一竿竹"。豪兴嗜酒,曾在民坊赊酒。一日在酒坊墙壁醉酒题歌数百言,引得乡人争相观看,买酒者为平日数倍,酒坊遂尽免其所赊账。

素好奇正之变,以传世兵书均有缺憾,自咸平四年至景德元年(1004)〔1〕,著成《虎钤经》二十卷,凡二百一十篇。前十卷采《孙子兵法》和李筌《太白阴经》论兵之要,究天时人事之变,述战争谋略、攻守形势、战阵之法、决胜之策等,后十卷主要讲阴阳、占卜、遁甲、风云、鸟情等,并备录各种"誓文""祭文"。开启文人论兵风气,堪称宋代兵学的开端。景德二年(1005),许洞应试识洞韬略运筹决胜科,以负谴报罢,任为均州参军。上献《虎钤经》。大中祥符四年(1011),真宗到汾阴祭祖,许洞在路进献《三盛礼赋》,被召试于中书省,改任乌江县主簿。卒年四十二。

平生以文章自负,狂放不羁,与潘阆、钱易为友,所著诗赋甚多,当世知名,欧阳修称其为俊逸之士。曾与徐铉撰《杂古文赋》。所著文集百卷及《春秋释幽》《演玄》《诗考》《诗地理考》《训俗书》《酒歌》等,均已散佚。

---

〔1〕现今通行的《粤雅堂丛书》本《虎钤经》,系以清嘉庆十八年(1813)曾钊校订本为底本。此版本《虎钤经序》自称"创意于辛酉之初,成文于甲辰之末"。曾钊跋云:"考辛酉为太祖建隆三年,迄甲辰真宗改元景德,盖历三十八年所而书成。"考辛酉实为北宋太祖建隆二年(961),辛酉至甲辰实乃四十四年。此说显谬。《四库全书总目提要》称其"积四年书成",《虎钤经序》应是误将"辛丑"作"辛酉"。

甥沈括,字存中,号梦溪丈人。嘉祐八年(1063)进士。官终光禄少卿。博学多才,科学多有成就。著有《梦溪笔谈》等。

(张若雅)

郑 戬(988—1049)

郑戬,字天休,吴县(今江苏苏州)人。生于北宋淳化三年(992)。六世祖郑肃经为唐相,大中末节制荆南,子孙宦东,占籍吴下。曾祖郑思正,官乌程长。祖父郑延绍,苏州录事参军。父郑文遂,卒于温州巡官。郑戬九岁而孤,笃志力学,稍长,由兄郑载携至京,师事杨亿,以属辞知名,长于史学与文学。家居皋桥,为太子中舍李昌言四女婿,与范仲淹为连襟。

天圣二年(1024)中一甲第三名进士。历任太常寺奉礼郎、签书宁国军节度判官事,召试学士院,为光禄寺丞、集贤校理,通判越州。不久召还,改授太子中允、同知太常礼院,选注御制《发愿文》《三宝赞》。事毕,升直史馆、三司户部判官,同修起居注,以右正言知制诰。判国子监,改知审刑院,迁起居舍人、龙图阁直学士。宝元二年(1039)八月,权知开封府,发摘奸伏,都下肃然。

小吏冯士元奸利妄为,受贿、私藏禁书被人告发。郑戬于是彻查,案件涉及宰相吕夷简、知枢密院盛度、参知政事程琳等。有人劝郑戬拖延推诿,以留后路。而郑戬不为权势所退畏,穷追不舍,捕吕夷简子公绰、公弼,冯士元流放海上孤岛,盛度、程琳亦罢官,并绌罚御史中丞孔道辅、天章阁待制庞籍等十余人,朝议畏其覈核。郑戬性敏强,善听决,独假贷细民,即豪宗大姓绳治益急,政有能迹。然凭气近侠,用刑峻深,因而士民多怨。

后掌管三司,转运使考课格。康定元年(1040),以右谏议大夫同知枢密院,改为枢密副使。遇事果断必行,为吕夷简忌恨,翌年被罢相,以资政殿学士知杭州。征发丁夫数万,疏浚钱塘湖,民赖其利。迁给事中,徙知郓州,移永兴军。[1]长安故都,多豪门恶霸,郑戬严厉整治,人皆惕息。以往每年向京师运输木材,浮渭河,泛黄河,漂没很多,既至被斥为误时、质差,往往家破不能偿赔,吏民苦不堪言。郑戬奏请岁减二十余万。庆历三年(1043),为四路马步军都总管,兼经略安抚招讨使,驻泾州。静边砦主刘沪谋筑水洛、结公二城,以通秦渭,郑戬派著作佐郎董士廉监督此役,城未成,被罢四路都总管。安抚使韩琦、知渭州尹洙命停止修筑,刘沪不听,尹洙大怒,将刘沪、董士廉械送至德顺军狱。郑戬力争于朝,城终于筑成。

----

〔1〕 永兴军,北宋行政区划名,亦称京兆府,今陕西西安以东至华县之地。

治军严厉,治边有方,西夏国主李元昊畏其威。诏命再知长安,离别时将士泣别,遮道卧辙不得行。进户部侍郎、资政殿大学士。庆历六年(1046),移知并州,次年迁吏部侍郎,进拜宣徽北院使、检校太保,仍判并州事。皇祐元年(1049)七月拜奉国军节度使,十一月病逝于并州。[1]赠太尉,谥文肃。归葬于吴县横山感慈坞。

郑戬气识英豪,早年即以善文知名,又能诗,著有文集五十卷。

子五。郑民彝,叶清臣女婿,官著作佐郎。郑民初、郑民秀,大理评事。郑民度,太常寺太祝。郑民用,秘书省正字。女二。长婿王珪,官至宰相、集贤殿大学士,封岐国公,赠太师,谥文恭。次婿吕公孺,宰相吕夷简子,官至户部尚书。[2]

(李嘉球 李峰)

范仲淹(989—1052)

范仲淹,字希文,吴县(今江苏苏州)人。生于北宋端拱二年(989)。唐宰相范履冰后裔。先世居邠州,避乱徙家江南,遂为吴人。[3]曾祖范梦龄,为吴越中吴军节度使钱文奉幕僚,任苏州粮料判官。祖父范赞时,举神童,任秘书监。父范墉,博学善属文,任武宁军节度掌书记。

两岁丧父,因母改嫁长山朱氏,遂从朱姓,名说。少有志操,至应天府从戚同文学。发奋苦读,通六经之旨。大中祥符八年(1015)进士及第,礼部选为第一,任广德军司理参军,迎母归养。改集庆军节度推官,还姓归宗,更改其名。

天禧(1017—1021)间,监泰州西溪盐税,议修捍海堰,大堤成,难民重回家园者二千多户,百姓称"范公堤"。迁大理寺丞,知兴化县,改监楚州粮料院,母

---

[1] 胡宿《赠太尉文肃郑公墓志铭》:"皇祐五年冬十一月甲子,有宋儒帅、宣徽北院使、奉国军节度使郑公薨于并……年六十二。"郑戬与亲家叶清臣夙期相许,铭云:"公闻河阳之讣,恸哭不食者数日,力疾捉笔以铭道卿之墓,才百余日,相继薨殒,同时葬于吴下。"铭见《文恭集》卷三六页四至十七,清武英殿聚珍版丛书本。据李焘《续资治通鉴长编》卷一六六页十九至二十,皇祐元年三月癸卯(十一日):"叶清臣为翰林学士、知河阳……至河阳,未几卒。"卷一六七页二一,皇祐元年十一月壬寅(十三日):"并州言宣徽北院使、奉国节度使郑戬卒。赠太尉,谥文肃。"皆见清文渊阁《四库全书》本。徐松稿本《宋会要辑稿》礼四一载:"英宗治平二年正月十四日太常礼官言,检会皇祐元年十二月阁门奏宣徽北院使判并州郑戬薨。辍今月十三日、十四日视朝。"见《中国基本古籍数据库》之《宋会要辑稿》,第 1673 页。可知胡宿铭文"五年"当为"元年"之误。郑戬享年,范成大《吴郡志》、王称《东都事略》等作六十三。今从墓志铭。

[2] 王珪:《丹阳郡夫人李氏墓志铭》,《华阳集》卷五一页十至十二,清文渊阁《四库全书》补配文津阁《四库全书》本。

[3] 富弼《范文正公墓志铭》:"四代祖隋,唐末为幽州良乡县主簿,遭乱奔二浙,家于苏之吴县,自尔遂为吴人。"范能濬:《范仲淹全集》下册,凤凰出版社 2004 年,第 942 页。

丧去官。冒哀上书极论国家大事,疏请固邦本、厚民力、重名器、备戎狄、杜奸雄、明国听。晏殊知应天府,闻其名召置府学。上书万言,请择郡守、举县令、斥游惰、去冗僭、慎选举、敦教育、养将材、实边备、保直臣、斥佞人。服除,以晏殊荐,任秘阁校理。天圣七年(1029),通判河中府,转殿中丞,移陈州通判。时值朝廷兴建太一宫及洪福院,从陕西购买材木,范仲淹上言请罢修寺观,减常岁市木之数,以蠲除民之积负。虽没被采纳,然仁宗知其忠直。

明道二年(1033)仁宗亲政,范仲淹擢为右司谏,出知睦州。江淮、京东蝗旱大灾,范仲淹受命安抚江淮,所至开仓拯济,禁民淫祀,奏蠲庐、舒折役茶及江东丁口盐钱,并条上救敝十事。景祐元年(1034)知苏州。创办郡学,礼聘名儒胡瑗教授,为诸郡模范。逢大水,田不得耕,民不得食,乃制疏常熟白茆江等五河方案,导太湖水入江海,募人兴作。时议颇多,范仲淹据事实加以辨释,并上书宰相吕夷简,力请朝廷支持。寒冬时节亲临现场部署,常宿海边督工,采用疏浚、疏导、置闸法,根除水患。工未就,徙知明州,为转运使奏留以毕其役。

进拜尚书礼部员外郎、天章阁待制,判国子监,迁吏部员外郎、权知开封府,不满月便肃然称治,百姓称赞:"朝廷无忧有范君,京师无事有希文。"时吕夷简执政,进用者多出其门。范仲淹上《百官图》,指其次第,后又进四论,大抵讥切时政,因触怒吕夷简,出知饶州。岁余徙知润州,再移越州。康定元年(1040),西夏犯边,召为天章阁待制、知永兴军,改陕西都转运使。夏竦为陕西经略安抚、招讨使,范仲淹进龙图阁直学士为副使。延州诸砦多失守,范仲淹自请行,迁户部郎中兼知延州。得州兵一万八千人,分部教训,量敌众寡,轮战御敌。时塞门、承平诸砦既废,以民远输劳苦,请建鄜城为军,输以河中府及同州、华州中下户税租。又请修承平、永平等砦,招还流亡,定堡障,通斥候,筑十二砦城,于是羌、汉之民相踵归业。又知耀州,徙庆州,迁左司郎中,为环庆路经略安抚、缘边招讨使。以诏书犒赏诸羌,阅其人马,订立条约,自此诸羌始为汉用。庆州西北马铺砦当后桥川口,在敌腹中。范仲淹密派其长子范纯祐与蕃将赵明先据其地筑城,旬日而成,名为大顺城。治军号令明白,爱抚士卒,敌不敢犯。与名将韩琦齐名,时称"韩范"。西夏人言,小范老子腹中有数万甲兵,不比大范老子(范雍)可欺。边民称颂:军中有一范,西贼闻之惊破胆。

庆历三年(1043),西夏请和,范仲淹召拜枢密副使,改参知政事,固辞不拜,愿与韩琦出行边。命为陕西宣抚使,未行,再任参知政事,欲革久安之弊。仁宗赐手诏,又为之开天章阁,召二府条对,范仲淹疏陈十事:明黜陟、抑侥幸、精贡举、择长官、均公田、厚农桑、修武备、推恩信、重命令、减徭役。仁宗均以诏书颁布天下,史称"庆历新政"。范仲淹以天下为己任,裁削幸滥,考核官吏,日夜谋虑兴致太平。但更张无渐,规摹阔大,论者以为不可行。适逢边陲有警,范仲淹因与枢密副使富弼请行边。五年正月,自请罢政事,以资政殿学士任陕西四路宣抚使、知邠州,加金紫光禄大夫护军,封汝南郡开国公。然而妒者不息,至为飞语,诏罢边任,进给事中、资政殿大学士,徙知杭州,加礼部侍郎,于苏州建义庄。皇祐三年(1051),迁户部侍郎,知青州。时病重,请改知颍州。次年夏五月二十日(1052年6月19日),途经徐州而卒。仁宗辍朝一日,赠兵部尚书,谥文正,亲书褒贤之碑。葬于河南洛阳伊川县万安山,赐于苏州建祠。曾祖、祖父及父墓在苏州天平山三让里。

范仲淹少有志操,于富贵贫贱、毁誉欢戚不一动其心,而慨然有志于天下。其名篇《岳阳楼记》有句:"士当先天下之忧而忧,后天下之乐而乐。"每论天下事奋不顾身。其外和内刚,用人多取气节,忠义厉士,以直言谠论倡于朝,中外缙绅知以名节相高,廉耻相尚,尽去五代之陋。金元好问赞曰:"文正范公,在布衣为名士,在州县为能吏,在边境为名将,在朝廷则又孔子之所谓大臣者。求之千百年之间,盖不一二见,非但为一代宗臣而已。"[1]范仲淹为官清廉,虽至富贵,非宾客不重肉,妻子衣食仅能自充。祖宅在苏州普济桥旁、雍熙寺之后(今范庄前)。生前扩建自家居处为义宅,以聚族人,置田千亩办义庄,以赡族人。为人宽容,临财好施,乐善泛爱,士多愿出其门下,自山林处士、里闾田野之人,外至四夷,莫不知其名字。为政尚忠厚,所至有恩,卒之日,四方闻者无不叹息。邠、庆二州百姓与羌民画像立祠祭祀。

泛通六经,长于《易》,学者多从质问,执经讲解无倦意,推其俸以食四方游士。所任尤重兴学育才,作有《得地千里不如一贤赋》。善文能诗,主张兴复古道,风化政教。所作文章不为空文,以传道名世。作词意境开阔,风格雄伟,拓展新领域。著有《范文正公集》。

子范纯仁、范纯礼、范纯粹,别有传。

(李嘉球)

胡 瑗(993—1059)

胡瑗,字翼之,学者称安定先生,海陵(今江苏泰州)人。生于北宋淳化四年

---

[1] 元好问:《范文正公真赞并序》,周烈孙、王斌:《元遗山文集校补》下册,巴蜀书社2013年,第1297页。

(993)。唐兵部尚书胡询裔孙,程颐师。布衣。自幼聪颖好学,七岁善属文,年十三通五经,以圣贤自任,时称奇才。曾与孙复、石介于泰山栖真观求学十年,后以硕学大儒并称"三先生"。

景祐元年(1034),被太守范仲淹聘为苏州郡学教授,创制学规,苏学成为诸郡模范。次年超拜秘书省校书郎。三年,经范仲淹荐,与阮逸受宋仁宗召见,奉诏参订声律,制作钟磬,参与改进雅乐。康定元年(1040),范仲淹赴陕西镇守延州,举荐胡瑗为丹州军事推官,后任密州、保平军推官,出掌湖州府学。

胡瑗锐意经学,兼通律吕之法,曾撰著《武学规矩》,主张国家大兴武学,以抗御外患,断言:"致天下之治者在人才,成天下之才者在教化,职教化者在师儒,弘教化而致之民者在郡邑之任,而教化之所本者在学校。"[1]其办学主明体达用,创苏湖教学法,所订学规颁为《太学令》。召为诸王宫学教授,因病以太子中舍致仕,迁殿中丞。皇祐二年(1050),起为大理评事,兼太常寺主簿。与阮逸再次奉诏进京,主持更定雅乐,得到司马光、范景仁等支持,并合撰《皇祐新乐图记》。四年,历迁光禄寺丞、国子监直讲、大理寺丞。嘉祐元年(1056)迁太子中允,充天章阁侍讲,管勾太学,协助博士考教训导,执掌学规,与诸生平等相待,切磋交流,学风沉潜、笃实、醇厚、和易。皇室储君、众多知名学者及礼部近半官员亦亲临受教,极为敬重,宋神宗称其为"真先生"。四年,因积劳成疾卧床不起,经仁宗钦准致仕,领太常博士衔,赴杭州其长子胡康任所休养。临行前京城轰动,相送者百里不绝。六月初六日(1059年7月17日)卒于杭州,葬于乌程县(今浙江湖州)何山之原,追谥文昭。王安石誉其为"天下豪杰魁",范仲淹誉其为"孔孟衣钵,苏湖领袖"。

著述弘富,有《尚书全解》《春秋要义》《资圣集》《周易口义》《洪范口义》《春秋口义》《安定易传》《论语说》《学政条约》《皇祐乐府奏议》等。　　　　(王晋玲)

谢　绛(994—1039)　　谢景初(1020—1084)　　谢景温(1021—1097)

谢绛,字希深,富阳(今属浙江)人,徙居吴县(今江苏苏州)。生于北宋淳化五年(994)。谢涛长子。大中祥符八年(1015)进士。授太常寺奉礼郎,知颍州汝阴县,升光禄寺丞,充秘阁校理,再迁太常丞、通判常州,拜太常博士,擢为祠部员外郎。天圣(1023—1031)中直集贤院、通判河南府,首议仿唐朝故事,将西京

---

[1] 胡瑗:《松滋儒学记》,转引自廖道南《楚纪》卷十九,明嘉靖二十五年(1546)何城李桂刻本,第10页。

洛阳之河南府府学改为西京国子监,"延致旧儒,讲解经术,以教学者。公雅以文重于时,又躬与诸生立程准、评辞章,每更品目,声闻辄随。而上下咸益奋厉,业成而登仕者比旧加众"〔1〕。历权开封府判官,再迁兵部员外郎,为三司度支判官,疏请罢内作诸器。景祐三年(1036),召试馆阁校勘,疏请省役息民,迁知制诰、判吏部流内铨。宝元二年(1039)四月出知河南邓州,十一月二十二日(1039年12月10日)病卒于任〔2〕,从表侄欧阳修为撰墓志铭。平生廉洁,卒时家无余资,留葬于邓州穰县五陇山,祠祀名宦。诗屏浮艳,皆传经据古,文章典雅,尤得西汉体,以文学知名一时。著有文集,已佚。

谢景初,字师厚,号今是翁。生于天禧四年(1020)。谢绛长子,文学家梅尧臣内侄、黄庭坚岳父。庆历六年(1046)进士。授大理评事。次年知余姚,筑海塘御潮,禁豪强侵湖为田,订立《湖经》,兴学育才,与弟谢景温、王安石、韩玉汝并称四贤。后历任秀州、汾州、唐州、海州通判。迁湖北转运判官、益州路提点刑狱,以诬谪为司封都官郎中、屯田郎中,复除职方员外郎,分司西京,权许州通判,改权襄州通判,以屯田郎中致仕。元丰七年(1084)卒,祔葬于邓州穰县五陇山父茔。博学巧思,创制十色笺,后人称谢公笺,与薛涛笺齐名。能文,诗名极高。辑有姑夫梅尧臣《宛陵集》。

谢景温,字师直,小名锦衣奴。谢绛次子。生于天禧五年(1021)。皇祐元年(1049)进士。历任汝州、莫州通判,太常寺太祝。庆历六年知会稽县。与兄谢景初、王安石、韩玉汝并称四贤。迁江东路转运判官。因筑宣百丈圩,降知涟水军。入朝知谏院,历官提点江西刑狱,京西路、淮南路转运使,支持王安石变法。熙宁三年(1070)擢侍御史知杂事,兼考校诸路转运使、提点刑狱课绩。力劾苏轼,除侍读,出知邓州,次年任陕西都转运使、工部郎中、直史馆,忤王安石,出知襄州,转知潭州。助章惇开凿五溪。元丰五年迁户部侍郎,改礼部侍郎,出知洪

---

〔1〕 蔡襄:《谢公堂记》,《蔡襄全集》卷二五,福建人民出版社1999年,第554页。周城《宋东京考》卷一据《燕翼诒谋录》载:"仁宗景祐元年(1034)四月癸酉诏改河南府学为西京国子监,置分司官以为优贤之所。其后南京、北京皆援为之。"

〔2〕 欧阳修《尚书兵部员外郎知制诰谢公墓志铭》:"谢公讳绛,字希深……以宝元二年四月丁卯来治邓,其年十一月己酉,以疾卒于官。以远不克归于南,即以明年八月,得州之西南某山之阳,遂以葬。公享年四十有五。"欧阳修:《居士集》卷二六,李之亮:《欧阳修集编年笺注》,巴蜀书社2007年,第362页。杜大珪编《名臣碑传琬琰集》宋刻元明递修本中卷二一,所录欧阳修《谢学士绛墓志铭》,"宝元二年"误作"宝元元年"。关于谢绛享年,蔡襄《谢公堂记》谓:"公讳绛,字希深,以宝元二年十一月终于邓州,春秋四十六。其年十二月二十五日留守推官朝奉郎试大理评事蔡某记。"《莆阳居士蔡公文集》卷二〇,宋刻本。王安石《临川集》文集卷九十《尚书兵部员外郎知制诰谢公行状》:"最后以请知邓州,遂葬于邓,年四十六,其卒以宝元二年。"曾巩《隆平集》卷十四及王称《东都事略》卷六四、脱脱《宋史》卷二九五《谢绛传》等亦作享年四十六,今从之。

州。次年以工部郎中直史馆知越州,七年,除直龙图阁知澶州。元祐元年(1086)以宝文阁直学士权知开封府。累封会稽郡开国侯。三年,权刑部尚书,又出知郓州、真定府、扬州、寿州、邓州。绍圣四年(1097)徙知河阳,未受命而卒。能文有诗名。历仕四朝,人称吏师。　　　　　　　　　　　　　　（李　峰）

施昌言（？—1064）

施昌言,字正臣,静海(今江苏南通)人,徙居吴县(今江苏苏州)。岳父徐仲谋,自静海徙居苏州胥门。由通判累官提点广南东路刑狱公事、都官员外郎。北宋仁宗庆历四年(1044)坐部吏取京债,降知邵武军。嘉祐(1056—1063)间知建州。英宗治平元年(1064)迁职方郎中、知湖州,词讼清简,三年,被罢职。能文工诗,与晏殊等唱酬,其《秋霖赋》传诵一时。

施昌言出身进士。授将作监丞、通判滁州。景祐元年(1034)以太常博士召试学士院,命为屯田员外郎,知太平州。入为殿中侍御史、开封府判官。安抚淮南,以礼部员外郎兼侍御史知杂事。庆历二年(1042)迁三司度支副使,除天章阁待制、河北都转运使。三年,为河东都转运按察使。七年,以户部郎中、天章阁待制任环庆路经略使,疏浚鹅池,建六君子堂祀先贤。降知华州。历知沧州、河阳,移河北都转运使。皇祐元年(1049)徙知兖州,寻改江淮荆浙发运使。加龙图阁直学士出知应天府,又知延州。塞六塔河,任为都大修河制置使。嘉祐元年(1056)以龙图阁直学士、给事中为枢密直学士、知澶州,因河决降左谏议大夫、知滑州。五年,以知邓州、枢密直学士、给事中为刑部侍郎、知杭州。七年,除龙图阁学士、泾原路、河东路经略安抚使,复知滑州。治平元年(1064)知越州。素以明识敏行、守正敢言名世。卒后葬于苏州陆公原。　　　　（李　峰）

钱象先（996—1076）

钱象先,字资元,吴县(今江苏苏州)人。生于北宋至道二年(996)。刑部尚书上官佖女婿。天禧二年(1018)进士。历汾、衡、韶三州军事推官,调吉州判官,监东明县盐酒税。入为国子监直讲,改著作佐郎,历镇安军节度判官、河南府判官、颍州通判,进秘书丞、太常博士。庆历六年(1046),历官祠部、刑部、兵部员外郎。八年,权大理少卿,迁三司度支判官,擢授河北转运使,改江东转运使,皇祐元年(1049)召充删定官,进天章阁侍讲。嘉祐四年(1059)为刑部右司郎中、天章阁待制兼侍讲,加龙图阁直学士,七年,以左司郎中兼侍讲为右谏议大夫、知蔡州。徙知河南府兼西京留守司,移知亳州、陈州,还任给事中,迁工部侍郎兼侍讲、知审刑院事兼判少府监、提举醴泉观兼校正医书局提举,改刑部侍郎,出知许州兼京西北路安抚使,移知颍州、陈州,以吏部侍郎致仕。熙宁九年(1076)卒,葬于河南宛丘县先茔。

佛书尤好《圆觉经》。工诗文,通刑名法义之学,专精经术。著有《解经义》《钱象先集》等。

(李 峰)

杨 备

杨备,字修之,建州浦城(今属福建)人[1],徙居吴县(今江苏苏州)。名儒杨亿弟。以兄荫试监簿理选限出官。北宋仁宗天圣十年(1032)知长溪,改元明道,调知华亭。丁内艰,爱苏州山水风物,遂定居。景祐三年(1036),时知恩州。庆历年间(1041—1048),以虞部员外郎分司江宁府,上轻车都尉。历官国子博士、大理丞,以殿中丞通判睦州。嘉祐四年(1059)以虞部郎中知广德军。

与宋祁缔交三十余载。喜得古本《古文尚书》释文,故好用古文字,时称怪人。工书。诗尤长七绝,善咏风土人物,卓有声名。曾效法唐诗人白居易体作《我爱姑苏好》十章,又作《姑苏百题诗》《金陵览古百题》,诸诗自注其事于题之下,并传于时。另著有《六朝遗事杂咏》《天心歌》《恩平郡谱》《历代纪元赋》《历代纪年谱》《萝轩外集》等。

(王晋玲)

叶清臣(1000—1049)

叶清臣,字道卿,长洲(今江苏苏州)人,祖籍乌程(今浙江湖州)。生于北宋咸平三年(1000)。父叶参,字少列,咸平进士,历官兵、刑二部郎中,终光禄卿,知苏州致仕,谢事居吴。叶清臣自幼敏异好学,善为文。天圣二年(1024)试进士,知举刘筠觉其对策新奇,选为第二名。宋代进士以策论擢拔高第自其始。

初授太常寺奉礼郎、签书苏州观察判官事。还为光禄寺丞、集贤校理,通判太平州,知秀州,入判三司户部勾院,改盐铁判官。景祐三年(1036),上疏请弛茶禁,未实行。又上言九事,如派官循行天下,察吏恤民;兴太学;训兵练将,慎出

---

[1] 一作建平(今安徽郎溪)人,待考。参阅陈思:《两宋名贤小集》卷二四一《萝轩外集》杨备小传,清文渊阁《四库全书》本。

令,简条约等,多未能施行。后出知宣州,累迁太常丞,同修起居注,判三司盐铁勾院。四年十一月,直史馆。先是,京师地震,死伤惨重。叶清臣上疏,认为出现灾异,必有下失民望、上戾天意者。范仲淹、余靖以言事被黜,天下之人不敢议论朝政已有两年,帝应深自咎责,广纳忠直敢言之士。疏上数日,范仲淹等人皆得近徙。

宝元元年(1038)正月,因灾异屡见,仁宗下诏求直言,叶清臣复上疏言大臣专政,被仁宗嘉纳。五月因父致仕,自请外任,授两浙转运副使。当时太湖边有民田,豪门大族占据上游,水不得泄,民不敢诉。叶清臣建言疏通盘龙汇、沪渎港,水流入海,百姓由此受益。后以右正言知制诰,知审官院,判国子监。二年闰十二月,陕西用兵,叶清臣疏陈积弊,言将帅缺乏深谋远虑,士兵未得有效训练,军队粮草储备也很薄弱,小有边患,便会在外无骁将、内无精兵的局势中惶惶不安。

康定元年(1040)三月,西夏国主李元昊攻延州之围既解,钤辖内侍卢守勤与通判计用章交替讼于朝。时内侍中用事者多为卢守勤游说以减轻其罪责,而将计用章流放岭南。叶清臣上疏直言,认为计用章至多畏惧怯懦,而卢守勤为叛国投敌之罪,应诏令文彦博审理纠正此案。其后判罪,卢守勤仅被贬为湖北兵马都监。九月,因西部战事未停,急需经费,中书奏呈拟定三司使,叶清臣不在候选之列,仁宗谓其才可用,因擢起居舍人、龙图阁学士,权三司使公事。奏编前后诏敕,吏不敢欺。删去簿账冗长者,而严谨出纳。

庆历元年(1041)五月,叶清臣因与宋庠、郑戬雅相善,为权臣吕夷简所恶,出知江宁府。三年三月,入为翰林学士,知通进银台司、勾当三班院,父丧丁忧。五年十一月,守丧期满,因宰相陈执中所忌,降为翰林侍读学士,知邠州。先后改知澶州、青州,进尚书户部郎中。七年五月,为永兴军路都部署兼本路安抚使、知永兴军,组织疏通三白渠,灌溉田地六千多顷。八年三月,仁宗亲临天章阁,召见公卿大臣,出手诏问当世急务。叶清臣在永兴逐条对答,阐述时政缺失,所言大多切责权贵,所列利害甚众。四月,授翰林学士,权三司使。旧制,有三司使、权使公事,而叶清臣称"权使",自是分三等。六月,户部副使向传式不称职,叶清臣奏请出之。

皇祐元年(1049)春,仁宗亲临便殿,询问近臣备边之策。叶清臣上对,指出文武大臣不得其人,三司失计,转运使不称职及监牧之弊,并力荐富弼、范仲淹、夏竦、郑戬、韩琦等。二月,因河北缺少军粮,请发大名库钱购粮供边防之用,安抚使贾昌朝却格诏不从,叶清臣力争并疏劾其跋扈不臣,贾昌朝转知郑州,罢叶清臣为侍读学士,出知河阳,未几卒,追赠左谏议大夫。墓在苏州横山宝华寺旁。

叶清臣天资爽迈,遇事敢为,奏对无所屈。郭承祐奏请为其妻子增加月俸,叶清臣以裙带之风为由执奏不可。数上书论天下事,陈九议、十要、五利,皆当世可行者。能诗词。善书法,尤工楷书,师法颜真卿,雄劲古厚,传世碑刻有《晋卞壶墓碣》《莲花经》,墨迹有《迎遣帖》等。著有文集一百六十卷,《全宋词》存其词二首。

子叶均,官集贤校理。曾孙叶梦得,以文学著名,别有传。

（张若雅）

陈之奇(1002—1068)

陈之奇,字虞卿,吴县(今江苏苏州)人,祖籍长安(今陕西西安)。生于北宋咸平五年(1002)。祖父陈质,为宰相丁谓妹夫。历官大理寺丞、知开封府功曹参军,知宁远县,官终殿中丞。范仲淹挽诗称其为孝慈贤者。

宝元元年(1038),陈之奇中进士。初为鄱阳尉。庆历(1041—1048)中,历知丹徒、泰兴,以经术行义举为陇西郡王李玮宅教授。迁太子中允,除平江军节度掌书记,以太常博士致仕。与胡瑗、苏舜钦并称"吴下三贤",又与龚宗元、程适并尊为吴中三老。熙宁元年(1068)卒。

弟陈之武,天圣八年(1030)进士。曾官明州观察推官。从范仲淹学,被待以子侄礼,与兄并称邑中高士。

（李 峰）

王 逢(1005—1063)

王逢,字会之,当涂(今属安徽)人。生于北宋景德二年(1005)。陈之奇弟陈之武女婿。庆历(1041—1048)进士。任苏州郡学教授,以善教称名师。出权南雄州军事判官,归试得超等,补袁州军事判官,留为国子监直讲兼陇西郡王宅教授。通判徐州,改监苏州酒,官终太常博士。嘉祐八年(1063)卒,葬于苏州阊门西陆公原。

平生与胡瑗最为友善。工书能文,长于讲说。尤喜《易》,学宗王弼。著有《易传》《乾德指说》《复书》等。

（李 峰）

范师道(1005—1063)

范师道,字贯之,长洲(今江苏苏州)人。生于北宋景德二年(1005)。父范琪,字希世,为范仲淹从兄。天圣五年(1027)进士。历官鄱阳保信军、庐州从事。叶清臣举充茶官,授开封府法曹,议法必精,守节不挠。改大理寺丞,知鄞县。庆历六年(1046)以行太常博士知常熟,浚金泾、鹤溇二浦溉田千顷。除屯田员外郎、通判泰州,未任卒。

范师道为天圣八年(1030)进士。任抚州判官,知广德县,严禁杀牛祠神之旧俗,迁许州通判。景祐四年(1037),知临海县,建县学。累迁都官员外郎。至和元年(1054),召拜侍御史。嘉祐元年(1056),出知常州,徙广南东路转运使,召为盐铁判官,改两浙转运使,拜起居舍人、同知谏院,管勾国子监。迁兵部员外郎,兼侍御史知杂事、判都水监,奏罢枢密副使陈升之,出知福州。七年,以工部郎中入为三司盐铁副使。次年以户部郎中、直龙图阁知明州,卒于任。

生前厉操敢言,皆天下急务,朝野知名,故以其承天寺前所居坊名为豸冠坊。曾辑编《垂拱元龟会要详节》《国朝类要》等,著有《唐诗史》《范贯之奏议》《龙图集》等。

(李 峰)

龚宗元

龚宗元,字会之,号武丘居士,长洲(今江苏苏州)[1]人,祖籍邵武(今属福建)。祖父龚慎仪,仕南唐,任礼部郎中、歙州刺史,入宋后被害。父龚识,北宋端拱元年(988)登科,是宋代苏州第一位进士。曾任监察御史、殿中侍御史兼左巡使、平江军节度副使,定居吴地。

自幼颖悟绝人,读书于虎丘寺,勤奋刻苦。善诗能文,为乡贡首选。天圣五年(1027)中进士。授仁和县主簿。范仲淹深加礼重,称誉其文"温厚和平而不乏正气,似其为人",并谓:"君德业清修,他日必为令器,慎勿因人以进。"[2]龚宗元乃绝迹权门,以清白正直为人所称道。后因父病,调吴县主簿。居忧服阕,改任建安尉,有政声,得二十二人荐章保任。擢大理寺丞,知句容县。发摘奸伏,

---

[1] 龚氏家族自龚宗元曾孙龚明之辈定居于昆山县境。见邓小南:《龚明之与宋代苏州的龚氏家族——兼谈南宋昆山士人家族的交游与沉浮》,载《中国近世家族与社会研讨会论文集》,台北,1998年6月。

[2] 龚明之:《中吴纪闻》卷二"曾大父"条,上海古籍出版社1986年,第30—31页。

人称神明。御史杨纮履职极严,所至不法官吏被弹劾者甚众。过句容而不入巡察,谓"龚君治民,所至有声,吾往徒为扰耳"[1]。龚宗元后历任衢州、越州通判,都官员外郎、分司南京。致仕归居府城大酒巷,构中隐堂。与尚书屯田员外郎程适、太子中允陈之奇相与游从,日为琴酒之乐,至于穷夜而忘其归,并称"吴中三老"。卒后葬于南峰山。著有《武丘居士遗稿》。

子龚程,熙宁六年(1073)进士。历任西安丞、桐庐令。孙龚况,崇宁五年(1106)进士。官祠部员外郎、朝议大夫。曾孙龚明之,德劭纯孝,别有传。

(马一平)

苏舜钦(1008—1049)

苏舜钦,字子美,号沧浪翁,开封(今属河南)人,祖籍铜山(今属四川)。生于北宋大中祥符元年(1008)。状元、参知政事苏易简孙,祁国公杜衍女婿。

景祐元年(1034),苏舜钦中进士。改光禄寺主簿,历知蒙城、长垣,迁大理评事。范仲淹荐为集贤殿校理、监进奏院,支持范仲淹变法,推行庆历新政,为守旧派所忌。庆历四年(1044),御史中丞王拱辰唆使属官,劾苏舜钦于进奏院祭神时,以所售废纸公钱会客,被除名勒停。携家寓居苏州,筑沧浪亭。沧浪亭地旧为五代吴越国广陵王钱元璙近戚中吴军节度使孙承祐的池馆,苏舜钦以四万贯钱买下废园,傍水造亭,因感于"沧浪之水清兮,可以濯吾缨;沧浪之水浊兮,可以濯吾足",故名亭"沧浪",自号沧浪翁,并作《沧浪亭记》。欧阳修应邀为作长诗《沧浪亭》,以"清风明月本无价,可惜只卖四万钱"题咏此事,沧浪亭名声大振,成一方名胜。八年,苏舜钦被起用为湖州长史,未及赴任,十二月于苏州病卒,嘉祐元年(1056)卜葬于丹徒石门。[2]后崇祀为吴郡名贤。

善行草书。为文不喜其时浮艳文风,与穆修等为文学复古运动之先驱,为欧阳修所推崇。主张文学原于古,致于用,强调反映现实,归于道义。其《上三司副使段公书》云:"士之洁矩厉行,施才业以拯世务者,非只蹈道以为乐……人之所以为人者,言也。言也者,必归于道义。道与义泽于物而后已,至是则斯为不朽矣。故每属文,不敢雕琢以害正。"[3]作《石曼卿诗集叙》,主张"作之文必经

---

[1] 龚明之:《中吴纪闻》卷二"曾大父"条,上海古籍出版社1986年,第30—31页。
[2] 欧阳修:《湖州长史苏君墓志铭并序》,张春林:《欧阳修全集》,中国文史出版社1999年,第843页。
[3] 苏舜钦:《上三司副使段公书》,沈文倬:《苏舜钦集》卷九,上海古籍出版社1981年,第95页。

实","诗之作,与人生偕者也。人函愉乐悲郁之气,必舒于言"[1]。苏舜钦素慕汉留侯张良,有经世体国之思,而怀才难遇,故寄情诗酒,时发愤懑于歌诗,其体豪放,往往惊人,颇有唐贤气概。诗文自成一家,与欧阳修、梅尧臣齐名,时称"欧苏"或"苏梅"。著有《苏学士集》《苏舜钦集》等。　　　　　　　　（王晋玲）

元　绛（1009—1084）

元绛,本姓危,字厚之,钱塘（今浙江杭州）人,徙居姑苏（今江苏苏州）。生于北宋大中祥符二年（1009）。天圣八年（1030）进士。补楚州淮阴县主簿,授江宁府观察推官,摄江宁、上元令。召迁秘书省著作佐郎,历知永新、静海,升江西转运判官,知台州,权三司度支判官,出为江西转运使。皇祐四年（1052）以直集贤院为广东转运使,从狄青平侬智高叛乱有功,迁工部郎中,判三司盐铁勾院。历两浙、河北转运使,召拜三司盐铁副使,嘉祐七年（1062）,拜天章阁待制知福州。次年英宗即位后,迁右谏议大夫,进给事中,知应天府兼西京留守司,再徙河北都转运使。

神宗嗣位（1067）后,迁工部侍郎、集贤院学士,知广州,兼广南东路经略安抚使,又知越州、荆南府。命知郓州兼京东西路安抚使,未任,召为翰林学士兼侍读,出知开封府。熙宁七年（1074）自翰林学士权御史中丞,又兼侍读学士、工部侍郎,拜三司使,充群牧使。八年十二月,拜参知政事,元丰二年（1079）五月贬知亳州,改颍州。三年,加资政殿学士知青州,留提举中太一宫兼集禧观。次年以太子太保致仕。累封魏郡开国公。归居苏州带城桥衮绣坊,与程师孟等以耆德并称吴中十老。七年卒,赠太子少师,谥章简。

以文章政誉著名一时,精于词律。著有《玉堂集》《谳狱集》等。　（李　峰）

林　槩（1011—1047）　　林　希（1035—1101）

林槩,字端父,一作端甫,吴县（今江苏苏州）人,祖籍福清（今属福建）。生于北宋大中祥符四年（1011）。父林高,字子羽。大中祥符八年进士。知建平县称名宦。迁秘书丞,徙知蜀县,迁太常博士,历知武进、高邮,除屯田员外郎,监泰州税。卒后葬于苏州宝华山,子孙遂占籍吴县。

---

[1] 苏舜钦:《石曼卿诗集序》,沈文倬:《苏舜钦集》卷十三,上海古籍出版社1981年,第165页。

林槩于景祐元年(1034)中进士,省试第二名。为秘书郎,代父知蜀县,改知剡县。宝元元年(1038)知长兴,捐俸倡捐赈饥,兴学颇力。次年以大理寺丞移知连州。康定元年(1040),疏请复唐朝府兵法以革时弊。徙知淮安军。庆历七年(1047),以太常博士充集贤校理,归籍省亲卒。葬于苏州横山宝华寺旁。为政有父风。善承家学,以耆儒文学名天下。著有《史论》《辨国语》《杂著》等。

林希,字子中,号醒老。生于北宋景祐二年。林槩长子。嘉祐二年(1057)进士,别头省试第一人。调杭州於潜县尉,为福州怀安县主簿。治平二年(1065)以宣州泾县主簿编校集贤院书籍,后编校昭文馆书籍。熙宁三年(1070),为馆阁校勘、集贤校理。神宗朝同知太常礼院。以遣使高丽惧远行,责监杭州楼店务。通判秀州,复知太常礼院,迁著作佐郎。元丰五年(1082)为礼部郎中。与修《两朝宝训》。元祐元年(1086),历秘书少监、起居舍人,充集贤殿修撰知平江府,徙知宣州,三年,知湖州。次年以天章阁待制知润州,奏复吕城堰。六年,转知杭州,将苏轼所筑西湖堤命名为"苏公堤"。次年除礼部侍郎。八年出知亳州。绍圣元年(1094)进宝文阁直学士知成都府,留任试中书舍人,力劾元祐党人,修《神宗实录》兼侍读。二年,权礼部尚书权发遣开封府,三年,以权吏部尚书为翰林学士、知制诰。四年,除同知枢密院事。元符元年(1098)再知亳州,改知杭州,以端明殿学士知太原府。徽宗立(1100),以资政殿学士知大名府,降端明殿学士知扬州。建中靖国元年(1101),降知舒州,卒赠资政殿学士,谥文节。

林希与米芾交厚。好古博雅,尤工书,有《定力帖》。著有《两朝宝训》《林氏野史》《林子中集》《林子中奏议集》等。

(李 峰)

阊丘孝终(1013—?)

阊丘孝终,字公显,吴县(今江苏苏州)人。约生于北宋大中祥符六年(1013)。累官太子中舍人。曾知广州。神宗元丰(1078—1085)初知黄州,重建栖霞楼,时称名胜。以朝议大夫致仕,居处后称阊丘坊。年七十三与程师孟等为吴中十老会,贤德有盛名。密友苏轼以过苏州"不游虎丘、不谒阊丘"为二憾事。

(王晋玲)

徐九思(1013—?)

徐九思,字公谨,崇安(今属福建)人,徙居吴县(今江苏苏州)。约生于北宋大中祥符六年(1013)。庆历二年(1042)进士。调蕲水尉,历知双流、宣化、南陵三县。熙宁八年(1075)知常州。入判三司,以非议王安石新法,改任广州通判。元丰五年(1082),时任广南东路转运判官,奏请将东莞县(今东莞市)香山镇升建为香山县。元祐元年(1086),召为江淮等路发运副使。致仕归,与程师孟等耆德被尊为"吴中十老"。著有《新丰集》。　　　　　　　　(李　峰)

程师孟(1015—1092)

程师孟,字公辟,吴县(今江苏苏州)人,祖籍新安(今属安徽),郡望广平。生于北宋大中祥符八年(1015)。高祖程思,任吴越武肃王钱镠营田使,为迁吴始祖。[1]

景祐元年(1034)登进士第。历知吉水、钱塘,通判桂州,有政声。后知南康军、楚州,提点夔路刑狱。当时,泸地戎人屡犯渝州边界,提点刑狱使治所位于万州,与渝州相距甚远,警报传达不便,程师孟奏请移治渝州。于夔州创置常平仓,恰逢灾年,常平仓粮不足,力排众议,违制开放其余储粮赈济灾民。转河东路提点刑狱。地多土山,春夏之际遇大雨,周边河水浑浊多淤泥。程师孟引导当地百姓开渠筑堤,改造良田一万八千顷,又编写《水利图经》,颁行于各州县。

治平元年(1064),入京任三司都磨勘司,管理河北四榷场事务。契丹使节萧惟辅谓白沟地区应由两国共管,宋人可广植柳树,契丹人在界河捕鱼亦不应论罪。程师孟认为,涿郡有档案可供审查,两国皆应信守誓约,谴责萧惟辅置誓书于不顾,空口乱说,萧惟辅愧而道歉。改任度支判官,出知洪州。洪州多水灾,程师孟到任后,修筑江堤,疏通章沟,开启北闸以调控水位,此后再无水灾。升任江西转运使,时袁州出现盗贼,奸吏充当内应,皆被师孟擒捕治罪。

熙宁元年(1068)九月,以光禄卿出为福州知府,治行尤著。至任次年,修建子城城墙,并扩建其西南隅,又以余力疏浚河湟,修造桥梁。三年,在庙学内建厅舍,自此州学教授始有厅舍。后又在乌石山建道山亭,邀曾巩作记。福州百姓为建生祠于乌石山千福寺,在祠旁立碑镌其诗作。同年六月,调任广州知州。因州城被贼寇毁坏,有警百姓皆恐怖逃窜。程师孟到任便建造西城。后交趾攻陷邕管,知广州守备坚固,不敢来犯。又大修学校,日引诸生讲解,学者甚众。进右谏

---

[1] 范成大:《吴郡志》,江苏古籍出版社1986年,第365页。程敏政修《新安文献志》卷八四则云:"按程氏谱,忠壮公十二世孙谅,谅四世孙端始迁吴门,端曾孙立信,即师孟父也。"见清文渊阁《四库全书》第1376册,台湾商务印书馆1983年,第366页。

议大夫,在广州六年,威爱并行,得民爱戴。

入为给事中,历官集贤殿修撰、都水监、将作监。奉使往贺契丹皇帝生辰,到涿州,契丹设宴,契丹迎使者居正南,涿州官向西,宋朝使节面向东。程师孟责其轻宋而不肯就列,责令契丹改向,辞色严厉,后改为跟迎接者东西相向。次日,涿州人在城郊为其饯行,程师孟疾驰而过,不予理睬。不久因此罢守本官,移知越州。后以通议大夫知青州,为京东安抚使。期年告老,迁正议大夫致仕。归居南园侧昼锦坊,至老不改吴语,与岳父贺仿以德号"吴中二善",又与元绛、徐师闵等号"吴中十老"。哲宗即位(1085),授光禄大夫。元祐七年(1092)卒。

善行书。以文学名,诗效白居易。著有《奏稿》《诗集》《续会稽掇英录》各二十卷、《广平奏议》十五卷,以及《奏稿》《长乐集》等,多散佚。

(马俊芬)

孙　载

孙载,字积中,昆山人。与袁默、凌浩、陈敏皆为名儒胡瑗高弟,时称"安定四俊友"。

北宋治平二年(1065)中进士。为河中府户曹。荐为中书检正官官属,迁知德清县。熙宁八年(1075),倡劝富家倍籴十五万斛平粜赈饥,全活甚众。元丰(1078—1085)中,知考城,除广东常平。元祐元年(1086)通判陕州。六年,迁广东转运判官。绍圣元年(1094)除河北西路常平,历知海、沂、婺三州,除河东路转运判官,移淮西提刑。建中靖国元年(1101)知亳州,有政绩,号称循吏。崇宁二年(1103)以曾荐元祐党人放罢,提举杭州洞霄宫。大观(1107—1110)中致仕,卒年七十五,葬于苏州高景山。

博通经史,精研《易》,吏治尤为所长。著有《易释解》《诗法》《孙积中集》等。

(李　峰)

张　诜 (1016—1087)　　弟　张　询

张诜,字枢言,吴县(今江苏苏州)人,原籍浦城(今属福建)。生于北宋大中祥符九年(1016)。名将、宰相韩琦侄女婿。宝元元年(1038)中进士。历山阳县主簿、新安尉,累迁太常博士、著作佐郎、秘书丞。至和二年(1055)出知无锡,创建县学。通判越州,行衙前雇役法便民,移知襄邑,擢夔州路转运判官。熙宁四年(1071),平李光吉乱,录功加直集贤院,改陕西转运副使。次年,以司封郎中、直龙图阁知秦州,边患遂息。迁天章阁待制,知熙州,大破董氊,迁永兴军等路转运使。元丰元年(1078)为熙河经略使。四年,知苏州,未到任,加龙图阁直学士改知成都府。七年,徙知杭州,复命权知熙州,经略熙河事。哲宗立(1085),提举杭州洞霄宫,与程师孟等约为吴中十老会。元祐元年(1086)起知苏州,未任即被罢,次年卒于家。著有《张诜文集》《张诜奏议》《丧礼》等。

张询,字仲谟。张诜弟,宰相章惇妹夫。嘉祐四年(1059)进士。熙宁二年知鄞县(今宁波市鄞州区)。元丰五年,任奉议郎权发遣府界常平等事。以提点开封府界当平仓为户部员外郎,赈济西京水灾。元祐二年改浙西提刑,次年知越州,转福建转运副使。六年,权知湖州,赈荒全活灾民甚众。八年,差任河东路转运副使。绍圣四年(1097)除直秘阁、权陕西路都转运使。元符元年(1098),妻兄章惇保荐为直龙图阁、权知熙州。谪授歙州别驾,池州安置。崇宁(1102—1106)中,起知应天府,大观元年(1107)罢,添差监高邮军盐税。工诗。与黄庭坚友,又与苏轼、曹辅、刘季孙、苏坚、张弼等交密,并称"后六客"。 (李 峰)

李 育(1020—1069)

李育,字仲蒙,吴县(今江苏苏州)人,原籍缑氏(今属河南偃师)。生于北宋天禧四年(1020)。皇祐元年(1049)举进士第四。历仕亳、润、邠三郡职官,自应天府录曹迁太常博士,与苏轼父为僚友,以醇厚被称为长者。治平二年(1065),同知礼院,诏从其奏减定衮冕制度。嘉祐八年(1063),以秘书丞充秘阁校理。官终司封员外郎、直史馆,为岐王府记室。

精文论,学博而通,长于《毛诗》《史记》。书画清丽,敏于文章,有诗名。熙宁二年(1069)卒后,苏轼为作哀词。 (李 峰)

滕元发(1020—1090)

滕元发,原名甫,以字行,改字达道,吴县(今江苏苏州)人,原籍东阳(今属浙江)。生于北宋天禧四年(1020)。范仲淹甥,胡瑗高弟。皇祐五年(1053)探花。

嘉祐四年(1059),授大理评事、通判湖州。召为集贤校理,判吏部南曹,除开封府推官、三司盐铁户部判官、同修起居注,判户部勾院。治平四年(1067)权御史中丞。熙宁元年(1068)以右正言,进知制诰、知谏院。除翰林学士、知开封府,拜御史中丞、翰林学士。次年出知秦州,任河朔安抚使,权知开封府,除翰林学士,辞命三司使,除瀛州安抚使。以翰林侍读学士出知郓州,复以龙图阁直学士移知瀛州。三年,知定州,奏陈积弊,请罢王安石新法。后历知青州、应天府、齐州、邓州。元丰五年(1082)黜知池州,徙蔡州,改安州,贬知筠州,移知湖州,八年,调知苏州。元祐元年(1086)徙知扬州,除龙图阁直学士复知郓州,赈济淮南、京东饥民,为民感戴。徙真定,进安抚使。四年,知太原府,威行西北,号称名帅。以被诬徙许州,诏留知太原府。五年,为龙图阁学士复知扬州,未至任卒。勋至上柱国,爵至南阳郡开国侯,谥章敏。葬于苏州阳山栗坞。

豪隽廉能,嗜酒,爱击角球,擅书大字。与郑獬为忘形友,试于场屋齐名。文辞妙丽,诗尤长于五言。著有文集及《孙威敏征南录》。

(李　峰)

钱　藻(1022—1082)

钱藻,字醇老,吴县(今江苏苏州)人,祖籍钱塘(今浙江杭州)。生于北宋乾兴元年(1022)。五代吴越文穆王钱元瓘玄孙,胡瑗弟子。

皇祐五年(1053)举说书进士。授宣州旌德县尉。后十年,复中贤良方正直言极谏科。嘉祐四年(1059)应才识兼茂明于体用科入等,试校书郎、无为军判官。治平(1064—1067)间,通判秀州,历大理寺丞、殿中丞、太常博士,祠部、度支、司封员外郎。熙宁元年(1068)选为修《英宗实录》院检讨官。历工部郎中、充秘阁校理。三年,知婺州,入判尚书考功,改开封府判官。出知邓州。七年,为朝奉郎、守工部郎中、充秘阁校理、同修起居注、直舍人院。次年,以忤吕惠卿罢直舍人院。后擢知制诰,直学士院,迁枢密直学士、翰林侍读学士。元丰二年(1079)权知开封府,知审官东院,兼判军器监,兼提举司天监公事。五年,卒于任。立朝清直,为政皆有治行。爵至仁和县开国伯。

习胡瑗安定之学,首称渊笃。文辞闳放隽伟,时辈敬称先生。曾校《新唐书》,著有《贤良策》。

(李　峰)

侍其玮(1022—1104)　　子 侍其鉉

侍其玮,字良器,长洲(今江苏苏州)人,祖籍建邺(今江苏南京)。生于北宋乾兴元年(1022)。皇祐元年(1049)进士。调富阳主簿,改阳武军主簿,开封府尹包拯命其摄右军巡判官,才具获赏识。掌阆州书记,改著作佐郎,历知建德、固始二县,监鄂州酒,又知永丰,签书桂阳监判官,通判全州。迁知化州,在任六年,行廉政,兴学校,称为名宦。官终池州知州。将吴中资产尽予同族,携家徙居宣城(今属安徽),崇宁三年十月十六日(1104年11月5日)卒,葬于宣城万松山。

喜藏书,学贯经传,诗文称为佳笔。工草隶,书千字文尤工。著有《续千字文》。

长子侍其鈜,字希声。以父任调永州司法参军。迁永福知县,就职福建南创州盐仓兼幕府督司。江东都转运使唐恪辟为干办官。代长桂管,以抚苗民之策居功第一。除在京诸军审计院,历知浔州、蜀州。任开封府司兵曹事,以才干擢升潼川府路转运判官。除知徽州,改知均州。晓习律令,喜文籍,晚年学道,侍父有孝名。南宋绍兴七年(1137)正月卒,寿至八十一,亦葬于宣城万松山。

(王晋玲)

陈　绛　　　子 陈动之　陈说之

陈绛,字伯华,莆田(今属福建)人,徙籍吴县(今江苏苏州)。通《易》,善文论。北宋咸平二年(999)中进士。历迁著作佐郎。景德四年(1007)中试贤良方正科,擢右正言、左司谏。历工部郎中,知孟州。大中祥符(1008—1016)间知建宁府。天禧四年(1020),迁至福建路转运使。天圣元年(1023)以工部郎中自河阳知福州,被诬贬为昭州团练副使,降藤州通判。卒后葬于苏州光禄山。著有文集。

长子陈动之,天圣八年进士。本拟第一,以其父曾忤夏竦,被降为第六。官终秘书丞。与王安石、欧阳修友,文有时名。其子侗、睦皆有才誉,别有传。

次子陈说之,天圣八年进士。知惠安县,官终秘书丞。工篆书。能诗词,有文名。曾考订编次洪兴祖《楚辞补注》,著有《楚辞释文》。

(李　峰)

陈　侗(1024—1088)　　　子 陈彦恭

陈侗,字成伯,吴县(今江苏苏州)人。陈绛孙,陈动之子。生于北宋天圣二年(1024)。嘉祐二年(1057)进士。调福昌主簿,知商洛县。入为著作佐郎,出知南陵县。富弼辟为汝州从事。治平三年(1066)除馆阁校勘,判登闻鼓院,编修宗正司条贯,同知太常礼院。编修枢密院《经武要略》,兼删定诸房例策。四年,迁太子中允,首任检详枢密院诸房文字,兼户、礼二房,复徙判登闻鼓院。熙宁六年(1073)为集贤校理,迁太常丞,知太常礼院,为太常博士。元丰二年(1079)出知湖州。移知宣州,奏请沿江湖州郡各置水军,严防寇盗,民为立生祠。还朝任少府少监、卫尉少卿。元祐元年(1086)权知陕州,辞直秘阁知梓州,三年卒。文章尤粹,素为苏轼诸友雅敬。

次子陈彦恭,字子愿。生于嘉祐三年。元祐三年进士。历郑州司户参军、太平州司法参军,擢编修敕令所删定官,通判保州、巩州。严治贪风,独力推行弓箭手垦田实边。改提辖河东路坑冶铸钱,除提点九路坑冶铸钱,整治盗铸以裕财政,卓有劳绩。入为大理寺正、刑部郎中、户部郎中。宣和二年(1120),以诬黜监滑州酒。迁知眉州、寿春府,移泗州,复知寿春。靖康元年(1126)招抚叛将李安斩李全有功,赈饥全活颇众,为民祠祀。南宋建炎三年(1129)卒。居官为政,不立奇钓誉,所至称长者。

(李 峰)

卢 秉(？—1093)　　子 卢知原　卢法原

卢秉,字仲甫,吴县(今江苏苏州)人,原籍德清(今属浙江)。父卢革,北宋天禧三年(1019)进士,历官秘书监、太子宾客,以大中大夫致仕,退居苏州卢提刑桥,与程师孟等并称"吴中十老"。卒赠少师。

北宋皇祐元年(1049),卢秉中进士。调吉州推官,历青州掌书记、开封府仓曹参军。熙宁二年(1069),佐王安石议行新法,奉命考察诸路。四年,以大理寺丞权检正中书吏房公事,进检正中书吏房公事、殿中丞。五年,权发遣两浙提刑,专提举盐事。七年,徙淮东提刑,次年以太常博士迁祠部员外郎,权江淮等路发运副使,改刑部员外郎。元丰二年(1079)为集贤殿修撰,出知渭州,迁泾原路经略使,进宝文阁待制。六年,降龙图阁直学士,次年设伏大败西夏,在边塞多建功勋。复以宝文阁待制移知湖州。元祐三年(1088)起知荆南府,被劾提举杭州洞霄宫,退居苏州德庆坊,与蒋堂为邻。八年卒,享年八十余岁,葬于苏州穹窿山。

少豪逸,元丰间有能诗声。著有《卢秉文集》《仲甫奏议》等。

卢知原,字行之。卢秉子。以父荫知歙县,累迁提举利州路常平、梓州路转运副使,筑梓州城。北宋宣和三年(1121)由潼川府路计度转运副使放罢。后起任京东提刑,改江西转运副使。除直秘阁,为江淮荆浙等路发运使。升秘阁修撰,提举河北。罢职归吏部。南宋建炎元年(1127)高宗即位,复龙图阁,知温州,擢右文殿修撰、管内安抚使,在任四年祀名宦。以讨范汝为功,召为添差两浙转运使。罢职提举太平观。又辟为右文殿修撰、江淮荆浙都督府参谋官。绍兴三年(1133)以徽猷阁待制知临安府,因劾奉祠,十一年卒。

卢法原,字立之。卢知原弟。自知雍丘县、金部员外郎累官太府少卿,赐同上舍出身。迁司农少卿,北宋政和三年(1113)罢。历迁吏部尚书,以官秩次第履历汇编成书,以明功过殿最,属吏不能欺瞒。六年,罢为显谟阁待制、提举西京嵩山崇福宫。南宋高宗建炎元年,以徽猷阁直学士知成都府、利州路兵马钤辖,次年守剑门,大破叛将史斌,收复兴州。三年,免兼利州路兵马钤辖,四年,再任吏部尚书。绍兴元年(1131)提举临安洞霄宫,次年起知夔州,寻为龙图阁学士、川陕等路宣抚处置副使,进端明殿学士、川陕宣抚副使。抗金屡获捷,有威名。五年,卒于阆州军中。

(李 峰)

范纯仁(1027—1101)

范纯仁,字尧夫,吴县(今江苏苏州)人。生于北宋天圣五年(1027)。范仲淹次子。天资警悟,八岁能讲所授书。从胡瑗、石介、李觏等学者游。勤奋刻苦,至夜分不寝,置灯帐中,帐顶至熏如黑墨。

初以荫补,为太常寺太祝。皇祐元年(1049)中进士,调知武进县,因远离父母而不赴。父卒后始出仕,以著作佐郎知襄城。劝谕县民植桑养蚕,有罪而情轻者,视所植桑多寡除其罚,百姓获益,后呼为"著作林"。签书许州观察判官、知襄邑县。时久旱不雨,范纯仁集境内商舟,告谕民将无食,令商人将所贩五谷贮于佛寺,候食缺时以购。众商从命,所蓄十数万斛。至春,诸县发生饥荒,唯独襄邑境内无事。治平(1064—1067)中,擢江东转运判官,召为殿中侍御史,迁侍御史。屡请外任,于是通判安州,改知蕲州。历京西提点刑狱、京西陕西转运副使。召拜兵部员外郎,兼起居舍人、同知谏院,加直集贤院、同修起居注。

熙宁二年(1069),王安石为相,实行变法。范纯仁上书反对,疏语多激切,王安石大怒,奏乞重贬,范纯仁降知河中府,徙成都路转运使,以新法不便,告诫所属州县未得遵行。王安石怒其阻挠,左迁知和州,徙邢州。未至,加直龙图阁,权环庆路经略安抚使,知庆州。时值秦中饥荒,范纯仁擅发常平粟赈贷,僚属请奏而须报,范纯仁言,报至无及,自当独任其责。适逢秋季大稔,百姓欢跃,昼夜争相输还。移知齐州,为政宽恕。齐俗凶悍,多有盗劫。有人谓:"此严治之犹不能戢,公一以宽,恐不胜其治矣。"范纯仁言:"宽出于性,若强以猛,则不能持久;猛而不久,以治凶民,取玩之道也。"[1]西司理院系囚常满,均为屠贩盗窃而督偿者。范纯仁尽呼至庭下,训使自新,即予释放。期岁,盗劫较往年减少大半。

元丰八年(1085)哲宗立,范纯仁复直龙图阁、知庆州。召为右谏议大夫,改天章阁待制兼侍讲,拜给事中。司马光为政,将尽改熙宁、元丰法度,范纯仁谓:"去其泰甚者可也。差役一事,尤当熟讲而缓行,不然,滋为民病。愿公虚心以延众论,不必谋自己出;谋自己出,则谄谀得乘间迎合矣。役议或难回,则可先行之一路,以观其究竟。"司马光不从,范纯仁道:"熙宁按问自首之法,既已改之,有司立文太深,四方死者视旧数倍,殆非先王宁失不经之意。"[2]范纯仁与司马光素为同志,而能临事规正如此,皆出于体国爱民之心,实属难得。

元祐元年(1086),进吏部尚书,数日又同知枢密院事。三年,拜尚书右仆射兼中书侍郎。务以博大开启帝意,忠笃革士风。苏轼以发策问为言者攻讦,韩维无端罢门下侍郎补外。范纯仁奏苏轼无罪,韩维尽心国家,不可因谮黜官。四年,因反对以朋党论罪而罢相,以观文殿学士知颍昌府。逾年,加大学士、知太原府。八年,复拜尚书右仆射,哲宗亲政后,全力扶助。凡荐引人材,必以天下公议,其人不知为范纯仁所荐。及章惇为相,坚请求去,以观文殿大学士加右正议大夫知颍昌府,徙河南府,又徙陈州。绍圣三年(1096),因疏奏忤章惇,落职知随州。次年又贬武安军节度副使、永州安置。时因疾失明,闻命怡然就道。徽宗即位(1100)后,授以光禄卿。建中靖国元年正月初二日(1101年2月1日)卒于颍昌,赠开府仪同三司,谥忠宣,御书碑额"世济忠直之碑"。南宋建炎四年(1130),高宗又赠太师,追封许国公。

性孝友,夷易宽简,不以声色加人,谊之所在,则挺然不少屈。自布衣至宰相,秉奉唯俭可以助廉,唯恕可以成德,始终如一,所得俸赐皆以拓广范氏义庄。自谓平生所学,得之忠恕二字,一生用不尽。以至立朝事君,接待僚友,亲睦宗族,未尝须臾离此。每戒子弟曰:"人虽至愚,责人则明;虽有聪明,恕己则昏。苟能以责人之心责己,恕己之心恕人,不患不至圣贤地位也。"[3]富才学,著有《尚书解》《国论》《台谏论事》《边防奏议》《忠宣言行录》《忠宣公集》等。

子范正民,官莱州团练使。范正平,官至忠武军判官。学行甚高,治经深于《孝经》《论语》,诗尤长五言。著有《荀里退居编》。范正思,学行亦为士林所称。

(李嘉球)

---

[1] 脱脱等:《宋史》卷三一四《范纯仁传》,中华书局2000年,第8289页。
[2] 脱脱等:《宋史》卷三一四《范纯仁传》,中华书局2000年,第8290页。
[3] 脱脱等:《宋史》卷三一四《范纯仁传》,中华书局2000年,第8294页。

章 楶（1027—1102）

章楶，字质夫，建州浦城（今属福建）人。生于北宋天圣五年（1027）。祖父章频，为侍御史，忤章献后旨黜官。父章访，礼宾副使，徙苏州，赠太尉。嘉祐（1056—1063）中，章楶为苏州教官，居苏州城北，号"北章"。同宗章惇居城南，号"南章"。

以叔章得象荫，为孟州司户参军。应举入京，闻父对狱于魏，弃不就试，驰往直父冤。治平二年（1065）还，试礼部第一。擢知陈留县，历提举陕西常平、京东转运判官、提点湖北刑狱、权成都府路转运使，入为考功、吏部、右司员外郎。元祐元年（1086），以直龙图阁知庆州。时朝廷戢兵，戒边吏勿妄动，且将葭芦、安疆等四砦划给西夏。西夏得砦益骄。章楶言："夏嗜利畏威，不有惩艾，边不得休息，宜稍取其土疆，如古削地之制，以固吾圉。然后诸路出兵，据其要害，不一再举，势将自蹙矣。"[1]于是乘便讨伐，诱敌深入，西夏果派军围环州，章楶派骁将折可适率兵于洪德城伏击，斩获甚众。又预放毒于牛圈潴水，西夏人马饮者多死。召还，任户部侍郎。次年，除知同州。绍圣初（1094），知应天府，加集贤殿修撰，知广州，徙江淮发运使。因西夏频年入犯，哲宗访以边事，应对合旨，命知渭州。时西夏方于石门峡筑城，章楶至任，即率师出葫芦河川，迅速筑二城于石门峡江口、好水河之阴，名平夏城、灵平砦，据形胜败来犯之敌。因上"浅攻挠耕"之策，并奏请绝西夏岁赐，命沿边诸将于环庆、鄜延、河东、熙河等处相继筑城，进拓其境。元符元年（1098）十月，西夏国主李乾顺奉母梁太后，亲率大军数十万围平夏，疾攻十余日败还。章楶命折可适、郭成率轻骑夜袭，生俘西夏统军嵬名阿埋、西寿监军妹勒都逋等悍将及家口，虏馘三千余人，获牛羊十万，遂取天都山，建南安州。章楶以大功擢枢密直学士、龙图阁端明殿学士，进阶大中大夫。西夏国主震骇，于次年末上誓表乞和。章楶在泾原四年，共创州一、城砦九，荐拔偏裨不间厮役，西夏降人折可适、李忠杰、朱智用为将用命，于西北所立边功称最。

时同宗章惇用事，章楶兴事因此颇为世所疑。徽宗立（1100），请养老归，徙知河南。入觐，留拜同知枢密院事，以其子章绎为开封推官以便侍养。逾年，力谢事罢，授资政殿学士、中太一宫使。崇宁元年（1102）卒，赠右银青光禄大夫、

---

[1] 脱脱等：《宋史》卷三二八《章楶传》，中华书局2000年，第8493页。

太师、秦国公,谥庄敏[1]。立庙于怀德军,赐额"忠烈"。

生有七子,以章楶、章综最知名。

(李嘉球)

沈　括(1031—1095)

沈括,字存中,号梦溪丈人,钱塘(今浙江杭州)人,徙籍吴县(今江苏苏州)。生于北宋天圣九年(1031)。太子洗马许仲容外孙,许洞甥。父沈周,曾在苏州二度任职,官至太常少卿。

自幼受母许氏教育。皇祐三年(1051)父卒,随母入籍吴县依舅家。至和元年(1054)以父荫入仕,任海州沭阳主簿。次年权知东海县,赐知河南宛丘。嘉祐六年(1061)知宁国。八年,进士及第。为扬州司理参军。治平二年(1065)入京编校昭文馆书籍。熙宁元年(1068)为馆阁校勘,删定三司条例。五年,除太子中允,检正中书刑房,提举司天监,加史馆检讨。司天监官吏皆如市井庸贩,法象图器漫无所知。沈括始置浑仪、景表、五壶浮漏,后皆施用。次年迁集贤校理,察访两浙农田水利。迁太常丞,同修起居注。以右正言知制诰,兼通进、银台司,出为河北西路察访使。八年,使辽交涉划界,收回河东黄嵬地三十里。次年以淮浙灾伤,为体量安抚使权三司使。迁翰林学士。十年,因陈说免役事可变法令轻役,罢集贤院学士,出知宣州。次年复龙图阁待制,知审官院。复以直言罢知青州,未行。元丰三年(1080)知延州,兼任鄜延路经略安抚使。抗击西夏,请筑永乐城,赐名银州砦。五年,以副总管种谔西讨援银、宥二州功,加龙图阁学士。因城陷于西夏,责贬均州团练副使,随州安置。元祐元年(1086)徙秀州,继以光禄少卿、分司南京。三年,移居润州(今江苏镇江)梦溪园。绍圣二年(1095)卒。

政多治绩。博学善文,于天文、方志、律历、音乐、医药、卜算无所不通,科学多有成就。曾上《熙宁奉元历》,编绘《天下郡县图》定名为《守令图》。著有《梦溪笔谈》《长兴集》《春秋机括》《梦溪忘怀录》《沈存中良方》《灵苑方》等。

(李　峰)

蒋之奇(1031—1104)

蒋之奇,字颖叔,一作颍叔,号荆溪居士,常州宜兴(今属江苏无锡)人。生于

---

[1] 脱脱等:《宋史》卷三二八《章楶传》误作"庄简"。

北宋天圣九年(1031)。蒋堂侄。父蒋涝早逝,得伯父蒋堂抚教,随徙吴县(今江苏苏州),以聪颖好学知名。

庆历八年(1048)举解元。娶胡宿女为妻。皇祐五年(1053)以蒋堂恩荫得官。嘉祐二年(1057)进士及第,中春秋三传科。官太常博士。治平元年(1064)举贤良方正,试六论中选,得英宗赏识,擢监察御史。四年,因与彭思年弹劾其座主欧阳修私事,被贬监道州酒税,仍榜朝堂。改监宣州税。后改任湖北通山县令,颇得民心,所作《我爱通羊好》十首脍炙人口。

熙宁二年(1069)王安石秉政,蒋之奇任福建转运判官,著力推行新法。次年迁淮东转运副使。以募代赈,招募流民兴修水利,成绩显著。历江西、河北、陕西副使,移淮南,提举楚州市易司,八年,擢江淮荆浙发运副使。元丰六年(1083)凿新河分流淮河,加直龙图阁,升发运使。元祐元年(1086),进天章阁待制、知潭州。因当年弹劾欧阳修事被非议,旋改集贤殿修撰、知广州。平岑深叛乱有功,加宝文阁待制。广州经济富庶,向多贪官污吏,蒋之奇搜集整理曾在广州任职的清官资料,编刊《广州十贤传》,供各级官员学习,并建造"十贤堂",激浊扬清,大正官风。三年,边事告急,蒋之奇徙河北转运使、知瀛洲。迁河北路都转运使、直秘阁。辽国使者耶律迪死于宋,灵柩北运途中,沿路郡守再拜致祭,唯独蒋之奇祭而不拜,气骨凛然。七年,入京为户部侍郎。临危受命出知熙州,守御严备,西夏不敢犯。

绍圣元年(1094)召为中书舍人,封弋阳郡开国侯。次年以宝文阁待制权知开封府,进龙图阁直学士,拜翰林学士兼侍读。四年,试吏部侍郎。元符二年(1099)同乡好友右正言邹浩疏谏哲宗废后而立宠妃刘妃,被贬新州。蒋之奇因作诗相送,被贬知河南汝州,寻贬庆州(今甘肃庆阳)。三年,徽宗即位后,被召回京,自翰林学士、知制诰除同知枢密院事。建中靖国元年(1101)进知枢密院事。讨平沅州之乱。改革西北军政体制,罢陕西五路并河东提举司、提举弓箭手司,因湟州失守,崇宁元年(1102)被削秩三等,以观文殿学士出知杭州。次年夺职削爵。三年卒,复原官,追封魏国公,谥文穆。葬于宜兴龙潭山。政和四年(1114),李纲为撰《蒋魏公墓志铭》。

生前与苏轼为同榜进士,加钱勰、王钦臣被陆游称为"元祐四友",又与胡宗愈、丁隲、张巨被乡人称为"毗陵四友"。为人敢言守信。为官文武皆备、勤干廉能,长于理财,尤善治办漕运。为学勤勉精进,通经学,工诗文。亦好佛,与高僧法秀为方外交,曾撰《华严经解》《大悲菩萨传》。另著有《尚书集解》《孟子解》《老子解》《老子系辞解》《逸史》《荆溪前后集》《北扉集》《西枢集》《卮言集》

《蒋氏日录》《刍言》《三径集》《蒋之奇集》《蒋之奇别集》《蒋之翰之奇遗稿》等。书法有苏轼、黄庭坚笔意,尤精篆书,传世墨迹有《随往法济帖》《辱书帖》《北客帖》等。

(马俊芬)

范纯礼(1031—1106)

范纯礼,字彝叟,一作彝寿,吴县(今江苏苏州)人。生于北宋天圣九年(1031)。范仲淹三子。以荫补入仕,为秘书省正字,签书河南府判官,知陵台令兼永安县。以宽为治,爱惜民力,务去苛政。入为三司盐铁判官,不久以比部员外郎出知遂州(今四川遂宁)。时泸南有边事,调度苛棘,范纯礼以静待之,辨其可具者,不取于民。民图像于庐,而奉之如神,名"范公庵"。草场失火,民情疑怖,守吏惕息俟诛。范纯礼谓草燥则生火,不足为怪,让守吏秘密偿补了事。库吏盗丝多罪至死,范纯礼不忍以棼然之丝而杀之,听其家速买以赎,并命释其株连者。

调任户部郎中、京西转运副使。元祐初(1086),入为吏部郎中,迁左司。又迁太常少卿、江淮荆浙发运使。召为光禄卿,迁刑部侍郎,进给事中。凡所封驳,正名分纪纲,均为国体之大者,卓有直声,闻者悚动。徙刑部侍郎。转吏部,改天章阁待制、枢密都承旨,出知亳州,提举明道宫。

元符三年(1100)正月徽宗立,范纯礼以龙图阁直学士知开封府,尽改前任深刻之治,一切以宽处之。进拜礼部尚书,十一月擢尚书右丞。侍御史陈次升乞除罢言官并自内批,不由三省进拟,右相曾布力争不能得,乞降黜陈次升。范纯礼谓陈次升无罪,不过防柄臣各引所亲,且去不附己者。徽宗遂寝曾布之议。

曾布阿谀奉迎,奏称议者多忧财用不足,此非所急,愿陛下勿以为虑。范纯礼反驳道:"古者无三年之蓄,曰国非其国。今大农告匮,帑庾枵空,而曰不足虑,非面谩邪?"因从容进谏:"迩者朝廷命令,莫不是元丰而非元祐。以臣观之,神宗立法之意固善,吏推行之,或有失当,以致病民。宣仁听断,一时小有润色,盖大臣识见异同,非必尽怀邪为私也。今议论之臣,有不得志,故挟此藉口。以元丰为是,则欲贤元丰之人;以元祐为非,则欲斥元祐之士。其心岂恤国事?直欲快私忿以售其奸,不可不深察也。"[1]并谓自古天下汩乱,系于用人,其要在于不拘一格饬拔守正特立之士,以革小人徇利之情,曾力请褒迁左司谏江公望。

---

[1] 脱脱等:《宋史》卷三一四《范仲淹传附范纯礼传》,中华书局2000年,第8285页。

徽宗欲以驸马都尉王诜为承旨,范纯礼则坚执不可。

范纯礼沉毅刚正,曾布畏忌,激怒王诜以构陷。恰逢王诜接待辽使,范纯礼主宴,王诜诬其辄斥御名。建中靖国元年(1101)六月,罢为端明殿学士、知颍昌府,提举崇福宫。崇宁元年(1102)列元祐党籍,复贬试秘书少监,分司南京。又贬静江军节度副使,徐州安置,徙单州。五年,复左朝议大夫,提举鸿庆宫,是年冬卒。南宋高宗绍兴(1131—1162)初,赠资政学士,谥恭献。　　　　（李嘉球）

章　惇(1035—1105)

章惇,字子厚,吴县(今江苏苏州)人,祖籍建州浦城(今属福建)。生于北宋景祐二年(1035)。父章俞,为苏州教谕,官至职方郎中。子孙居城南,因称"南章"。

性豪俊,美姿容,博学善文。嘉祐四年(1059)中进士,以侄章衡为同科状元,耻出侄下,委敕而出。再举甲科,调知商洛县。王安石秉政变法,赏识其才,用为编修三司条例官,加集贤校理、中书检正。时经制南、北江少数民族,命为湖南、湖北察访使。召还,擢知制诰、直学士院、判军器监。三司失火,神宗御楼观察,章惇部役兵奔救,过楼下,神宗问知为章惇,次日即命为三司使。吕惠卿去位,章惇被邓绾论劾,出知湖州,徙杭州。熙宁十年(1077),入为翰林学士,知审官院。

元丰三年(1080)二月,拜右谏议大夫、参知政事。朱服为御史,章惇密使客达意于朱服,为朱服公开。章惇父冒占民人沈立田,沈立遮道控于章惇,被拘系开封。四年三月罢政,坐二罪,出知蔡州,又历知陈、定二州。五年,召拜门下侍郎。哲宗即位(1085),知枢密院事。宣仁后听政,章惇与蔡确矫唱定策功。蔡确罢职,章惇心不自安,又不满司马光尽革新法,遂上疏力驳:"如保甲、保马一日不罢,有一日害。若役法则熙宁之初遽改免役,后遂有弊。今复为差役,当议论尽善,然后行之,不宜遽改,以贻后悔。"[1]司马光议既行,章惇暴愤争辩于帘前,语言甚悖,触怒宣仁后,刘挚、苏辙、王觌、朱光庭等交章奏劾,被黜知汝州。元祐三年(1088)改知苏州。绍圣元年(1094)哲宗亲政,起为尚书左仆射兼门下侍郎,凡元祐所革一切均恢复,并引蔡卞、林希、黄履等居要地,设元祐提制局力排元祐党人。报复仇怨,小大之臣无一得免,死者祸及其孥。甚至诋宣仁后,又

---

[1] 脱脱等:《宋史》卷四七一《章惇传》,中华书局1985年,第13711页。

请发司马光、吕公著家,斫其棺。哲宗不听,章惇意不惬,请编类元祐诸臣章疏,治刘安世、范祖禹谏禁中雇乳媪事,诬刘挚、梁焘有逆谋,起同文馆狱,命蔡京、安惇、蹇序辰穷治。又议遣吕升卿、董必察访岭南,将尽杀流人,哲宗遵祖宗遗制不许杀戮大臣。然而得重罪者千余人,谪徙边远荒蛮之地,天下冤之。章惇用邢恕为御史中丞,追贬司马光、王珪,并奏请追废宣仁后为庶人,哲宗焚其奏未行。又以皇后孟氏为元祐中宣仁后所立,劝哲宗废居瑶华宫,勾结刘友端,请建刘贤妃于中宫。

当初,神宗用王安石之言,开熙、河,谋灵、夏,与西夏交战十余年不息,永乐之败后居守势。元祐宰辅专务怀柔,西夏请故地,以非要害城砦还之。章惇以为蹙国弃地,治罪帅臣,停西夏岁赐,重用同宗章楶,用浅攻挠耕之策,拓地进取,广筑城砦,陕西诸道兴役五十余所。元符元年(1098)十月获平夏大捷,西夏国主震骇,于次年末上誓表乞和,哲宗恢复岁赐,西北遂得安定。然章惇擅权专横,用刑愈峻,知天下怨己,欲塞其议,请诏中外察民妄语者论如律,告讦之风浸盛。三年正月徽宗立,迁特进,封申国公,为山陵使。以元符党人贬知越州,不久贬为武昌军节度副使、潭州安置,再贬雷州司户参军。崇宁元年(1102),改舒州团练副使,谪居睦州、越州、湖州,四年卒。徽宗后追赠观文殿大学士、太师,追封魏国公。

章惇敏识超人数等,为政凌厉敢为,却结党报怨,然绝不肯以官爵私所亲,有"惇贼邦曲"之号。四子连登科,独季子章援曾为校书郎,余均随牒东铨仕州县。妻张氏甚贤,临终犹嘱章惇入相,幸勿报怨。绍兴五年(1135),南宋高宗以章惇诋诬宣仁后,诏贬为昭化军节度副使,子孙不得仕于朝。其家犹作《辨诬论》,以正视听。

(李嘉球)

陈　睦(1036—?)　　子 陈彦文

陈睦,字和叔,一字子雍,吴县(今江苏苏州)人。生于北宋景祐三年(1036)。陈绛孙,陈侗弟。嘉祐六年(1061)进士第二名,榜眼及第。授两使幕职官。治平三年(1066)拜监察御史。提举两浙常平,迁提刑。熙宁三年(1070)为秘书丞,历太常博士、秘阁校理,同知太常礼院,权判刑部,兼史馆修撰,提举太医局,八年,兼监察御史。元丰元年(1078)为副使,与安焘出使高丽,还授起居舍人、直昭文馆。历迁鸿胪少卿、鸿胪卿。除宝文阁待制、知广州,兼广南东路经略安抚使。八年,以直龙图阁知潭州,兼湖南路经略安抚使。学行纯粹,早有文名。

长子陈彦文,字经仲。崇宁四年(1105)进士。历屯田员外郎、秘书省正字。为显谟阁直学士,历知庆、洪、楚三州。以集贤殿修撰除兵部侍郎。政和三年(1113)除显谟阁待制、河南尹,改户部侍郎。宣和七年(1125)以徽猷阁待制知济南府,以附会蔡絛罢。南宋建炎元年(1127)出知江州,有守城功。迁龙图阁待制。三年,充江浙制置副使,迁沿江措置使,以徽猷阁直学士为都大提领水军,江浙措置使,迁兵部侍郎,罢为龙图阁直学士奉祠,卒于家。 (李 峰)

郏 亶(1038—1103)　　　　子 郏 侨

郏亶,字正夫,昆山太仓(又名东仓,明弘治十年建太仓州,为州治所)人。生于北宋宝元元年(1038)。嘉祐二年(1057)中进士,为宋代昆山登科第一人。授睦州团练推官,知临安府於潛县,改任广东安抚司机宜文字。熙宁三年(1070),上书详尽条陈苏州农田水利利害得失,为王安石称赏。五年,任司农寺丞,提举两浙水利。次年罢归,用井田之法开圩岸、沟浍、场圃,兴农治圃有声誉。起用为司农寺簿,迁寺丞,升江东转运判官。元祐元年(1086)入为太府寺丞,出知温州,召为比部郎中,崇宁二年(1103)未任病卒。工诗文,深研太湖水利。著有《吴门水利书》。

子郏侨,字子高,一字乔年,晚号凝和子。以荫授将仕郎。精研水利,才为王安石器许,乡人尊称"郏长官"。熙宁(1068—1077)末,继父志续辑《水利书》,议苏松水利多有新见。亦能诗,与范周为忘形之交。晚从邑中翠微寺高僧冲邈学禅,为名居士。著有《幻成警悟集》。 (李 峰)

朱象先

朱象先,字景初,一作升初,号西湖隐士,吴江(今江苏苏州吴江区)松陵人。隐居乐道。工书。能文不求科举,善画不求售,唯求文以达心,画以适意。画以山水著名,作画于落墨后,以绢素拭去,再图其画迹,自然出新,有深远润泽之趣。北宋元祐五年(1090)苏轼曾跋其画,颇予高评。 (李 峰)

胡稷言　　子 胡　峄　孙 胡百能

胡稷言,字正思,常熟沙溪涂菘(今属太仓)人,祖籍东阳(今属浙江)。名儒宋祁、胡瑗弟子。善古文,精经术,曾献时议于范仲淹获称赏。北宋元丰五年(1082)成特奏名进士。调晋陵尉,历鄞县主簿、山阴丞,以通直郎致仕,归居长洲(今江苏苏州)临顿里五柳园。卒年八十余,葬于苏州向龙山。

子胡峄,字仲连,号如村、如村老人,学者称如村先生。生于北宋治平三年(1066)。王苹岳父。隐居长洲临顿里五柳园。父子兄弟讲学,相为师友,宾嘉丧祭皆遵古法。南宋建炎(1127—1130)初特授迪功郎、安远尉,皆不仕。与方惟深、林虙为忘年交。刻意性命之学,诗文简古。著有《如村冗稿》。绍兴十四年(1144)十一月卒,葬于苏州向龙山。

胡峄长子胡百能,一作伯能,字少明,小名同老,小字祖寿,占籍长洲。生于北宋建中靖国元年(1101)。陈长方弟子。南宋绍兴十八年中进士。知江山县,多有惠政。三十一年,知常山县时,曾重建学宫。擢诸王宫大小学教授。乾道二年(1166)以左奉议郎致仕。淳熙元年(1174)卒。

(李　峰)

朱长文(1039—1098)

朱长文,字伯原,号乐圃,自号潜溪隐夫,人称乐圃先生,吴县(今江苏苏州)人,祖籍越州剡县(今浙江嵊州)。生于北宋宝元二年(1039)。曾祖朱琼,仕于五代吴越。祖父朱亿,自明州徙苏州,宋太宗时任内殿崇班阁门祇候,知邕州。父朱公绰,天圣八年(1030)进士,为盐官令、郓州通判,历知广济军、舒州。居雍熙寺西前吴越钱氏金谷旧囿,号为名胜。

嘉祐四年(1059)朱长文中进士,年未及冠,吏部限年未即用。次年,授许州司户参军,以堕马伤足不仕。元祐元年(1086)被荐为苏州州学教授,八年,召为太学博士,绍圣四年(1097)迁秘书省正字、枢密院编修,五年卒。家富藏书,精于校勘,以学术为世所宗。

朱长文家居凤凰乡集祥里,营地为圃号乐圃,多台榭池沼竹石花木之胜,撰有《乐圃记》。名德所寓,邦人珍之,知州章岵因名其巷为"乐圃坊"。著有《乐圃集》一百卷,南渡后毁于兵火。后侄孙朱思衷集遗文为《吴郡乐圃朱先生馀稿》十卷。另存《乐圃馀稿》八卷及所著《吴郡图经续记》《墨池编》《琴史》等。

(曹培根)

方惟深(1040—1122)

方惟深,字子通,号玉川翁。生于北宋康定元年(1040)。父方龟年,字寿先,莆阳(今福建莆田)后埭人,徙居长洲(今江苏苏州)。参知政事赵安仁女婿。北宋景祐元年(1034)成进士。李宥辟为江宁府幕职,以殿中丞知江宁县,因事被夺官勒停。至和(1054—1056)中,复授大理评事。嘉祐八年(1063)任青阳知县。官至屯田员外郎。卒后葬于长洲县武丘乡女坟湖西。精研理学,一日能作十赋,时与苏缄齐名。著有《边策阵图》《记室新书》《群书新语》《经史解题》等。

方惟深幼承父教,又为王安石门人。与弟躬耕于长洲,自食其力,不废读书。崇宁五年(1106)中特奏名进士。授兴化军助教。早通经学,尤工诗,深得唐人句法,生平绝不喜苏轼诗文。与亲家朱长文皆以学术为世所宗,又与杨懿孺号"吴中二老"。宣和四年(1122)卒,程俱作墓志铭,祔葬于女坟湖先茔之南。著有《莆田小集》《方秘校集》等。

(李　峰)

梅　灏

梅灏,字子明,吴县(今江苏苏州)人。汉隐士梅子真裔孙。其父官终宣义郎,故人称"梅宣义",酷嗜奇石。北宋熙宁(1068—1077)间,历十年于桃花坞筑五亩园,时称梅园,有灵芝石及丈人峰、三老峰、观音峰、庆云峰、擎天柱五峰,为吴中名胜。元祐五年(1090)苏轼曾作《寄题梅宣义园亭》诗,且以文登之石相赠。

梅灏为熙宁六年(1073)进士。授杭州教授。元丰二年(1079)年末为国子监直讲。元祐元年(1086),以行太学博士充秘阁校理。通判杭州,为秘书省校对。绍圣(1094—1097)间,以秘阁校理出知太平州。元符二年(1099),以名列元祐党籍罢馆职,归居桃花坞五亩园。南宋绍兴二年(1132),高宗诏追赠直龙图阁。

工诗文,僚友苏轼曾为作《墨竹图》。

(王晋玲)

李　撰(1043—1109)

李撰,字子约,吴县(今江苏苏州)人,原籍连江(今属福建)。生于北宋庆历三年(1043)。先祖为唐太宗之子恭王李明,李明第五子李偲官左武卫大将军,始家陈留(今属河南开封)。七世祖李澄任永嘉知县,迁居连江。祖父为国子博士。父李处常,任忠武军节度推官,母为吴县人,司封员外郎范亢女,卒后皆葬于苏州横山。

李撰为曾巩弟子。熙宁六年(1073)中进士。调余姚主簿,摄县事,邑大治。后监高邮酒税,移知彭泽,以抗论转运使苛法扰民被解任,王安礼称其为介特有守之士。荐迁镇安军节度推官,知密县,历任澶州、瀛洲二学教授,除太仆寺主簿,贬德兴监酒税。建中靖国元年(1101)通判莫州,购书兴学,被誉为边郡第一。授永静军通判,改泰宁军节度判官,首议赈救民饥。调袁州通判,改保州通判,以病未任。大观三年(1109)卒,赠少卿,葬于横山祖茔西。绩学能文,晚年尤深佛学。著有《毛诗训解》《孟子讲义》《春秋总要》《史赞论》及文集等。

子李弥大、李弥逊皆为名臣,别有传。

(王晋玲)

章　甫(1045—1106)

章甫,字端叔,吴县(今江苏苏州)人,祖籍浦城(今属福建)。生于北宋庆历五年(1045)。王安石甥女婿,孙实岳父。

熙宁三年(1070)中进士。历临川县尉、寿春知县、应天府国子监教授,改著作佐郎。出为山阴(今浙江绍兴)知县,大治海塘,称名宦。转监左藏北库。哲宗即位(1085),通判宿州。起任太府寺丞,除府界提举常平,以工代赈抚辑饥民,增浚双泊河故道,多有惠政。知江西虔州。崇宁元年(1102)除都官郎中。生平砥节不移,因上疏抗言元祐党锢之非,特旨迫其致仕。后起知泰州,自请奉祠。五年,卒于家。

通经能文,读书雠校精密。著有《孟子解义》《自鸣集》等。

(李　峰)

范纯粹(1046—1117)

范纯粹,字德孺,吴县(今江苏苏州)人。生于北宋庆历六年(1046)。范仲淹四子。以父荫入仕,迁赞善大夫、检正中书刑房。出知藤县,迁提举成都诸路茶场。元丰元年(1078)为陕西转运判官。时五路出师伐西夏,高遵裕出环庆,刘昌祚出泾原,李宪出熙河,种谔出鄜延,王中正出河东。高遵裕怒刘昌祚误期,欲按罪诛之,刘昌祚忧恚病卧,其麾下皆愤恨高遵裕。范纯粹恐两军不协,致生他变,劝高遵裕探问刘昌祚疾,其难遂解。神宗责诸将无功,谋欲再举,范纯粹以关陕事力单竭、公私大困、根本可忧,力谏被纳,进为副使。神宗将以徐州大钱二十万缗助陕西,范纯粹谓部下:"吾部虽急,忍复取此膏血之余?"〔1〕以徐州至边劳费甚巨为由恳辞弗受。七年,入为右司郎中。

哲宗立(1085),命以直龙图阁往代京东转运使吴居厚,尽革其苛政。时苏轼自登州召还,范纯粹与苏轼同建募役之议,讲论尤为精详。复代兄范纯仁为环庆路经略、知庆州。时西夏请议和分疆界,范纯粹虑及连年劳师耗财、民生国力维艰,元祐元年(1088)三月密奏边事,略谓:"争地未弃,则边隙无时可除。如河东之葭芦、吴堡,鄜延之米脂、义合、浮图,环庆之安疆,深在夏境,于汉界地利形势,略无所益。而兰、会之地,耗蠹尤深,不可不弃。"〔2〕其言后皆施行。及西夏侵泾原,范纯粹派骁将曲珍援救,破敌于曲律,捣横山,西夏败遁。

除宝文阁待制,召为户部侍郎,再出知延州。绍圣元年(1094)哲宗亲政后,用事者欲开边衅,范纯粹主元祐弃地事被御史郭知章论劾,降为直龙图阁。三年,再以宝文阁待制知熙州。章惇、蔡卞经略西夏,范纯粹被疑不与共事,改知河南邓州。历河南府、滑州,旋以元祐党人夺职,知均州。元符三年(1100)徽宗立后,起知江西信州,复故职,知太原,加龙图阁直学士,再临延州。改知永兴军,不久被劾落职,知金州,提举鸿庆宫。又责授常州别驾,鄂州安置,禁锢其子弟不得擅入京师。逢赦复奉祠,后以右文殿修撰提举太清宫。党禁解,复徽猷阁待制致仕。政和七年(1117)卒。

沉毅有干略,才应时须,曾论卖官之滥,直言剀切,尽揭时弊。为官公正廉洁。为帅端重有体,分明功罪,恩威兼用,边人畏服。著有《奏议》二十五卷。

(李嘉球)

子 英(1046—1117)

子英,俗姓怀,号觉印,钱塘(今浙江杭州)人。生于北宋庆历六年(1046)。少从希言出家,得法于禅宗云门宗六世祖圆通法秀,为大法会九云岩之一。貌如古图画中高僧老禅。崇宁二年(1103),奉诏为苏州虎丘山普照王寺第十代住持,弘传云门之风。工书能诗,朱长文称其深造精微。政和七年(1117)圆寂后,葬于虎丘东庵。

(王晋玲)

---

〔1〕 脱脱等:《宋史》卷三一四《范仲淹传附范纯粹传》,中华书局1975年,第10280页。
〔2〕 脱脱等:《宋史》卷三一四《范仲淹传附范纯粹传》,中华书局1975年,第10280页。《宋史》所载过简,未尽范纯粹之意,可参阅李焘:《续资治通鉴长编》卷三七二,中华书局2000年,第9007—9010页。

陈希微

陈希微,初名伯雄。字彦真,姑苏(今江苏苏州)人。北宋元祐(1086—1093)时,以痼疾为茅山观主刘混康治愈,遂为柳谷庵道士。嗣法正一道天师张继先。政和八年(1118),徽宗赐号洞微法师,赐庵名"抱玄观"。精于道家胎息法,志《事实》叙述关羽雷法渊源颇详。

(李 峰)

郑作肃

郑作肃,字恭老,吴县(今江苏苏州)人。北宋宣和三年(1121)进士。授镇江府学教授。南宋建炎四年(1130)通判杭州。绍兴二年(1132)为监察御史,历官左司员外郎、常州知州、太常少卿。二十二年,知吉州,宽政恤民,奏请蠲免吉州黄河竹索钱旧欠四万余缗。因忤秦桧入狱。二十九年,知镇江府,三十二年冬移知湖州,隆兴二年(1164)设散收养遗弃小儿钱米所,惠政为民称颂。与杨万里、程俱交善。能诗工书。后崇祀为吴郡名贤。

(王晋玲)

守讷(1047—1122)

守讷,俗姓郑,号莫莫翁,姑苏(今江苏苏州)人。生于北宋庆历七年(1047)。熙宁、元丰(1068—1085)间,于钱塘净慈寺弃儒出家,为云门宗宗本禅师、法秀禅师高足。辩博能文,兼修净土,祖述高僧义怀,学者尊称为"讷叔"。

历居芜湖吉祥院、江宁能仁寺,继迁华藏寺,隐居宣州泾县十六年。宣和三年(1121)为宣州昭亭山广教寺住持,次年圆寂。生前与李弥逊交密。著有《唯心净土文》《大藏节要》《节宗镜录》《拟寒山诗》等。

(王晋玲)

贺 铸(1052—1125)

贺铸,字方回,自号庆湖遗老,卫州共城(今河南辉县)人,祖籍山阴(今浙江绍兴)。生于北宋皇祐四年(1052)。宋太祖孝惠皇后族孙,世以才武著称。曾祖贺继能,左侍禁。祖贺惟庆,东头供奉官、阁门祗候,赠左千牛卫将军。父贺安世,内殿崇班,阁门祗候,赠右监门卫大将军。妻赵氏乃宗室赵济良之女。

身长七尺,眉目耸拔,面如铁色,人称"贺鬼头"。性格任侠喜武,喜谈当世事,直言可否,虽贵要权倾一时,小不中意,极口诋之无遗辞。初仕为右班殿直。又监军器库门,督治兵器,坚利为诸路第一。熙宁八年(1075)摄临城令,初到任三日,决滞狱三百,邑人骇叹。元丰元年(1078)官滏阳督作院,四年罢官,次年徙徐州,监宝丰监铸钱,严于执法,贵家子弟皆畏惮。元祐元年(1086)辞官,次年任和州管界巡检,兢兢业业,极有治绩。三年,管戍历阳石碛,五年辞任闲居。七年,为朝臣李清臣、范百禄、苏轼举荐,改承事郎,自此由武职改为文职。

绍圣三年(1096),监江夏宝泉宫舍,整理旧稿,编成《庆湖遗老前集》。元符元年(1098)因母丧去职,不久东归,游居苏杭一带。建中靖国元年(1101),以宣议郎通判泗州。崇宁四年(1105),通判太平州。大观二年(1108),客居苏州。次年以诚议郎致仕,卜居苏州。政和元年(1111),复起管勾杭州洞霄宫。重和元年(1118),迁承议郎,赐五品服,蒙孝惠皇后族恩迁朝奉郎。宣和元年(1119)再致仕,隐居于苏州升平桥,于横塘有别墅。七年二月十二日(1125年3月18日)卒于常州之僧舍。[1]与夫人合葬于宜兴县清泉乡东条岭之原。

一生气侠雄爽,然因尚气使酒,所任皆冷职闲差,抑郁不得志。与米芾、叶梦得、程俱、苏轼、李之仪等均有交游。博学强记,藏书万卷,校勘既勤且精。能诗文,尤长于词。其词意境高旷,兼有豪放、婉约二派之长,善于锤炼语言,隐括前人成句。严于用韵,所作曲子词多自改曲牌,很有特色。时人赞曰:"贺方回东山乐府,妙绝一世。盛丽如游金、张之堂,妖冶如揽嫱、施之袪,幽索如屈、宋,悲壮如苏、李。"[2]著有《庆湖遗老诗集》《东山寓声乐府》传世。

(马俊芬)

叶唐稽(1053—1125)　　叶份(1076—1147)

叶唐稽,字顺孺,吴县(今江苏苏州)人,祖籍南剑州(今福建南平)。生于北宋皇祐五年(1053)。熙宁六年(1073)进士。初为谯县主簿,历仁和县盐监,迁万寿知县,任详定省曹寺监条贯所删定官。改知吴江县(今苏州市吴江区)。绍圣二年(1095)起知晋陵,移知平山。元符三年(1100)差管淮南转运司文字,充睦亲宅小学教授。崇宁三年(1104),擢提举利州路学事,留为太常博士。大观元年(1107)为都官员外郎,改吏部员外郎,迁本曹郎中实掌尚书右选,迁鸿胪少

---

[1] 贺铸《庆湖遗老诗集》自序:"铸生于皇祐壬辰。"程俱撰《宋故朝奉郎贺公墓志铭》:"年七十四,以宣和七年二月甲寅卒于常州之僧舍。"见贺铸:《庆湖遗老诗集》,清文渊阁《四库全书》第1123册,台湾商务印书馆1983年,第196页。
[2] 张耒:《贺方回乐府序》,郭绍虞:《宋金元文论选》,人民文学出版社1984年,第231页。

卿。政和二年(1112)出知湖州，移京东路提刑，改知常州，劝赈饥民最力，全活甚众。七年，知隆德府，召为吏部郎中，改知通州。宣和七年(1125)起知秀州，以疾未任，卒于江阴。

弟叶唐懿，字中夫。熙宁六年中进士第四名。为处州军事推官，充国子监修撰、经义所检讨。支持王安石变法。哲宗即位(1085)，无辜被罪，以党附吕惠卿罢职。官至通直郎。

叶份，字成甫。生于熙宁九年。叶唐懿子，名士江公望女婿。以祖荫入官，历任须城、陈留两县主簿，杭州临安丞，知考城县。入为京畿提举常平司管干官，编修六典检阅文字，为开封府刑曹椽、治狱平允。迁衢州司录事，提举京西茶盐。靖康初(1126)，召为库部员外郎、开封少尹。南宋建炎元年(1127)权左司郎中。三年，除秘阁修撰，充江淮发运副使，命专一措置户部财用。次年试户部侍郎，迁尚书，奏请力除平江府常赋外诸项苛敛色目。后以龙图阁直学士出知泉州府，移知平江府，未任奉祠致仕。绍兴十七年(1147)卒。

（王晋玲）

林　旦　　林　虙(1059—1124)

林旦，字次中，吴县(今江苏苏州)人，祖籍福清(今属福建)。林㮣次子。北宋嘉祐二年(1057)进士。治平四年(1067)知象山县。由著作佐郎主管淮南常平，擢太子中允。熙宁三年(1070)任监察御史，以论李定事被罢职。后起为签书淮南判官，入为太常博士、工部考功司员外郎。元祐元年(1086)复拜殿中侍御史，弹纠崔台符等，悉协公论，甚被推重。出为淮南转运副使。历右司郎中、秘书少监、太仆卿，官终河东转运使。

林虙，字德祖，号大云翁。生于嘉祐四年。林旦长子，陈长方伯舅。绍圣四年(1097)进士。调宜兴主簿，改润州教授，入为太学录。崇宁五年(1106)为常州教授，从学者风靡，常有千余人，善教称名师，声名达于朝。大观二年(1108)特改宣德郎，诣政事堂。四年，改扬州教授。擢河北西路提举学事，除开封府左司录事。政和八年(1118)致仕，归隐玄妙观西大云坊。宣和六年(1124)卒。

与胡峰、方惟深为忘年交，以学行有盛名。辑有《西汉诏令》。继伯父林希编成《神宗皇帝政绩故实》，因触忌讳被禁。著有《大云集》《元丰圣训》《易说》《诗义》《书解》《礼记解》《道德经解》《庄子正义》等。

弟林肤，字硕儒。以父恩入仕。坐元符上书，崇宁三年(1104)列为元祐党籍邪等。五年，诏令出籍，大观二年(1108)授古田令。

（李　峰）

徐 铎

徐铎,字振文,莆田(今属福建)人,徙居常熟。北宋熙宁九年(1076)进士第一,状元及第。

初为大理评事,签书越州判官,进左朝奉郎正字。元祐六年(1091),以著作佐郎为集贤校理,出知湖州。绍圣(1094—1097)末,以给事中直学士院,奉诏与蹇序辰编类《元祐诸臣章牍事状》。元符元年(1098),迁吏部侍郎。徽宗即位后,以龙图阁待制知青州,移知湖州。崇宁元年(1102)年末为集贤殿修撰,知河中府。迁礼部尚书,进吏部尚书,开府仪同三司,封太师、吴国公。著有《易谈》《群书总要》《徐尚书文集》等。

女徐温,字德柔,又字妙觉。生于元符元年。为钱观复妻。孝事公婆如父母。被服极简素,曾典首饰佐葬舅事。阅佛典数千卷,颇有心得。以义相夫,绝不干政,尤称贤惠。南宋绍兴二十六年(1156)卒。

女婿钱观复别有传。

(李 峰)

章 綡 (1062—1125)

章綡,字子上,一字子京,吴县(今江苏苏州)人。生于北宋嘉祐七年(1062)。章楶三子,孙觌岳父。

元祐二年(1087)试国子监,其科拔第一。调洛阳主簿,除京兆府学教授。侍父于泾原,奏充主管机宜文字,佐御西夏。徽宗即位(1100)后,通判镇戎军。迁秘书省校书郎,出为陕西路转运判官。因忤蔡京,移知湖州,改主管西京崇福宫。大观元年(1107)以弟章綖狱牵连免官。三年,起复通判秀州,召为校书郎,迁户部员外郎、起居舍人,为《皇宋政典》编修官,除吏部直注长道县。政和四年(1114)致仕。八年,起知解州。宣和二年(1120)知均州,提举两浙常平,改提刑,进直龙图阁知越州,兼管浙东安抚司公事。除河东河北燕山府路宣抚使司参谋官,加右文殿修撰,复直龙图阁致仕。七年卒,葬于杭州临安横溪塘头坞。

藏书万卷。经学尊王肃。善歌诗,文辞典丽为学者所尊。曾编其父遗文、奏议,辑有《今古石刻》,著有《子京集》。

(王晋玲)

林 邵　　林 摅

林邵,字才中,吴县(今江苏苏州)人,祖籍福清(今属福建)。林槩三子,林旦弟。北宋嘉祐四年(1059)进士。治平(1064—1067)间,知杭州南新县。历迁太常博士、太仆丞。元祐三年(1088),以权开封府推官提点河西路刑狱,徙知光州,改荆湖提刑。入为都官员外郎引进使、太常少卿。绍圣四年(1097)为淮南转运副使。元符二年(1099)特勒停吏部郎中。崇宁元年(1102)以卫尉少卿知苏州,迁卫尉卿。四年,以光禄卿为集贤殿修撰、知颍昌府。终宝文阁直学士。大观四年(1110)后卒,赠太师,谥正肃。

林摅,字彦振。生于治平二年(1065)。林邵子。以父荫任无锡县(今无锡市)主簿,后任濠州通判,累迁敕令检讨官。崇宁元年(1102),历迁屯田、右司员外郎。使河北查诸道,尽陈河朔利害之策,特赐进士,擢起居舍人,进中书舍人,直学士院,特命为翰林学士。四年,除礼部尚书。贬知颍州。召为开封尹,治张怀素妖事之狱,以明允著称。大观元年(1107)以兵部尚书试吏部尚书,兼侍读、实录修撰,仍前官同知枢密院事,改尚书左丞。次年加中书侍郎,三年,黜知滁州,罢职提举杭州洞霄宫。起知越州、永兴军,皆辞。拜端明殿学士出知扬州,有政声。徙知大名府。加观文殿学士,拜庆远军节度使、知东平府。宣和二年(1120),罢节度使,提举亳州明道宫,复罢提举还苏州。素好道术,五年,因服丹砂卒,赠开府仪同三司。靖康元年(1126),以蔡京死党,追贬为节度副使。喜收藏,工书法,有《承诲帖》。

(李　峰)

谢 孚 (1067—1120)

谢孚,字允中,建安(今属福建)人。生于北宋治平四年(1067)。善属文,肄业太学时,与刘炳俱以治《易》擅名,程艺刊播,为后进所宗。

元符三年(1100)中进士。授真州司理参军,就差蕲州教授,改充荆湖南路学事司主管文字,入为辟雍学博士。擢秘书省校书郎,寻兼权符宝郎,除刑部员外郎,迁吏部。任提举京西路常平,留为司封员外郎,出为提举河北东路学事。因忤蔡攸,出监齐州新孙耿镇酒税务。除利州路转运判官,奏罢童贯妄更盐法,革弊摘贪,时人号为"贤使者"。宣和二年(1120)卒,葬于苏州吴县穹窿山麝香坞。

(李　峰)

魏 宪（1068—1140）

魏宪，字令则，学者称止庵先生，吴江（今江苏苏州吴江区）人。生于北宋熙宁元年（1068）。兵部尚书范镗女婿，名儒曾旼弟子。

绍圣四年（1097）中进士。调鄢陵主簿，历任杭州、颍昌、真州教授，召为太学正。特授太学博士，擢两浙路提学。崇宁五年（1106）通判恩州，除辟雍博士，领淮西学事。大观二年（1108）拜职方员外郎，历迁辟雍司业、宗正少卿、国子司业。政和二年（1112）佐知贡举，罢为单州通判。历江西路、淮东路提学，召为国子司业，兼太子舍人。重和元年（1118）知卫州。宣和元年（1119）以直龙图阁改知常州。二年，召拜太常少卿，除中书舍人，迁给事中兼侍讲，除吏部侍郎。六年，以显谟阁直学士知明州，召还提举宝箓宫兼侍讲。靖康元年（1126）知宣州。南宋建炎二年（1128）再除吏部侍郎。累封吴郡开国侯。奉祠归居吴江顾墟，室名止止庵。增广义宅、义庄，广惠宗族，获旌表。绍兴十年（1140）卒。

喜课释习禅。大振文风二十年，誉称儒宗。著有文集、奏议等。　　（李　峰）

黄 策（1070—1132）　　弟 黄 简　子 黄 缨 黄 纵

黄策，字子虚，号随缘居士，吴县（今江苏苏州）光福人，祖籍浦城（今属福建）。生于北宋熙宁三年（1070）。祖父黄挺，字公操。庆历元年（1041）被宰相章得象荐为吴县尉，始居吴县光福聚坞山。历任秀州司理、余杭尉，迁筠州判官、太子洗马，年未六十致仕，与程师盛等被尊为"吴中十老"。父黄彦，字修中，为黄挺次子。熙宁六年进士。元祐元年（1086）曾知浦江县，多有惠政，民绘像祠祀。

黄策为元祐六年进士。授杭州司理参军。绍圣二年（1095）授雍丘县主簿。元符三年（1100）改齐州教授。以上书忤蔡京，崇宁元年（1102），以元祐党籍羁管于登州、海州。宣和五年（1123）起用为浙西提举司干办公事，七年，移京东路，改发运司主管文字。靖康元年（1126），徽宗宠臣朱勔被削官，黄策以干当公事奉诏籍没苏州其家，入孙老桥东南朱勔同乐园中，异石林立，视神运峰石不相上下，估值之官拟献于朝，黄策亟移文于郡，命石匠五十人，于黎明尽碎诸石。同官力争，唯恐宫禁复取索，黄策道："花石纲为东南巨蠹，其可复以此蛊上心耶？

策甘亡躯,不忍存石,万一达聪,愿独当重辟。"[1]南宋建炎二年(1128)通判严州,除直秘阁,因屡争追录元祐党人可否被罢。绍兴二年(1132)卒。与邹浩、刘安世、陈瓘为文友,诗为苏轼称赏。著有《随缘居士集》。

弟黄简,一名居简,字元易,一字能甫,号东浦。隐居不仕。气韵闲旷,言词精省。与陈起友。南宋嘉熙(1237—1240)中卒,葬于苏州虎丘。善书法。工诗文,长于词,《柳梢青》《玉楼春》等入选周密《绝妙好词》。著有《文选韵粹》。

黄策次子黄缨,字端冕。北宋徽宗宣和(1119—1125)末,屡上书指陈时政,李纲辟入幕。还居太湖之滨。陈长文称其为"千人之英、知道之士"。精文论,主因意生文,抨击时人凿空造作之风。南宋高宗绍兴(1131—1162)初颇有文名。著有《感事诗》。

黄策三子黄纵,字循圣。生于北宋建中靖国元年(1101)。名儒尹焞弟子。喜谈兵,崇尚忠义。南宋绍兴元年(1131),上书论隆祐皇太后昭雪复位,册告宗庙。五年,从岳飞于湖南镇压杨么起义,辟为宣抚司主管机宜文字,招抚杨钦出降。以功授昌州文学。授山阴县主簿未任,十一年,痛悼岳飞被秦桧所害。改任淮西安抚司准备差遣,为淮西提刑司干办公事。三十年卒。与陈长方交密。所述岳飞事,长子黄元振编为《岳武穆公遗事》。

(李　峰)

柳　瑊(1070—1135)

柳瑊,字伯玉,合肥(今属安徽)人,徙居吴县(今江苏苏州)。生于北宋熙宁三年(1070)。章惇孙女婿。崇宁五年(1106)进士。历淄川主簿、苏州观察推官,移泰州司仪曹事,差为详定九域图志所编修官,除陕西转运判官。因忤童贯,移任利州路提刑。宣和四年(1122)知浚州,执法严明,不畏权要,因诛童贯所部杀人者黜官。南宋建炎二年(1128)起知蔡州,未赴任。绍兴元年(1131)除福建路提刑,改两浙东路。五年卒,葬于苏州阊门外同泾。

好古博雅,购藏古书画颇力,精于鉴赏。曾刊刻《长安慈恩寺塔唐进士题名》,为世所珍。

(李　峰)

---

[1] 同治《苏州府志》卷四五"绿水园"条,清光绪九年刊本,第22页。

周武仲（1074—1128）

周武仲，字宪之，吴县（今江苏苏州）人，祖籍浦城（今属福建）。生于北宋熙宁七年（1074）。绍圣四年（1097）进士。历诸暨县尉、益都主簿、金华县丞，授泗州录事参军，改知淅川，祠祀名宦。荐授亳州司仪曹。政和七年（1117）除武学博士。擢监察御史。宣和二年（1120），赈济饥民数十万，最为民情感戴。除权知常州，留任刑部员外郎，迁右司员外郎，假太常少卿出使辽国。擢侍御史，奏罢权贵亲旧文武官一百二十余员，声震朝中。四年，除显谟阁待制充副使，出使金国。还为徽猷阁直学士，擢御史中丞，特封文安县开国男，差殿试详定官兼侍读，因疏论童贯、蔡攸芦沟兵败之罪被罢职，提举亳州明道宫，复谪居黄州。南宋建炎元年（1127）召除吏部侍郎，二年，迁刑部尚书兼侍读，改吏部尚书兼侍读，以龙图阁学士提举江州太平观致仕。卒后葬于苏州楞伽山父墓之侧。

博学富才干，书得欧阳询笔法，尤以文学名世。著有《春秋左传编类》《史赞论》《武学讲义》《奏议》《经筵讲义》《斐然集》《丹川集》《宁一堂杂稿》《齐安集》等。

（李　峰）

王　绹（1074—1137）

王绹，字唐公，开封（今属河南）人。生于北宋熙宁七年（1074）。五世祖王审琦，北宋初大将，赐中书令，赠秦王，谥正懿。高祖王承衍，妻为宋太祖嫡长女昭庆公主，累官护国军节度使，赠郑王，谥恭肃。曾祖王世融，官内园副使。祖父王克存，官都官郎中。父王发，哲宗元祐中举贤良方正，官阶宣德郎。

王绹幼敏悟，始弱冠即入太学，试艺数占前列，士誉籍甚。崇宁五年（1106）赐上舍第，授将仕郎、含山县尉，改光化县尉。后任辟雍太学录、辟雍正，秩满，迁太学博士。仕两学十余年，恬于进取。后升尚书礼部员外郎，兼王府直讲。宣和元年（1119）赐绯衣银鱼，次年赐金紫，拜国子监司业，迁秘书少监。三年，为廷试详定官，擢起居郎、试中书舍人。后迁给事中。六年，知贡举，同年蔡京第四次复为相后，自请奉祠，以徽猷阁待制提举西京嵩山崇福宫。

靖康（1126）国难，起为寿春知府，谕遣溃卒，抚民犒军。再任给事中。南宋建炎元年（1127）随宋高宗南渡至扬州，迁礼部侍郎兼权直学士院，后兼侍讲。二年六月拜御史中丞，升工部尚书。东宫初建，以资政殿学士权太子太傅。金人入侵，具陈攻守之策，宰相不用。三年二月金兵奔袭扬州，随高宗奔至杭州。七月拜中奉大夫、参知政事,兼御营副使。韩世忠请增兵击金军归骑于扬子江,王绹议遣兵追袭,与韩世忠夹击之,同当政者议不合,遂求去。四年五月罢参知政事,以资政殿大学士提举醴泉观,兼侍读。改提举临安府洞霄宫,居会稽。绍兴三年(1133)起知绍兴府兼浙东路安抚使,有惠政。因困于巨额军衣钱粮征收,请求辞职奉祠,复提举临安府洞霄宫。徙居平江府昆山县(今昆山市)。晚年寓居荐严寺,萧然一室,唯书籍纵横,服食用器,犹似寒士,然居之安如。七年十月初九日(1137年10月25日)卒,爵至清源郡国侯,谥文恭[1]。次年葬于湖州乌程县永新乡永定里。[2]

天性醇厚,刚正有守,不事矜饰,行己恭,待人恕,好礼贤下士,闻人一言善辄手自记录。居高位衣食简朴,廉俭有德,仕宦二十年,无寸椽可居。以仁孝知名,赒恤抚济南渡后贫困族人,婚姻丧葬皆竭力承担,每以禄不及亲为恨。平居无嗜好,唯以读书为乐。博涉强记,作文赅赡,深有理致。著有《内典略录》百卷、《群史编》八十卷,以及《论语解》《孝经解》《内外制》《奏议》《进读事实》《内典略录》等百卷。

子王陔,右奉议郎、严州通判。孙三,王晞高、王晞曾皆右承务郎,王晞祖未仕。

(马一平)

朱 勔(1075—1126)

朱勔,苏州(今属江苏)人。生于北宋熙宁八年(1075)。父朱冲,出身佣工,以经营药肆致富,乐善好施有时誉。元符三年(1100)依附蔡京,为建僧寺阁,颇获赏识。

朱勔少聪颖,多机巧,善堆山造园,号称"花园子"。建中靖国元年(1101),随父谄事蔡京、童贯,以冒窜军籍得官。崇宁四年(1105),奉旨主持苏杭应奉局、造作局于苏州,进献徽宗珍异花石,时号"花石纲",为害江南长达二十年。父子俱建节钺,甲地名园居苏州之半。曾于盘门内孙老桥建同乐园,居第号"双节堂",囿中有水阁作九曲路,入春时任士女游赏。又于其家建青华帝君像,名神

---

[1] 历代昆山县志《王绹传》谓谥"文恭",而《中吴纪闻》谓谥"和",《资政殿大学士左光禄大夫王公墓志铭》则无载。
[2] 张守:《资政殿大学士左光禄大夫王公墓志铭》,《毗陵集》卷十三《志铭》,清文渊阁《四库全书》集部四别集类三,第1127册,上海古籍出版社2003年影印本,第821页。康熙《昆山县志》载王绹墓在昆山县城西金潼桥南白马泾北,待考。

霄殿,御书阁赐名"显忠"。历任随州观察使、庆远军承宣使。宣和五年(1123),进拜宁远军节度使、醴泉观使。一门尽宦,时称东南小朝廷,与蔡京、王黼、童贯、梁师成、李邦彦被百姓合称"六贼"。靖康元年(1126)被削官,籍没其家,历徙循州被杀。

(李　峰)

滕茂实(?—1128)

滕茂实,字秀颖,又字叔献、子云,吴县(今江苏苏州)人。初名祼,宋徽宗赐改名。北宋政和八年(1118)中进士。累官太学正兼明堂司令。靖康元年(1126),以工部员外郎假工部侍郎,以副使从路允迪出使金国,于山西被拘禁,持节不屈。汴京(今河南开封)陷,钦宗为金国掳往关外,滕茂实自请侍从钦宗北行,金人不许。南宋建炎二年(1128)忧愤而卒,葬于代州(今山西代县)雁门山,谥忠节。后被崇祀为吴郡名贤。

善篆书,生前曾自书其墓碑。有《滕忠节公遗诗》存世。

(李　峰)

翟汝文(1076—1141)　　子 翟耆年

翟汝文,字公巽,丹阳(今属江苏)人,徙居常熟。生于北宋熙宁九年(1076)。元符三年(1100)进士。擢议礼局编修官,除秘书郎,责监宿州税,召除著作郎、起居郎。为皇太子劝讲,除中书舍人。历知襄、济、唐、陈四州,再拜中书舍人,同修国史,迁给事中。因忤梁师成,黜守宣州。召为吏部侍郎,出知庐州、密州。宣和七年(1125),由试给事中提举江州太平观。钦宗即位,召为翰林学士,改显谟阁学士知越州,兼浙东安抚使。靖康元年(1126)迁显谟阁学士。南宋绍兴元年(1131)召为翰林学士兼侍读,次年自翰林学士承旨、知制诰除参知政事,以忤秦桧被罢。十一年卒,私谥忠惠先生。

富于收藏六朝至唐名画,精于鉴别。画工佛、道像,妙于刻塑。文章高古,制诰皆用《尚书》体。著有《忠惠集》等。

子翟耆年,字伯寿。为赵明诚、李清照表甥。以父荫入仕为僚,官宣教郎。高情俊爽,巾服如唐人,自名为"唐装"。与米芾之子米友仁为至交。少以文才为张耒称赏。好古博学,能清言,有金石文字之癖。书得米芾授法,工篆隶、八分,绍兴十一年(1141)曾为《吴县郡孔子庙大成殿碑》篆盖。辑著有《籀史》《钟鼎图说》《翟忠惠家传》等。

(李　峰)

绍　隆（1077—1136）

绍隆，俗姓周，含山（今属安徽）人。生于北宋熙宁十年（1077）。九岁于佛慧院为僧，逾六年得度受具足戒，精研律藏。参访净照、湛堂、死心诸师，又谒临济宗杨岐派高僧圜悟于夹山，随圜悟移道林，隆掌藏教，长达二十年，与宗杲同嗣法圜悟为高足，人称"二甘露门"。南宋高宗建炎二年（1128）住持云居山真如院，归寓和州褒禅山，移开圣寺，迁宣州彰教禅院。四年，迁住苏州虎丘云岩禅寺，大振圜悟禅风，世称"虎丘绍隆"，为禅宗临济宗虎丘派之祖。宗达嗣绍隆说法虎丘，道化益振，舍田至八千亩充塔灯费，自清顺以来山门之盛莫逾于此，东南大丛林号为"五山十刹"者，虎丘遂居其一。

高宗绍兴六年（1136）圆寂，塔葬于虎丘云岩禅寺西南隅。曾与编《圜悟佛果禅师语录》。门人嗣瑞编纂有《虎丘绍隆和尚语录》。

弟子昙华，俗姓江，字应庵，蕲州（今属湖北）人。生于北宋崇宁二年（1103）。师从圜悟，复受圜悟之命，至苏州侍虎丘绍隆，得嗣其法。后历住诸刹，于明州天童大振法化。南宋隆兴元年（1163）圆寂。著有《应庵昙华禅师语录》。嗣法弟子有密庵咸杰等。密庵之下诸师辈出，如破庵祖先、松源崇岳、曹源道生等，法道大兴。元代以后，其门派传至东瀛日本，法系亦颇隆盛。日本禅宗四十六支派中，属虎丘派者有三十六派。

（李　峰）

叶梦得（1077—1148）

叶梦得，字少蕴，号肖翁，又号石林居士，长洲（今江苏苏州）人[1]。生于北宋熙宁十年（1077）。叶清臣从曾孙。嗜学早成，多识前言往行，谈论亹癖不穷。绍圣四年（1097）登进士第，年仅二十。调丹徒尉。后自婺州教授召为议礼武选编修官。蔡京荐于徽宗，特旨召对，叶梦得言："自古帝王为治，广狭大小，规模各不同，然必自先治其心者始。今国势有安危，法度有利害，人材有邪正，民情有休戚，

---

[1] 脱脱等《宋史》卷四四五《叶梦得传》称"苏州吴县人"。而《宋史》卷二九五、范成大《吴郡志》卷二五《叶清臣传》，谓叶梦得曾从祖叶清臣为苏州长洲人。南宋建炎四年（1130）三月初十日叶梦得撰《宗支谱序》："梦得曾祖赠金紫光禄大夫，讳纲，葬苏州，而叶氏因又有自湖州迁苏州者。其居湖州者，以乌程县云水乡中书里为定著。居苏州者，以长洲县道义乡清亭里为定著也。"见叶振发：《叶氏祖源考》，中华叶氏文献研究会2008年，第91页。明代叶盛《水东日记》卷十八《各姓宗图》，据叶梦得撰湖州叶氏族谱序，亦谓："长洲派　梦得曾祖赠金紫光禄大夫讳纲葬苏州宝华山，遂为吴郡人，而以长洲县道义乡为定著。"中华书局1980年，第185页。

四者,治之大也。若不先治其心,或诱之以货利,或陷之以声色,则所谓安危、利害、邪正、休戚者,未尝不颠倒易位,而况求其功乎?"[1]徽宗异其言,特迁祠部郎官。

大观元年(1107)蔡京再拜相,复行已罢法度,叶梦得上书反对,力陈立法为王者之事,宰相无权立法。徽宗喜其言行特立,非朋比媒进之士,拜为起居郎。次年,累迁翰林学士,极论士大夫朋党之弊,主张用人以德为先,反对蔡京重用童贯。三年,以龙图阁直学士知河南汝州,不久落职,提举洞霄宫。政和五年(1115)起知蔡州,复龙图阁直学士。移帅颍昌府,发常平粟赈民,为常平使者刘寄所恶。宦官杨戬用事,刘寄搜刮常平钱五十万缗,请籴粳米输后苑以媚杨戬。杨戬委其属持御笔来,责以米样如苏州。叶梦得上疏极论颍昌地力与东南异,愿随品色。时旁郡纠民输镪就籴京师,怨声载道,独颍昌赖叶梦得免。

南宋建炎元年(1127),高宗驻跸扬州,叶梦得迁翰林学士兼侍读,除户部尚书。陈待敌三计。次年从高宗移驻杭州,迁尚书左丞,以深晓财赋被任为资政殿学士、提举中太一宫,专一提领户部财用,充车驾巡幸顿递使,辞不拜,归湖州。

绍兴元年(1131),起为江东安抚大使兼知建康府,兼寿春等六州宣抚使。时建康荒残,兵不满三千。叶梦得奏移统制官韩世忠军屯建康,崔增屯采石,阎皋分守要害。八年,任江东安抚制置大使兼知建康府、行宫留守。奏防江措画八事:申饬边备、分布地分、把截要害、约束舟船、团结乡社、明审斥堠、措置积聚、责官吏死守。又言建康、太平、池州紧要隘口、江北可济渡去处共十九处,愿聚集民兵,把截要害,命诸将审度敌形,并力进讨。次年金兵至柘皋,叶梦得团结沿江民兵数万,分据江津,命子叶模率千人守马家渡,金兵不得渡而去。叶梦得兼总四路漕计,以给馈饷,军用不乏,故诸将得悉力以战。诏加观文殿学士,移知福州,兼福建安抚使,奉诏剿灭海寇朱明,或招或捕,或诱之相戕,遂平寇五十余群。然颇与监司异议,上章请老,特迁一官,提举临安府洞霄宫。十六年,忤秦桧,以崇信军节度使致仕,归居吴兴(今浙江湖州)卞山。曾于苏州景德寺侧宅建石林书院。十八年病逝,赠检校少保。崇祀为吴郡名贤。

为官敢言敢为,处事有方。嗜学终生,博识多问,尤邃经学,精通掌故,能诗工词。藏书十万卷,勤于著述。著有《春秋传》《春秋考》《春秋谳》《石林春秋》《春秋指要总例》《论语释语》《孟子通义》《老子解》《石林奏议》《金石类考》《石林燕语》《避暑录语》《石林过庭录》《建康集》《玉涧杂书》《石林易传》《石林诗话》《石林词》等。

(李嘉球)

---

[1] 脱脱等:《宋史》卷四四五《叶梦得传》,中华书局1975年,第13132页。

李弥大（1080—1140）

李弥大，字似矩，号无碍居士，吴县（今江苏苏州）人。生于北宋元丰三年（1080）。李撰三子。崇宁五年（1106）进士。[1]任兴仁府宛亭县主簿。以大臣荐召对，除校书郎，累迁监察御史。假太常少卿使辽，熟悉边情。归任起居郎，试中书舍人，兼修国史。

宣和四年（1122）徽宗命童贯率师伐辽，李弥大上疏反对轻率用兵。同年十月宋军大败于白沟，童贯部将白锷掩盖败绩，不报朝廷。李弥大愤于权奸误国，疏请严惩败将，白锷被罢，李弥大亦被排挤外任，出知河南光州。在任课农桑，修水利，平抑粮价，打击豪强，政绩显著。任满后调知鄂州。后召回京师，历迁礼部侍郎、刑部尚书。七年十一月，金兵南侵，李弥大上疏献策，被任命为河东宣抚副使，协助统帅童贯指挥宋军御敌。靖康元年（1126）三月，统制官张师正与金兵接战一触即溃，被李弥大立斩。童贯亲信军校李福带头叛乱，李弥大提拔行伍出身的韩世忠为裨将，擒斩李福，李福部众万余在阵前归降。以侍御史胡舜劾其妄杀立威罢职，改知陕州。

南宋建炎元年（1127），高宗陆续任用旧臣，李弥大以徽猷阁学士知淮宁，升吏部侍郎。至淮宁府未及一月，军卒杜用因军饷不济叛乱，李弥大绐城而出，调集兵力平定叛乱，仍被革职，提举江州太平观。绍兴二年（1132）五月，金兵大举南侵，高宗起用李弥大为暂代绍兴府尹、吏部侍郎，试户部尚书兼侍读。吕颐浩视师，以李弥大为参谋官。李弥大谓形势非危急，吕颐浩不宜轻动。已为天子从官，非宰相可辟。请于诸军悉置军正，如汉朝故事，以察官、郎官为之。以忤旨出知平江府。李弥大为避乡贯讳，乞改除宫观，朝廷以其为从官可不避本贯。[2]是年冬，御史中丞沈与求上疏高宗，诬指李弥大谋间君臣，妄自尊大，遂被削夺官职，隐居苏州洞庭西山林屋，筑道隐园，闲居四年。

绍兴五年（1135）召还，出任广南西路经略安抚使。六年兼知静江府（今广西桂林）。七年，广西提刑韩璜劾其在静江断强盗死罪，引绞入斩，贬两秩，后遭黜免。十年病卒，葬于苏州横山南，诏复显谟阁直学士。编有《御史台弹奏格》一卷。

（马俊芬）

---

[1] 杨循吉《嘉靖吴邑志》作"弥大登崇宁三年进士"，误。见《天一阁藏明代方志选刊续编》，上海书店1990年，第961页。

[2] 徐松：《宋会要辑稿》，中华书局1957年，第3429页。

边知章(1081—1127)　　边知白(1085—1149)

边知章,字公望,吴县(今江苏苏州)人,祖籍楚丘(今山东曹县)。生于北宋元丰四年(1081)。祖父边珣,字仲宝。为孙沔妻弟,陆游祖父陆佃的舅父。治平(1064—1067)间,任平江军节度推官,创新法灭昆山旱蝗极有效,被师法推广。后调邠州观察支使、扬州观察推官。致仕归居苏州采莲泾,葬于蒸山。父边裕,字道夫。边珣长子。少为泰州司录,显才名。以江宁府司录监湖州酒,赈饥颇力。历睦州团练推官、润州观察推官,知江都县,迁开封新城左厢公事,监大观东库,除管勾南京留司御史台公事。历仕四十年,通习时政,誉称诸边之秀。

边知章为边裕次子。崇宁五年(1106)进士。历国子监书库官、京畿京西路提举盐香司管干公事。宣和(1119—1125)间,自敕局移会要局,后官永静军通判、律学博士,调开德府首任通判,靖康元年(1126)冬,抗金壮烈死事。崇祀吴郡名贤。子维岳,字申甫。南宋淳熙十四年(1187)进士。历官知袁州。习掌故,能诗词,有《题妙庭观》。

边知白,字公式。生于北宋元丰八年。边裕三子。宣和六年(1124)进士。任吴县尉。南宋绍兴元年(1131)主管本司文字兼造账官及提举茶盐司。历官户部员外郎,十四年,奏请诏临安府及诸郡,复置漏泽园安葬穷民。十六年,改司封员外郎,历将作监、权户部侍郎、直学士院,改权吏部侍郎兼直学士院。次年任吏部侍郎、资政殿学士。诏命奉祠,归居苏州金狮巷。十九年卒。生平崇佛,尤笃信观音,号为吉人。

(李　峰)

林　遹(?—1133)

林遹,字述中,福清(今属福建)人,徙居常熟。北宋元符三年(1100)进士第四名。宣和(1119—1125)间知南剑州,平定叛军乱有功。靖康元年(1126)冬提举福建常平。南宋建炎元年(1127),同榜进士张邦昌因降金为伪楚皇帝,被诛并削其科名,林遹升为探花。二年,自起居郎特进中书舍人。四年,知福州兼福建路安抚使,多有惠政,崇祀名宦。绍兴元年(1131)知广州,终龙图阁直学士。三年卒,赠少师。

工书法,能题壁,诗作广为传诵。著有《长乐图经》《妙峰集》等。　(李　峰)

王仲嶷(？—1143)

王仲嶷,字丰甫,一作丰父,华阳(今四川成都)人,徙居长洲(今江苏苏州)。郑戬外孙,宰相王珪三子,秦桧妻王氏伯父,才女李清照舅。有风采,善词翰,四六尤工。

北宋徽宗政和四年(1114)知越州,治水著绩效。宣和三年(1121)罢太仆少卿,以显谟阁待制命知德安府,被劾奉祠。南宋高宗建炎元年(1127),出知袁州,三年,坐弃城被削籍,贬为沂州团练副使,于潮州安置。后复显谟阁待制致仕。绍兴十三年(1143)卒,年八十余岁,葬于苏州。

(王晋玲)

唐　煇(？—1145)

唐煇,字子明,吴县(今江苏苏州)人。北宋政和五年(1115)进士。授御史台主簿。南宋绍兴二年(1132)任监察御史,进左、右司谏,劾罢卢知原。三年,迁起居舍人。四年,以中书舍人试左谏议大夫,迁给事中兼侍讲,礼部侍郎仍兼侍讲,暂兼权兵部侍郎。六年,以徽猷阁直学士知徽州,八年,提举江州太平观。寓居昆山。以文章著称于时。十五年卒,葬于苏州横山。

子唐子寿,字致远。王葆二女婿。南宋隆兴元年(1163)进士。历官左奉议郎,新监行在都进奏院,终朝议大夫。与周必大为僚婿,情好甚笃。与范成大在昆山时相唱和,相知颇深。

(李　峰)

王　苹(1082—1153)

王苹,字信伯,学者称为震泽先生,长洲(今江苏苏州)人,原籍福清(今属福建)。生于北宋元丰五年(1082)。唐水部郎中王棨八世孙,胡峰女婿,大儒程颐入室弟子。

父王仲举,字圣愈。与名士江公望为忘年友。刚介励学,不徇时好,卒赠奉议郎。伯父王伯起,字圣时,号酉室,居吴江笠泽。年少入京,受经于王安石,学文于曾巩,游于曾公亮父子间。以学行奏授将仕郎,试国子监簿,授严州教授。力辞归隐。能诗文。为人有高识。著有《唱道野集》。

王苹为王伯起嗣子,奉嗣父之命,师从程颐于涪陵,好学称高足。由于蔡京专权,定程颐等为元祐奸党,王苹受牵连,未能参加科举考试。"资禀清粹,充养纯固"[1],尤精于《春秋》。南宋绍兴四年(1134),以学行通儒补右迪功郎,赐进士出身,除秘书省正字,兼史馆校勘,刊修《神宗实录》。以胡安国、尹焞等荐迁著作佐郎,通判常州,主管台州崇道观。忤秦桧夺官。官至左朝奉郎。二十三年五月三十日(1153年6月23日)卒于里第,葬于浙江湖州长兴县和平镇茅栗山之原。[2]

学主开物成务,识虑精微,议论平易,堪为陆九渊心学之前导,程门先进杨时赞曰:"同门后来成就,莫逾吾信伯。"[3]曾与门人陈长方、杨邦弼于吴江震泽讲论理学,吴中道学遂盛,并祀三贤祠。生前于馆阁辑录先祖王棠省试诗录凡二十一篇,附于王棠《麟角集》。注《论语集解》及集《古今语说》未成。著有《周易传》《王著作集》《震泽记善录》附《宋宫教所录》等。

(李 峰 俞 前)

滕 康(1085—1132)

滕康,字子济,宋城(今河南商丘)人,徙居吴县(今江苏苏州)。生于北宋元丰八年(1085)。父滕友,官广东监司。崇宁二年(1103)坐元符上书谤讪,自朝奉郎降授奉议郎。次年被列入元祐党籍编管,添差监泗州盐税。五年,叙复朝奉郎,官朝请大夫。绍圣四年(1097)为大理寺官。志节忠正不移。岳父常安民,字希古,临邛(今四川邛崃)人。熙宁(1068—1077)进士。知长洲县,有政声。擢大理寺、鸿胪寺丞,历太常博士、开封府推官等,进拜监察御史。以论熙丰或元祐为非者皆有片面之处,应当实事求是,力求公正。又论蔡京朋党之奸,以为今日之患,莫大于士不知耻。绍圣二年贬监滁州酒税,历温州通判、提点永兴军刑狱。崇宁三年(1104)列入元祐党籍。

滕康为崇宁五年进士。历通州司理参军、晋州观察推官,除兴元府学教授。应词学兼茂科,为开科第一名。除秘书省正字,迁著作佐郎、工部员外郎、礼部员外郎、国子司业。靖康二年(1127),率先劝进高宗登大位,授太常少卿,详定登极礼仪。除起居舍人、权给事中,进起居郎兼讨论祖宗法度检讨官,试中书舍人,以守制直谏忤宰相。以集英殿修撰奉祠,提举杭州洞霄宫。再除中书舍人、左谏议大夫,擢翰林学士。进端明殿学士、同签书枢密院事。南宋建炎三年(1129),

---

[1] 王苹:《王著作集》卷五,门人章宪撰《墓志》,清文渊阁《四库全书》本,页三。
[2] 王苹:《王著作集》卷五,门人章宪撰《墓志》,清文渊阁《四库全书》本,页四。
[3] 朱熹:《伊洛渊源录》,转引自震泽镇、吴江市档案局:《震泽镇志续稿》,广陵书社2009年,第190页。

以资政殿学士、同知三省、枢密院事,进权知三省、枢密院事,谏止宰相吕颐浩迁都武昌之议。贬为秘书少监,分司南京。绍兴二年(1132)卒于江西,归葬于苏州华山。

嗜古喜收藏。著有《翰墨丛纪》《韶武遗音》等。 （李　峰）

顾　禧

顾禧,字景繁,号痴绝叟,吴县(今江苏苏州)人。祖父顾沂,字归圣,为龚宗元二女婿。北宋嘉祐六年(1061)中进士。除广德军教授,转秘书正字,累知龚州,官终秘书丞。

顾禧少任侠,有文名。为乡里无行文士所忌并诬告,因惧文字之祸,尽焚生平著述百余卷。南宋高宗绍兴(1131—1162)间,以遗逸荐举,力辞不应,于邳村筑漫庄,隐居五十年。注杜甫、苏轼诗尤见功力。与施元之合作有嘉定六年(1213)刊《施顾注苏诗》,严谨精实,版刻亦极精善,素为学者推崇。另著有《补注东坡长短句》《志道集》等。 （李　峰）

李从之（1087—1164）

李从之,佚其名,以字行,号皎然居士,祥符(今属河南开封)人。生于北宋元祐二年(1087)。

崇宁元年(1102)以父恩任内黄门,直睿思殿符宝郎,殿中省奉御出入禁闼,兼皇子华原郡王府都监,累迁知忠州,靖康元年(1126)初,升团练使。南渡后徙居吴县(今江苏苏州)。复直睿思殿兼持侍官,后又兼资善堂干办官。南宋绍兴七年(1137)致仕,归居苏州吕山。修禅五十八年,曾捐建华岩禅院。通医药,经营大药肆,不以赢利是求,多有善举,闻名于浙淮间。隆兴二年(1164)二月卒,葬于吴县南宫乡觉城山。 （李　峰）

法　云（1088—1158）

法云,俗性戈,字天瑞,号无机子,长洲(今江苏苏州)人。生于北宋元祐三年(1088)。世居彩云里。幼从慈行彷公出家为僧。绍圣四年(1097)从通照法师习天台宗。谒天竺敏法师,得法于南屏清辩大法师。政和七年(1117)住持松江大觉教寺,赐号普润大师。南宋绍兴十四年(1144)住持苏州景德寺,大兴莲社胜会,仍建八关斋会及金光明、法华大悲圆觉金刚等会。二十八年圆寂。

博通经史佛典,精梵语,翻译深有造诣,编有《翻译名义集》。曾注《金刚经》。著有《心经疏钞》《息阴集》等。

(李 峰)

李弥逊(1089—1153)

李弥逊,字似之,号筠溪,吴县(今江苏苏州)人。生于北宋元祐四年(1089)。李撰四子。早秉父教,承家学,为国子监上舍生。大观三年(1109),以上舍之魁登进士第。[1]调单州司户,再调阳谷簿。政和四年(1114),除国朝会要所检阅文字。后改任校书郎,充编修六典校阅,累官起居郎。以封事剀切贬知芦山县,改奉嵩山祠,隐居八年。

宣和(1119—1125)末,出知冀州。招勇士,修城墙,挖堤引水护防,守御严密。金帅兀术犯河朔,北撤时不敢侵扰。靖康元年(1126),召为卫尉少卿,出知瑞州。南宋建炎元年(1127),建康府牙校周德叛变,囚禁元帅宇文粹中,杀官据城。李弥逊单骑入城晓以利害,又借李纲之力擒拿叛贼首领。改淮南转运副使。后奉祠兴国宫,知饶州。召对谠直,受南宋高宗赏识。然得罪辅臣,以直宝文阁知吉州。迁起居郎。高宗命备船派兵以护送宫女,李弥逊将旨缴还未从,认为时局艰难,应以宗庙社稷为重。召试户部侍郎。绍兴八年(1138),金国使者入宋,索要谢礼,军民激愤。秦桧屈膝求和,李弥逊上言再三反对。高宗诏群臣商议。秦桧私邀李弥逊,威逼利诱,李弥逊不为所动,愿离职报国,触怒秦桧。九年春,李弥逊乞出,诏不许,再上疏恳归田里。高宗命以徽猷阁直学士知筠州,后改漳州知州。广兴学校,郡人立祠崇祀。十年,自请奉祠,归隐祖籍福建连江西山,建筠庄别墅,自号筠溪真隐。十二年,秦桧乘金兵战败议和之际,再次迫害直言臣子,李弥逊被削职。此后十余年间不与宰相通书,不请磨勘,不乞任子,不序封爵。二十三年春卒。朝廷思其忠节,诏复敷文阁待制,谥忠肃。墓在连江县城南覆釜山下石门寺侧。

李弥逊与向子諲、吕本中、张元幹、曾几、周紫芝等均有交游,与李纲尤交契,二人政治主张相同,诗歌酬唱很多。诗作特立独行,不受苏轼、黄庭坚影响。所作《筠溪乐府》,词多抒写乱世感慨,风格豪放。著有《筠溪集》二十四卷及《奏

---

〔1〕 马端临:《文献通考》卷三二,浙江古籍出版社1988年,第306页。

议》《外制》《议古》等,已散佚。后人辑有《筠溪先生文集》。

(马俊芬)

莫俦(1089—1164)

莫俦,字寿朋,吴县(今江苏苏州)人,祖籍吴兴(今属浙江湖州)。生于北宋元祐四年(1089)。父莫卞,元祐四年进士。历任兵部员外郎、从卿事尚书郎、卫尉少卿,迁直秘阁知河中府。能诗有文行,尤为宰相郑居中、知枢密院张康国器重。

莫俦于政和二年(1112)中进士第一名,状元及第。授承事郎、议礼局检讨官。四年,除秘书省校书郎,再除符宝郎,迁起居郎兼国史编修官,移太常寺少卿。宣和五年(1123)起任光禄少卿,进国子司业,次年召试中书舍人。靖康元年(1126)迁给事中,兼侍讲、直学士院,除吏部尚书,拜翰林学士、知制诰。次年金国大军围汴京,曾代草宋降表,助金于汴京立傀儡张邦昌伪楚政权最力,命权签书枢密院事,进权右丞相,京人称其为"捷疾鬼",目为汉奸。伪楚政权垮台后,归南宋。南宋高宗建炎元年(1127),贬为述古殿直学士,提举亳州明道宫,又以宁江军节度副使谪全州安置,历徙潮州、韶州、惠州。绍兴八年(1138)下诏永不收叙。后除罪籍,赦归吴县。隆兴二年(1164)卒,归葬于湖州长兴(今属浙江)大坞。

文敏而工,辞藻赡丽。著有《真一居士集》《内外制》《四六集》《道教科仪》《方外三集》《辨诬证误录》等。

(李 峰)

陆景端

陆景端,字子正,海宁(今属浙江)人,徙居吴县(今江苏苏州)。监察御史陆韶之子,王苹、尹焞弟子。南宋绍兴五年(1135)中进士。任监税官,清白廉能。学问精深,极为张九成称赏。晚年以大儒尹焞之学,传于郑侠婿林光朝,皆以理学名世。医善妇科证治。著有《胎产集验方》一卷,已佚。

(李 峰)

许顗

许顗,字彦周,号阐提居士,襄邑(今河南睢县)人。北宋治平四年(1067)状元许安世侄。徽宗宣和(1119—1125)间,任宣教郎。南宋建炎(1127—1130)南渡,徙居苏州。高宗绍兴(1131—1162)间,迁永州军事判官。幼承家学,精研《诗经》,文宗苏轼、黄庭坚、陈师道等。通佛理,曾从金陵女道士李少云习炼丹术。与苏州杨友夔及诗僧惠洪交契,诗评有卓识。著有《彦周诗话》。（李　峰）

韩世忠(1090—1151)

韩世忠,字良臣,延安(今属陕西)人。生于北宋元祐四年十二月二十三日(1090年1月26日)。18岁应募从军。崇宁四年(1105)抗击西夏,以英勇善战显名。宣和二年(1120),以偏将从王渊镇压方腊起义,于睦州清溪峒生擒方腊。授承节郎,积功转武节郎。钦宗即位(1126),从梁方平屯浚州。金国大兵压境,宋军溃退,韩世忠突围杀出,焚桥而还。转武节大夫,以功迁左武大夫。诏入朝,授正任单州团练使,屯滹沱河。大雪夜半,以死士三百捣敌营。

南宋建炎元年(1127)高宗即位,授光州观察使,升定国军承宣使,率部扈从高宗于扬州。三年,在阳城收合散亡得数千人。闻高宗至钱塘,即由海道赴行在。苗傅、刘正彦反叛,张浚等在平江议讨乱,韩世忠率部相援。进兵临平,舍舟力战,苗傅、刘正彦遁逃。高宗握韩世忠手,恸诉中军吴湛佐逆为最,韩世忠即将吴湛戮于市。诏授武胜军节度使、御营左军都统制、江浙制置使。不久,擒刘正彦及苗傅弟苗翊,又于建阳擒诛苗傅。赐"忠勇"旗,授检校少保、武宁昭庆军节度使。金兀术将入侵,高宗召诸将议移跸,张俊、辛企宗请西趋岳、鄂,径往长沙,"韩世忠独以为:'今已失河北、山东,惟有淮浙,号称富实,若又弃之,更有何地?'太上嘉纳,江左立国之谋于是乎始定"〔1〕。命为浙西制置使,守镇江。兀术分道渡江,诸屯均败,韩世忠亦退保江阴。四年正月上元节,忽引兵趋镇江。兀术率金军北撤至,韩世忠军已先屯焦山寺。相约大战,金军被困于黄天荡四十八日,大败遁去。此役,兀术兵号称十万,韩世忠仅八千余人。帝赐札褒奖,拜检校少保、武成感德军节度使、神武左军都统制。后改江南东西路宣抚使,置司建康。绍兴三年(1133),进开府仪同三司,充淮南东、西路宣抚使,置司泗州。四年,以建康、镇江、淮东宣抚使驻镇江。俾统制解元守高邮,大败金兵,复亲追至淮,金人惊溃,相互蹈藉,溺死甚众。捷闻,群臣入贺,论者以此举为中兴武功第一。六年,授武宁安化军节度使、京东淮东路宣抚处置使,加横海、武宁、安化三

---

〔1〕 赵雄,《太师蕲国韩忠武王神道碑》,顾沅,《吴郡文编》第五册卷一七八,上海古籍出版社2011年,第375页。

镇节度使。

　　金人废刘豫,韩世忠谓机不可失,请全师北伐。秦桧力持和议,韩世忠痛陈和议之非,愿效死节,率先迎敌。奏章上十数次,均慷慨激切。十一年,兀术耻顺昌之败,复谋再入侵。韩世忠与金人战于淮岸,金人自涡口渡淮北去,自是不得入侵。

　　韩世忠在楚州十余年,兵仅三万,而金人不敢犯,与岳飞、张俊、刘光世并称南宋"中兴四将"。秦桧任枢密使,韩世忠连抗疏言秦桧误国。后上表乞休,罢为醴泉观使。自此杜门谢客,绝口不言兵。十七年,改镇南、武安、宁国节度使。二十一年八月初五日(1151年9月16日)卒于临安,进太师,追封通义郡王。敕葬于苏州木渎灵岩山西麓。孝宗时追封蕲王,谥忠武,建庙祠祀。

　　韩世忠身材魁伟,勇敢忠义,事关庙社必流涕极言。岳飞冤狱,举朝无人敢出一语,独其撄秦桧怒斥。尚义轻财,赐赉全分将士,所赐田输租与编户等。治军严明,与士卒同甘苦,知人善用,器仗规画精绝过人。曾中毒矢入骨,以强弩刮取,十指仅全四,刀痕箭瘢如刻画。

　　建炎中,韩世忠曾宅于苏州沧浪亭,后居章氏献园,俗称韩家园。晚喜释老,自号清凉居士。绍兴中,获赐木渎灵岩禅寺,号显亲崇报禅院。又于灵岩山下修盖道观,赐额希夷观。曾薙发隐于穹窿山宁邦禅院,建玩月台。　　　　　　　(李嘉球)

钱观复(1090—1154)　　　子　钱俣　钱佃

　　钱观复,原名端智,字知原,号正静居士,常熟李墓人。生于北宋元祐五年(1090)。徐铎女婿,陆徽之弟子。为太学上舍生,两优解褐第三。政和五年(1115)举进士,首开常熟土著登科先声。

　　初调诸暨县主簿,宣和二年(1120)除温州教授,协力守城御乱有功。调湖州户曹,拒与奸宦朱勔联姻。改任楚州户曹。南宋建炎四年(1130)在衢州军事判官任上,再任衢州教授,改国子监丞,充诸王宫大小学教授。绍兴五年(1135)奏请复置宫学。八年,任秘书郎,迁户部员外郎,终知广德军,称名宦。二十四年卒。好义嗜学,精于《易》。著有《论语解》《正静居士文集》等。

　　长子钱俣,字廷硕,一字惟大。生于北宋宣和元年。南宋绍兴二十一年进士。授泰州教授。乾道四年(1168)为太学正。历官太府寺丞、宗正寺丞、秘书丞。藏书数千卷,精谨亲校,经学邃于《易》。淳熙五年(1178)卒。著有《少监文集》《诸经讲解》《易说》等。

次子钱佃,字仲耕。绍兴十五年进士。授分水尉,历真、池二州教授,迁大宗正丞,通判太平州。乾道七年为临安府推官。擢吏部郎中,累权吏、兵、工三部侍郎。淳熙六年出为江西路转运副使,继改福建、江西,奏蠲诸路逋赋。八年,移守婺州,赈饥活民七十余万,奏免赣、吉二州麻租,治政称最,被朱熹誉称为良吏。官至秘阁撰修。捐建义庄有德义之名。曾校刻《荀子杨倞注》《荀卿书考略》等。著有《荀子考》《词科类要》《仲耕文集》《易解》等。 (李 峰)

丘 砺(1090—1165)

丘砺,字师悦,朐山(今属江苏连云港)人,徙居常熟。生于北宋元祐五年(1090)。政和八年(1118)进士。历任潍、蔡二州教授,知吴江县,入为国子监丞、御史台检法、大理寺丞,权户部郎官。南宋绍兴九年(1139)知筠州。移知泰州、建州,迁福建提举常平兼提刑,改转运判官。自律甚严,拒与秦桧联姻,自请奉祠闲居,与卷刚中研学唱和。乾道元年(1165)卒。著有《超然类稿》《易说》《杜诗集句》等。 (李 峰)

邓 肃(1091—1132)

邓肃,字志宏,号栟榈,沙阳(今福建沙县)人,先世占籍滑台(今属河南)。生于北宋元祐六年(1091)。工诗文,尚忠义,卓有气骨节慨。

宣和元年(1119),以太学生首上诗章,痛言花石纲扰民害政,被逐归籍。李纲谪居沙阳,爱其学行,订为忘年交。靖康元年(1126)为李纲荐,召补承务郎,授鸿胪寺簿。南宋建炎元年(1127),拒仕张邦昌伪楚,高宗擢为左正言。三月内连上二十疏,坚主抗金,请将曾任伪楚之朝臣分三等定罪,严惩王时雍、吕好问、莫俦诸首恶,并请惩治耿南仲父子怯战误机之罪,以正典型,又劾罢范讷、陈良弼等。李纲罢相后,上疏为李纲申冤,并力争留用李纲,被罢职。徙家吴县(今江苏苏州)洞庭西山明月湾,绍兴二年(1132)卒,葬于倚里。著有《栟榈集》。

后裔分支徙于南京江宁者,有清两广总督邓廷桢及其裔孙邓邦述等。

(李 峰)

徐林（？—1170）　　子 徐蒇

徐林，字稚山，号砚山居士，吴县（今江苏苏州）人。徐奭曾孙。祖父徐师回，字望圣，徙居历阳（今安徽和县）。北宋元丰二年（1079）为本路运使管勾。历兴国知县。八年，知南康军，耿直称循吏，建直节堂，苏辙为作记，一时名重。官至驾部郎中。父徐闳中，曾任鄂州法曹，有能名。历仕通直郎、编具兴复所点检官、卫尉寺丞、吏部郎。政和三年（1113）为淮南路转运副使，迁京畿转运。后奉祠，奉诏重建潜山真源万寿宫。宣和三年（1121）与卢宗原规制建设歙县新城。以淮西路提刑除直秘阁，年末由直秘阁、淮南东路提点刑狱罢职。

徐林为徐闳中长子。同上舍出身。北宋宣和三年进士。少有特操，耻于附丽其姨夫宰相王黼，宁为卑官。南宋绍兴元年（1131）上书言事，二年正月除秘书省正字，九月为都官员外郎，六年为右司员外郎。累迁江西转运副使，按治秦桧妻弟王昌不法之罪，声名大振。入为司农少卿，以直显谟阁为荆湖南路转运副使。十三年，因劾秦桧亲党，罢宗正少卿，谪居兴化军。二十七年，以太府少卿复权刑部、权户部侍郎，授刑部侍郎，出知信州。隆兴元年（1163）召为吏部侍郎，以敷文阁直学士奉祠，知平江府，改给事中，皆辞不任。迁龙图阁学士。久居中枢，世称贤侍从之首。能诗，与周必大、朱翌、顾禧、陆游等交游。工书，以篆名家。乾道六年（1170）卒，年八十余岁，葬于苏州灵岩山之西。

子徐蒇，字子礼，号自觉居士。进士出身。乾道元年授饶州知州，改知江阴军，修学校，刊图书，惠及诸生，并请蠲减和买绸绢。三年，迁浙东提举常平，改浙东提刑。五年，知秀州，次年与父徐林相继去世。

痴禅衲，好藏书。工书法，篆宗家学，尤善汉隶。能诗，善作回文，亦精古音学，曾为吴棫刊刻《韵补》并作序。另刊刻叔父徐兢《宣和奉使高丽图经》。著有《回文诗即事》等。

（李　峰）

徐　兢（1091—1153）

徐兢，字明叔，号自信居士，吴县（今江苏苏州）人。生于北宋元祐六年（1091）。徐闳中次子，徐林弟。入太学占高等。政和四年（1114）补将仕郎，授通州司刑曹事。摄知雍邱、原武二县，有治誉。调济州司士曹事。起除监元丰库。宣和六年（1124），以奉议郎充任国信所提辖官随使高丽归，赐同进士出身。擢知大宗正丞事，兼书学博士。迁刑部员外郎，谪监池州永丰监。起为沿江制置司参谋官,奉祠归吴。避乱徙寓弋阳、历阳,复归苏州,南宋绍兴二十三年(1153)病卒,葬于弋阳龟峰。

学识广博,文章善叙事,文辞隽敏立就,尤长于歌诗。洞晓音律且善歌,吹箫捔瑟,画入神品。篆书以秦人李斯为本,时称第一。晚年好作草字,为书家所宗。著有《宣和奉使高丽图经》。

弟徐琛,以篆书名家。绍兴元年郡守胡松年建戟门,由徐琛榜书平江军额。工画山水,点染传神有逸趣,陈长方赠诗比为李成、郭熙。

(李　峰)

凌　哲

凌哲,字明甫,长洲(今江苏苏州)人。吏部侍郎凌民师侄。学博善辞章。德量长厚,人称"凌佛子"。

北宋宣和六年(1124)中进士。知海盐县,政风凌厉,以惠政称名宦。南宋绍兴十四年(1144)为太常博士。二十五年,自明州通判擢监察御史,次年迁右正言,上疏力劾秦桧亲党因缘登科,妨碍寒士进取,并纵论改官之弊。迁左司谏,进权礼部侍郎,改权吏部侍郎兼侍讲。二十八年,以敷文阁待制知台州。卒年八十又六。

(李　峰)

孙　纬

孙纬,字彦文,长洲(今江苏苏州)人。举进士,授金华知县,有惠政。南宋高宗绍兴五年(1135)迁宗正寺丞,修纂《祖宗仙源庆系属籍总要》。官至尚书郎。经学长于《周礼》。好以俗语为诗文,尤精典故,通晓巨室大家世系。著有《周礼义辨疑》《集谥总录》《本朝人物志》等。

(李　峰)

严　焕

严焕,字子文,常熟人。南宋绍兴十二年(1142)进士。调徽州教授,乾道三年(1167)通判建康府,与辛弃疾、丘崈为僚友,颇为相契。九年,知江阴军。迁太常丞,淳熙二年(1175)罢职。后出为福建市舶提举,官终朝奉大夫。与范成大交密。工诗善画,尤工书。刻有《脍炙集》。

(王晋玲)

郑忆年

郑忆年,开封(今属河南)人。宰相郑居中次子,秦桧妻王氏表兄。进士出身。北宋政和六年(1116)由宣义郎直秘阁迁秘书少监。靖康元年(1126)曾任张邦昌大楚政权伪职。南归,徙居昆山通德坊,为郑氏始迁祖。

后扈从南宋高宗于扬州,任学士,被南侵金兵掳至北方。南宋建炎四年(1130),被伪齐刘豫任为工部侍郎,改吏部侍郎,以资政殿学士知开封府,兼吏部、礼部侍郎。绍兴七年(1137)金人废刘豫,以郑忆年知开封府。潜归南宋,高宗授以直学士、资政殿学士,因任伪职诸事被众论所劾,提举醴泉观兼侍读。九年,除资政殿大学士奉祠。二十五年,贬为建武军节度副使,于南安军安置,后贬窜死于江西抚州。

(李 峰)

李茂苑

李茂苑,吴县(今江苏苏州)人。李弥逊族子。北宋靖康元年(1126)遇国难,于汴京开封被金人北掳。后随韦太后南归,屡上书请雪国耻,言辞激切,因忤旨削职。隐居苏州桃花坞孙园,室名针毡座。著有《普天同愤录》,记述亡国之耻及金人残暴之行,以激扬忠义之气。

其孙李尧臣,南宋理宗时辞官隐居侍母。集金人亡国事,著有《普天泄愤录》。南宋亡自缢死,私谥孝烈。

(王晋玲)

孟忠厚(?—1157)   孙 孟 猷 孟 导

孟忠厚,字仁仲,开封(今属河南)人,南渡徙居长洲(今江苏苏州)。昭圣太后侄,宰相王珪孙女婿,王仲蘬女婿。酷嗜古书画,以精于鉴别知名。

以太后恩仕进。北宋徽宗宣和(1119—1125)中,官至将作少监。靖康元年(1126)知海州,召权卫尉卿。南宋高宗即位,授徽猷阁待制,除显谟阁直学士,易武秩,授常德军承宣使,干办皇城司。绍兴二年(1132),高宗以苏州朱勔旧园赐孟忠厚。苗傅乱平,授宁远军节度使,复任镇潼军节度使,开府仪同三司。封信安郡王,充礼仪使。九年,判镇江府,改判明州兼安抚使,又改判婺州、绍兴府。十一年,辞加少保,除枢密使。为僚婿秦桧所忌,出判福州,改判建康府、绍兴府,召授保宁军节度使。二十六年,以少傅、宁远军节度使、醴泉观信使迁少师,出知平江府,调判绍兴府,充万寿观使,提举秘书省。二十七年,卒于苏州阊丘坊巷藏春园,赠太师,葬于无锡许岘村。

孟猷,字良甫,占籍长洲。生于绍兴二十六年。孟忠厚孙。父孟嵩,字峤之,为孟忠厚次子。以祖荫补承事郎,任军器监主簿,除直秘阁。乾道元年(1165)摄事遍二十四曹,以制书摄仓部。官至浙西安抚司参议官。母仲灵湛,江都(今江苏扬州)人。名士仲并女,王葆妻之外甥女。识度过人,以寒素精义训子。谒禅宗大师宗杲,又师宗杲徒妙总习禅观。自诗书古文钞录贤妇烈女事迹,颇有贤行。

孟猷为叶适弟子。初监秀州籴纳仓。南宋淳熙十一年(1184)监临安府楼店务,历监严州税、丽水县丞,除太府寺丞、浙东常平司干官,除籍田令。通判婺州,知信州。召为都官郎中,改左曹尚右。开禧(1205—1207)北伐,出任淮东运判,入为军器监、左司郎中。庆元三年(1197)为直宝谟阁、两浙运判副使。嘉定二年(1209),除太府卿兼刑部侍郎。后知婺州,为直龙图阁、江东运副。十年卒。平生喜为诗。理学以道自命,学以观省密察为主,以学行高义著名。曾为仲并编《浮山集》,纂修《上饶志》。著有《孟侍郎集》。

孟导,字达甫,一作达父。生于南宋绍兴三十年。淳熙十一年监秀州籴纳仓。监昆山镇,任金华县丞、干办浙东提举司公事,浚修金华塘陂,为民永利。后通判临安府,荐为将作簿军器,自大理寺丞迁寺正。嘉定三年权知严州,后知临江军。起知南康、江阴军均未任。十三年卒。与兄孟猷同为叶适弟子。好学机敏,以精切时事著称,极为叶适称赏。

(李 峰)

胡舜申(1091—?)　　子 胡 伟

胡舜申,字汝嘉,绩溪(今属安徽)人,徙居吴县(今江苏苏州)葑门。生于北宋元祐六年(1091)。五代后晋名士胡峤玄孙。兄胡舜陟,字汝明,号三山老人。大观三年(1109)进士。官至广西经略使。岳飞冤死,其上疏仗义执言,触怒秦桧,被诬害死于静江府狱。著有《胡少师集》等。

靖康元年(1126),胡舜申往国学赴试不举,侍亲湖州。目睹权宦朱勔等贪腐骄横,慨叹朝政腐败。南宋建炎三年(1129)避乱至平江府,复至吴兴。绍兴十一年(1141)后自绩溪徙居吴县。以荫任严州府录事参军,知萧山,通判舒州,以主管台州崇道观致仕,官至奉议郎。

博学高才,尤精地理学,通风水阴阳之术。著《地理新书》(后名《地理新法》)二卷二十三篇。祖于青囊,而宗于风水鼻祖东晋郭璞,明于唐宋杨益、曾文迪诸师江西新法,衍于月师。胡舜申把郭、杨风水的"玄窍"关系增益为"玄、关、窍"关系,创制新法,时称大家。所作《阴阳备用》十三卷,为地理形法,而诸家选时日法要皆在,将《符应经》类集门要,发其端倪。

蛇门为苏州城古门,位于城东南隅。《吴越春秋》记载伍子胥筹划苏州城门,胥门为西门,在阊门南,又名姑胥门。阖闾"欲东并大越,越在东南,故立蛇门,以制敌国。吴在辰,其位龙也,故小城南门上反羽两鲵鳐,以象龙角。越在巳地,其位蛇也,故南大门上有木蛇北向首内,示越属于吴也"。唐陆广微《吴地记》则谓:"蛇门南面有陆无水,春申君造以御越军,在巳地以属蛇,因号蛇门。"后以难于守御及防洪水入城,将胥门、蛇门闭塞。胡舜申相度苏州古城环境形胜,专作《吴门忠告》一篇,主张重开城中胥门与蛇门,使生旺之水朝向城中,以伸朝拱之义,疏导迅发东南虚秀之气。隆兴二年(1164)冬,僚友直秘阁沈度为苏州太守,欲行而止。淳熙二年(1175)韩彦古为太守,已定开工,因八月被罢而未行。舜申这年已八十五,慨然惋惜。

乾道(1165—1173)初,曾创修《金紫胡氏家谱》。另著有《己酉避乱录》《乙巳泗州录》等。

子胡伟,字元迈。布衣。随父居吴中。南宋绍兴三十年曾撰苏州《吴郡阳山灵济庙碑》,淳熙八年续修《金紫胡氏家谱》。宁宗嘉定(1208—1224)间卒。

胡伟才巧学博,多著述,有诗名。所自为诗不下古人,友人孙应时誉称为"诗翁"。尤长于集句诗,如出一手,自然成文。除《游虎丘集句》诗外,所作《宫词集句》凡十家二百篇,袁说友、孙应时为跋予盛誉。今有《胡伟宫词》一卷,凡百首七绝,乃集唐、宋诗人四百诗句所成,多存佚句,为现存最早的集句诗集。另著有《吕仙翁传》等。

(李　峰)

龚明之(1091—1182)　　子 龚 昱

龚明之,字希仲,一作熙仲,号五休居士,昆山人。生于北宋元祐六年(1091)。龚宗元曾孙。宣和三年(1121)入太学。南宋绍兴二十年(1150)再为乡贡廷试,授高州文学。乾道八年(1172)年八十二,特恩廷试策名前列,荐监南岳庙。淳熙元年(1174)举经明行修科,五年,超授宣教郎致仕。居黄姑别墅,作期颐堂。立德立言为士矜式,乡人目为佛子,皆称老先生。九年卒。生前喜撷拾吴中掌故,多可补史志所缺。著有《中吴纪闻》。

龚昱,字立道。龚明之次子,李衡弟子。安贫乐义,授徒讲学,时称"龚山长"。与名士周南、敖陶孙等交契。藏书万卷,有文学,开禧三年(1207)被陆游誉为吴中第一流。为父笔录《中吴纪闻》,辑李衡讲学之语编为《乐庵语录》。嘉定元年(1208),辑唐宋名家题咏为《昆山杂咏》,开苏州地方诗选先河。

(李 峰)

子 元(1096—1181)

子元,俗姓茅,初名佛来,法名慈照,号万事休,昆山人。生于北宋绍圣三年(1096)。幼从延祥寺僧志通出家,习诵《法华经》。又从苏州北禅寺僧净梵受天台教,修习止观禅法。慕高僧慧远遗风,习效白莲净社,编《莲宗晨朝忏仪》。南宋绍兴三年(1133),于淀山湖创立莲宗忏堂,创净土白莲宗,称白莲导师。后以罪编置于江州。乾道二年(1166),奉诏于德寿殿讲法,赐号劝修净业莲宗导师慈照宗主。归后弘传大法,以普觉妙道为定名之宗。淳熙八年(1181)卒于铎城。著有《法华百心》《弥陀节要》《净土十门告诫》《证道歌》《风月集》《西行集》等。

(李 峰)

朱 翌(1097—1167)

朱翌,字新仲,号潜山居士、省事老人,舒州(今安徽潜山)人,卜居鄞县(今宁波市鄞州区)。生于北宋绍圣四年(1097)。政和八年(1118)同上舍出身。南宋绍兴八年(1138)除秘书省正字,迁校书郎,兼实录院检讨官、祠部员外郎、秘书少监、起居舍人。十一年,为中书舍人。因忤秦桧,责授将作少监,谪居韶州。秦桧死后召还,充秘阁修撰。二十八年,知严州。徙知宣州。三十年,知平江府,除敷文阁待制,次年罢职,退居苏州。乾道三年(1167)卒。生平穷经考古,极具功力。辑有《潜山诗余》。著有《潜山集》《猗觉寮杂记》等。

(李 峰)

王 玠(1098—1132)

王玠,字介玉,长洲(今江苏苏州)人,徙居鄂州(今属湖北)。生于北宋元符元年(1098)。精武能文,尤尚气节,以屈原自况,黄庭坚称赏其文并赠诗,遂知名于世。南宋绍兴元年(1131),为利州观察使、舒蕲镇抚使孔彦舟幕宾,次年拒从孔彦舟叛降伪齐刘豫,与全家被害于蕲州龙眼矶,被誉为刚正烈士,祀于鄂州四烈士祠。

(李　峰)

王　葆(1098—1167)

王葆,字彦光,昆山人。生于北宋元符元年(1098)。祖父王申,以学行闻名于乡,王安石奉诏视察江南水利,至昆山首先拜访其人。父王亿,乐道好善,乡里推为长者。伯父王僖,少在太学有声,累试不第,归隐昆山逸野堂,读书自娱,乡里尊称为王学正。持身治家甚严,乡人率以为法。

王葆幼有志识,从伯父王僖读书,废寝忘食,弱冠即以通经能文称。宣和六年(1124)中进士。昆山知县吴昉致语云:"振六十载之颓风,贾三千人之余勇。"[1]调通州海门尉,未上任,改处州丽水主簿。军兴,守橄治关隘,恪尽职守,遂荐举升秩。靖康之难后,南宋高宗赵构即位,定都临安(今浙江杭州)。绍兴元年(1131)王葆上疏力陈十弊,深切时病,为执政者赏识,任为宜兴知县。严立纲纪,着意恤民,力应军需,政绩出众。秩满改左宣教郎,调临安府仁和县丞,改任江阴军教授。父丧服阕,任扬州通判。入监登闻检院,迁宗正寺主簿,转寺丞,又升司封员外郎兼玉牒所检封官。母丧丁忧去官,三年服阕复原官,兼权考功。伸滞直枉,不避权要,未及一月须发皆白。又兼国子监司业,拜监察御史、兼崇政殿说书。自入朝安于平进,同僚升者踵接,王葆怡然无愠色。晚以侍御史荐入台,因刚正不为众悦,乃上章请外任,出知广德军。又知汉州,安抚百姓,惩除恶霸,境内大治,百姓编写歌谣称颂"广汉南隆阙清强",深表肯定与感激。高宗闻而赞许,擢泸南安抚使,知泸州,任内起用名士,除去贪吏,泸州得以安定。逾年徙池州知州。孝宗继位后,召为大理少卿,以疾辞。隆兴元年(1163)改任浙东提点刑狱,疾恶如仇,为权贵所忌。乃自请祠禄,主管台州崇道观。仕至左朝请大夫。乾道三年(1167)二月告老,退养宜兴,同年二月十九日(1167年3月12日)去世。归葬昆山王官桥南新漕里先茔之侧。

平生好贤乐善,周济贫困。又喜奖掖后生,如亲子弟。指授有方,善于识人。沙随、程迥等皆出其门下。同年友范雩去世后,王葆抚教其子范成大,督励甚严。后范成大考中进士,成为一代名臣。当时士大夫注重家族联姻,而王葆却偏爱士人才能。江都人李衡一介布衣,绍兴间避乱流落昆山,王葆见其才能出众,即将

---

[1] 龚明之:《中吴纪闻》卷第六"王彦光"条,上海古籍出版社1986年校点本,第137页。

妹嫁于李衡。后李衡中进士,为著名良吏、诗人和学者。寓居江西的周必大初登进士第时,王葆爱其博洽,即纳之为婿,后官至参知政事、枢密使乃至右丞相,与范成大志同道合,关系厚善。另一女婿唐子寿,为唐辉之子,亦举进士,与周必大、范成大感情甚笃。

王葆学行俱高,潜心古道。精研《春秋》三十年,著有《春秋集传》《春秋备论》《东宫讲义》等。

子二:王嘉言,右修职郎,馀干知县;王嘉宾,右迪功郎,监潭州南岳庙。

(马一平)

李　衡(1100—1178)　　外孙 陈　振

李衡,字彦平,号乐庵,人称短项翁,昆山人,原籍江都(今江苏扬州)。生于北宋元符三年(1100)。王葆妹夫。

南宋绍兴十五年(1145)中进士。授吴江主簿。隆兴元年(1163)知溧水县。乾道二年(1166)升知温州,擢监察御史。出知婺州,召拜司封郎中,迁枢密院检详诸房文字,除侍御史。八年,同知贡举,革险怪之习,文体为之一变,所取多为名士。后迁起居郎,知台州,皆未任。时与王仲行、莫子齐、周洪道并称"四贤"。淳熙五年(1178)卒。

生前藏书逾万卷。工诗文,道学精通,尤乐教从学者,被誉为名师。弟子龚昱辑其嘉言隽语为《乐庵语录》。著有《乐庵集》《易说》《论语说》《孟说》《周易义海撮要》等。

陈振,字震亨,号止安、止安居士,昆山人,原籍侯官(今福建福州)。李衡外孙。南宋绍熙元年(1190)进士。任从事郎、行国子录,卫泾举其自代中书舍人。历官太府寺丞,出知永州、瑞州等。急义乐善,好汲引后进。擅文辞,精鉴藏书画,工楷书。嘉定五年(1212)曾为刘过作墓志铭。著有《止安集》。　(李　峰)

曾　怀(1106—1174)

曾怀,字钦道,晋江(今属福建)人,徙居常熟。生于北宋崇宁五年(1106)。宰相曾公亮曾孙,名臣韩琦女婿。

宣和元年(1119)调金坛主簿。南宋建炎元年(1127)知乌江县,改浙西帅司干官。绍兴十四年(1144)知淳安县,调平阳,通判濠州、太平州,累迁提举浙西市舶,知江州。三十二年,改知真州。除度支员外郎、郎中,权户部侍郎。乾道二年(1166)擢户部侍郎,权户部尚书。除龙图阁学士知婺州,复为户部尚书。八年,赐同进士出身,参知政事。九年,为右丞相兼提举国史院、实录院,封鲁国公,淳熙元年(1174)一度罢相,复拜原官,兼枢密使,以观文殿大学士奉祠。次年降观文殿学士,卒赠少保,葬于常熟虞山,祀乡贤。

工书善文,政以理财知名。著有《少保文集》。

（李　峰）

颜　度

颜度,字鲁子,号如山,昆山人。先贤颜子五十三世孙。唐颜真卿兄子颜颢曾任常熟令,颜度为其裔孙。

南宋绍兴二十七年(1157)中进士。历官海门主簿,乾道元年(1165)知临海县。五年,知长兴县,爱惜民力,遇事慈恕,人不忍欺,审理案情,善断疑狱,人称神明,民称其为"颜佛子"。八年,拜监察御史。历迁军器监、司农少卿、宗正少卿。淳熙元年(1174)进太常少卿,权工部侍郎。四年,以其提领犒赏酒库,措置有方,革去宿弊,除直宝文阁、江东转运副使。次年首先奏请为岳飞定谥,宋孝宗准赐岳飞谥号为"武穆"。后移任福建转运副使。九年,以直宝文阁知湖州、江东京西运副,十一年,以秘阁修撰再任江东转运副使,次年以中大夫秘阁修撰奉祠。爵至长洲县开国男。退居苏州枫桥真庆坊,卒年七十五岁。

与朱熹为友,以文章政事著名。尤秉气节,宋孝宗曾谓颜度每出一言,不动如山,因以"如山"自号。

（李　峰）

陈长方(1108—1148)

陈长方,字齐之,号唯室,长洲(今江苏苏州)人。生于北宋大观二年(1108)。先世居浮光(今河南潢川)。十世祖陈显,唐僖宗时任太保、福建道节度使,终葬福州侯官县,子孙遂占籍。祖父陈劝,官承事郎。父陈侁,字复之,元符三年(1100)进士。授江州德安县主簿,调和州司户,改任宣教郎、洪州录事。交游颇广,与陈瓘过从甚密。又从游酢学得治气养心、行己接物之要,其他所交如杨时、邹浩、许景衡,皆一时名辈。母为太仆卿林旦之女,林虙之妹。父卒后,陈长方乃奉母依外祖父而居苏州。

陈长方始则生长外家,家学自有渊源。宣和六年(1124),请字于父友吴中隐士胡峄。好读书,因家贫不能置书,常假借手抄,至数千卷。与弟少方并师事王苹,时称"王门二陈",王苹门下士以长方为上座。后卜居步里,以教学著名。

其学以二程为宗,"主直指以开人心,使学者归于自得"[1],为朱熹所推重。《朱子语录》于当时学者多举其字,唯于陈长方则称尊称"唯室先生"。陈长方擅议论,十八岁时撰《伊洛答问》,力赞二程之道。宋金南北对峙形成,朝廷内部战守意见不一,丞相赵鼎以南渡后国力衰弱,主张防守,待机图复中原,而南宋绍兴六年(1136)冬,高宗最终起用了主战派张浚。陈长方洞观当时情势,作《里医》一篇,以疗疾喻治国,说明要起沉疴,必固元气,补当持重,攻当相机。于抗金之策而言,既不主于和,亦不主张邊战,与躁妄迂阔者不同。后来富平、淮西、符离三败,竟验其所言。七年,应诏上书,以严师律、备长江、讲漕运为急,明白洞达,切中事机。

一生三赴会试,于绍兴八年进士及第,后调太平州芜湖尉,为政尚恩信,时县多猾吏,鬻狱舞文,陈长方访其尤者,绳之以法。民有兄弟争讼,陈长方教以孝悌之道,劝诫其友爱如初。以公道文才荐授江阴军学教授,每谓亲友,教官惠不及民,几于尸素,要当作育人材,使闻孔孟之道,庶足以报吾君置官设学之意。未行病卒。二十七年九月,葬于吴县长山乡铜井山。宝祐元年(1253),与王苹、杨邦弼并祀里中三贤祠。

著有《尚书传》《春秋传》《礼记传》《两汉论》《唐论》《上蔡语论辩证》《步里客谈》《唯室集》等,今存《唯室集》四卷附录一卷、《步里客谈》二卷,二书原集已佚,清乾隆间四库馆臣从《永乐大典》中辑出重为编订。　　　　　　　　　　　(朱　琴)

杨邦弼(？—1161)

杨邦弼,字良佐,浦城(今属福建)人。文公杨亿四世孙。南宋绍兴十二年(1142)以对策附会和议,举进士第三[2],判常州,改授真州州学教授。十三年,建太学,召授博士。历任信州通判、大理寺丞、荆湖南路转运判官,为政"不务钩致,时称其得大体"[3]。二十七年,以秘书丞兼普安、恩平郡王府教授。除著作佐郎,迁著作郎,以礼部员外郎守起居舍人,曾出使金国,归后升起居郎,官至中书舍人。

---

[1] 黄宗羲辑,全祖望订补:《宋元学案》卷二九《震泽学案》,清道光二十六年何绍基刻本,页八。
[2] 见《宋进士三鼎甲题名录》。《吴郡志》进士名录无,盖以原籍中。
[3] 震泽镇、吴江市档案局:《震泽镇志续稿》卷九,广陵书社2009年,第191页。

杨邦弼为王苹弟子,曾与同门陈长方从师于吴江震泽讲学,"探极理趣,发为文章"[1]。治学广博精深。与王苹、陈长方并称"三贤",卒后并入祀三贤祠。

孙杨绍云,宝庆间(1225—1227)以荐补官,官至礼部侍郎。

弟子王伯广,字师德,常熟梅李人。绍兴十二年进士。调德清尉,家产皆让诸弟。选授温州教授,卒祀乡贤。工文善对,长于诗,骈文尤脍炙人口。著有《听雨集》。

(俞 前 李 峰)

王　珏(1112—1164)

王珏,字德全,宋临川(今属江西抚州)人,徙居吴县(今江苏苏州)。王安石曾孙,龙图阁直学士王桐子。

南宋绍兴二年(1132)任盐官县丞。九年,由广西提刑降指挥放罢。十九年,提举两浙西路常平,兼提点刑狱,全部偿付历年秀州官欠盐民十九万七千余缗,奏除经界法之弊。二十三年,以提举荆湖南路常平,为荆湖北路转运判官。二十七年,以夔路转运判官放罢。二十九年,知真州,出俸钱籴米减民负。进提举淮南东路常平、太府少卿。隆兴元年(1163)为户部郎中、总领湖广江西京西财赋、湖北京西军马钱粮。次年病逝于吴县横山私第。

(李　峰)

史正志(1120—1179)

史正志,字志道,一作致道,号阳庵、乐闲居士、柳溪钓翁、吴门老圃等,丹阳(今属江苏)人,徙居吴县(今江苏苏州)。生于北宋宣和二年(1120)。南宋绍兴二十一年(1151)进士。授歙县东尉,荐任枢密院编修官兼检祥诸房文字。三十二年,迁司农寺丞。孝宗即位,擢度支员外郎、太府寺丞。隆兴元年(1163),以与张浚论辩主和被劾罢。起任吏部员外郎、江西运判、户部员外郎、福建运判,任江东运判,改江西运判,召授左司兼权检正。乾道元年(1165)迁吏部侍郎,兼刑部侍郎,授兵部侍郎,回任吏部侍郎。三年,以集英殿修撰为建康留守,江东安抚使兼沿江水军制置使,创建建康贡院。六年,知成都府,改户部侍郎兼江浙京湖淮广福建诸路都大发运使,倡请造《会计录》,招种抛荒田七十六万顷。缘事贬为楚州团练副使,改右文殿修撰知靖江府,移知宁国、赣州、庐州府。淳熙六年

---

[1] 震泽镇、吴江市档案局:《震泽镇志续稿》,广陵书社2009年,第191页。

(1179)卒。

博学知兵略。生前于苏州葑门内筑万卷堂,藏书万卷。好治园,作《菊谱》。曾纂修《建康志》。著有《保治要略》《兵鉴》《清晖阁诗》《菊圃集》等。（李　峰）

冷世光(1122—1201)　　冷世修(1125—1197)

冷世光,字宾王,小名福子,小字庆孙,常熟人。生于北宋宣和四年(1122)。南宋绍兴十八年(1148)进士。调归安簿,历知历阳、宁国二县,改广德军教授,迁知龙游。才干为朱熹赏识,荐举为干办行在诸军审计司。淳熙十二年(1185),除监察御史,刚直敢言,弹劾无所避讳。十五年,迁殿中侍御史。绍熙二年(1191)起知严州,次年奉祠。归籍筑闲适堂,施赈有贤名。嘉泰元年(1201)卒,祀乡贤。著有《奏议弹章》《东堂类稿》《刀笔》等。

冷世修,一名世务,字良器,小名庆儿,小字余庆。生于北宋宣和七年。冷世光弟。南宋绍兴十八年与兄同中进士,时人以为荣。调崇德县簿,移摄理掾。隆兴元年(1163)知兴化县,辟监行在北门外激赏库。出知上元县,通判和州,为政济以宽恕。迁知南康军未任,归籍筑留耕堂。与赵公豫为莫逆之交。庆元三年(1197)卒。有文誉。著有《留耕草堂杂文》《词科类要》等。（李　峰）

赵伯骕(1124—1182)　　赵师篑(1148—1217)

赵伯骕,字希远,号无隐居士,开封(今属河南)人,徙居吴县(今江苏苏州)。生于北宋宣和六年(1124)。宋太祖七世孙。南宋绍兴(1131—1162)初,监余姚县(今余姚市)酒税。后历监临安府市舶务、潮州商税、临安浙江税。高宗赐第于苏州,召以文艺侍从,改侍卫司马干办公事、浙西安抚司干官。隆兴二年(1164)擢本路兵马副都监兼职德寿宫,进兵马钤辖。乾道六年(1170)假泉州观察使知阁门事,副赵雄使金。还朝后升本路副总管,以功特领荣州刺史。淳熙五年(1178)以忠州团练使、浙西总管知平江府,加两浙西路提刑,六年,兼权知湖州。七年,转和州防御使。提举祐神观。八年,以所绘图样重建苏州天庆观(今玄妙观)正殿。九年卒,葬于吴县观音山,累赠少师。

工书,善诗词。画法晋唐,与兄赵伯驹齐名。山水、人物、花鸟兼擅,尤妙于青绿金碧山水,界画亦精。论画有识见。传世作品有《万松金阙图》《番骑猎归图》等。著有诗词二十卷,已佚。

赵师嶧,字从善,号东墙、无著居士等。赵伯骕长子。生于南宋绍兴十八年(1148)。淳熙二年进士。除司农寺主簿,迁金部郎中。知吉州,炼铜足冶欠额二十万,大显才具。进户部郎官、淮东总领。绍熙元年(1190)擢太府少卿知秀州,改淮南运判,大收铁钱,盐利遂通,进直宝文阁、两浙运副。庆元三年(1197)除司农卿兼知临安府。四年,除权工部侍郎仍兼户部侍郎,又除华文阁待制,以龙图阁待制帅扬州。嘉泰四年(1204)以权工部尚书兼知临安府。开禧元年(1205)除权户部尚书仍兼知临安府。次年以宝谟阁学士知庐州,改除工部尚书兼知临安府,兼国用局参计官,以不附韩侂胄北伐之议被劾罢。嘉定元年(1208)知镇江府,复宝谟阁直学士与宫观总领,任荆湖制置使。二年,除兵部尚书兼知临安府。三年,以鞭逐文、武学生,为诸生叩阙控告被罢职,退居苏州昼锦坊。十年,卒于里邸。居官勤谨有干才,精于理财,曾四知京都临安府,为时少见。能诗,工篆书。著有《熙朝盛典诗》。

(李 峰)

赵 思(1125—1194)

赵思,字再可,常熟人,祖籍洛阳(今属河南)。生于北宋宣和七年(1125)。父赵庆孙,靖康中奉母南渡,始徙居常熟,有孝名。通经学,精《论语》。由右从事郎平江军节度推官,特改右承事郎,迁右宣教郎,主管台州崇道观。因忤秦桧停官。叔孝孙,字仲修。宣和三年进士。与李衡为太学同舍生。家学有源,精研《论语》,言学不可有丝毫伪实处,为李衡服膺。

赵思为曾怀门人。南宋绍兴二十四年(1154)中进士。隆兴元年(1163)调任钟离主簿。乾道元年(1165)除太府寺簿,进太常丞兼度支郎官。八年,知台州。九年,除直秘阁、淮南路转运判官兼提点刑狱,升副使,除户部郎官总领淮东军马钱粮,迁起居舍人。淳熙五年(1178)以出使金国抗节,罢职家居八年。起为广西提刑,改知湖州,除直龙图阁再任,除起居郎权吏部侍郎。十六年,罢职奉祠。绍熙二年(1191)权知静江府、广西经略,除秘阁修撰、集英殿修撰,官至中大夫。五年卒。

六子赵用,原名积智,字弥明,徙居吴县(今江苏苏州)。太学生。幼好学,长于词翰。庆元元年(1195)以荫任从事郎,调浙漕计置,官于青龙。嘉定元年(1208)丘崈辟知定城县,次年卒于任。

(李 峰)

范成大（1126—1193）

范成大,字至能[1],号此山居士,晚号石湖居士,吴县(今江苏苏州)人。生于北宋靖康元年(1126)。父范雩,宰相蔡襄孙女婿,文彦博外孙女婿。宣和六年(1124)进士。官至校书郎兼玉牒所检讨官。学有根底,治《易》尤深,作文有文采。

范成大天资俊明,十二岁遍读经史,十四岁能诗文。南宋绍兴二十四年(1154)中进士。授户曹,监和剂局。隆兴元年(1163)迁正字。累迁著作佐郎,除吏部郎官,知处州。处州民以争役嚣讼,范成大为创义役,随家贫富输金买田,助当役者,甲乙轮第至二十年,民便之。诏颁其法于诸路。处州多山田,南朝梁天监中所建通济堰在松阳、遂昌之间,激溪水四十里,溉田二十万亩。堰岁久坏,范成大访故迹,叠石筑防,置堤闸四十九所,订立水则,上中下灌溉有序,民食其利。五年,为礼部员外郎,擢起居舍人兼侍讲,又兼实录院检讨。六年夏,迁起居郎,孝宗以范成大器宇不凡,亲加选择,以假资政殿大学士充祈请国信使使金,专求陵寝。进国书,词气慷慨,以两朝既为叔侄,坚执订定相称之受书礼,宁死不屈。金国太子欲杀之,为越王所止,最终得全节而归。孝宗知其忠节,欲大用,除中书舍人。八年,出知静江府,兼广西经略安抚使。广西窘匮,专藉盐利,漕臣尽取之,于是属邑有增价抑配之敝,诏复行钞盐,漕司拘钞钱均给所部,而钱不时至。范成大奏疏谓:"能裁抑漕司强取之数,以宽郡县,则科抑可禁。"[2]孝宗从之。

淳熙元年(1174)为敷文阁待制、四川制置使,知成都府。以西南诸边黎为要地,增战兵五千,奏置路分都监。吐蕃入犯之路十有八,悉筑栅分戍。蜀北边旧有民兵义士三万,监司、郡守杂役之,都统司又俾与大军更戍,范成大力言其不可,诏遵旧法。凡人才可用者悉致幕下,用所长而不拘小节,其杰然者露章荐之,往往显于朝,位至二府。三年,任礼部尚书。五年,拜参知政事。任事两月,因言者论劾而奉祠。起知明州,奏罢海物之献。除端明殿学士,知建康府。适逢旱灾,奏请移军储米二十万赈济饥民,减租米五万。九年,以病请闲,进资政殿学士,再提领洞霄宫。绍熙三年(1192)加大学士。翌年九月初五日(1193年10月1日),卒于苏州石湖寓舍,赐银光禄大夫,追封崇国公,谥文穆。葬于木渎上

---

[1] 脱脱等:《宋史》卷三八六《范成大传》作"致能",误。
[2] 脱脱等:《宋史》卷三八六《范成大传》,中华书局1975年,第11869页。

沙村。

在朝刚直不阿,敢于直言,外柔内刚,大节凛然。任地方官,所至礼贤下士,仁民爱物,凡可兴利除害,不顾难易必为之,乐善不厌。晚年归隐石湖,构筑北山堂、千岩观、天镜阁、玉雪坡、锦绣坡、说虎轩、梦渔轩、绮川亭、盟欧亭、越来城等;有小峨眉、烟江叠峰、天柱峰等奇石景观。

博闻强识,素有文名,文章赡丽清逸,自成一家。尤工于诗,大篇短章传播四方。与陆游、杨万里、尤袤合称"南宋四大诗人"。诗文题材多样,风格真切、细致、清新。著述丰富,有《石湖集》一百三十六卷;使北有《揽辔录》;在粤有《桂海虞衡志》;出蜀有《吴船录》。家居时,与郡士龚颐等纂《吴郡志》五十卷。

（李嘉球）

赵磻老

赵磻老,字渭师,吴江(今江苏苏州吴江区)黎里人,祖籍东平(今属山东)。欧阳修之孙欧阳愬女婿。历官授宝应县主簿。南宋乾道六年(1170),以书状官随范成大使金,归国后擢正言。八年,知楚州。进户部员外郎,除直秘阁知庐州,主管淮西路安抚司公事、马步军都总管,兼提领措置屯田。淳熙二年(1175),改两浙路转运副使,开浚临安运河。三年,知临安府,除秘阁修撰。五年,除权工部侍郎兼知临安府,于太学建尊经阁,奉安石经,崇儒弘道,广惠士子。因事谪居饶州。六年,以失举茹骧降三官。卒后崇祀乡贤。

与范成大为友。文儒有气节。善诗文,词尤典雅。曾刊刻包拯《孝肃包公奏议》。著有《拙庵词》《拙庵杂著》等。

（王晋玲）

胡元质(1127—1189)

胡元质,字长文,小名庆孙,小字季华,长洲(今江苏苏州)人。生于南宋建炎元年(1127)。绍兴十八年(1148)进士。为常州教授。乾道元年(1165)为太学正。历官秘书省正字、校书郎,进礼部员外郎兼国史院编修官、实录院检讨官。改右司员外郎,迁起居舍人,五年,命兼权中书舍人兼修国史。八年,以龙图阁待制知太平州,修筑圩岸近四百里,刻宋扬侃《两汉博闻》等书十一种。淳熙元年(1174)知建康府、兼行宫留守,除敷文阁直学士。召为给事中。四年,以新知荆南府,为四川安抚制置使兼知成都府,奏减茶、盐、酒课额,选拔禁卒组建雄边军,威震一方。诏除龙图阁直学士,进翰林学士。七年,罢职奉祠,以敷文阁学士、吴郡侯致仕。归居苏州南园招隐堂。十六年卒。

通医,以学行著称。著有《牡丹谱》《成都古今丁记》《左氏摘奇》《西汉字类》《总效方》等。

(李 峰)

何中立(？—1197)

何中立,号蓑衣真人,一作莎衣道人,朐山(今属江苏连云港)人。受业于父,举进士不中,修行内丹道术。靖康之变后,金军曾大举南侵,为祸甚烈。南宋高宗绍兴(1131—1162)初,避居苏州天庆观龙王堂。终年披蓑衣,佯狂妄谈,人称"颠狂汉"。身贫守道,医病分文不取,精于占卜测字。孝宗赐号"通神先生",赐筑通神庵。能吟诗唱曲。与呆道僧并称姑苏二异人,庆元三年(1197)卒,葬于苏州蠡口。

(李 峰)

糜师旦(1132—1198) 　　子 **糜溧** 　 孙 **糜犖** **糜夆**

糜师旦,字周卿,吴县(今江苏苏州)人,祖籍朐山(今属江苏连云港)。生于南宋绍兴二年(1132)。绍兴十八年中进士。历官高邮、西安尉,通州、南康军、衢州教授,知富阳,改盐官丞,究心荒政。淳熙十三年(1186)辟御史台主簿,进秘书郎。绍熙三年(1192)权刑曹郎官。五年,知秀州,赈荒颇力。庆元元年(1195)时任吏部郎官,名儒真德秀被诋为伪学,糜师旦尊重真德秀,建言考核真德秀之学,以正视听。历迁左司员外郎、右司郎中,以显谟阁学士提举万寿观兼侍读。四年卒。善弈工诗,企慕欧阳修,曾于扬州平山堂植柳题诗。

子糜溧,字子长。庆元五年进士。自如皋尉改任和州司户参军。嘉定七年(1214)知广济县,兴教轻徭,创置公私义仓,称为官社、民社,编置条规颁行,百姓感戴,为其立生祠。通判吉州、临安府,擢监察御史。理宗即位(1224),除右正言,疏言新政仁民四要及爱民强兵八事。以不肯顺从旨意劾真德秀,被罢职,义名重于当世。宝庆元年(1225)除宗正少卿,次年改太常少卿,寻除直显谟阁、浙东提刑,三年,兼本路常平,以病转秘阁修撰致仕。

糜溧长子糜犖,南宋嘉熙二年(1238)进士。淳祐六年(1246)知长兴县,赈荒活人,抚平械斗。寻改知来安县。秩满,充淮西安抚机宜。转知廉州,未行,改安庆府、无为军。开庆元年(1259)除将作监丞、沿江宣抚司参议官,差知处州,改安庆府,多惠政,民为立生祠。封吴县开国男。景定(1260—1264)间卒,年七十七岁。著有《洞阳子明真篇》。

糜溧次子糜弅,字仲昭,号省斋。以父致仕恩荫入官,调崇仁县丞,历知山阴、丹徒。由淮东安抚机宜通判扬州,改江东安抚司参议知建章军。历太府寺丞,改度支郎官,奏请革贪奖廉,寻兼权右司。宝祐六年(1258)知台州,以忤丁大全被罢。除侍左郎中,迁尚书右郎中。景定元年(1260)以将作监、淮东总领兼知镇江府。差知安吉州,改知吉州兼提举江西常平,所建浮桥人称糜公桥。四年卒于任。

(李 峰)

开 赵(1134—1190)

开赵,本姓赵,字兴宋,沂州临沂(今属山东)人。生于南宋绍兴四年(1134)。崇尚忠义。身历国难家仇,因国运中衰,欲开大国家疆土改姓"开"。

绍兴二十八年(1158)起义抗金,收复日照等县,聚集忠勇三十余万,攻淄、齐等州,充忠义军马都统制、山东河北路忠义军马都统制,率所部二万余人归南宋。三十二年春,授修武郎阁门祗候,任忠义游击军都统制。隆兴元年(1163)任沂州忠义军马都统制,于海州策应解围有功,转任镇江府驻扎御前右军统制。二年,充殿司右军统领,改江阴军驻扎御前水军统制。乾道二年(1166)知英州,三年,任两浙西路兵马都监,于临安府驻扎。四年,充浙西兵马钤辖临安府驻扎。七年,改官平江府兵马总管。淳熙元年(1174)为添差浙西马步军副总管,十二年,因刲股救父,孝名大著,特授濮州团练使。绍熙元年三月初一日(1190年4月7日)卒于平江(今江苏苏州)私邸,葬于长洲县彭华乡管山。子孙复赵姓。

(李 峰)

马先觉

马先觉,本姓司马,字少伊,号得闲居士,昆山人。祖父马友直,字伯忠,为苏轼门生李豸侄女婿。南宋建炎二年(1128)特奏名进士。授武康主簿,监潭州南岳庙,以宣教郎致仕。以孝义著名,为名士唐辉、王葆等敬爱。

绍兴三十年(1160),马先觉进士及第。初为海门主簿,调常州教授,荐授礼部、兵部架阁文字。绍熙元年(1190)外任浙西常平干官,后以承议郎主管台州崇道观。曾与李衡、乐备、范成大等结诗社,文笔高逸,被张镃誉为江浙闻人。著有《惭笔集》。

(李 峰)

龚颐正（？—1202）

龚颐正，本名敦颐，避光宗讳，乃改今名，字养正，号芥隐，吴县（今江苏苏州）人。先世居和州历阳（今安徽和县）。曾祖龚原，官兵部侍郎，为元祐党人。祖父龚澈，通判江宁府。父龚相，字圣任，知华亭县，甚著声绩，遂家吴中。

自幼承家学，好读书，凡六艺百家、方言地志，无所不览。因早年在丞相洪适门下为客，由此为不理选限登仕郎。南宋淳熙（1174—1189）末，洪迈领史院，荐龚颐正于朝，初授下州文学，旋补迪功郎，监潭州南岳庙。光宗即位后，以荐主管吏部架阁文字，迁太社令、宗正寺主簿。庆元（1195—1200）初，上所著《续稽古录》一卷，于绍熙末（1194）定策立宁宗一事，极言韩侂胄之功，颇多谀颂，由是擢兼资善堂小学教授，迁枢密院编修官。嘉泰元年（1201）七月，诏以学问该博，特赐进士出身，兼实录院检讨官，预修三朝实录。是年冬，迁秘书丞，未逾月卒。奉修实录期间，龚颐正曾以不实之词诋丞相赵汝愚，嘉定初赵氏子弟疏于朝，乞毁《续稽古录》，又以其书传播已久，乞请特削其官，并刊定正史，彼时韩侂胄已败，朝廷皆从之。

博通史学、娴于辞章，尤为范成大所赏识。范成大纂修《吴郡志》，龚颐正与滕茂、周南等人相与赞成之。父龚相能诗，陈造称之"清峭奇丽，句工字稳"，而龚颐正亦深得家传，幼年即能诗文，"造物者困踬之，诗文则愈老健浑厚"[1]。生平著述颇多，所著除《续稽古录》诏毁不传外，别有《符祐本末》《宋特命录》《职官中兴忠义录》《元祐党籍列传谱述》等，亦多佚。今存者有《续释常谈》《芥隐笔记》。《释常谈》乃古亡书，龚颐正续纂，范成大跋之，皆录释家常谈，推究考订。《芥隐笔记》多关诗文字句及用事的辨释，考证博洽，具有根柢，四库馆臣以为其成就不在沈括《梦溪笔谈》及洪迈《容斋随笔》之下。

（朱　琴）

丘　崈（1135—1208）

丘崈，字宗卿，江阴军邱家埭（今属江苏张家港）人。生于南宋绍兴五年（1135）。隆兴元年（1163）高中进士第三名，探花及第。调建康府观察推官，荐任国子博士，迁太常博士，乾道七年（1171）知华亭县，创筑久废海堰。次年除直

---

[1] 陈造：《跋龚刊院诗集》，《江湖长翁集》卷二一，《宋集珍本丛刊》影印明万历刻本第60册，线装书局2004年，第680页。

秘阁,知平江府,深究钞法利弊,奏请以钱、会各半为定法,诏行天下。历知吉州,召任户部郎中,升枢密院检详文字,转知鄂州,移任江西转运判官、浙东提刑。淳熙十一年(1184)进直徽猷阁,再知平江府。十三年,升龙图阁移知绍兴府,除两浙转运副使。光宗即位,除太常少卿兼权工部侍郎,进户部侍郎,绍熙三年(1192)擢焕章阁直学士、四川安抚制置使,兼知成都府,奏革吴氏世代掌兵、尾大不掉之患。

嘉泰三年(1203)起知庆元府,次年进敷文阁学士、江东安抚使,改知建康府,主张慎举北伐。开禧二年(1206)升宝文阁学士、刑部尚书,为江淮宣抚使。进端明殿学士、侍读,拜签书枢密院事兼督视江淮军马。次年以忤韩侂胄落职。复以资政殿学士起知建康府,寻改江淮制置大使兼知府事,奏请将雄淮军改名为御前武定军,号称劲旅。嘉定元年(1208)拜同知枢密院事,卒赠少师,谥忠定,改谥文定。葬于江阴南由里山南。

丘崈历仕三朝,慷慨忠义,宋宁宗称其为一代伟人。有文名,诗词豪放。著有《丘文定公词》《丘文定集》《忠定集》等。 （李　峰）

赵公豫(1135—1212)　　赵公升(1143—1216)

赵公豫,字仲谦,常熟人。生于南宋绍兴五年(1135)。宗室魏悼王赵廷美六世孙,宰相韩侂胄甥。绍兴三十年(1160)中进士。调无为尉,历知仁和、余姚二县及高邮军、真州。庆元二年(1196)知常州,四年,除浙东提举常平,改仓部郎官兼删修敕令官。迁大理少卿、太府卿,除秘阁修撰,进集英殿修撰。开禧元年(1205)抗章,以宝谟阁待制致仕。嘉定五年(1212)卒。

优于文翰,诏策诰表多为时人传颂。居官廉正,常言求为循吏,不求为健吏,宋宁宗褒奖其能全始终大节。著有《燕堂类稿》《燕堂诗稿》等。

赵公升,字叔明。赵公豫弟。生于南宋绍兴十三年。历信州司户参军,监文思院上界,改知金华县(今金华市),改革义役多便民。通判干办江东安抚司公事,起知汉阳军。选知衢州,未任。嘉泰(1201—1204)间,任提举福建常平,以僧主持举子仓,穷民育子得资助受惠。嘉定元年(1208)提举江西常平,未任被罢,以韩侂胄党被废。九年卒。

（李　峰）

正　受（1146—1209）

正受，俗姓邵，字虚中，号雷庵，常熟人。生于南宋绍兴十六年（1146）。云门宗雪窦下第七世高僧。

年十六师从心鉴出家于慧日寺。谒绍隆嗣法弟子应庵昙华及佛行、无庵诸高僧，礼大德瞎堂和尚于虎丘仁仞堂。庆元（1195—1200）初居湖州寿星院，归居苏州报恩光孝禅寺。以阐教弘宗为心，历时十七年，嘉泰四年（1204）著成《嘉泰普灯录》三十卷，陆游作序，称其裒集周悉。首刻于平江府，进呈宁宗获褒誉。嘉定元年十一月二十八日（1209年1月6日）圆寂。另编有《华严论枢要》《楞严合论》，著有《楞伽经集注》。

（王晋玲）

曾耆年（1148—1222）

曾耆年，字寿翁。号爱闲老人，常熟人，祖籍晋江（今属福建）。生于南宋绍兴十八年（1148）。祖父曾恬，字天隐，名相曾公亮孙。南渡后徙居常熟。为程颢高足谢良佐之弟子，致力于存心养性之学。历官中书舍人，预修《哲宗实录》，官至大宗正丞。以不附和议忤秦桧，提举台州崇道观。曾辑谢良佐语编为《上蔡语录》，由朱熹删定。卒后葬于苏州香山。父曾崇，官至朝散郎，权知高邮军。

曾耆年为卫泾、卫湜之父卫季敏长女婿，与朱晞颜、周南为连襟。书精二欧楷法，篆籀尤臻神诣。贡礼部，为辞赋第一。任湖州户掾，授监左藏，除浙漕籴买官。嘉泰（1201—1204）中，改知嘉兴县，请停和籴以利民。任衢州通判，移建康通判。为名儒真德秀荐，嘉定十四年（1221）权知兴化军，多有惠政，誉称名宦。十五年，奉祠闲居，八月十七日（1222年9月23日）卒于常熟里第，亦葬于苏州香山。著有《爱闲杂稿随笔》《爱闲随笔》等。

（李　峰）

黄　由（1150—1226）

黄由，字子由，自号盘野居士，长洲（今江苏苏州）人[1]，原籍莆田（今属福建）。生于南宋绍兴二十年（1150）。父黄云，字鼎瑞，号成斋。淳熙八年（1181）特奏名进士。历官祁阳县主簿，简易廉直，为民敬爱。命为监建康酒库总干，绍

---

[1]　范成大《吴郡志》卷四四作"吴县人"，王鏊《姑苏志》卷五一作"长洲县人"。今据黄由父墓铭。

熙四年(1193)以通直郎淮西总所酒官致仕。举为乡饮大宾,弟子多荐科第有名。喜谈忠义,词咏从容,有文集。

黄由少承家学,弱冠有声于太学。淳熙八年(1181)举进士第一,状元及第。[1]郡守韩彦质特立"状元坊",以表其闾。初任南安军签判。秩满,通判绍兴府,往嵊县(今嵊州市)督行荒政,改粜为赈,擅发米五万石,解救灾民。除正字,迁著作佐郎。曾出使金,还朝后迁将作监,为嘉王府赞读。孝宗、光宗父子长期不和,绍熙五年(1194)孝宗病重,光宗不去探望,人情益惧。黄由请嘉王过重华宫问安,孝宗为之感动。宁宗即位(1195),擢礼部尚书,兼吏部,将大用之。适逢绵州知府王沈朝辞,乞诏庙堂铨选,曾受伪学荐举者,改交众论,指为伪党者,籍记姓名,勿用。黄由不顾安危,连夜上奏,力谏不可以党与置籍,不利治天下。擢王沈利路转运判官,黄由出知成都。殿中侍御史张岩疏言黄由阿附权臣,植立党羽,于是以杂学士奉祠。嘉定元年(1208)知绍兴府、浙东安抚使。闻嵊县有虎患,讹言谓虎久有神,变化叵测,或为僧形,或为猨狙,倏忽莫可追踪,谣言四起,人心恐慌。黄由出钱厚赏,募人捕杀,殄灭无遗,百姓赖以安宁。三年,迁刑部尚书兼直学士院,官至正奉大夫、黄龙万寿宫宝谟阁学士,封吴郡开国侯。宝庆二年(1226)卒,赠太师,入祀乡贤祠。葬于苏州邓尉山中峰东北。

黄由有文才,时苏城祠堂碑记多有撰文。旧第在苏州醋库巷,晚年在盘门里运河之阴筑盘隐别墅,内有共乐堂、联德堂、明月台、墨庄道院、三清阁、拥书楼,藏书万卷余。擅诗文,曾与曾丰同编《豫章乘》。著有《盘野诗集》。

妻胡氏,字与可,号惠斋,别作蕙斋、慧斋,自号惠斋居士。从夫宦游,为居士修禅。琴棋书画皆精,画竹子尤有成就,草书尤佳。俊敏强记,经史诸书略能成诵。善笔札,时作诗文,有文采。时人比作李清照,和其诗词者甚多。嘉定四年(1211)前后卒,葬于苏州邓尉山中峰。著有《惠斋居士诗》。

（李嘉球）

王　份

王份,字文儒,一作文孺,吴江(今江苏苏州吴江区)人。少年力学,工书善诗文,誉称秀才。南宋隆兴(1163—1164)中,以特恩补授大冶知县,"律身清谨,政

---

[1] 范成大《吴郡志》卷四四:"吴郡,自隋唐设进士科以来,未尝有魁天下者……辛丑科,吴县人黄由子由遂状元及第。"见江苏古籍出版社1986年,第592页。王鏊《姑苏志》卷五一:"吴自有科目以来,(黄)由始冠多士,时人荣之。"见清文渊阁《四库全书》本,页十九。皇甫汸《长洲县志》卷十四亦承此说。均误。

尚宽恕"[1],修建学校,置田养士。县富产铁,民承铁务负担深重,王份"奏减其额,民甚德之,绘像祀焉"[2]。在任七年,某日登西塞山,诵张志和《渔父词》"西塞山前白鹭飞,桃花流水鳜鱼肥"之句,慨然叹息,即辞官归乡。

乐善好施,尤重兴学,崇祀先贤。绍兴间(1131—1162),吴江知县石公辙改建学校,患地隘,王份即割其居东偏之地捐献。乾道三年(1167),知县赵伯虚改建三高祠,祀范蠡、张翰、陆龟蒙,王份又割其居西偏之地献上。

王份意趣超俗,性爱竹,叶梦得曾师从学种竹之法。以三百万钱筑圃于吴江雪滩,圃中有与闲、平远、种德及山堂四堂,烟雨观、横秋阁、凌风台、郁峨城、钓雪滩、琉璃沼、朣翁涧、竹厅、龟巢、云关、缬林、枫林等处,"而浮天阁为第一,总谓之朣庵"[3]。因而自号朣庵、朣庵主人、朣庵居士。"圃成,极东南之胜"[4],一时名流多有题咏,编为《朣庵集》十卷。

(俞　前)

孙绍远

孙绍远,字稽仲,或作稽中、机仲,号谷桥,平江(今江苏苏州)人。南宋淳熙七年(1180)知兴化军。十二年,自鄱阳知县迁提举福建常平茶司,次年调广南西路转运判官,向孝宗极言钞法之弊,忧国悯民,卓有见识。十四年,移湖北运判。后任福建运判,官至郎中。

善医,能诗文,绍熙四年(1193)朱熹序其《谷桥愚稿》,颇加称赏。所辑唐宋题画诗编为《声画集》,开题画诗总集先河。另著有《大衍方》《兵要》等。

(李　峰)

范之柔　　兄 范良器　弟 范良遂

范之柔,一名良能,字叔刚,吴县(今江苏苏州)人,徙居昆山。范仲淹长子范纯祐曾孙。南宋乾道八年(1172)进士。历知黄岩(今台州市黄岩区)、富阳县(今富阳市),入为国子监主簿。嘉定元年(1208)除御史台主簿,擢监察御史,历右正言、左司谏均兼侍讲,进起居舍人、中书舍人。七年,以礼部侍郎知贡举,权

---

[1] 乾隆《吴江县志》卷二六,页三。
[2] 乾隆《吴江县志》卷二六,页三。
[3] 范成大:《吴郡志》卷十四,江苏古籍出版社1986年,第198页。
[4] 龚明之:《中吴纪闻》卷五,上海古籍出版社1986年,第121页。

刑部尚书兼侍读。八年，以礼部尚书兼太子詹事。九年，兼给事中，劾罢徐瑄。封昆山县（今昆山市）开国子。卒赠特进、开府、端明殿学士，谥清宪。墓在苏州长洲县燕巢山。

曾与兄范良器、弟范良遂重建范氏义庄，其义庄《续定规矩》为史浩推广。工书善诗文。辑有范纯仁《范忠宣公文集》，著有《范文正公年谱补遗》。

兄范良器，字伯琁。布衣。南宋庆元二年（1196）继父范公武之志，与弟之柔、良遂重建金兵所毁范氏义庄，捐资修垣墙，立新仓，建岁寒堂祠祀范仲淹，并增订庄规，义庄规模扩张五倍，时称复兴。

弟范良遂，一名之傅，字次卿，号墨庄居士、惭愧林居士，赘居昆山车塘东山。生于南宋高宗绍兴二十四年（1154）。理宗时封承务郎。曾修苏州天平山功德寺，捐田五百亩，与两兄复兴范氏义庄，多善举，民称为"佛子"。绍定五年（1232）卒。生前师从李衡，讲诚明之学。工书法，长于诗歌。文学优于两兄，与吴子良等有唱酬集。著有《次卿诗集》《墨庄集》。

（李　峰）

刘　过（1154—1209）

刘过，字改之，号龙洲道人，吉州太和（今江西泰和）人。生于南宋绍兴二十四年（1154）。少怀志节，以功业自许，博学经史百氏之文，通古今治乱之略。家境贫寒，喜读书漫游。淳熙五年（1178）为别头试第一。十一年春礼部大试落第。后在襄阳、临安间游历，以秀才调荆门教授。绍熙五年（1194）正月，太上皇孝宗病重，光宗不肯探问，两宫失和，丞相辞职。刘过一介布衣，毅然伏阙上书，请光宗侍病，声重一时。忤光宗意，被勒令离京归乡[1]。后多次上书丞相，提出抗金北伐谋略，惜均不被采纳。宁宗嘉泰元年（1201）秋，因一歌妓与胡仲平发生龃龉，胡仲平拔剑刺刘过，误伤歌妓。刘过却被诬以杀人罪囚于监狱，受尽酷刑摧残。后上书开府仪同三司、判建康府吴琚申辩，最终得以无罪释放。嘉泰三年（1203）与辛弃疾订交为莫逆。

开禧元年（1205）故人潘友文为昆山令，刘过客其所，遂娶袁氏赘居昆山。二年十二月，韩侂胄因北伐失利有意与金议和，两淮宣抚使丘崈奉命，派陈璧充小吏赴金。因岳甯触怒韩侂胄被罢，另行物色赴金使者，刘过亦被列入人选，终因

---

[1] 陆心源：《宋史翼》卷二九，中华书局1991年，第310页。

为人轻狂而免(一说托病而辞)。[1] 自此居家昆山,和政治再无瓜葛。因其为人慷慨侠义,广于疏财,平生并无积累,老来凄惨,郁郁以终。嘉定二年(1209)冬卒于昆山。好友潘友文筹钱三十万筹备丧事,值其友死,未葬。后七年,昆山县(今昆山市)主簿赵希栎为其买墓地,葬于昆山慧聚寺东斋西冈,墓表隶书"宋庐陵处士龙洲刘过之墓",并立祠于墓东斋之侧。后入祀吴郡名贤。

刘过终生布衣,颠簸漂泊,难酬报国之志。与陆游、陈亮等交游,与辛弃疾为莫逆之交,多有唱酬。亦与岳珂友善。[2] 嗜酒任侠,写平生忠义豪气,"其词能效辛体,而诗则别有会心",多悲壮之调,写山水景物亦清新秀美,誉称"诗侠"。其词"狂逸之中,自饶俊致,虽沉著不及稼轩,足以自成一家",与刘克庄、刘辰翁享有"辛派三刘"之誉。又与布衣刘仙伦齐名,合称为"庐陵二刘"。著有《龙洲集》《龙洲道人集》《龙洲词》《怀贤录》等。

(马俊芬)

滕 宬 (1154—1218)

滕宬,字季度,吴县(今江苏苏州)人,祖籍宋城(今属河南)。生于南宋绍兴二十四年(1154)。叶适弟子。博览好学,志以经世,唯不喜习制举文。开禧元年(1205),佐叶适于建康抗金,献策败敌有功。以学行闻于朝,宁宗赐号"廉靖处士"。晚年居齐门。藏书万卷,博学多识。范成大纂《吴郡志》,据其闻见最多。嘉定十一年(1218)卒,葬于苏州华山赤石原。

(李 峰)

张 攀 (1154—1223)

张攀,字从龙,号益斋,常熟人。生于南宋绍兴二十四年(1154)。晋广州刺史张彭祖裔孙。幼年郡试,不肯减年龄欺瞒。淳熙十一年(1184)由太学生登进

---

[1] 叶绍翁《四朝闻见录》载:"韩侂胄欲遣使议和而难其人……庐陵布衣刘过亦任侠能辩,时留昆山妻舍。韩颇闻其名,谕钱参政象祖风昆山令,以礼羁縻刘,勿使去。令轻于奉行,遂亲持圆状见刘,目之以奉使,别设供帐精舍以俟之。刘素号挥喝,喜不胜情,竭橐赀以结誉。后朝廷既用方、王,令小官也,不敢复叩钱,刘宾客尽落,竟郁郁以终云。"见商务印书馆1937年,第60—61页。殷奎《昆山复刘改之先生墓事状》则谓:"和戎使者失辞,诏用先生,辞以疾。"见李修生:《全元文》第1754卷,凤凰出版社2004年,第721页。

[2] 岳珂《桯史》卷二"刘改之诗词"条:"庐陵刘改之(过)以诗鸣江西,厄于韦布,放浪荆、楚,客食诸侯间。开禧乙丑,过京口,余为饷幕庚吏,因识焉……又嘉泰癸亥岁,改之在中都……余时与之饮西园……既而别去,如昆山,大姓某氏者爱之,女焉。余未及瓜,而闻其讣。"见上海古籍出版社2012年,第24—25页。

士第。知溧水县,历任严州、庆元通判,知兴国军,迁秘书丞,兼权右曹郎官,掌参领书籍、国史、天文历数之事,再命拜殿中侍御史兼侍读,除起居郎,兼崇政殿说书。

因淳熙后馆阁陆续得书甚多,嘉定十三年(1220)四月,张攀等奉诏编成《中兴馆阁续书目》三十卷,收录淳熙五年以后书籍八百四十五部、一万四千九百四十三卷,成为《中兴馆阁书目》之后的一部重要官修目录。后又编辑《孝宗皇帝宝训》七十卷、《宁宗皇帝会要》一百一十卷、《宁宗皇帝绍熙甲寅登报以后七年会要》一百一十五卷、《重修宁宗皇帝日历》五百卷等。又有《诸州书目》一卷。十七年卒,赠通议大夫、集英殿修撰。

家世清白,为人宽厚易直,遇事以诚,无一毫矫饰,仕州县以循良称,在朝廷以靖恭著。好藏书、读书,著有《益斋文集》《奏议》《汉唐论》等。

（曹培根）

敖陶孙(1154—1227)

敖陶孙,字器之,号臞庵、臞翁,福清(今属福建)人,赘居昆山。生于南宋绍兴二十四年(1154)。庆元五年(1199)进士。佥判泉州,历海门县(今海门市)主簿。嘉定四年(1211)任漳州府学教授。后辟酒所干官,改广东转运司主管文字,佥书平海军节度判官兼南外崇正簿,未赴任,奉祠。理宗即位(1224),主管华州西岳庙。与龚昱、李韶、林遇友,吴士多师从问学。宝庆三年(1227)卒,与沈夫人合葬于昆山东皋沈氏先茔。

文有气骨,尤以诗名,诗律堪与赵汝谠唱酬对垒。著有《臞翁诗集》。

（李　峰）

王大受

王大受,字仲可,一作宗可,号拙斋、易斋,饶州鄱阳(今属江西)人,徙居吴县(今江苏苏州)。名医王克明次子,叶适弟子。素以经世自负。以吴琚门客恩,补绍兴钱清煎盐官,人称"王煎盐"。密谋调和孝宗、光宗两宫父子之争有功。南宋宁宗开禧三年(1207),曾与谋诛灭丞相韩侂胄。后因忤丞相史弥远被远谪,卒于福建邵武。

深研理学,为江西鄱阳之学开山之一。叶适曾序其《易斋诗》,称许过于叶绍翁。著有《拙斋诗藁》《近情集》等。

（李　峰）

王　柟

王柟,字汝良,平江(今江苏苏州)人,祖籍大名(今属河北)。签书枢密院事王伦孙。

以祖父王伦恩荫入仕。初为城南厢官,调通州海门尉。南宋宁宗开禧三年(1207)擢监登闻鼓院,因宋军北伐失利,奉命假右司郎中使金,再以通谢所参谋官副许奕使金。嘉定元年(1208)奉诏函主持北伐之韩侂胄、苏师旦首级送金,议订和约。后守军器少监,知楚州,名士刘过赠词称其才"奇俊"。三年,以吏部郎中兼右司郎官,除将作监兼知临安府,次年除太府少卿仍兼知,又兼删修敕令官。八年,以秘阁修撰知镇江府,除右文殿修撰再知临安府,九年除太府卿仍兼知,次年免兼。以右文殿修撰知太平州,加集英殿修撰致仕。卒后葬于苏州阳山。

(李　峰)

吕伯奋(1159—?)

吕伯奋,字忠甫,昆山人。生于南宋绍兴二十九年(1159)。乾道二年(1166),年方八岁中童科,诵《易》《书》《诗》《二礼》《论》《孟》及御制赞记十三通,命免文解一次。五年,其弟仲堪、叔献亦并中童科,时皆称神童。淳熙十一年(1184),吕伯奋举进士,后湮没无闻。

(李　峰)

周　南(1159—1213)

周南,字南仲,号山房,晚号善类、秃翁,吴县(今江苏苏州)人。生于南宋绍兴二十九年(1159)。卫季敏二女婿,卫泾、卫湜姐夫。绍熙元年(1190)举进士。为池州教授,移濠州学。嘉泰元年(1201)差为常州推官,改主管吏部架阁文字。开禧二年(1206)北伐,与选枢密院机速房,掌兵事密奏,辞补干办浙东常平司。除秘书省正字。嘉定三年(1210)罢职,六年,任为干官,立誓辞任,卒于家。

性任侠刚直,博学有时名,以世道兴废为己任,在叶适吴门弟子中,著名称第一。善诗文,尤长四六,自成一家。著有《山房集》。

长女婿卫朴,为卫泾之子。嘉定元年任书写湖南安抚司机宜文字。绍定三年(1230)知严州,次年除太府寺丞,御敌有功,多惠政,崇祀名宦。

(李　峰)

孔元忠（1159—1226）

孔元忠，字复君，长洲（今江苏苏州）人，祖籍商河（今属山东）。生于南宋绍兴二十九年（1159）。叶适高弟。初监东阳县（今东阳市）酒税，调含山县尉。中锁厅试，知金坛县（今金坛市）。历淮西总领所惠民局、浙东安抚司干办公事，通判常州、临安二府。嘉定七年（1214）主试事，诏从其奏请，革封弥撰号用字之弊。擢太常寺主簿，厘正乐章。除太府寺丞，出知徽州、抚州，改处州，知饶州，未任奉祠。宝庆二年（1226）致仕，卒于家。

与周南为同门挚友。建书楼藏书颇富，博学以文鸣，尤粹于《论语》。著有《豫斋集》《论语钞》《编年通考》《考古类编》《纬书类聚》等。　　　　（李　峰）

卫　泾（1159—1226）

卫泾，字清叔，号拙斋居士、后乐居士，昆山石浦人，原籍华亭（今上海松江）。生于南宋绍兴二十九年三月二十九日（1159年4月19日）。先世齐人，唐末避乱南迁华亭。祖父卫阗，字致虚，始迁昆山。北宋政和八年（1118）中进士。曾摄学正、太学博士。历知平阳、新城、余杭，通判镇江府、绍兴府。著有《易说》《论语解》等。父卫季敏，字子文。以恩荫入仕。历任江宁主簿、绍兴府司法参军、海门知县、签书建康军节度判官，终镇江军通判，官至左朝奉大夫。

少有异操，师从永嘉李去智。孝宗淳熙十一年（1184）进士第一名，状元及第。授承事郎，添差镇东军签判。十四年四月，任秘书省正字，兼吴王、益王府教授，进校书郎。忧国爱民，轮对直言："陛下即位之初，锐意事功，不次用将相，痛愤以图恢复。二十六年之久，无一事足以称陛下意者，而陛下大有为之志亦少弛矣。一祖八宗之业，太上皇付托之重，子孙亿万年之基绪，陛下一身任之，岂可仅取苟安无事而遂已耶？庸常之才持禄保身，而风俗日坏，士气日卑，民生日困，臣恐天下之患将有出于意虑之外者。事几易失，时不再来。愿陛下坚自强之志，振纪纲以张国势，作气节以厉媮堕，则静可以强根本，动可以复土疆，而事功立矣。"〔1〕

孝宗初立，政事尚修谨，卫泾以著作佐郎身份赐对，言今日风俗颓废，百度纵弛，人材削弱，国势未张，汲汲有为尚恐不济，若犹因循其敝，将至于不可为。又

---

〔1〕　王鏊：《（正德）姑苏志》卷五一《卫泾传》，清文渊阁《四库全书》本，页二十至二一。

析当时形势,宋金势不两立,名为和好,实则仇敌;名为息兵,实则观衅。自绍兴以来,五十年无大战;自隆兴以来,三十年无小斗,间隙之生,远不过五六年。望孝宗规恢远图,卧薪尝胆,不忘北乡,奋发英断,与二三重臣讲求大计,委任而责成之,内治外备,则大仇可复,中兴可期。

绍熙元年(1190)迁著作郎,兼司封郎官。次年出为江南路提举,改淮南东路、两浙东路提举。庆元元年(1195)召为尚书右郎官。三年,迁左司郎官,以起居舍人假工部尚书,充贺金主生辰使。使还,任直焕章阁,知庆元府、沿海制置使。因被诬告罢归,辟建西园,筑后乐堂,自号后乐居士。开禧元年(1205),召还,任太常左侍郎,任中书舍人,兼直学士院,吏部左侍郎兼侍读。三年起,历任吏部、礼部尚书,御史中丞兼侍读、端明殿学士、签书枢密院事,拜参知政事,提举国史院、实录院编修敕令,封昆山县开国伯。嘉定元年(1208),兼太子宾客。二年十二月,以端明殿学士提举临安府、洞霄宫。五年,因疏请除史弥远而遭劾,历知潭州府、隆兴府、扬州府。十七年,进资政殿大学士、金紫光禄大夫。宝庆二年(1226)因病乞休致仕,进封吴郡开国公。[1] 同年十月初二日(1226年10月24日)病逝,特赠少师,追封秦国公,谥文节。葬于湖州归安县广德乡石佛山先祖茔侧。石浦有其衣冠冢,气势不凡,人称状元山,即六鳌山,马鞍山有状元坊、卫文节公祠。

生平历事四朝,为官四十余年,忧国忘家,始终一节,深谋远虑,不邀近功。在朝廷孤立自守,不畏权势,刚直不阿,为人所重。以贤才为立国之基,荐进搜举,汲汲如不及。重厚而闳深,温纯而直谅。儒珍久晦,经纶富有于胸中。曾取朱熹四书诸经传注,刊刻传世。能文善诗,风格清丽。著有《后乐集》。

兄卫沂,弟卫洽、卫洙,均中进士。弟卫湜好古博学,别有传。　　　　　(李嘉球)

卫　湜

卫湜,字正叔,昆山石浦人。卫泾幼弟。出身望族。清整淡泊,好古博学。中锁厅试,任为太府寺丞、将作少监,皆未赴任。闭门著书。南宋理宗宝庆元年(1225),以通直郎知常州武进县(今常州市武进区),次年上表朝廷并进所著《礼记集说》,擢朝散郎、直秘阁,历转朝请郎、朝奉大夫。绍定四年(1231)为"备员

---

[1] 康熙《昆山县志稿》卷十三《名贤》云:"嘉定十七年,进资政殿大学士、金紫光禄大夫。致仕,进封吴郡开国公。"《宋故资政殿大学士金紫光禄大夫卫泾圹志铭》云:"宝庆二年七月,以疾丐休致,特转一官致仕。"

江东漕管"。嘉熙三年(1239)七月出任严州知州,次年十二月内召回京。后以直宝谟阁知袁州,终朝散大夫。

平生酷嗜藏书,建栎斋以藏之,与兄弟群子习业其中,学者称为栎斋先生。与永嘉事功学派领袖叶适私交甚笃。自开禧至嘉定(1205—1224)年间,集《礼记》诸家疏注凡二十余载,纂成《礼记集说》一百六十卷。书成后,宝庆元年特请名儒魏了翁作序,次年撰写自序,绍定四年由江东漕院大资政赵善湘刊刻。以后复披阅旧编,搜访新闻,严加核订,嘉熙四年,在严州知州任内由新定郡斋刊刻修订本。此书从开始撰著到第二次刊刻,前后长达三十余年。旁征博引汉至宋郑玄、孔颖达等历代学者144家对《礼记》的解义,网罗之广前无古人。治学严谨,兼收并蓄,且审慎对待繁杂文献,坚持兼存与削刊并重原则,舍弃牵强附会、舛驳错伪之说。每引一说,必标明作者姓名与出处,不掠人之美。所据典籍后世亡佚很多,故诸多文献皆赖此书以传。另著有《统说》一卷、《文章奏议》五十卷。

(马一平)

周 虎(1161—1229)

周虎,字叔子,常熟人,徙居平江(今江苏苏州),原籍山阳(今江苏淮安)。常熟有别业。生于南宋绍兴三十一年(1161)。曾祖周稹,通判广州。祖周恕,乡贡进士。父宗礼,赠武略大夫。母何氏,家世宦,孝养公婆五十年,勇决有心智,崇尚气节。

庆元二年(1196),周虎考中武状元,平江府为立坊。授秉义郎、殿前司护圣步军第一将同正将。嘉泰二年(1202)除武学谕、阁门舍人,假均州观察使知阁门事,出知光州、楚州。四年,得母佐助安抚浮光军民,坚守抗金。开禧二年(1206)移知山阳,守和州。和州地势险要,北兵南侵必先陷和州。十一月,金国集数道精兵围攻,时城中守兵不足二千人,或议撤兵,退保江西。周虎不为所动,誓死守城,慷慨陈词:"吾国家守臣,一朝去此,则为奔亡之人。失节败名,生不如死;效死弗去,虽殁犹生。吾计决矣!"[1]母年已九十,携孙星夜兼程赶至和州,决心与城共存亡,亲为将士送水做饭,士气大振。一日,金兵用火箭射楼橹,飞烬所及,城中火四起,乘势急攻。部将请少避其锋,周虎怒挥所佩刀,谓众言:"城即破,吾用此自刎城上。汝辈脱,归报朝廷,吾九十老母尚得温饱终余年。若此足

---

[1] 陈祖范等:《昭文县志》卷五,清雍正九年学爱堂刻本。

一动,忠孝两亏矣!"[1]守城一月,交战三十四次,杀金兵骁将十余名,射死金兵右帅石砣跶,金兵受重创败退而去。于是宋金"和议"始坚,而江淮奠枕。三年,知历阳,朝廷褒奖,特封其母为感义郡太夫人,加永国太夫人,特转周虎为武功大夫。和州百姓造生祠祀其母子,淳祐(1241—1252)中赐名忠烈祠。

嘉定元年(1208)知文州,改主管侍卫马军司事,出任成州团练使,入为侍卫马军都虞候。五年,除带御器械兼干办皇城司。因母病逝丁忧。为人倜傥,尚义轻财,平时介特,多忤用事者,故不沾赏,被诬为韩侂胄党谪徽州。十年,起知和州,屡辞未允方至任,人称"傲将军"。绍定二年转和州防御使、主管马军司致仕,爵至临淮县开国侯,正月二十八日(1229年2月23日)病逝于苏州,谥忠惠,葬于常熟虞山南邵家湾[2]。所居苏州庆元坊赐额,改称周武状元坊,崇祀为吴郡名贤。

武艺高强,而有儒将风度。有学问,能诗,文辞赡敏,曾作《清源庙记》,叙神赵昱助己克敌之事。书法尤善大字,名重一时。

(李嘉球)

盛 章(1162—?)

盛章,字如晦,一字俊卿,号如斋,临安(今浙江杭州)人。生于南宋绍兴三十二年(1162)。淳熙十四年(1187)进士。嘉定三年(1210)知晋陵县。六年,任行在杂买务杂卖场提辖官,次年除干办诸司审计司,九年,历任太常寺主簿、太常博士。次年任监察御史,十一年,进左司谏。十二年,除殿中侍御史,兼侍讲。十四年,试吏部侍郎,兼侍读。官至吏部尚书、敷文馆学士,封吴江开国伯。被尊为吴江盛姓始祖。

(李 峰)

赵伸夫(1162—1222)

赵伸夫,字信道,常熟人。生于南宋绍兴三十二年(1162)。宗室魏悼王赵廷美七世孙。绍熙元年(1190)进士。为松阳主簿。庆元元年(1195)调绍兴府观察推官,添差干办淮东茶盐司,改知江都县。嘉定七年(1214)权知楚州,迁县

---

[1] 丁祖荫、庞树森:《重修常昭合志》卷二二《周虎传》,上海社会科学院出版社2002年,第989页。
[2] 丁祖荫、庞树森:《重修常昭合志》卷十二《名胜志·冢墓》。桑翘《周忠惠公墓门记》略云:"虞山南西罄折数湾,此谓周圾湾,相传宋周太尉墓,故名。按《邑志》,周虎墓在吴干试剑石下,与父老言同。"今据刘宰撰墓志铭。

治,筑淮阴新城,卓有劳绩。除军器少监、右曹郎官,升知庐州,创筑月城,于安丰抗金获捷。历金部郎官,迁两浙路转运判官、计度转运副使。终以直龙图阁知宁国府。十五年卒。

工书法,曾为《月林观禅师塔铭》篆额。 （王晋玲）

朱晞颜(1163—1221)

朱晞颜,字景渊,吴县(今江苏苏州)人。生于南宋绍兴三十三年(1163)。卫泾妹夫。

绍熙元年(1190)中进士。初为教官,改上元县尉,有治才,与江宁县尉刘宰并称"东南两尉"。宁宗即位(1194)后,调任扬州教授。迁知归安,简催科劝义役,捐俸赈饥,断狱明敏,善政称最。后差福建转运司主管文字,通判湖州。罢职奉祠,主管建昌军仙都观,官终朝奉郎。与刘宰交契三十余年,皆以粹学才清知名。嘉定十四年(1221)卒,葬于湖州长兴福来山太阳坞。 （李　峰）

颜直之(1172—1222)

颜直之,字方叔,号乐闲、乐闲居士,长洲(今江苏苏州)人。生于南宋乾道八年(1172)。曾主管仙都观,官至中散大夫。善养生。医精外科。画工绘山林人物,书工秦小篆。喜玩石,密友楼钥曾为寄兴安石。庆元(1195—1200)间,以创制诸色佳笺擅名,精妙如画。嘉定十五年(1222)卒。著有《集古篆韵》《疡医方论》《外科会海》《疡医本草》等。

子颜汝勋,字元老,号一斋、一斋居士。曾任永嘉主簿,官至朝请大夫。从苏州无明慧性禅师习禅。工篆书,淳祐三年(1243)曾撰书《无明慧性禅师语录》序及塔铭。 （王晋玲）

高定子(1177—1247)

高定子,字瞻叔,号著斋,蒲江(今属四川)人,徙居吴县(今江苏苏州)。生于南宋淳熙四年(1177)。大儒魏了翁同产兄。嘉泰二年(1202)中进士。授郪县主簿,调中江县丞,辟丹棱令,寻改监资州酒务。历知夹江县、长宁军、绵州,兼安抚使及参议官,备御蒙古军,以收捕张钺等功进直宝章阁。迁刑部郎中,为直宝谟阁、江南东路转运判官。历迁军器监、太府少卿、计度转运副使、司农卿兼玉牒所检讨官,升兼枢密都承旨,又迁太常少卿兼国史院编修官、起居舍人,寻兼中书舍人,参赞同京湖、江西督视府事。迁礼部侍郎,仍兼中书舍人,寻兼崇政殿说书兼直学士院。改侍讲、权礼部尚书,升兼侍读,寻兼直学士,擢翰林学士、知制诰兼吏部尚书,升兼修国史、实录院修撰,荐召史学家李心传修四朝志传。进端明殿学士、签书枢密院事,寻兼权参知政事,出知福州、福建安抚大使,改知潭州、湖南安抚大使,皆辞,以资政殿学士转一官致仕。赐府第于苏州仰家桥,封成国公。淳祐七年(1247)卒,赠少保,谥忠襄,葬于吴县洞庭西山包山寺。

博通六经,曾建同人书院于夹江,创六先生祠。著有《著斋类稿》《存著斋文集》《北门类稿》《薇垣类稿》《经说》《绍熙讲义》《奏议》《历官表奏》等。

(李　峰)

李　韶(1177—1251)

李韶,字元善,号竹湖、直空老人,吴县(今江苏苏州)人。生于南宋淳熙四年(1177)。李弥逊曾孙。嘉定四年(1211)中进士。历南雄州、庆元教授。以廉勤被荐授主管三省架阁文字,迁太学正,改太学博士。以忤史弥远出为泉州通判,改知道州。绍定四年(1231)提举福建市舶。入为国子监丞,改知泉州兼市舶。端平二年(1235)转太府寺丞,迁都官郎官、尚左郎官。升右正言、殿中侍御史,与杜范以廉直并称"李杜"。权工部侍郎、正言,迁起居舍人,以集英殿修撰知漳州,号称廉平,誉称"李生佛"。

嘉熙四年(1240)迁户部侍郎,次年改礼部侍郎,兼侍讲、国史编修、实录检讨,皆辞,改任吏部侍郎兼中书舍人。淳祐二年(1242)以宝章阁直学士知泉州,五年召为礼部侍郎,迁权礼部尚书兼侍读。擢翰林学士兼知制诰仍兼侍读,同从官抗疏迫帝下诏,勒令史嵩之致仕。七年,以端明殿学士奉祠。十一年卒,谥忠清。

(王晋玲)

魏了翁(1178—1237)　　　子 魏克愚

魏了翁,本姓高,字华父,号鹤山,学者称鹤山先生,蒲江(今属四川)人。生于南宋淳熙五年(1178)。高定子同产弟。

庆元五年(1199)中进士。签书剑南西川节度判官厅公事,召为国子正、武学博士,以校书郎知嘉定府。嘉定二年(1209)丁生父忧,于蒲江创鹤山书院,授学生徒。起知汉州,历知眉州,潼川府提刑兼提举常平、转运判官,直秘阁知泸州、主管潼川路安抚公事。复知潼川府,进兵部郎中、司封郎中兼国史院编修官、太常少卿兼侍立修注官、秘书监、起居舍人、起居郎。宝庆元年(1225)谪居靖州,亦创鹤山书院。绍定四年(1231)复职,五年,任宝章阁待制、潼川路安抚使知泸州。端平元年(1234)权礼部尚书兼直学士院。次年兼同修国史兼侍读,再兼吏部尚书,以端明殿学士同签书枢密院事督视京湖军马,进封临邛郡开国侯。三年,为资政殿学士知绍兴府、浙东安抚使。因病就医苏州,嘉熙元年(1237)卒,赠太师,谥文靖,累赠秦国公。葬于苏州高景山西金盆坞,仍赐宅第于苏州南宫坊,甫里别业罗隐庵及庄田数顷,名魏家库,子孙聚居。

究经学古,自为一家,与真德秀齐名,皆称大儒。著有《鹤山全集》《周易要义》《周易集义》《九经要义》《经外杂钞》《古今考》《易举隅》《周礼井田图说》《经史杂录》《师友雅言》等。

次子魏克愚,字明己,号静斋,一作靖斋,尊称静翁。生于南宋嘉定十二年。淳祐十二年(1252)以军器监丞出知徽州。宝祐三年(1255)知温州兼节制镇海水军,次年迁司农寺丞兼驾部郎官,六年,出为湖北常平使。景定二年(1261)为两浙运判,暂兼知临安府,除军器监,升两浙转运副使。三年,除太府少卿、太府卿,仍兼知临安府。四年,兼敕令所删修官,改浙西安抚使,忤权臣贾似道、陈宜中等,贬于严州。咸淳五年(1269)卒,葬于苏州高景山西金盆坞父墓侧。

工篆书,能诗文。曾与兄魏近思编刻魏了翁遗稿《鹤山文集》百卷及《周易集义》《九经要义》等。

(李 峰)

方万里

方万里,字子万,一字鹏飞,号蕙岩,吴县(今江苏苏州)人,原籍建德(今属浙江)。南宋嘉定四年(1211)中进士。十一年,为江阴军教授。宝庆元年(1225)充庆元府学教授,与撰《四明志》。绍定五年(1232)起知江阴军,官至太常寺簿。曾归葬平江知府赵汝述,卓有义声。淳祐三年(1243)友吴文英作词贺寿。卒年六十四以上。以诗词名。著有《万里诗集》。

(王晋玲)

叶祐之　　张端义(1179—?)

叶祐之,字元吉,号同庵,吴县(今江苏苏州)人。父叶大显,字仲谟。历知於潜县,官至司农寺簿。居官守正,曾上平湖海群寇之策,有韬略。

叶祐之弱冠乡贡。家贫典衣买书,究心性理之学十七年,读陆九渊门人杨简《绝四记碑》后开悟,于苏州得拜杨简为师,为高足,杨简待之如友朋。以理学与沈巩齐名。亦能诗工书,南宋理宗绍定二年(1229),曾作《司马温公光州祠堂碑》。穷困四十年,卒后从祀慈湖书院。

张端义,字正夫,号荃翁,吴县人,原籍郑州(今属河南)。生于南宋淳熙六年(1179)。叶祐之表弟,项安世弟子。居朱长文乐圃故址。肄举子业,娴于弓马技击。曾官真州录事参军、节度推官、浦江丞。端平元年至三年(1234—1236),应诏三次上书,直言时政积弊,凌厉激切,被谪置韶州,复谪置化州,淳祐八年(1248)后卒。

与杨简、唐仲友、魏了翁、崔与之、陈埙等交,为人敬称"先生"。爱作诗赋小词。工词,论词往超时流。论诗尚实说,有诗名,近于江湖诗派。著有《贵耳集》《荃翁集》等。

(李　峰)

陈贵谊(1183—1234)

陈贵谊,字正甫,一作正父,昆山人,原籍福清(今属福建)。生于南宋淳熙十年(1183)。父陈宗召,字景南,赘居昆山,为名士龚识女婿。淳熙二年(1175)中进士。绍熙四年(1193)又独中博学宏词科,时以为荣。起家国子博士、秘书郎,累官礼部侍郎、翰林学士。嘉泰二年(1202)除工部尚书致仕。书善楷隶,曾奉敕书吴挺《世功保蜀忠德之碑》。兄陈贵谦,字益甫,一作益父。嘉泰二年应博学宏词科,赐进士。累官著作郎,历任安庆知府、礼部郎中、太平知州、江东提刑。与高僧师观交密,精禅学,有《答真德秀问禅书》。

陈贵谊少承家学,与兄贵谦皆工诗文,早有才名。庆元五年(1199)中进士。授瑞州观察推官。调安远军节度掌书记,辟差四川制置司书写机宜文字。嘉定元年(1208)又中博学宏词科,授江南东路安抚司机宜文字。三年,迁知太社。四年,改武学谕、国子录,迁太学博士、太常博士。七年,迁将作监丞,兼魏惠宪王府小学教授。因忤宰相史弥远,迁秘书郎,出知江阴军,提举江西常平。召授礼部郎官,起知徽州,召授司封郎官兼翰林权直、玉牒所检讨。理宗即位,任宗正少卿兼侍讲、兼权直学士院,迁起居舍人。宝庆元年(1225)迁中书舍人,兼直学士院,进礼部侍郎,权刑部尚书,升修玉牒官兼侍读,迁礼部尚书兼给事中。绍定五年(1232)为端明殿学士、签书枢密院事,次年自同签书枢密院事除参知政事,兼签书枢密院事,治事细密富才具,号称"名执政"。端平元年(1234)兼同知枢密院事,守本官致仕。特赠少保、资政殿大学士。同年卒,谥文定。　　　　(李　峰)

丘　岳(1187—1255)

丘岳,字山甫,号煦山,常熟人,原籍朐山(今属江苏连云港)。生于南宋淳熙十四年(1187)。曾祖磻,官高唐县丞。祖琚,字伯玉,受学于北方,绍兴三十一年(1161)授迪功郎、招抚使准备差遣,子丘松授下州文学,遂家高邮。丘琚卒后葬于苏州吴县,丘松遂徙居常熟。

丘岳为丘松次子。嘉定十年(1217)中进士。授太湖尉,辟蕲州推官。绍定三年(1230)被赵范辟为参议官,从平李全叛乱有功。通判黄州,知真州。端平三年(1236)大败蒙古军,四战全胜,卓有功绩。迁兵部郎中、淮东提刑兼提举常平。淳祐元年(1241)以司农少卿、淮东总饷,暂权镇江知府事,兼都大提举浙西兵船。五年,知太平州,兼提领江淮茶盐所、江东运判、提领安边所,改知江州,兼沿江制置副使、江西安抚使。六年,兼两淮屯田副使。起为淮东安抚制置使兼知扬州,兼淮西制置使。八年,任兵部侍郎,加宝文阁直学士,以工部侍郎召还入朝。宝祐元年(1253)出任沿江制置使,兼江东安抚使,节制和州、无为军、安庆三郡屯田使,次年兼知建康府,兼营田使、行宫留守。三年,以龙图阁直学士致仕。官至正仪大夫,封东海郡侯。

有文武才,立志誓死报国,理宗特御赐书"忠实"。卒赠银青光禄大夫,累赠特进。葬于今江苏张家港市河阳山。　　　　　　　　(李　峰)

莫子文(1193—1267)

莫子文,字仲武,吴江(今江苏苏州吴江区)绮川人,祖籍归安(今浙江湖州)。生于南宋绍熙四年(1193)。先世于湖州号月河莫氏。曾祖琯,祖宁,皆有隐德。父大猷,字廷嘉,绍定(1228—1233)中以荐仕至浙东常平司提干,累赠朝请大夫。

莫子文兄弟五人,其居长。幼承父教,通九经诸史,能辞赋。宝庆二年

(1226)中进士。同年公试入等,升内舍生,授瑞州教授。嘉熙二年(1238)任建康府学教授。淳祐二年(1242)知武康县,甫半载即丁父忧回籍。五年,起知嘉兴县。七年十一月,以括田法苛细害民,拒命被劾,降秩坐废。十一年六月,开复原官。历迁道州通判、浙西安抚司机宜。宝祐元年(1253)改差通判临安军府事,次年因鞫狱得罪富人,为殿中侍御史刘元龙论罢,差干办诸司审计司,未供职,改任尚书省检阅官,兼提领江淮茶盐所主管文字。三年,充尚书省茶盐所检阅官,分司真州。因增收一千余万贯,四年正月特与转一官,以示旌别,未几为侍御史丁大全论罢。五年五月得旨奉祠。开庆元年(1259)充浙西制置司机宜文字,迁知广德军,景定二年(1261)八月到任,在任八月,被江东转运使赵与訔按罢。四年七月叙复原官,五年十月度宗即位后,转朝请大夫,以年高绝意仕进。"傍家有小园六七亩……堂三间曰'观心',取诸乐天之诗;小楼曰'得寓',取诸醉翁之记。日与诸弟子侄讲习其间,亲朋过从,不废觞咏。"[1]诗喜白居易,曾为玛瑙元敬、东嘉元复《武林西湖高僧事略》作序。著有《孝经忠经衍义》二十卷、《读书管见》六十卷、《西园杂兴》一卷等。

咸淳三年五月初十日(1267年6月3日),临终自撰墓志铭,谓平生疏戆多折,志在忠君爱民,"鞭笞不及百姓,作邑三考,未尝屈于权势"[2],可对上天和先人。简葬于吴县(今江苏苏州)新郭宴宫里(后称灵岩乡晏宫里),后世崇祀于石湖乡贤祠。

子莫若鼎,嘉兴录事参军;孙莫中孚,直显文阁,皆祔葬宴宫里。明代裔孙莫震、莫旦别有传。

(李 峰)

王 万(1196—1243)

王万,字处一,号抑斋,婺州浦江(今属浙江金华)人,徙居常熟。生于南宋庆元二年(1196)。随父曾居濠州定远(今属安徽)。聪颖力学,忠佞有经世之志。嘉定十六年(1223)中进士。调和州教授,迁浙西提举司主管文字,未阅月遭父丧。端平元年(1234)起为主管吏部架阁文字,迁国子学录,次年添差通判扬州,以母老辞,改镇江府通判。力主抗击蒙古,发奋图强,所奏治边御敌诸策皆切实可行。三年,任枢密院编修官。嘉熙元年(1237)兼权屯田郎中,出知台州,以惠

---

[1] 莫震:《石湖志》卷四《莫子文自撰墓志》,明刻本,页五。
[2] 莫震:《石湖志》卷四《莫子文自撰墓志》,明刻本,页六。

政称名宦。三年,为屯田员外郎兼编修,迁尚书右司郎官兼崇政殿说书。次年擢监察御史,力劾宰相史嵩之纳贿弄权诸事,以忠直敢言著称,与曹豳、郭磊卿、徐清叟号为"嘉熙四谏"。迁大理少卿,忿史嵩之当政,命下之日即归常熟寓舍。后迁太常少卿,差知宁国府,除直宝章阁奉祠,出为福建提刑,加直焕章阁,为四川宣谕使司参谋官,皆力辞乞休。诏特转朝奉郎、守太常少卿致仕。淳祐三年(1243)卒。时值侍御史阙,宰相进拟数人,孝宗皆不可意,谓王万真其选。闻其已卒,嗟惜久之。因降手诏,褒奖王万立朝謇谔,有古遗直;为郡廉平,有古遗爱。念其家贫母老,赐官楮五千贯,于平江府拨田五百亩以赡其家。特赠集英殿修撰,谥节惠,改谥忠惠。

立朝以"事天"二字自警,亢直无所阿挠。学专有得,尤精于边防要害。著有《易说》《时习编》《书志编》等。 （李　峰）

刘震孙(1197—1268)

刘震孙,字长卿,号朔斋,尊称长翁、朔翁,吴县(今江苏苏州)人,祖籍东平(今属山东)。生于南宋庆元三年(1197)。宰相刘挚六世孙,魏了翁女婿,魏克愚姐夫。

端平三年(1236),刘震孙除太常寺主簿。嘉熙元年(1237)知安吉州,二年,除兵部郎官兼京西、湖南北、江西路督视参议官。宝祐三年(1255)提举广东常平,创设寿安院。五年,知宣州,除右司郎官。开庆元年(1259)为贾似道宣抚司参议官。景定元年(1260)迁宗正少卿,兼国史院编修官、实录院检讨官。除直宝谟阁、提举江东常平,官太常少卿兼权直舍人院。四年,为中书舍人。因忤贾似道被劾罢,归居苏州木鸡窠。咸淳二年(1266)由起居郎兼中书舍人改秘阁修撰、提举福建常平。改知福清县事、福建提刑。三年,知建宁府兼福建转运使。官终礼部侍郎。四年,病卒于任。

通书学,善大字。工诗文词,与吴文英等唱酬,时称一流人物。曾与吴坚重刻祝穆所撰《方舆胜览》。 （王晋玲）

黄济叔(1197—1273)

黄济叔,佚其名,字济叔,晚号樗庵老人,吴县(今江苏苏州)人,祖籍井研(今属四川)。生于南宋庆元三年(1197)。元祐党人黄迁四世孙,杨明复姻亲。

黄济叔为李心传、李道传弟子,牟巘师。游蜀,学于成都石室,吴渊、刘震孙、李献可前后交聘。牟子才守当涂,辟其入幕,作小学规约甚备。景定三年(1262)调宁德县丞,革除预借之弊,辟为提点浙东刑狱司吏,冤狱多所平反。咸淳八年(1272)辟浙东茶盐司准备差遣幕府提干。刊正《汉书》,校雠真德秀所编《文章正宗》。九年,卒于任。

学问赅贯,尤粹于经,训诂义疏精审。诗尚王安石、苏轼,书法尤遒劲。著有《论语幼学》《说易集传》《诗会解》《汉晋史节》《通鉴类名物度数》《性理指南》《信笔录》等。

（王晋玲）

沈子蕃

沈子蕃,名挚,以字行,吴郡(今江苏苏州)人。南宋时,与朱克柔同以缂丝技艺著名。多以院体名家书画为粉本摹缂,题材多为山水、花鸟、人物。巧用梭、拨,通经断纬,运用渗和戗、长短戗、掼缂、子母经等多种技法,所作工丽典雅,独具风格。传世作品有《梅鹊图》《青碧山水图》等。

（王晋玲）

袁遇昌

袁遇昌,吴县(今江苏苏州)木渎人。南宋时泥塑名家。精于捏塑、速塑,尤擅塑泥婴孩玩具,俗称摩睺罗,语本梵语摩睺罗伽(Mahoraga)。为佛教中福神,多于七夕时用,为生子之吉祥物。袁遇昌每用泥抟埴一对,高六七寸,价值三四十缗。彩画鲜妍,五官皆具,齿唇眉发与衣襦襞积细密,栩栩如生,技艺极巧[1]。虎丘有耍货市,土偶为尚,由其创始。

宋陈元靓于《岁时广记》称,摩睺罗"惟苏州极巧,为天下第一。进入内廷者,以金银为之"[2]。镇江博物馆藏有一组宋代泥塑童戏,反映五孩摔跤游戏场面,高十余厘米,经过烧制,外表未施釉,个别地方略施彩绘。泥孩儿背后下侧有戳印"吴郡包成祖""平江包成祖""平江孙荣"。袁遇昌卒后,其子不传,然其技艺影响后世,代有同好能手,精巧传神为绝技。

（林锡旦）

---

[1] 民国《吴县志》卷七五《袁遇昌传》,民国十二年铅版,苏州文新公司承印,页十一。
[2] 陈元靓:《岁时广记》卷二六,民国二十八年商务印书馆据十万卷楼本排印,第303页。

郑起潜（1201—1267）

郑起潜，一名起，字子升，号立庵，吴县（今江苏苏州）人，原籍闽县（今福建福州）。生于南宋嘉泰元年（1201）。嘉定十六年（1223）中进士。为吉州教授。端平元年（1234）迁国子正。历太常博士。嘉熙三年（1239）除秘书郎。迁著作郎，兼权考功郎官、国子司业，兼史馆检讨官、崇政殿说书，除起居舍人，转直学士、司谏。淳祐四年（1244）迁礼部侍郎兼直学士院，权兵部尚书，以附宰相史嵩之，被劾贬赣州。咸淳三年（1267）卒。

通《易》，好佛学，治诗赋，精通声律。著有《声律关键》《立庵集》。（李　峰）

龚　开（1217—1307）

龚开，字圣予，一作圣与，号翠岩，别号岩翁、龟城叟、蒙城叟，人称髯龚、老髯等，山阳（今江苏淮安）人。生于南宋宁宗嘉定十年（1217）。景定元年（1260），于扬州入赵葵幕，后为李庭芝两淮制置司监当官。与陆秀夫为僚友。入元隐居苏州龟山，与龚璛为忘年友，皆以名节著称。元成宗大德十一年（1307）卒。

善弈，工古隶，善画山水，尤善作墨鬼、钟馗及瘦马。通经术，精鉴藏，善评诗，文章风格高古。著有《古棋经》《龟城叟集》。（李　峰）

郑虎臣（1219—1276）

郑虎臣，字廷翰，一字景兆，吴县（今江苏苏州）人，原籍长溪（今属福建）。生于南宋宁宗嘉定十二年（1219）。武学生。家居东故市巷，因曾凿池得古砚，名天砚堂，居第甚盛，号"郑半州"。父郑埙，宋理宗时任越州同知，遭贾似道陷害，被贬死破家。郑虎臣受株连，充军边疆，后遇赦放归。德祐元年（1275）任会稽县尉，立誓复仇。

是年，元军南侵，贾似道率宋军十三万出战，大败于丁家洲（今天安徽铜陵东北江中），乘舟逃遁。群臣请诛，得其党陈宜中等庇护，乃贬为广东高州团练副使，循州安置。郑虎臣自请充任监押使，押送贾似道赴贬所。当时，贾似道寄寓建宁府开元寺，尚有侍妾数十，郑虎臣将侍妾释放，命人撤去贾似道座轿轿盖，暴晒于烈日中。又将贾似道罪行丑事编成杭州曲调，令轿夫吟唱。一日入古寺，壁上有吴潜题字，为吴潜被贾似道陷害贬于循州安置时道经所题。郑虎臣以吴潜事相讽,贾似道愧不能对。一日舟行至剑南黯淡滩,郑虎臣谓水清可死于此,贾似道谓谢太后许以不死,候有诏即死。十月,至福建漳州木棉庵,郑虎臣再次讽令自杀,贾似道依然不肯,遂拘其子于别室,将贾似道杀于厕中。一说,漳州太守赵分如为贾似道门客,宴请郑虎臣,欲请贾似道入座。郑虎臣不许,贾似道亦固让不敢。宴毕,郑虎臣即促赶路,离城五里在木棉庵休息。贾似道服毒自尽,郑虎臣复捶打而死。义举传诵朝野,被誉为劲节正气名士。

翌年,陈宜中逃至福州,拥立赵昰,捕杀郑虎臣。墓在苏州阳山西白龙祠。祀为吴郡名贤。曾纂辑《吴都文萃》十卷。著有《集珍日用》《元夕闹灯实录》等。

(马俊芬)

阮登炳(1219—1300)

阮登炳,小名仪孙,字显之,号石坡、菊存居士,长洲(今江苏苏州)人,祖籍宁德(今属福建)。生于南宋嘉定十二年(1219)。曾祖阮简共,任平江府(今苏州)司户。祖阮大遇,承信郎、都督府干官。父阮诚,赠朝奉郎。阮氏为书香之家,以世习《礼记》闻名。

阮登炳为俞琰弟子。幼承家学,通读经典,博览群书,善文能词。少有报国之志,受龙图阁学士、工部尚书刘克庄赏识。淳祐六年(1246)荐任秘书。授读太子赵禥(即宋度宗),与留梦炎等交游。咸淳元年(1265)中试会元,复赐状元及第。例授承事郎,为绍兴府签判。四年,以签书镇东军节度判官厅公事兼福王府教导官,改承议郎、秘书省正字。时贾似道当国,强力推行"公田法"已数年,号称可免和籴、饷军、造楮币、平物价、安富室,一事行而五利兴。浙中大扰,百姓破家失业者甚众。五年,阮登炳上疏请停此法,遭贬官,遂辞官归隐,仿陶渊明栽花种菊,取号菊存居士,以表其志。两年后,起为福建建宁府添差通判,入为秘书省校书郎,秘书监丞、权少监,升秘书监,官至朝请郎。

德祐二年(1276)宋恭帝降蒙古后,阮登炳随例入燕(今北京)。不久以疾还乡,元大德四年(1300)卒。宅第在苏州南星桥西玉渊坊,旁有"状元坊",丞相留梦炎书匾。工书,有文名,曾与修《阮氏族谱》。

(李嘉球)

印应雷(?—1273)　　印应飞(1208—约1263)

印应雷,字德豫,号习隐,常熟人,原籍静海(今江苏南通)。南宋嘉熙二年

(1238)进士。宝祐二年(1254)任沿江制置司参议,抗蒙古军,力保和州有功。知温州,机敏定计,迅速平定兵乱。开庆元年(1259)为军器监、淮西总领财赋,兼江东转运判官。景定元年(1260)除直焕章阁、枢密副承旨,改直徽猷阁、知江州、主管江西安抚司公事,节制蕲、黄、兴国三郡,知和、庐二州。咸淳元年(1265)除右文殿修撰知福州,四年,改知庆元府兼沿海制置使。罢官归隐。六年春,权兵部侍郎、两淮安抚制置使兼知扬州,封静海县开国伯。次年于五河口筑城,赐名安淮军,屡败来犯之蒙古军。九年卒,赠端明殿学士,归葬常熟尚湖南印家山。

工书能诗。治书义,人号"铁脚鸡",决事判笔如飞,令行禁止,素有威信。民歌诵其功,有《印应雷宝卷》。

印应飞,字德远。印应雷弟。生于南宋嘉定元年(1208)。淳祐元年(1241)进士。调永嘉尉,为太社令,改淮西制机,入除大理司直,出为江阃栈幕,擢为监察御史。宝祐三年差判镇江府。次年改知鄂州兼湖北运判,召为太府少卿,改知镇江府。五年,除徽猷阁、转运副使知邕州,任广西经略使,未到任。开庆元年再知鄂州,兼右文殿修撰、枢密副都承旨,充宣抚司参议官。蒙古大军围鄂,印应飞督援解围,自署堂名为"御侮堂"。景定二年权户部侍郎、淮东总领兼知镇江,次年以忤宰相贾似道致仕。约四年卒,赠龙图阁学士,葬于常熟兴福寺左。

(李　峰)

凤　济(?—1276)

凤济,字时浦,吴县包山(今江苏苏州洞庭西山)人。祖父凤韬由汴梁副统制谪为用头寨巡检,父凤廷佩遂家于包山。

能武知兵略,初以材武起家,为濠梁步军都督。南宋绍定三年(1230),李全率数万叛军犯扬州,凤济率所部兵千余人驰援,奋力搏战,身负重伤,解官归养。居乡简练乡勇自保。景炎元年(1276),于长沙山抗蒙元,陷于重围,格斗力竭,赴水自沉。人尊为神,立庙祭祀,私谥义勇凤公。

(李　峰)

汤仲友　　高　常　　陈　泷　　顾　逢

汤仲友、高常、陈泷、顾逢,皆为吴县(今江苏苏州)人。有名士风度,以能诗并称"苏台四妙"。

汤仲友,初名益,字损之,更字端夫,号西楼。宋亡浪迹湖海,元至元(1264—1294)末归,深沉酝藉,称遗老。大德四年(1300)前卒,年七十余。淹贯经史,气韵高逸。学诗于周弼,别为一体,留题《葛岭贾似道园池》一诗,于诸家题诗中称最。著有《壮游集》。

高常,字履常,一字可久,号竹鹤。清癯洒落,曾捐宅为妙智僧舍。酷嗜吟咏,有诗名,为尤焴、周弼、冯去非称赏。卒年六十四。著有《覆瓿集》。

陈泷,字伯雨,晚号碧涧翁。先世居济。乡荐、漕试皆不第。安贫隐居,倜傥有晋人风致。博涉经史百家,精研《春秋》《晋书》。从周弼、冯去非为诗,颇为清雅。著有《澹泊集》。

顾逢,一作世名,字君际,号梅山、梅山樵叟等。居石湖。宋末辟吴县学官,又任御览所检书。善弈。学诗于周弼,尤擅五言,人称"顾五言"。宋亡后隐居杭州潘阆巷,卒年七十四。诗名六十年,声名远及于日本。著有《梅山集》等。

吴县人陈发,字伯和。所居号竹深,有德名。工诗,与李洪唱酬。曾评顾逢、汤仲友、陈泷、高常四人诗趣分别为癯鹤、高楼、梅清、涧幽。其子陈永辑有《苏台四妙》一编。

(李 峰)

莫起炎(1226—1294)

莫起炎,一名洞,字南仲,更名洞一,或作洞乙,字月鼎,以字行,吴兴(今浙江湖州)苕溪人,祖籍巨鹿(今属河北)。生于南宋宝庆二年(1226)。业儒为诸生。后师从名道徐无极、邹铁壁,尽得其法称高足。居苏州天庆观(今玄妙观)。宝祐六年(1258)被礼聘于绍兴祷雨大验,宋理宗将其称为神仙。元至元二十五年(1288),召京命主道教事,固辞还吴。三十一年,卒于弟子王继华家,葬于苏州。

愤世托狂。善医,工书能诗。其《先天一炁火雷张使者祈祷大法》为神霄派所宗,昌行于东吴四十年。周玄真为其编《莫月鼎法法道行录》。著有《橐龠枢机说》。

(李 峰)

张善渊

张善渊,字深父,号癸复道人,吴县(今江苏苏州)华山人。伯父张崇一,好道出家,得易真人如刚灵宝飞步法,又从莫起炎得王文卿五雷秘法,道术极精,人称张雷师。南宋咸淳(1265—1274)中,刑部尚书包恢荐于朝,命主苏州天庆观(今玄妙观)。

张善渊曾业儒,博通诸史百家。好道术,修习灵宝飞步法,又得莫起炎弟子王继华传授神霄派雷法。道法药术皆究其妙。咸淳末住建德永隆宫,再住苏州光孝观。宋亡入元,至元(1264—1294)间曾入朝,命为平江道篆,住持天庆观,又改绍兴昭瑞宫,官镇江道篆。卒年九十二。著有《万法通论》。

弟子步宗浩,字进德,号云冈,苏州人。早习儒业,中岁始参道,于天庆观学神霄派雷法,受回风混合大洞真诠、上清灵宝三五飞步之秘、碧潭斩勘之书。元至元间从张善渊入朝,道法获誉。延祐(1314—1320)间,赐号贞元微妙弘教法师。
(李 峰)

吕师孟(1234—1304)

吕师孟,字养浩,号浩叟,霍丘(今安徽霍邱)人。生于南宋端平元年(1234)。南宋名将吕文德侄、吕文焕从侄。

宋理宗时,初补官保义郎。宝祐二年(1254)主管义军都统司机宜文字。历淮西制準,辟两淮宣準。开庆元年(1259)为淮西兵马副都监。景定元年(1260)任宝应兵钤,除阁门祇候,升宣赞舍人、右领卫中郎将、右屯卫将军,权知宝应军。度宗咸淳元年(1265),知高邮军,移知招信军,迁右领军卫将军知蕲州。恭帝德祐元年(1275),带都督府计议官依旧任,入为遥郡刺史带御器械,改文官,为太府寺丞,兼右曹郎官军需监,进秘阁修撰,擢枢密副都承旨,迁兵部侍郎,辞任兵部尚书,拜端明殿学士,提领八部财用,赐同进士出身,与执政恩数,辞金书枢密院事。

至元十三年(1276)随恭帝降元,授漳州路总管,行淮东道宣慰副使。隐居苏州,有虎阜、苕溪二别墅。与方回友,与朱德润父为契交。特喜苏轼诗。善草书,有《草韵》。大德八年(1304)卒,葬于苏州壬山。
(李 峰)

庞 朴

庞朴,字夷简,吴江(今江苏苏州吴江区)松陵人,祖籍吴兴(今浙江湖州)。南宋末诸生。少负才名,人称五湖狂叟。奸相贾似道聘其为塾师,不赴,故被禁锢不得应试。从方逢辰讲学。宋亡入元,至元(1264—1294)间征授翰林院修撰,兼礼部,奉敕修辽、宋、金三史,力主以宋为正统。后南归,寓居湖州南浔。能

诗,时与赵孟𫖯、陈孚等酬唱。著有《五湖狂叟集》。　　　　　　　　（王晋玲）

张庆之

张庆之,字子善,号海峰野逸,长洲(今江苏苏州)人,祖籍建康(今江苏南京)。南宋恭帝德祐元年(1275),文天祥以工部尚书知平江,张庆之列名于诸生,遂称门人。宋亡入元,隐居为遗民,集杜甫诗句作《咏文丞相诗》,颂文天祥忠义之气,人称义士。又仿五柳先生作《海峰逸民传》,以伯夷、蒋诩、陶潜、司空图自况。

另著有《海峰文编》《老子注》《测灵》《孔孟衍语》《四书讲义》《续胡曾咏史诗》等。　　　　　　　　　　　　　　　　　　　　　　　　（李　峰）

沈义甫

沈义甫,一作义父,或名泰嘉,字伯时,号时斋,吴江(今江苏苏州吴江区)震泽人。南宋嘉定十五年(1222)举人。荐为庐山白鹿洞书院山长,力行朱熹所定学规,时称良师。宝祐元年(1253)于乡建义塾、明教堂,讲学授徒,建祠祀王苹、陈长方、杨邦弼三贤,主祠祀长达二十八年。元至元十七年(1280)后卒,年七十八,入祀乡贤祠。

与孙锐为忘年交。宗程朱理学。善对好吟。工词,晓音律,与翁元龙、吴文英讲论作词,以周邦彦为宗。所著《乐府指迷》,与张炎《词源》及其后陆行直《词旨》并称名著,系统论述了雅词的美学规范与地位,共同建构了比较完整意义上的宋词研究体系。另著有《时斋集》《遗世颂》等。　　　　　　　（李　峰）

宁　玉(1236—1302)

宁玉,元孟州河阳(今河南孟州)人。生于蒙古太宗窝阔台八年(1236)。膂力绝人。年十七任孟津渡长。世祖忽必烈中统元年(1260),任河道官,疏浚玉泉河。从忽必烈渡江征战有功,授百户。至元三年(1266)攻襄樊,摄万户府事,兼管浮梁津渡,教习水军。十一年,从伯颜南下灭宋,以功拜管军千户。攻克平江府(今江苏苏州),招集流民四万余家,安抚兴业。迁管军总管,擢浙西道吴江长桥都元帅,兼沿海上万户。二十三年,率二子居仁、居正随镇南王征讨交趾。

因病致仕,归居苏州吴江之同里。元成宗大德六年(1302)卒,谥武宣。

长子宁居仁,为名儒许衡长孙女婿。元至元二十三年代父从征交趾,袭明威将军、沿海上万户。二十九年,从史弼征南洋爪哇,擢昭勇大将军、左军上万户。累擢镇国上将军、广东道宣慰使、都元帅。

宁居仁弟宁居正,幼侍父宁玉,曾戍湖广五开卫。至元二十三年与兄从征交趾,以功擢杭州路领海船千户。命掌中潮千户所书记,剖决如流,颇有政声。累官佥行枢密院事。至大四年(1311)曾重建吴江顺济龙王庙。（李　峰）

朱　清(1237—1303)　　　子 朱　旭

朱清,本名文清,字澄叔,崇明(今属上海)姚沙人,迁居昆山太仓。生于南宋嘉熙元年(1237)。出身渔户,杀杨氏家主亡命为海盗。南宋末率所部被招安,为防海义民,隶提刑节制水军。世祖忽必烈至元十二年(1275),率部降元,授运管军千户。次年宋恭帝降后,朱清受丞相伯颜之命,将南宋京师临安库藏图籍从海道运至大都(今北京),首开海运航线。十六年从张弘范克崖山,实授千户、武略将军。十七年,从元帅阿塔海平陈吊眼于福建,次年招抚宋都统崔顺众五千,战舰百艘。十九年,从其所议,漕粮创开海运新航路,自太仓刘家港经山东,抵天津直沽。二十年,于苏州为海道都漕运万户府中万户,赐钞印,听其自印。二十一年,仍与阿塔从海道伐占城。二十四年,携长子海道运粮万户朱虎从征交趾,有海运劳绩,次年授镇国上将军,除江东道宣慰使,行海道运粮万户府事。二十七年,海运辽阳、高丽粮,加骠骑卫上将军,以江东道兼海道都漕运万户府事,专制海运。奏蠲建康淘金税役,免溧阳岁课,以苏民力,又平定泾县赵绘起事,功绩著闻。于太仓营建第宅花园,田宅遍于吴中,富贵号东南之冠。元贞二年(1296)授河南行省参知政事,大德三年(1299)就任,擢大司农,迁河南行省左丞。子朱虎亦官至昭勇大将军、都水监。七年,以贿中书右丞相完泽、中书平章伯颜等案,被诬以逆谋,籍没妻子、家产,父子同被冤杀,葬于昆山贾冈原。至大三年(1310),武宗予以昭雪平反,子孙放还太仓守墓。

子朱旭,字子阳,号次山、希古道人,占籍昆山太仓。生于元至元十五年。赵孟頫弟子。尚义好施,曾出粟赈饥,买棺掩骼。二十九年,捐周泾之地五十二亩,于太仓东门建灵慈宫,祀海神天妃妈祖。次年,授忠显校尉、海道运粮千户。父与兄朱虎被冤杀后,流放在外,平反后方归。退居苏州别墅,建寒碧、香晚二亭,赵孟頫为书匾额。日延文士讲论义理,颇有贤声。博涉经史,家藏法书名画古器皆神品,小楷、篆、隶、章草皆工。于朱清诸子中最为知名。至正元年(1341)卒,葬于昆山贾冈原先茔。
（李　峰）

原　妙(1238—1296)

原妙,俗姓徐,号高峰,吴江(今江苏苏州吴江区)人。生于南宋嘉熙二年(1238)。禅宗临济宗杨岐派破庵派僧人。年方十五,从嘉兴密印寺僧法住出家。18岁习天台教。赴杭州净慈寺精修学禅,又请益径山断桥妙伦禅师,为祖钦禅师最著名弟子。咸淳二年(1266)入临安龙须寺,迁武康双髻峰。景炎元年(1276)避元兵独掩关,祥兴二年(1279)上杭州天目山西峰狮子岩。宋亡入元,至元十八年(1281)入小洞张公洞,题名死关,十五年不出,尊为高峰古佛,赐号普明广济禅师。发挥禅宗明心见性思想,提倡禅净融合与禅教会通。元贞二年(1296)圆寂。著有《高峰原妙禅师语录》《高峰和尚禅要》等。
（李　峰）

张　瑄(？—1303)　　孙 张天麟

张瑄,俗名曾二,平江嘉定(今属上海)人,移居昆山太仓。性豪横,南宋末以犯罪被捕,入平江(今江苏苏州)狱十八年。后充海盗,与朱清为结义兄弟,并充首领。世祖忽必烈至元十二年(1275)降元,授管军千户。十三年,奉丞相伯颜令,与朱清海运宋室临安库藏图籍至大都(今北京),首开海运航线。十九年,与朱清开辟漕粮海运新航线。次年任招讨使,从阿塔海统舟师东征日本,授海运千户。二十二年,行海道运粮万户府事。二十四年,率子海道运粮千户张文虎,运粮十七万石从征交趾。后行以淮东道宣慰使兼海道都漕运万户府事,专制海运。成宗大德三年(1299),任资善大夫、江西参政,次年迁左丞。子张文虎,历迁平江等处运粮万户府副万户,擢至户部尚书领海运漕事。父子于太仓营建第宅,富贵与朱清齐名。七年,被诬逆谋同被杀,籍没妻子、家产。武宗至大三年(1310),雪冤平反。

长孙张天麟,字仲祥。生于元至元二十一年。父张文龙,张瑄长子,为都漕运海船上万户府四万户之一。大德七年,祖父与叔父张文虎被杀,父被流放于漠北。张天麟进京伏阙诉冤,其父得召还董理日本贾舶,武宗至大元年超迁都水监,仍督海漕。帝敕中书省遣使召还朱清、张瑄后人还居太仓。张天麟启皇太子以直宿卫。三年,选授绛州坑冶提举,未任。延祐二年(1315),仁宗诏还所籍没其家太仓田宅,张天麟陈请将高祖父葬于上海乌泾别业,赐题"孝顺之门"。元统二年(1334),力辞江浙行省平章玥璐不花荐举。晚年通《易》学。卒后人称"张孝子"。

(李 峰)

殷明略

殷明略,昆山太仓(又名东仓,明弘治十年建太仓州,为州治所)人。久经风涛,经验丰富。自江阴至太仓长江航路狭窄,多有浅沙暗礁,时有舟覆人亡之祸。殷明略将浅沙暗礁一一探明,各置浮标小船指引航向,并于太仓刘家港张示遍喻船家水手,人皆感德。历官海运千户,曾发明浅海点篙术。后以开辟北洋新航线之功,升副万户。

元代北洋航线,初有黄连沙海道。自太仓刘家港入海,经扬州路通州海门县(今海门市)黄连沙嘴,顺万里长滩开洋,沿山屿而行,抵淮安路盐城县(今盐城市),历西海州海宁府东海县及密州、胶州界,放灵山洋,东北行,路多浅沙,又行一月余始抵成山,计水程自上海至天津直沽杨村码头,凡13 350里。至元十三年(1276),朱清与张瑄受命,将宋室临安库藏图籍由此道运往大都(今北京)。十九年,朱清与张瑄以其路险恶,开辟漕粮海运新航线,即撑脚沙海道。自刘家港开洋至撑脚沙,转沙嘴至三沙扬子江东北行,过扁担沙大洪,又过万里长滩,放大洋至青水、白水、绿水,又经黑水大洋转成山西行,过刘家岛至芝罘沙门二岛,放莱州大洋,抵界河口至直沽,其道差近,然风涛险况依然。二十八年,一年即漂失漕米245 600石。三十年,殷明略开辟崇明州海道。自刘家港入海至崇明州三沙放洋,向东行入黑水大洋,直取成山,转西至刘家岛,又至登州沙门岛放莱州大洋,入界河至直沽,较前二道尤为便捷。主要是沿海岸线较远,取道较直,航期大大缩短,当舟行风信有时,自浙西至京不过旬日,最快仅需十天,使一年一运增为二运。史称殷明略航线。虽有风涛漂溺之虞,视河漕巨费所得甚多,其后虽有新航路开辟,殷明略航线不废。

(李 峰)

殷震亨(1238—1332)

殷震亨,字元震,号在山,崇明(今属上海)人。生于南宋嘉熙二年(1238)。出身海漕世宦之家。初居苏州,出家为道士,为宝庆观住持。元大德元年(1297),为昆山岳宫开山住持。至顺三年(1332)卒。平生嗜藏书,习经史,好诗

文,尤善医术。著有《在山吟稿》《简验方传》《太上感应篇集注》等。（王晋玲）

刘　岳（1239—1296）

刘岳,字公泰[1],号东厓,吴县（今江苏苏州）人。生于南宋嘉熙三年（1239）。祖父刘开[2],字立之,号复真先生。于庐山从崔嘉彦学医,密授脉诀,精于脉学,以手指按患者脉三下,即知患者得病之原因,有"刘三点"之美誉。任宋太医令。后自南康军星子县（今江西庐山）迁吴入籍。其学为两山南北医所宗,传于朝鲜、日本。著有《复真刘三点脉诀》《方脉举要》《脉诀理玄秘要》《医林阐微》等。

刘岳少学于庐山白鹿洞书院。诗文典雅,精通经史。家学渊源,工医术,得祖传绝技,擅切脉,也以"刘三点"享誉天下。元世祖忽必烈平定江南,诏求各种人才。刘岳被荐应征,觐见世祖获赏识,授奉议大夫,任太医院院使。因儒学造诣颇深,可掌诰命,至元二十八年（1291）,由崔彧推荐,改任翰林学士、中奉大夫、知制诰同修国史。元成宗嗣位（1295）,授嘉议大夫,出任建昌路总管[3],元贞二年（1296）卒于任,归葬于吴。著有《东厓小稿》,已佚。　　（马一平）

郑思肖（1241—1318）

郑思肖,字忆翁,号所南,自称菊山后人、三外野人等,平江（今江苏苏州）人,祖籍连江透堡东导村（今福建连江透堡镇塘里村岭兜自然村）。生于南宋理宗淳祐元年九月二十七日（1241年10月27日）。祖父郑咸,仕宋为枝江县（今枝江市）主簿。父郑起,原名震,后更名起,字叔起,号菊山。嘉定十三年（1220）徙京城临安（今浙江杭州）,侨居西湖长桥,郑思肖即诞生于此。宝祐二年（1254）,举家迁至平江,寓苑桥。后移条坊巷,历迁黄牛坊桥、采莲巷、仁王寺、双板桥、望信桥、皋桥,旋复迁望信桥。早年科场失利,遂弃举子业,潜心穷理尽性之道学。历主於潜、诸暨、萧山县学,继又出任安定、和靖二书院堂长。入吴后,曾被平江府尹聘为三高堂长,又被无锡县令延至县学授课。卒后葬于长洲甪

---

[1]《千顷堂书目·刘岳书目》作"岷泰",或误。
[2] 柯绍忞《新元史·方伎·刘岳传》作"刘闻",误。见吉林人民出版社1998年《二十六史》本,第3478页。
[3] 柯绍忞《新元史·方伎·刘岳传》作"建昌路推官",误。见吉林人民出版社1998年《二十六史》本,第3478页。

山(今苏州浒关镇真山)。所著有《深衣书》《倦游稿》《菊山清隽集》《易六十卦》等。

年十四,郑思肖中秀才,后考取太学上舍生。宋恭帝时曾应博学宏词科,时值元兵南下,因作《上太皇太后幼主书》,谏言退敌之策,请当事转交朝廷,被拒不报。宋亡,更名"思肖"[1],取"思赵(宋)"之意,其字"忆翁"、号"所南"也都有不忘故国、忠于赵宋的寓意。以殷周之际叔齐、伯夷为师,严格以宋遗民自守,平时坐卧必向南(宋)背北(元),听到有人讲北方话,即掩耳而跑。逢寒暑时节,必到野外朝南跪拜而哭。又自题其室名"本穴世界",以示对大宋的忠心(按:将"本"字中的"十"移入"穴"字即为"大宋"二字)。平素作画最擅墨兰,宋亡以后,其所画之兰皆露根无土,或问其故,则答"地为番人夺去"矣。曾与宋宗室裔孙赵孟頫相善,后因赵孟頫仕元,遂与之绝交。

曾自编亲定诗文集《心史》,凡诗歌二百五十首、散文九篇,亲将其手稿用多种方法密封于铁函,外书"大宋铁函经",内书"大宋孤臣郑思肖百拜封",元至元二十年(1283),郑思肖沉之于苏州承天寺的一口古井中。明崇祯十一年(1638)冬,偶被僧人浚井时发现,得以重见天日。这部诗文集是郑思肖最重要的著作,主要表达了其忠孝爱国、尊王攘夷的儒家思想,部分作品也表露出其对神仙道教的向往。[2]有些诗篇影响极为深远,如《寒菊》诗中"宁可枝头抱香死,何曾吹落北风中",《德祐二年岁旦》诗中"一心中国梦,万古泉下诗",成为后人经常引用的千古名句。

郑思肖终身不娶,孑然一身,最后变卖其所居,用于济困扶贫,又将田产施舍给寺庙,仅留数亩供衣食,待其卒后归佃客。从此行无定踪,遍游吴之名山、禅室、道观,时常借宿城中佛寺。元仁宗延祐五年(1318)病笃临终时,嘱友人唐东屿曰:"思肖死矣,烦为书一位碑,当云'大宋不忠不孝郑思肖'。"[3]语讫而亡,享年七十八岁。其著作除《心史》外,尚有《大无工十空经》《释氏施食心法》《太极祭炼》《三教记》《修真全书》《锦钱集》《谬馀集》《文集》《杂文》《自叙一百二十图诗》《题画诗》等。

(周可真)

---

[1] 原名不详,福建连江县清道光年间续修《上郑族谱》所附《所南公传实补镌全文》,谓郑思肖"原名少因"。见连江县地方志编纂委员会:《连江县志》第一章《郑思肖传》附注,方志出版社2001年,第1339页。

[2] 参见卓洪艳:《郑思肖〈心史〉研究》,福建师范大学2008年硕士学位论文。

[3] 卢熊:《郑所南小传》,见郑思肖著,陈福康校点:《郑思肖集》附录二,上海古籍出版社1991年,第334页。

陆文圭(1248—1332)

陆文圭,字子方,号墙东叟,学者称墙东先生,江阴化成(今属江苏张家港)人,祖籍常熟。生于南宋淳祐八年(1248)。陆垕族人。以奇气自负。咸淳元年(1265)中举人。宋亡隐居城东。元延祐七年(1320)江浙行省试第二名,征聘未行。至顺三年(1332)卒。

博通学问,精天文、地理、律历、医药、算数之学,为东南学者宗师。编有《师宣堂文》,著有《墙东类稿》。 (李 峰)

王梦声

王梦声,字应甫,号古川,昆山湖川漕头塘(今属太仓)人,祖籍分水(今浙江桐庐)。南宋度宗咸淳(1265—1274)间举进士。授秘书省史馆检阅、制置机宜文字。致仕后卜居苏州唯亭,开渠筑堤,多善举。元世祖忽必烈至元十三年(1276),征为昆山州学正,捐资修治学宫,卒年八十六,葬于太仓岳王腾泾,被奉为太仓王氏一世祖。崇祀为吴郡名贤。著有《古川野叟集》。 (王晋玲)

周静清

周静清,字静境,一字隆孙,常熟双凤(今属太仓)人。三十八代天师张与材弟子。幼好黄老,兼通百家。于江西龙虎山学道。元至元二十二年(1285),创建双凤普福观,为开山住持。至大三年(1310),改仙官祠名为玉芝祠。迁提点平江路道箓,赐号清宁抱一凝妙真人。卒年六十,葬于苏州穹窿山。 (王晋玲)

陆 垕(1258—1307)

陆垕,字仁重,号义斋,江阴化成(今属江苏张家港)人,祖籍常熟。生于南宋宝祐六年(1258)。宋亡入仕,初授江阴军判官。元至元十六年(1279),迁同知徽州路总管府事。二十五年,授江东宣慰副使,次年改任江南浙江道提刑按察副使,劾治贪吏,追赃数万。分司杭州,改肃政廉访司去官。起任同知台州路总管府事,元贞元年(1295)改江东建康道肃政访副使。大德五年(1301)授岭北湖南道肃政廉访副使,倡言廉访使复正其体,体制更为健全,升任海南广东道肃政廉访使。十一年卒,谥庄简,葬于江阴定山。

生平好客喜交游,与张炎、陆行直、袁易等友。有学问,善篆书。诗词有杜甫、辛弃疾之风。曾主修《南海志》。

(李　峰)

范　霖(1258—1321)　　子范　成

范霖,字君泽,一字天碧,缙云(今属浙江)人,徙居吴县(今江苏苏州)。生于南宋宝祐六年(1258)。谱与范仲淹同系。元初以儒士召,献《八卦图》《历代编年图》,授翰林院编修。大德(1297—1307)间,出为江浙儒学提举,仪曹试经济,累官至礼部侍郎,立朝以气节凌人。至治元年(1321)卒,葬于苏州。

生前与方回、张伯淳、牟巘等为友。学问赅博。明通史学,曾作《正统论》,力主元当继宋为正统。好古通《易》,尤精太极之说。诗文亦清雅。著有《岁寒小稿》。

子范成,字性存,占籍吴县。治家有法。仕元曾为郡训导,以经术教授,尤精《三礼》学,吉凶庆吊皆遵礼制。明洪武十一年(1378),卒于次子之山东临朐知县官邸。其长子焕,闻讣而往,因穷于济南佣书获资,始赁牛车归葬,人称孝子。

(王晋玲)

钱仲鼎

钱仲鼎,一作重鼎,字德钧,号水村居士,通州(今江苏南通)人,祖籍常熟。南宋淳祐年间(1241—1252),诏徙江淮附近民户,遂自常熟迁通州,筑室于狼山北麓。才学为尚书印应雷赏识,以女为其妻,生二子棨、棐。

咸淳十年(1274),以《诗经》举解元。宋末蒙古军屠通州,钱仲鼎极度愤懑。宋亡后,退隐苏州吴县蒲帆巷。弃举子业攻古文,以文章行谊称"古君子"。后客居吴江来秀里,友陆行直于分湖为建别业,号"水村隐居"。大德六年(1302)赵孟頫为作《水村图》,钱仲鼎因作《水村隐居记》,知名之士题咏其后者四十八人。至治元年(1321),钱仲鼎曾为契交袁易《静春堂诗集》题诗。卒年九十以上。

博学通经,嗜书好古,工诗古文辞,尤潜心六艺,时与龚开、陈深辈相互切磨。居家授徒,善劝人读书,弟子钱以道、王钧、卢观等多为俊才。著有《钱德钧诗集》。

(李　峰)

陈 深(1260—1344)　　　子 陈 植

陈深,字子微,一字微静,号宁极,别号清全,吴县(今江苏苏州)人。生于南宋景定元年(1260)。自祖父陈遏皆读书绩学,服膺儒术,代有潜德。

宋亡隐居,沉潜问学,书法老笔纵横。元文宗天历(1328)间,奎章阁臣以其能书荐,拒仕不出。与郑元祐为忘年交,教授弟子朱德润等成才,誉称名师。善诗文,能世家学,精研诸经,笃志著述。至正四年(1344)卒。著有《宁极斋稿》一卷、《清全斋读易编》三卷、《清全斋读春秋编》十二卷及《读诗编》《东游小稿》等。

子陈植,字叔方,号慎独叟。生于元至元三十年(1293)。与郑元祐交密。擅画树石,卓有意趣。为文以经为准,诗宗杜甫,尤刻苦精练。秉信义,重然诺,以文行学术知名士林。屡辞辟召,人称"隐君子"。至正二十二年卒,私谥慎独处士。著有《慎独叟遗稿》。

(李　峰)

袁 易(1262—1307)

袁易,字通甫,一作通父,号静春,长洲(今江苏苏州)人,祖籍开封(今属河南)。生于南宋景定三年(1262)。世居蛟龙浦东,称"东袁"。入元隐居,江浙行省荐授徽州路石洞书院山长。大德五年(1301)辞归,隐居甫里蛟泽静春堂。赵孟頫赠《汉司徒安卧雪图》,拟其高节。十一年,卒于家。

藏书万卷,博学好著书,有诗名。与龚璛、郭麟孙并称吴中三君子,号为文士领袖。著有《静春堂词》《静春堂集》《静春堂稿》等。

(李　峰)

曹南金(1265—1324)　　　曹善诚

曹南金,常熟福山人,祖籍开封(今属河南)。北宋名将曹彬裔孙。宋亡入元,世祖至元(1264—1294)间,漕运创开海道,曹南金首以材士被选。大德四年(1300)授敦武校尉、海道运粮千户,迁嘉定等处海运副千户。至大三年(1310)超授武略将军、海道都漕运副万户。皇庆(1312—1313)间曾修葺学宫。至治二年(1322),起为平江等处海运香糯所千户。以资雄于吴中,号福山曹氏。泰定元年(1324)卒。

曹善诚,字志明。曹南金裔孙。博古喜歌诗,师馀、郑采为其门客。仕至江阴州司理,富甲吴中。元至顺二年(1331),捐田2 600亩给师生廪费,建文学书院祀先贤言偃,开常熟书院先声。曾献粮万石于朝廷,追授浙东道宣慰副使。至正十六年(1356)为张士诚兵劫掠破家。

(李　峰)

周文英(1265—1344)

周文英,一名道昌,字上卿,号梅隐、紫华子,常熟人,原籍道州(今属湖南)。生于南宋咸淳元年(1265)。高祖周兴裔,字克振,为大儒周敦颐曾孙。以和州观察使带御器械扈跸南渡,领侍卫马军都虞候。建炎三年(1129)权两浙淮东南路制置司,镇守常熟福山,抗金战死,赐葬于虞山。兴裔曾孙周才,一名材,字仲美,居常熟吴塘里。宋末曾领沿江制机检察水部兵。德祐元年(1275)降元,奉檄安抚属邑,制止军卒摽掠。著有《宋史略》《吴塘稿》等。

周文英为周才次子,王都中岳父。少通经史,人称"圣童"。精医好道,能诗文,手校道经丹书、灵宝诸家斋科皆精诣,尤有经世之才。元至大四年(1311),条陈户漕简载,著为海漕久行良法。又陈杭州钞法,作《论三吴水利》,创掣淞入浏之议,建言吴中水道宜专治白茆和娄江,具有灼见。泰定元年(1324),以荐官盐官州都目,终松江府监税,有能吏之誉。至正四年(1344)卒后,移葬于苏州星泾道山。著有《泽物稿》《亲民稿》《庭芳集》等。

(李　峰)

龚　璛(1266—1331)

龚璛,字子敬,号谷阳生,镇江(今属江苏)人,徙居平江(今江苏苏州)。生于南宋咸淳二年(1266)。宋司农卿龚潗子,名士陈方、吾衍岳父。

初为浙右宪使徐琬幕客,陆德原聘为义塾师。历充苏州和靖、学道两书院山长。调宁国府学教授,刻《春秋》《大学》等书惠及学者。迁上饶主簿,改宜春丞。以江浙儒学副提举致仕。工行书,文合古文、时文而一,诗格优爽。与弟龚理以名节并称"两龚",又与袁易、郭麟孙称吴中三君子。至顺二年(1331)卒后,归葬于镇江王州山。著有《存悔斋稿》。

(李　峰)

盛　舆

盛舆,字敬之,吴江(今江苏苏州吴江区)七都吴溇人。曾祖盛文昭,字景龙。

盛章侄。南宋宝庆二年(1226)进士。授婺源知县,勤政慎刑,称名宦。淳祐元年(1241)任建康府西厅通判,三年,任镇江府南厅通判。

盛舆为龚璛弟子。元惠宗后至元(1335—1340)间,任吴江震泽镇学教谕,升绵州学正。元末兵兴,曾为江浙行省参谋,擢崇德州判官。好古博识,通究医卜地理星数之学,精于《易》。著有《韵书群玉》《滴露斋稿》等。崇祀为吴郡名贤。

(李　峰)

汤弥昌

汤弥昌,字师言,号碧山,吴县(今江苏苏州)人,祖籍浏阳(今属湖南)。汤璹五世孙。

汤璹,字君宝。南宋宁宗时状元蒋重珍岳父。淳熙十四年(1187)进士省元。与王容、易袚号"长沙三俊"。调德安府学教授,转三省枢密院架阁。绍熙四年(1193)迁太学博士。疏请追召朱熹还授侍讲,以清风峻节著闻。历礼部、驾部郎官,出知常州,入为大理少卿,进直徽猷阁。徙居平江(今江苏苏州)。著有《德安守御录》。

汤弥昌于南宋咸淳九年(1273)中式举人。宋亡隐居,著力学问。元大德(1297—1307)初,任平江长洲县学教谕,移任昆山,历任鄱江书院、清献书院山长。至治元年(1321)时任建康路学教授,泰定四年(1327)时任通山县主簿。仕至瑞安州判官。卒后祔葬苏州虎丘父茔。

为倪维德师,与袁易为至交。博学能文,工书善诗词,学精《周礼》。著有《周礼解义》《碧山类稿》《湘江棹歌》《汤教授诗》等。

(李　峰)

王　珪(约1264—约1354)

王珪,字均章,一作君璋,号中阳、中阳老人,道号洞虚子,常熟人,祖籍开封(今属河南)。约生于南宋景定五年(1264)。天资敏悟,博览群书,因自幼多病,故喜好岐黄。约十五岁起外出访友、求医、问学,游历常州、扬州、武昌、岳阳、洛阳等地,搜集医方。年二十三,以才异被征召为湖广辰州路(治湖南沅陵)同知。为官期间,以"驱疟汤"治疗同僚疟疾获良效,又随身携带麒麟竭膏等常用药,常免费为人治病,路遇病人亦予治疗。大德(1297—1307)中,弃官归隐常熟虞山养亲,一心修道事医,研制成滚痰丸、豁痰汤等方药,治痰证获显效,求治者日增,后人尊称王隐君。滚痰丸成为沿用至今的良方,最具神效,为后世历代医家所推崇。

约四十五岁筑室虞山东南麓,名中阳丹房,澄心观道,研究丹术,在养生学上取得极高造诣。邃于医,又长于导引。因见"其为枉病枉死,盲医瞎灸,莫知所由"[1]者甚众,不胜痛心,泰定元年(1324)始撰《泰定养生主论》,其定名因始于泰定改元,又取《庄子》"宇泰定者发乎天光"及"养生主"之语。历时四载书成,凡十六卷,后至元四年(1338)刊行,记载自己多年疗病心得与养生体会,为养生学和中医痰证学经典专著。该书融佛、道、儒三教与《黄帝内经》一典于一身,第一部分阐述婚合、孕育、婴幼、童壮、衰老等人生阶段养生要点和节宣宜忌,强调养生必须天人相应,调摄有序,提倡养生贵早,预防为先,首次提出养生贵在养心;第二部分论述运气、标本、阴阳、虚实、脉、病、证、治等养生去病之法;第三部分备述婚合、孕育、婴幼、童壮、衰老、伤寒、五运六气时行民病症治等方面对症方药与用法;第四部分系统全面详述痰病之病因、病机、症状、诊断、治疗和预后,杂治活法等临床心得和历用得效方药辑录。王珪开创了中国古代养生保健新体系,又在痰病理论方面做出创新性贡献,成为痰病学说之鼻祖。医术传于弟子高敬斋,亦有名于时。

平生多才艺,工词曲,善鼓琴,擅绘画,尤长花卉、草虫。约六十七岁时绘《虞山图》,自写丹房之趣,布置繁密,意趣幽远,并题《朝天子》词于画上。另著有《山居幽兴集》(一作《居幽感兴集》)《还原奥旨》《原道集》《四书道通》《返朴论》和《道德经注》等,均佚。

约至正十四年(1354)卒,享年九十余岁,葬于虞山。 (马一平)

黄公望(1269—1354)

黄公望,原姓名陆坚,字子久,号一峰、大痴道人、井西道人、华阳逋客等,常熟人,以出嗣居永嘉(今属浙江)。生于南宋咸淳五年(1269)。幼应神童科。宋亡入元,浙西廉访使徐琰辟为掾吏。延祐(1314—1320)中,为御史台察院掾,遭诬入狱得释。师事金月岩入全真道。曾住持万寿宫,提点开元宫,开三教堂于苏州文德桥,后隐于浙江富春。至正十四年(1354)卒后,葬于常熟虞山小石洞西麓。

---

[1] 王珪:《泰定养生主论·自序》,见褚玄仁:《泰定养生主论》,学苑出版社2003年,序第5页。

博学多才,精音历图纬之学。工书法,善词曲。尤以画名,晚始精画山水,独创浅绛山水一派,与王蒙、倪瓒、吴镇合称元四家。代表作有《富春山居图》等。传金月岩编《纸舟先生全真直指》《抱一函三秘诀》。著有《写山水诀》《大痴道人集》等。

（李　峰）

张世昌（1272—1337）

张世昌,字正卿,长洲(今江苏苏州)相城人,原籍开封(今属河南)。生于南宋咸淳八年(1272)。父张宪,元至元十六年(1279)因将宋谢太后、福王财产及宰相贾似道、将军刘坚等田地,建立江淮等处财赋都总管府,任副总管。

元贞元年(1295),张世昌僚直殿廷,元成宗赐名伯颜。大德五年(1301)授将作院判官。十年冬,出为泉州路总管府治中。至大元年(1308)迁同知邵武路府事,次年改两浙都运盐使司同知。延祐元年(1314)除庆元路同知。七年,任池州路同知。泰定三年(1326)迁知福宁州。至顺二年(1331)超迁漳州路总管。后至元二年(1336)以平江路总管致仕,次年卒于家。

为政清操善治,有古循吏风。平生笃佛行善,曾以鹤舞桥东别业捐作报恩道院,更名为白鹤观。

（李　峰）

清　珙（1272—1352）

清珙,俗姓温,字石屋,常熟人。生于南宋咸淳八年(1272)。临济宗第十九世禅师。

初依苏州兴教崇福寺惟永法师出家,后得天目原妙禅师指授,终为湖州道场寺及庵信禅师法嗣。居杭州灵隐,后于湖州霞雾山结天湖庵。至顺二年(1331)始,住持湖州福源当湖七年。元至正十二年(1352),卒于天湖庵,被誉为曹洞宗一代宗师。高丽国恭请其舍利之半,建塔供奉。

禅学体系弘富,诗风近于寒山、拾得。著有《石屋清珙禅师山居诗》《石屋清珙禅师语录》《石屋清珙禅师诗集》《释清珙与弟子普愚太古语录》等。

（李　峰）

郭麟孙

郭麟孙,字祥卿,吴县(今江苏苏州)人,祖籍杭州(今属浙江)。曾为吏于浙江钱塘,调江东,入为架阁文字。元至大二年(1309)授广德府照磨,选中书礼部,未任。延祐(1314—1320)中,曾为镇江淮海书院山长,后仕至录事司判官。至治二年(1322)时年逾五十。与赵孟頫为莫逆之交。博学善诗,酒量诗怀誉称"双美",与袁易、龚璛号为吴中三君子,为文士领袖。著有《祥卿集》。（李　峰）

金善信(1275—1331)

金善信,字实之,长洲(今江苏苏州)人。生于南宋恭帝德祐元年(1275)。经商家富,尤好老子学。初从天庆观(今玄妙观)道士学,又师事莫起炎道法,建仁寿观,以清静为宗。后受知于正一派第三十八代天师张与材,起为广德路道箓,仍提点仁寿观,赐号体仁守正弘道法师。至顺二年(1331)卒。

孙女金玉,字孟姬。有礼法,娴女工。通习音律书算,诗书通大义,喜读《列女传》,有孝义名。（李　峰）

陆行直(1275—?)

陆行直,字季道,又字德恭、辅之,号壶中天、壶天居士、湖天居士等,吴江(今江苏苏州吴江区)来秀里人,祖籍嘉兴(今属浙江)。生于南宋恭帝德祐元年(1275)。陆龟蒙裔孙。祖父陆元龙,号怡庵。父陆大猷,字雅叔,号翠岩,"覃精经史,明春秋大义,能文章"[1]。仕宋为学官,咸淳元年(1265)致仕。在分湖滨营建别墅,构筑桃园,种植棠梨,自号武陵主人。入元曾荐为江浙儒学提举,未就。被尊为分湖八哲第一人。著有《佚老堂诗》。

陆行直为陆大猷四子。承家学,善诗文,兼事书画,为时所称。结交郑思肖、张炎、钱仲鼎、赵彝斋兄弟等南宋遗民节士,迎请钱仲鼎居其家,后于芦墟分湖滩为筑室"水村隐居"。

---

[1] 陈去病:《重刊词旨序》,殷安如、刘颖白:《陈去病诗文集》上编,社会科学文献出版社2009年,第235页。

元大德(1297—1307)中,陆行直由人才任湖北十学士,迁翰林典籍[1]。皇庆二年(1313)致仕归。延祐三年(1316),在分湖东建别业,为游观之所,取名"依绿轩"。常泛轻舟携笔床、茶具,往来烟波间,人称"陆隐君"。一时名士如杨维桢、倪瓒等皆与之游。至正九年(1349)春三月,因陆行直相邀,吴江顾逊用钓雪舫载声妓、酒具,请会稽杨维桢、甫里陆宣、大梁程翼、金陵孙焕、云间王佐、吴郡陆恒、汝南殷奎游分湖,杨维桢撰《游分湖记》。

嗜古好学,喜收藏,精鉴赏。《丹崖玉树图》为黄公望的晚年之作,陆行直曾收藏题款。三国书法家钟繇墨迹本《荐季直表》在唐宋时期由宫中收藏,陆行直赞曰:"高古纯朴,超妙入神,无晋、唐插花美女之态……真无上太古法书,天下第一。"[2]用重价购得,后中道散失,经二十六年无可踪迹。至正九年六月初一日,年七十五重得之,欣然作跋以志庆幸,成为书坛嘉话。

陆行直曾从张炎游,深得作词奥旨。曾作《碧梧苍石图》追写故友张炎词意。张炎撰《词源》,沈义甫作《乐府指迷》,对陆行直词学颇有影响。陆行直曾续撰《乐府指迷》,又根据张炎授意,著《词旨》两卷。"流览是编,取《词源》注之,所列词句,取原词缀于下,俾前人精神,辅之微意,轩豁呈露,阅者事半工倍矣。"[3]陆行直与张炎、沈义甫全面论述了雅词的美学规范,并确立了以姜夔、吴文英、张炎为代表的雅词在南宋词坛的正宗地位,可谓共同构成了一个比较完整的、横向的宋词研究体系。对清代词学的复兴颇具影响。[4]

(俞 前 李 峰)

俞 琰(1258—1327)　　子 俞仲温

俞琰,字玉吾,号全阳子、林屋山人、石涧道人、林屋洞天真逸等,学者称石涧先生,吴县(今江苏苏州)洞庭西山人,祖籍开封(今属河南)。生于南宋宝祐六年(1258)。度宗咸淳(1265—1274)时庠生。入元征授温州路学录,不任。元至大四年(1311)自番禺归隐苏州南园,开门授徒。泰定四年(1327)卒。

家藏书籍金石甲于海内。工辞赋,端楷有法,又雅好鼓琴作谱,通晓内丹,喜

---

[1] 陆行直荐授翰林典籍时间,陈去病《词旨》序为元大德中。道光《分湖小识》记为元中叶。明弘治《吴江县志》作"洪武中",康熙《吴江县志》记为"洪武二十一年",显误。
[2] 卢辅圣:《中国书画全书》第4册,上海书画出版社1993年,第648页。
[3] 胡元仪:《词旨畅自序》,转引自蒋哲估、杨万里:《唐宋词书录》,岳麓书社2007年,第648页。
[4] 谢桃坊:《南宋雅词辨原》,《文学遗产》2000年第2期。

谈玄学。深研经学，尤精于《易》，誉称名儒。主张儒道融合，治学严谨，著《周易参同契发挥》，自序谓："凡论天地阴阳则参以先儒之语，述药火造化则证以诸仙之言。反覆辩论，务欲发明魏公（魏伯阳）本旨，固不敢秘玄妙之机以绝人，亦不敢杂谬悠之语以惑人。"其注文引用古说甚多，如钟离权、吕岩及陈抟等说。主要能得其意，绝非字面解释，斯为可贵。另著有《周易参同契释疑》《周易集说》《周易举要》《易外别传》《易图纂要》《弦歌毛诗谱》《阴符经注》《炉火监戒录》《书斋夜话》《席上腐谈》《琴谱》《林屋山人集》等。

子俞仲温，字子玉，一作子毓。元末为平江路医学录。与郑元祐交密。讲习著书，学精于《易》。至正九年（1349）刊父遗书，建楼藏于南园。十二年，于洞庭西山林屋甪里复俞氏园故地，建石礩书堂祠祀其父。明洪武四年（1371）后卒。

弟子王都中，别有传。

（李　峰）

干文传（1276—1353）

干文传，字寿道，号仁里，晚号止斋，平江吴县（今江苏苏州）人，祖籍汴京（今河南开封）。生于南宋景炎元年（1276）。六世祖干思义，北宋时官武显大夫。南宋建炎初，五世祖干信与弟干恭"扈跸南渡，侨居平江，子孙因占籍焉"[1]。祖父干宗显，南宋时授承信郎，以武弁入官，教子以文易武。父干雷龙，乡贡进士。宋亡不及仕，入元为饶州慈湖书院山长。

少嗜学，十岁能文章，年未弱冠而声誉藉甚。荐任吴县、金坛县学教谕，饶州慈湖书院山长。元延祐元年（1314），首中江浙行省乡贡。次年成进士。四年，授承事郎、庆元路昌国州同知。替儒学添置教材，为翁洲书院兴建礼殿，以振兴文教、教化民众为己任。见盐政腐败，官员倚势横征暴敛，不少盐民家毁产破，乃挺身为民请命，革新除弊，减轻民负，为昌国盐民感戴。在任五年，多有惠政，百姓将其颂为"圣人"。

迁承务郎、平江路长洲县县尹。为避免亲友干扰公务，下榻于公署，无事不轻易外出，而亲友也莫敢因私拜谒请托。长洲地广民稠，岁交秋租至四十余万石。时元英宗推行新政，至治三年（1323）四月下诏行助役法，规定凡民有田百

---

[1] 黄溍：《嘉议大夫礼部尚书致仕干公神道碑》，《金华黄先生文集》卷二七续稿二四，元钞本，页八。干文传籍贯，宋濂《元史》卷一八五本传作平江人，柯劭忞《新元史》卷二二九本传作平江吴县人。冯桂芬《（同治）苏州府志》卷五九《选举志》、卷七八《人物传》籍列吴县。元高德基《平江记事》和历部《昆山县志》则作昆山人，潘柽章《松陵文献》卷十四亦谓干文传"其先自汴徙昆山"，待考。

亩者,出三亩为助役田,以其收益补贴应役户,以减轻徭役。干文传既专任长洲县事,而江浙行省又将无锡州及华亭、上海两县之助役事委之。长洲旬日即事毕,而对无锡、华亭、上海之民再三委曲化导,人皆悦从。以生母陆夫人丧而去官,服阕升承德郎、湖州路乌程县县尹。天历元年(1328),韩镛佥浙西廉访司事,特举干文传治行为诸县最,作《乌程谣》以纪其功绩。升奉议大夫、徽州路婺源州知州。顺帝至元六年(1340)升朝列大夫,调任平江路吴江州知州。所任之处清吏弊、除暴政、平冤狱、均赋役,善断疑案,地方靖安,政绩斐然。论者皆谓其有古循吏之风。

至正三年(1343),奉诏进京参与修纂《宋史》。书成,擢集贤院待制、朝请大夫。不久,以礼部尚书、嘉议大夫致仕。十三年九月初五日(1353年10月2日)卒于家,葬于吴县至德乡洞潨雁荡之原。崇祀为吴郡名贤。昌国州民建干大圣庙、干老相公庙,旧时每年春秋两祀。

生平为官清廉,喜奖掖后进。曾充江浙、江西乡试副主考,所取之士后多知名。其气貌充伟,识度凝远。平居衣无华饰,食无珍味。唯耽于书,手自校雠,至老不倦。诗文雅正,不事浮藻,著有《仁里漫稿》。

子三:长子干旗,忠翊校尉、河南府路陕州同知;次子干旌,建宁路医学正;幼子干城,国学生。诸孙均业儒。

(马一平)

时太初

时太初,字大本,常熟人。元顺帝至正(1341—1370)间,仕官于浙江海昌,有惠政。与干文传、陈植及诗画僧善住为文字交。博学能文,诗尤俊逸。赋七言律诗《白燕》:"春社年年带雪归,海棠庭院月争辉。珠帘十二中间卷,玉剪一双高下飞。天下公侯夸紫颔,国中俦侣尚乌衣。江湖多少闲鸥鹭,宜与同盟伴钓矶。"摹写工巧,实中领趣,脍炙一时,杨维桢称为名作。惜早卒。著有《海昌诗》《时太初遗文》等。

(王晋玲)

善 住(1278—1330)

善住,字无住,号云屋,吴县(今江苏苏州)人。生于元至元十五年(1278)。元贞元年(1295)师从如镜,居报恩寺。泰定元年(1324),赴阳山福严精舍。晚年掩关,于吴县修净土宗最为著名。与时太初、仇远、白珽等友契。善画梅。通梵文,工书能词。诗工近体,近四灵、江湖之派,时于元僧中称首。至顺元年(1330)圆寂。著有《安养传》《谷响集》等。

(李　峰)

王都中(1278—1341)

王都中,字元俞,又字邦翰,号本斋,吴县(今江苏苏州)人,原籍福宁(今福建霞浦)。生于元至元十五年(1278)。周文英女婿,名儒许衡、俞琰弟子。

父王积翁,累官至兵部尚书、江西参政。王都中以父恩,三岁即授从仕郎、南剑路顺昌县尹。至元二十一年,王积翁出使日本遇害,世祖忽必烈厚恤遗孤,赐平江田八千亩、宅一区,王都中与母张普贵遂著籍吴县。母以贞节自誓,于净垢寺出家为尼,号无为。后主持阳山妙净寺,赐号宏宗圆明佛日大师。

至元二十二年,特授王都中少中大夫、平江路总管府治中,元贞二年(1296)始就任。迁浙东道宣慰副使。大德四年(1300)调荆湖北道宣慰副使,赈济饥民数十万,全活甚众。至大二年(1309),武宗诏更钞法行铜钱,以王都中为江淮泉货监,所铸钱号称最精。改任郴州路总管。延祐四年(1317)调饶州路总管,有惠政,民为立生祠。泰定元年(1324)除两浙都转运盐使,未任,擢福建闽海道肃政廉访使,旋升福建道宣慰使都元帅。又改浙东道宣慰使都元帅。天历元年(1328)初,徙广东道宣慰使都元帅。元统元年(1333)行户部尚书、两淮都转运盐使,整肃盐政,盐法遂修。寻拜河南行省参政,改江浙行省参政。所至号称循吏。南人以政事名闻天下,而位登省宪者,王都中号称唯一。至正元年(1341)卒,赠昭文馆大学士,谥清献,葬于苏州阳山金井坞。

善书法,理学、文学多有造诣,为诗清醇。著有《小山堂稿》《本斋集》等。

(李　峰)

钱良右(1278—1344)　　　婿 张元善

钱良右,一作良祐,字翼之,号江村民,学者称江村先生,长洲(今江苏苏州)人。生于元至元十五年(1278)。丘岳曾孙女婿。曾入浙西廉访使徐琰幕,仁宗至大(1308—1311)间,曾署吴县教谕。闲居三十年。博学工诗。好考古篆籀之学,与朱珏及陆友、吴睿、卢熊等讲论博洽。书擅诸体称名家。文宗时曾奉旨书《农桑辑要》《大学衍义》,上版刊行。至正四年(1344)卒。著有《江村先生集》。

张元善,字性之,亦长洲人,祖籍开封(今属河南)。钱良右长女婿,周南亲家。好古博学,工书善画。承家学,尤精于医,徐贲曾有诗题赠。元至正十八年时任江浙行省官医提举,疏请国家尊祀三皇,以历代神医、名医配祀如孔庙。

(李　峰)

顾　信(1279—1353)

顾信,字善夫,晚号玉峰乐善处士,昆山太仓(又名东仓,明弘治十年建太仓州,为州治所)人,原籍崇明(今属上海)。生于元至元十六年(1279)。父顾德,号可轩,自崇明徙居太仓。少孤有孝名。喜藏书,以义教子,广微天师命为可轩处士。大德四年(1300)捐产倡建淮云院。延祐元年(1314)州治迁太仓,曾捐椒园地八亩建庙学。

顾信为顾德次子。累官金玉局使,大德元年(1297),升杭州军器司同提举。至大三年(1310)尊父愿,建淮云院。博通经史,收藏耽奇癖,珍藏张僧繇、陆探微、李成等十大名家画迹颇富。尤以书法著名,传世有皇庆三年(1314)小楷书《金刚经》。与赵孟頫友契三十余年,时求赵孟頫书,所得颇多,曾刻石于西园乐善堂墨妙亭。

至正元年(1341),以通晓水利被荐于都水司,力辞不赴。十三年卒。

(李　峰)

陆德原(1282—1340)

陆德原,字静远,又字志宁,号杞菊,人称杞菊先生,长洲甫里(今江苏苏州用直)人。生于元至元十九年(1282)。陆龟蒙裔孙。子陆颐孙,为倪瓒女婿。

少知学,举茂异,以兴教育才为己任。元统二年(1334),于先祖陆龟蒙隐居处创办江南乡镇首所书院——甫里书院,有夫子殿、明伦堂、求志轩、明道斋、正义斋、甫里先生祠、东西庑、仪门、泮池等建筑。割良田四顷余,以供四方来学之费。重金礼聘陆文圭、龚肃、柳贯等名儒任教,自任山长。又在郡城长洲县治东侧创办义塾,仿书院建有明伦堂、大小学斋等,拨良田千亩,以给学徒,聘名儒执教。郡守赵凤仪为请于行中书省,亦名甫里书院,命为山长。不久,又增建宣圣殿、陆龟蒙专祠。城中学道书院殿屋将坍,陆德原捐资翻建,轮奂之美,均还其旧,并置学田千亩。长洲县学废坏已久,后至元元年(1335)陆德原捐资,买材鸠工于旧址重建,长洲乃复有县学。事闻尚书中书省,荐升徽州路儒学教授。时学府墙倒壁坍,孔子殿缺弛最甚。以徽州为朱熹阙里,不应坐视其坏,而财用不足,陆德原大发其私汇,以资土木之费,亲任其役,特地于平江(今苏州)购良材,募善工以往。积劳患病,后至元六年九月初三日(1340年9月25日)卒,葬于苏州横山先墓侧。其兴学立教,厥功甚伟。闻噩耗,诸生相率为文以祭。行中书省检校官王艮作诔词,称陆德原:"居家庭为孝子,处州里为善人,官学校为良师,人谓其无愧词。"[1]

天性恭谨,平日居家无惰容,虽盛夏冠带自若,绝去圭角,循循下人;有非礼相加者,忍而不辩。好礼尚义,遇灾荒年皆慷慨救济,佃人之家赖以全活甚众。府第四方宾客无虚日,莫不满意而去。闻好友去世,往往不远千里往赙之。浙江永嘉人林宽以文学知名,陆德原与之年龄相仿,事之如兄。林宽卒,家贫无以敛,陆德原出资料理,厚恤其家,并嫁其女。林宽弟林宏死,亦为其买棺殓葬。

陆德原有别业名"笠泽渔隐",藏书数千卷。好学博古,能诗文,曾仿照陆龟蒙《杞菊》续作《杞菊赋》,自况以暮年归老其间,效先祖故事。著有《杞菊轩诗》等。

(李嘉球)

范景文(1285—1343)

范景文,字焕卿,长洲(今江苏苏州)人,祖籍蓝田(今属陕西)。生于元至元二十二年(1285)。至大元年(1308),以茂材异等荐署真定路儒学正,未任。皇庆元年(1312)辟廉访司掌书司官,分按嘉兴、建德。延祐二年(1315)入江南行御史台为察院书吏,从御史分巡湖广。六年,行宣政院辟充令史,入为宣政院掾史。至治二年(1322)授临安县(今临安市)主簿,监办杭州城税课。泰定元年(1324)辟充本省掾史,升提控。天历二年(1329)迁松江府知事,荐擢江西行中书省理问所知事,改本省掾史,升提控。御史刷磨诸曹案牍,无可指摘,知出于景文,乃与阃院御史交章举荐。后至元四年(1338),除平江路总管府推官。至正二年(1342)迁湖州路总管府推官,后以杭州路总管府治中致仕。三年,卒于里邸。著有《覆部集》。

(李 峰)

惟 则(1286—1354)

惟则,一作维则,俗姓谭,号天如、天如老人,庐陵(今江西吉安)人。生于元

---

[1] 黄溍:《元故徽州路儒学教授陆君墓志铭》,顾沅辑:《吴郡文编》第五册卷一九五,上海古籍出版社2011年,第603页。

至元二十三年(1286)。天目山高僧明本嗣法弟子。至正元年(1341),于苏州结庐,号师子林,次年弟子为建正宗禅寺。善园艺,种竹数万竿。弘传临济宗风,兼通天台、永明教理和净土宗,大倡禅净双修,为虎丘派大德。十四年,赐号佛心普济文慧大辩禅师。同年圆寂后,塔葬于水西原。

工书善诗,曾与贯云石、阿里西瑛、倪瓒、高启等雅集唱酬。著有《楞严经会解》《传佛心印记注》《师子林别录》《天如集》《天如惟则禅师语录》等。

(李　峰)

顾　安(1289—?)

顾安,字定之,号迂讷居士、迂讷老人,平江(今江苏苏州)人,祖籍淮东,曾寓居昆山。生于元至元二十六年(1289)。父曾官松江府判官。顾安以父荫授兰溪、龙岩等地巡检,历常州录判。起任同安县尉,官至泉州路行枢密院判官。与郑元祐友。卒后葬于苏州天平山。

绩学工诗。书学赵孟頫,擅行草、楷书,大字遒劲。画悬崖竹师法文同,风梢云干得萧协律法。鉴赏家称吴仲圭以苍老胜,顾安以秀色胜。于李衎、柯九思外,自成一家。尤精于双钩墨竹,喜作风竹新篁,誉称为"江南金错刀"。吴昇《大观录》著录其作《岁寒竹石图》,高四尺,阔一尺一寸,石坡上竹作细枝,从坡上直扫至顶。节叶瘦劲,款识亦妙。传世尚有至正五年(1345)作《墨竹图》,十年作《平安盘石图》,二十五年作《幽篁秀石图》,及与倪瓒、张绅合作《古木竹石图》等。

(王晋玲)

秦　玉　　秦　约(1292—1344)

秦玉,字德卿,昆山太仓(又名东仓,明弘治十年建太仓州,为州治所)人,原籍崇明(今属上海)东沙,祖籍盐城(今属江苏)。生于元至元二十九年(1292)。父秦庚,为方逢辰弟子。南宋咸淳(1265—1274)末,以诗试通州第一。入元隐居,为海漕万户刘必显聘教家塾,自崇明徙家太仓。通经史,尤精《诗经》,以才学称笃行君子。秦玉侍父有孝名。能世家学,博通经史,邃于《诗经》。家居讲授二十年,以文行自立,与杨譓齐名。至正四年(1344)卒,私谥孝友先生,葬于昆山南冈,入祀先贤祠。著有《诗经纂例》《大学中庸标说》《宋三朝摘要》《斋居杂录》《雪溪漫稿》等。

秦约,字文仲,号樵海道人。秦玉长子。元至正(1341—1370)间,举秀才,官崇德州教授。参与顾瑛所主持之玉山雅集。明洪武初,应召试《慎独箴》,名列第一,授礼部侍郎,以母老辞归。再征至南京,疏陈书院、书堂、义学当依旧制,慎选守令,郡邑三年上计,应同进志书以备国史征采。授溧阳教谕。卒祀乡贤。工书法,博通诸经。文章厚重以理胜,尤工诗。著有《樵海漫稿》《樵史补遗》《诗话旧闻》《孝节录》《樵海集》等。

(李 峰)

郑元祐(1292—1364)

郑元祐,字明德,遂昌(今属浙江)人,徙籍吴县(今江苏苏州)。生于元至元二十九年(1292)。曾祖郑克,仕宋任西川经略使。祖郑开先,官朝奉郎,知道州永明县。父郑希远,高尚不仕,徙家杭州钱塘,结屋湖上,耕钓自乐。郑元祐天资明敏,高出伦辈。年十五即能诗赋,往往出语惊人。遍游南宋咸淳遗老之门,质疑稽隐,充然有得,侃侃以奇气自负,诸老皆折节下之。赵天锡慕其名延于家,与子赵期颐讲学。昭文馆大学士廉希贡退居钱塘,与郑元祐为忘年交。父卒后,郑元祐偕兄移居姑苏,从学者云集。浙省宪台争以潜德荐之,以臂疾不仕。优游吴中三四十年,与杨维桢、倪瓒、顾瑛、张雨、陈谦诸人游。天性平易真率,不为矫激之行,富贵声利亦难动其心,吴人无不礼敬。儿时因乳母失手致伤右手,比长,能左手作楷书,严劲端丽,规矩备尽,世称一绝,遂自号"尚左生"。至正十七年(1357)除平江路儒学教授,欣然以往,一岁移疾去。二十四年,擢江浙儒学提举。是年十一月二十九日(1364年12月22日)卒,葬于吴县太平乡横山之原。

平生于书无所不读,其诗清峻苍古,作为文章,抑扬顿挫,反覆开辟,若长江大河,流衍滂沛,有古作者之风。所交游者皆当时名辈,故诗文倡和颇多。昆山顾瑛于玉山草堂设文酒之会,名辈云集,郑元祐为座上宾,雅集记序之作多出其手笔。"东吴碑碣有不贵馆阁而贵所著者。"[1]素不喜著书,尝谓学者曰:"经则经也,史则纬也,义理渊薮在焉。学者能尽得古人之意鲜矣,况敢私有所论述乎!"[2]今存《侨吴集》,乃其晚年汇编而成,录各体诗六卷、文六卷。另著有《遂昌山人杂录》一卷,记载宋末遗老轶事及元代高士名臣的遗闻,多忧时感世之言,四库

---

[1] 顾嗣立:《元诗选》庚集《郑提学元祐》,中华书局1987年,第1832页。
[2] 苏大年:《遂昌先生郑君墓志铭》,见郑元祐《侨吴集》附录,《北京图书馆古籍珍本丛刊》第95册影印明弘治九年张习刻本,第831页。

馆臣褒称："其言皆笃厚质实,非《辍耕录》诸书捃拾冗杂者可比。"[1] （朱 琴）

郑 禧

郑禧,字熙之,一作禧之,号快庵,吴县(今江苏苏州)人。居隶带草堂。与张羽、郑元祐等为友。工诗词。擅行草书,神境心会,炼笔、炼气、炼意,下笔自然独到。善画山水、禽鸟、古木,师法赵孟頫,尤以画竹名家。早卒。传世有元至正十一年(1351)作《沧江轻钓图》等。
（王晋玲）

张 雯(1293—1356)　　子 张 田　孙 张 肎

张雯,字子昭,吴县(今江苏苏州)人,祖籍浚仪(今河南开封)。生于元至元三十年(1293)。藏书颇富。家学渊源,深研经学,知识博洽,精于考订。时感念故国,常游杭州,勤于搜访亡宋遗事。兼通音律,善吹洞箫、觱篥,尤好乐府词曲。至正十六年(1356)卒。著有《继潜录》《画记补遗》《书补遗》《墨记》等。

子张田,字芸己,号学斋。生于元泰定元年(1324)。与宋濂友。工诗文词,至正间参与顾瑛主持之玉山雅集。家传经学,尤通《胡氏春秋》,以道义自适,称敦实有学之士。明洪武七年(1374)卒。

孙张肎,字继孟,一字寄梦,号梦庵。张田子,宋濂弟子。少承家学,与陈继以古文齐名。明宣德(1426—1435)初已年老,杨士奇欲荐于朝而未及,卒年八十余。书牍绝佳。诗文清丽有法,尤长于南词新声。著有《梦庵集》。（李 峰）

朱 玉(1293—1365)

朱玉,字君璧,一作均璧,昆山人,祖籍江西。生于元至元三十年(1293)。内行修洁,好独游山水名胜。画师从王振鹏,堪称高足。长于道释人物、界画,亦善画龙。曾作《紫雾龙宫图》《翠蓬神阙图》,十年始成,有神品之誉。至顺元年(1330),奉中宫教金绘藏经佛像绝妙。至正十五年(1355)诏赴京师大都(今北京)绘清宁殿壁,以兵乱道阻未至。二十五年卒。传世之作以《揭钵图》最为奇古飞动。
（李 峰）

---

[1]《四库全书总目》下册卷一四一子部小说家类二《遂昌杂录》提要,中华书局1965年,第1203页。

朱德润(1294—1365)

朱德润,字顺孙,一字泽民,号抱阳山人,昆山人。祖籍睢阳(今河南商丘)。生于元至元三十一年(1294)。先祖兵部郎中朱贯随宋室南渡,遂为吴人。祖父朱应得,秘书省正字。父朱琼,长洲县学教谕。

朱德润秀异绝人,读书过目能记,工诗文,诗学李白,多写景状物。延祐(1314—1320)末游大都,赵孟頫荐于仁宗,召见于玉德殿,命为翰林文字,同知制诰,兼国史院编修。次年授镇东行中书省[1]儒学提举,东征至居庸关等地。至治二年(1322)二月,英宗狩猎于柳林,归途驻寿山,召绘《雪猎图》,朱德润即挥毫而成,并撰《雪猎赋》万言,无不惊奇。三年八月,英宗逝后失意南归,闲居近三十年,与康里夔、袁桷等相交友善。曾应惟则禅师请,与赵原、倪瓒、徐贲相与建筑苏州狮子林,倪瓒绘图,朱德润作图序。至正十二年(1352),被征为江浙行中书省参谋,摄为长兴守令,以病免归。二十五年六月十七日(1365年7月6日)病逝,葬于苏州阳抱山祖茔侧。

能文善诗,著有《存复斋稿》。工书,师法王羲之、赵孟頫,格调遒丽,笔致遒健,而独以画驰名。山水先学许道宁,早年受高克恭赏识,后取宋郭熙笔法,臻精其妙。多作溪山平远、林木清森之景,重视观察自然,树枝作"蟹爪",山石用卷云皴。在黄公望、王蒙、倪瓒、吴镇四家之外另辟蹊径,笔墨秀健清雅,景物富真实感。东征居庸关时,曾作"画笔记行稿"。传世作品有《林下鸣琴图》《群峰秋色图》《秀野轩图》《六和塔城前放船图》《游虎丘图》《耕渔轩图》等。　　(李嘉球)

王　鉴(1294—1366)

王鉴,字明卿,吴县(今江苏苏州)人,原籍安平(今属河北)。生于元至元三十一年(1294)。虞集弟子。荐以茂才,试侍仪司舍人。辞归隐居苏州盘门,与杞菊先生陆德原交善。博学明义理,特爱唐人近体诗。讲究经义,以节义高天下。元末曾劝导张士诚以仁义得民,被称为高士益友。至正二十六年(1366)卒。著有《明卿集》。　　(王晋玲)

---

[1] 镇东行中书省,简称镇东行省,是元朝统辖高丽国的中枢机构,在高丽国都设有官署衙门,与高丽政权机构分署办公。"镇东",《大元大一统志》亦作"征东"。

苏大年(1296—1364)

苏大年,字昌龄,号西涧、西坡、愚公、西涧老樵、耕读轩主人、林屋洞主等,扬州(今属江苏)人,祖籍真定(今河北正定)。生于元元贞二年(1296)。与名士杨维桢等交游。能诗词,工八分、行书,擅画竹石松木,为艺林称重。至正十三年(1353),以献策讨张士诚起义,赏翰林兼国史院编修。十五年,扬州陷,隐居苏州。张士诚据苏州后,敬其才学,用为参谋,称为"苏学士"。苏大年请辞不任,往还于笠泽、松陵间,高行为人称重。二十四年卒,葬于苏州干将山。（李　峰）

宋尹文

宋尹文,字文璧,昆山太仓(又名东仓,明弘治十年建太仓州,为州治所)人。海道千户宋祐子。幼知向学,酷嗜古琴。为徐秋山弟子,琴得徐秋山之父徐天民再传,尤善弹浙操,得其雅正之趣。郭翼致书于顾瑛,称古琴之妙,则宋尹文为之魁。

受知于左丞许师敬,被荐为翰林院典籍简阅官。元成宗大德(1297—1307)间,鲁国长公主闻其名,召其弹奏《胡笳十八拍》,感人至深,获赐白金百两南归。与龚肃友,亦精占卜相命之术,后卒于报本寺。（李　峰）

朱碧山

朱碧山,名华玉,号碧山,嘉善武塘(今浙江嘉善魏塘)人。约生于元大德(1297—1307)初年。原先习画,与吴镇、盛懋为同乡,不欲以画艺争胜,转而独攻银器。徙居苏州吴县木渎[1],室名长春堂。以银槎工艺名家,所制有蟹杯、灵芝杯、鼠啮田瓜觥、槎杯等。在槎杯上刻《昭君图》,肖像眉须、坐骑鬣鬃、襟袖绣花都细致可辨。所制蟹杯甚奇。曾制银槎杯,尾篆歌诗云:"欲渡银河隔上阑,时人浪说贯银湾。如何不觅天孙锦,只带支机片石还。"传世最著名之银槎杯,取材于西晋张华《博物志》所载有人乘槎至天河遇织女的神话故事。构思巧妙,造型独特,工艺精湛,造型和规格都有别于一般饮酒器,号称"一时绝技"。自元以后,江南达官贵人、社会名流以能得其所制槎杯为荣。

---

[1]《木渎小志》卷四《人物》,民国十七年苏州观前街利苏印书社重印,页十七。

朱碧山传世作品据载有六件[1]，其中银槎杯五件，四件制于至正五年（1345），分别收藏于故宫博物院、台北"故宫博物院"、原吴县文管会、美国克利夫兰博物馆。故宫博物院所藏[2]，槎及人身乃铸成后加以雕刻，头、手、云履等部分是铸成后接焊，接焊处浑然无迹，几不能辨。规格为长19.8厘米，高15.2厘米。槎形如瘿结老树，槎上坐一道人，高髻云履，长袖宽袍，斜倚于槎上，单手托书，双目凝视书卷，作读书状。正面槎尾刻"龙槎"二字，杯口下刻"贮玉液而自畅，泛银汉以凌虚，杜本题"行楷十五字，槎腹刻"百杯狂李白，一醉老刘伶，知得酒中趣，方留世上名"五言绝句一首，槎尾后部刻"至正乙酉，渭塘朱碧山造于东吴长春堂中，子孙保之"楷书款识。另有图章"华玉"篆书二字。台北"故宫博物院"所藏系清避暑山庄旧藏，以刻有"支机"两字，简称"支机杯"。吴县文管会所藏出土于清乾隆年间刑部尚书韩崶墓。美国克利夫兰博物馆所藏，杯首有"岳寿无疆"四字，乃清咸丰时英法联军入侵北京时英国将军毕多夫所盗。英国大英博物馆收藏一件，有至正辛丑年款，当系至正十五年所制。

朱碧山传世槎杯今已成国宝中之精品。

（林锡旦）

饶　介（1300—1367）

饶介，字介之，自号华盖山樵、醉翁，临川（今属江西抚州）人。长于文学之乡，早有才誉。自翰林应奉出佥江浙廉访司事。元至正十六年（1356）于苏州分守齐门，抗御张士诚，兵溃城陷后，闭门家居采莲泾。张士诚慕其名，屡使人强令其复出，并亲自登门恳请，表为淮南行省参政，署谘议参军，与陈基为内史，同典文章。书仿怀素，诗学李白，皆负盛名。为人倜傥豪放，一时俊流皆与其交，在苏州多罗致名士为幕客，日以觞咏为事。二十七年九月，朱元璋大将徐达率军破苏州，饶介被俘，解至金陵（今江苏南京）被杀。

（李　峰）

陆　友（1301—1348）

陆友，字友仁，号砚北生，吴县（今江苏苏州）人。生于元大德五年（1301）。布商子。至顺元年（1330）于京师秘阁抄书，以才为虞集、柯九思推荐，未得大用。元统元年（1333）冬南归。至正八年（1348）卒。

---

[1]《朱碧山的银槎散记》，嘉善政协文史委员会：《嘉善文史》2011年第1期。
[2] 郑珉中：《朱碧山银槎记》，《故宫博物院院刊》1960年总二期。

博学谨识,收藏图书及古币、字画、砚印颇富,尤精鉴赏。书工真、草、篆、隶,善为歌诗,尤长五言律。编有《陆氏藏书目录》。著有《墨史》《砚史》《印史》《集古印考》《杞菊轩稿》《砚北杂志》《吴中旧事》《米海岳遗事》等。　　　　（李　峰）

熊梦祥

熊梦祥,字自得,号松云道人,丰城(今属江西)人。元顺帝后至元(1335—1340)间中举人。至正元年(1341),以茂才异等荐为庐山白鹿洞书院山长。历官大都路儒学提举、崇文监丞。所纂《析津志典》,记载京师典章逸闻,考辨详审,誉为名志。晚年卜居太仓得月楼,与顾瑛为忘年交,参与玉山草堂雅集。卒年九十余。

博学工诗文,通音律,善吹箫,画山水尤清古,书能数体,得米芾家法。另著有《释乐书》《松云道人稿》《松云见闻录》等。　　　　（李　峰）

杨　譓

杨譓,字履祥,号东溪,晚号东溪道人、海滨翁,昆山太仓(又名东仓,明弘治十年建太仓州,为州治所)人,祖籍浦城(今属福建)。文公杨亿十世孙。官至昆山州学训导。与秦玉、袁华、吕诚等为友。博学有才行,嘱意乡邦文献,元至正四年(1344)以一己之力纂成《昆山州乘》。著有《帝王图辨》《宋蓍龟录》《素王道史》《姓氏通辨》等。　　　　（李　峰）

陆　仁

陆仁,字良贵,号樵雪生、乾乾居士,昆山太仓(又名东仓,明弘治十年建太仓州,为州治所)人。祖籍河南,故人称"陆河南"。曾为水军都万户幕僚,以学行与秦约并称"二教授"。明经好古,书法欧楷,章草受推重。诗文不苟作,尤以诗名。属和杨维桢《西湖竹枝词》,颇获称赏。元至正十七年(1357)曾参与顾瑛主持之玉山草堂雅集。卒年四十八。著有《乾乾居士集》。　　　　（李　峰）

虞子贤

虞子贤,常熟支塘人。笃行有孝名。博雅好古,能鼓琴,善弹《紫琳操》。家藏书史及古今法书名画,甲于三吴。其家园周七里,专建城南佳趣堂,藏所得朱熹《城南二十咏》真迹,又以所购唐琴"瑶芳",特筑瑶芳楼。元至正二十二年(1362),杨维桢曾为其补书《城南杂咏》并作记。入明卒。　　　　　　(王晋玲)

倪维德(1303—1377)

倪维德,字仲贤,晚号敕山老人,吴县(今江苏苏州)人,祖籍汴梁(今河南开封)。生于元大德七年(1303)。曾祖倪昌嗣,宋和州防御史。祖父倪秀文,宋亡后挟医术游于江南,定居吴县。父倪鼎亨,以医术名于世。

自幼习儒,为名儒汤弥昌弟子,精治《尚书》,文有奇气,具济世之才。然不屑于仕途,弃儒习医,绍承家学。以《内经》为宗,研其奥旨,悟其真谛。北宋大观(1107—1110)后,时医多遵用《和剂局方》治病,新病用故方已多不相合。倪维德乃精读名医刘完素、张从正、李杲医著,吸取三家学说之精华,与《内经》融会贯通,诊治疑难病症,细心辨证,对症下药,疗效颇佳,医名振于远近。[1]同郡顾显卿妻年五十余,右耳下生瘿大如头,疼不可忍,近三年相继请数十位医生诊治均无效。倪维德诊毕曰:"此手足少阳经受邪故也,甚易治耳。"[2]即予处方剂药服之,逾月而愈。倪维德素怀仁心,凡来延请出诊者皆即往,不分贫富。贫病者抱疾求医,不仅送药,还赠予煎药之器。

精通临床各科,主张医者当通习伤寒、内伤、妇女、小儿治法,不可单业某一科。有感于前代内、外、妇、儿诸科著作已多,唯独缺眼科著作,抑或散见于其他医著,内容多不精备,遂专攻眼科。博集古今眼科理论与临证经验,撰成《原机启微》二卷并附录一卷。上卷论眼病病因与治则,首创病因分类法,把眼病分为淫热、风热、七情五贼、血凝、气散、血气不分、热积等十八类;下卷论制方要义,并附疗目方剂四十六首;附录论眼病及附方若干种。倪维德以病因病机分类眼病,审因论治,立法处方,并把眼病与人体功能及外部环境联系起来,开创眼科病症综合辨证之先河。该书刊于明洪武三年(1370),大行于世,为中国现存最早的眼科专著,有利于后世眼科学的发展。明代名医薛己曾对该书详加注释。倪维德又校订《东垣试效方》,锓版行世。

---

[1] 朱右:《敕山老人倪维德传》,焦竑:《国朝献徵录》卷七八,《明代传记丛刊》第112册,台湾明文书局1991年,第808页。

[2] 宋濂:《倪维德墓碣铭》,焦竑:《国朝献徵录》卷七八,《明代传记丛刊》第112册,台湾明文书局1991年,第809页。

嗜藏书,凡书肆有新刻者辄购入,积至五千余卷,特构书房以藏。晚年建别墅于苏州胥门西敕山下(今木渎镇天平寺北侧赤山坞),该地盘纡郁秀,有岩壑卉竹之美,每乘扁舟,备酒肴,与二三知己放浪于水光山色之间,怡然自得,如在世外。洪武十年六月二十日(1377年7月25日)卒,葬于吴县至德乡上沙村两重山之下(今属木渎镇天平村)。

子倪衡,通儒书,亦以医鸣于时。

(马一平)

葛乾孙(1305—1353)

葛乾孙,字可久,长洲(今江苏苏州)人。生于元大德九年(1305)。家世医。曾祖葛思恭,宋宣议郎;祖父葛从豫,宋进义校尉,皆以医享誉于时。父葛应雷、叔葛应泽以名医仕元,曾分任江浙行省官医提举、平江路官医提领。

生有奇气,体貌魁梧,膂力过人。未冠时,好击刺战阵之法,兼习阴阳、律历、星数之学。后折节读书,邃于经学,文武兼善,却屡试不第,于是弃绝举业,绍承家学,研习岐黄之术。其父取医书授之,稍治辄精,治病常见奇效。为博采众家之长,曾遍历江湖,考究方脉三十余年。路遇一高人,同处三月。其人极明医道,精通方术,用药如发矢,无不中的。葛乾孙遂拜为师,得授《奇方》一册,自此回至吴中,治痨症,一用一捷,无不刻验。临证上能综合运用多种治疗手段,除药物、针灸、推拿外,颇注重精神疗法。他医不能治者,皆往求治,故名重南北。与浙江义乌名医朱丹溪交谊颇深,常共同会诊病人,互相请益砥砺,为当时医界之楷模。浙中有女子患痨瘵病,经朱丹溪医治已基本痊愈,唯存两颧赤色如丹不退。乾孙应邀会诊,隔衣针刺该女两乳穴位,两颧丹点即应手而灭,神奇若此,令人执服,医名益盛。[1]为人倜傥而温雅,慈爱而好施。凡病家求出诊,不计贵贱皆前往。平素赈济贫病,故民众皆敬爱。

葛乾孙对肺痨病深有研究,颇多创获,其理法方药自成一体。其治血证,首重止血,次则化瘀,继用人参补益元气,并辅以止咳润肺、下气消痰等法,最后滋养全身,复其根本;同时,让患者保持安静,避免身心过劳与环境刺激,严格遵守服药时间与方式,对治疗肺痨病有较好疗效,后世医家多遵其法。所著《十药神书》一卷,成书于至正八年(1348),是中国现存第一部治疗肺痨病专著,所载十

---

[1] 见《江南四大才子全书·徐祯卿诗文全集·述林·艺术》,中国言实出版社2007年,第222页。见《古今图书集成》第46册第五三〇卷《葛乾孙传》,中华书局、巴蜀书社1988年影印本,第56771页。

首方剂,至今仍行之有效。另著《医学启蒙》《十二经络》,已亡佚。

至正十三年七月卒,年仅四十九岁。后入祀苏州沧浪亭五百名贤祠。

(马一平)

郭 翼(1305—1364)

郭翼,字羲仲,号东郭生,又称野翁,人称迁善先生,昆山人。生于元大德九年(1305)。家本世族。父郭友谅为巨商,独善教子。郭翼早岁失怙,少入乡校,从卫泾曾孙名儒卫培学,性极颖悟,攻读刻苦,亟受器重。成年益肆力于学,精研百家,尤邃于《易》。素怀大志,至正十六年(1356)张士诚据苏州后,郭翼献策,劝其反元季贪残旧政,乘时进取,若晏安逸乐,精锐坐销,四方豪杰并起,吴为必争之地,势将不保。张士诚怒其言切直,欲杀之,得妻劝谏乃止。郭翼遂归耕娄上。四十岁时闭门授徒,署其教室曰"迁善",又以东郭先生故事名己书斋为"雪履"。

学问博洽,抑郁不得志,故一意于诗文,力追古人。多次参与本邑顾瑛组织的玉山雅集。曾与杨维桢交游,诗颇近其流派,杨维桢评曰:"精悍者在李商隐间,风流姿媚者不在玉台下也。"[1]清纪昀等更赞其"笔力挺劲,绝无懦响,在元季诗人中可谓矫然特出者矣"[2]。著有《林外野言》二卷、《雪履斋笔记》一卷,并传于世,均收入清《四库全书》。

晚年得任儒学训导,与俗寡合,偃蹇而终,时在至正二十四年七月二十三日(1364年8月20日)。妻胡氏及长子郭夔皆已先卒,家贫无以为葬。昆山知州偰偰斯率州人士,协其次子郭畴、女婿汪思齐、陆彝和孙男长寿,共治葬事,葬于马鞍山北之中峰,好友卢熊题其墓碑,并撰墓志铭。

次子郭畴,字寿朋,明洪武三年(1370)中举人,官工部员外郎。 (马一平)

顾 坚

顾坚,字颐玉,号风月散人,昆山千墩(今千灯)人。太学生。善歌,寄情戏曲,所作风月情词为闺秀深爱。后目盲,元至正(1341—1370)间,元将扩廓帖木

---

[1] 陆容:《菽园杂记》卷十三,中华书局1985年校点本,第162页。
[2] 纪昀等:《林外野言提要》,见《四库全书总目提要》卷一六八,河北人民出版社2000年,第4355页。

儿屡招,皆不应。与名士顾瑛、杨维桢、倪瓒等交游。擅古赋,工乐府,善发南曲之奥,故明初有"昆山腔"之称,被尊为昆曲之鼻祖。相传其著有《陶真野集》十卷、《风月散人乐府》八卷,均佚。

（王晋玲）

善　学(1307—1370)

善学,俗姓马,号古庭,吴县(今江苏苏州)人。生于元大德十一年(1307)。年十二出家于苏州大觉寺。历为报恩寺典宾、光福寺首忏、报恩寺上座,开法于昆山荐福寺。至正十年(1350)住持苏州阳山大慈寺。明洪武二年(1369)居光福,因寺僧输赋违期,被流徙江西虔州(今赣州)。次年,途至池阳马当山卒。

工诗文。早通《法华经》,能融通《华严》《圆觉》《楞严》《起信》诸经,一扫门户之见。曾作《十玄门赋》示圆宗大旨,以老师宿学,被推为人望。著有《古庭诗集》及《法华问答》《法华随品赞》《辨正教门关键录》等。

（李　峰）

郑　东　　郑　采(1309—1366)

郑东,字季明,号杲斋,平阳(今属浙江)人,徙居常熟。吕诚师。因世乱流徙吴地。精《春秋》学,于昆山授徒称名师。元至正(1341—1370)间,参与顾瑛主持之玉山草堂雅集,诗文旨趣高远。著有《瞹璧集》。

郑采,字季亮,号曲全。生于元至大二年(1309)。郑东弟。世乱徙吴,赘居常熟。好义敢言,称刚毅之士。常熟遭水灾,情势严重,力请官府蠲赋一万五千,民皆感戴。通经史,诗文别标一帜。与兄以才行并称"二郑",合作辑入《郑氏联璧集》。至正二十六年(1366)卒,葬于常熟虞山。

（李　峰）

祖　偁(1309—1379)

祖偁,俗姓张,字日章,晚号用拙翁,常熟人。生于元至大二年(1309)。年十二出家于本邑福山大慈寺。师从诗僧馀泽于苏州北禅寺嗣法,掌僧事。后嗣法于竹屋净法师。出世于苏州永定寺说法,为慧光法嗣。历迁昆山广孝寺、嘉定净信寺。明洪武二年(1369)升住上天竺,以高僧选留南京瓦官寺,奉旨于天界禅寺说法,止宿翰林院以备顾问,赐号慧辩普闻法师。十二年,卒于苏州别业"安隐"。

（李　峰）

至 仁（1309—1382）

至仁，俗姓吴，字行中，号澹居子，又号熙怡叟，鄱阳（今属江西）人。生于元至大二年（1309）。延祐三年（1316）于江州报恩寺出家。参元叟行端于径山，掌记室。出世蕲州德章寺及越州云顶、崇报寺。明洪武初应苏州知府魏观请，修复苏州万寿寺并住持。洪武三年（1370）住虎丘云岩寺，以高德被宋濂称为虎丘尊者。晚年养闲松林寺，十五年圆寂。通内外典，尤邃于《易》。文辞严简有西汉风，诗长于七律。著有《澹居稿》。

（李　峰）

顾　瑛（1310—1369）

顾瑛，谱名德辉，一作德煇，别名阿瑛，字仲瑛，又字道彰，号金粟道人，昆山界溪人。生于元至大三年（1310）。出身望族豪富之家。曾祖宗恺，宋武翼郎。祖父文富，又名闻传，能文工书，官至元卫辉怀孟等路打捕鹰房皮货民匠总管，始居昆山朱塘乡界溪。大伯文显，敦武校尉、海道运粮副千户。二伯伯瑜，高良河规运都总管府副总管。三伯伯祥，江淮等处营田提举司同提举。父伯寿为第四子，号玉山处士，隐德不仕。〔1〕

顾瑛幼而警敏，喜读书，善记诵。十六岁即承父志，打理家族产业，遂成江南巨富。少年豪宕，轻财结客，达官时贵靡不交识，誉望超过父辈。三十岁又折节向学，崇礼文儒，与贤者为师友。广购博搜古书名画及彝鼎秘玩，精于赏鉴。善画工书，博通文史，精于音律。著有诗集《玉山璞稿》，其诗"清丽芊绵，出入于温岐、李贺间"。〔2〕

举秀才，浙江帅府授会稽儒学教谕，辞不就。年甫逾四十，即将田业家产交子、婿辈管理。至正八年（1348），在界溪旧宅之西修筑园林，初名"小桃源"，两年后建

---

〔1〕殷奎《故武略将军钱塘县男顾府君墓志铭》谓："君讳德煇，字仲瑛，别名阿瑛，姓顾氏。世为苏之昆山人……戊申，从其子元臣迁临濠而卒，实洪武己酉三月十四日也。距其生之岁至大庚戌，得年六十。"《玉山名胜集·玉山遗什》卷上附录，中华书局 2008 年，第 654—656 页。顾瑛撰《金粟堆生圹自志》，载陈至言等纂：《信义志》卷二《志地下·冢墓》，《中国地方志集成·乡镇志专辑⑧》，江苏古籍出版社 1992 年影印本，第 308—309 页，谓："金粟道人姓顾名德辉，一名阿瑛，字仲瑛，世居吴，谱传野王裔，未必然否也。大父以上皆宋衣冠。"书札题识多署顾阿瑛、顾仲瑛等，亦署顾瑛。其家世可见殷奎撰墓志铭和顾瑛自撰生圹志。祖父顾文传及诸伯父官职，参阅顾文富妻《陈妙清墓志》和其子《顾伯瑜墓志》，均为昆山市巴城镇绰墩村绰墩遗址元墓出土，现藏于昆山市文物管理所。陶冶曾撰《元代顾伯瑜墓志及其母陈妙清墓志释读》，刊于《北方文学》2016 年第 10 期。

〔2〕《玉山璞稿提要》，纪昀等：《四库全书总目》下册卷一六八，上海古籍出版社 2003 年，第 1460 页。

成,改称"玉山佳处",占地极广,共有玉山草堂等轩池亭馆二十四处[1],胜概甲于东南。从后至元六年(1340)到至正二十年(1360)间,主持"玉山雅集"五十余次,名扬天下,成为元末东南地区重要的文化活动中心。杨维桢、张翥、黄公望、倪瓒、王蒙等一代文化巨子,常为草堂座上客,"元季知名之士,列其间者十之八九"[2]。而顾阿瑛才赡思捷,语笑之顷,章篇辄就,诗友叹服。这些酬唱吟咏诗篇由顾瑛编刻成《草堂雅集》《玉山名胜集》《玉山名胜外集》和《暮云集》等,现存五千多首,占有元一代诗词总量的十分之一,其文采风流,照映一世,诚千载艺林之佳话。

　　至正九年,江浙行省授顾瑛为昆山州属官,屡辞不免,让侄顾良佐代任。十三年十月,元廷设水军都府于昆山州治(时在太仓城)。次年二月,江浙参政董抟霄任水军都府副都万户,顾瑛以布衣起用佐治军务,乃随从巡海,历三月而平定海寇,漕粮北运海道得以畅通。十五年,被水军都府都万户纳麟哈剌委任督守西关三月,继而审赈民饥,治事有方,被荐为昆山州知州,且需纳粟,遂避吴淞江舟上。以长子元臣贵,封赠武略将军、水军宁海所正千户、飞骑尉、钱塘县男。十六年正月,家遭张士诚兵劫掠,仓促奉母陶氏并携全家至浙江吴兴商溪避难,二月母卒,会葬者以万计,归葬昆山绰墩祖茔。张士诚闻其才名,将授以官,顾瑛坚辞未允,遂断发庐墓,披阅佛教大藏经,自称在家僧,号金粟道人。十八年,长子元臣以功升水军都府副都万户,次子元礼授正千户,率乡兵守本土。顾瑛于绰墩祖茔筑生圹寿藏"金粟堆",自撰生圹志。后张士诚再次欲强授予官,遂营筑别业于浙江嘉兴合溪,隐居垂钓五湖三泖间。二十六年前后,归居昆山绰墩。

　　明洪武元年(1368),以子元臣为元朝故官,顾瑛全家例徙临濠(今安徽凤阳)。二年三月十四日(1369年4月20日),卒于临濠编管地,十二月初九日元臣扶柩归葬昆山绰墩[3],挚友殷奎撰墓志铭,卢熊书并篆盖。

　　配王氏,封钱塘县君。子五。长子顾元臣,字国衡,官终奉议大夫、湖广行省理问,诗笔俊爽,诸子中最为有名。

(马一平)

张　逊

　　张逊,字仲敏,号溪云,绰号髯张,吴县(今江苏苏州)人,祖籍南阳(今属河

---

[1] 顾瑛:《绿波亭记》,顾瑛辑,杨镰、叶爱欣整理:《玉山名胜集》卷下,中华书局2008年,第303页。
[2] 《玉山名胜集提要》,纪昀等:《四库全书总目》卷一八八,中华书局1960年,第1710页。
[3] 嘉靖《昆山县志》谓顾瑛墓在县西界溪,万历《昆山县志》和清康熙《昆山县志稿》沿袭错说,乾隆《昆山新阳合志》始得更正。

南)。甘贫有志操。初为道士,后于无锡等地为馆师。博学能诗文,元至正(1341—1370)间参与顾瑛主持之玉山草堂雅集。尤精书画。能画山水,尤擅双钩墨竹,如铁勾锁,风神妙绝当世。传世作品有至正九年(1349)作《双钩竹》等。著有《溪云集》。

(王晋玲)

张 简

张简,字仲简,号云丘道人、白羊山樵,吴县(今江苏苏州)人。初师张雨为道士,隐居鸿山。与顾瑛、杨维桢等为友。元至正(1341—1370)间,参与顾瑛主持之玉山草堂雅集。饶介集众名士赋《醉樵歌》,其作誉推第一。元末养母还俗。明洪武三年(1370)曾被召修《元史》。擅丹青。书法学欧阳询,婉媚无俗气,与张光弼、张以宁并称明朝"国初三张"。诗名尤著。著有《云丘道人集》《仲简集》《白羊山樵集》。

(李 峰)

馀 泽

馀泽,俗姓陆,字天泉,吴江(今江苏苏州吴江区)人。幼出家为僧,历住吴江永定寺、杭州下天竺寺。元皇庆元年(1312),著力重建苏州北禅寺。晚年住大弘教寺,号慧光慈忍法师。远师道林嗣宗风,主教吴下近五十年,法席最盛。

博学工诗。与顾瑛为物外交,至正(1341—1370)间曾参与玉山草堂雅集。著有《天泉禅师诗》《长春集》等。

(李 峰)

缪 贞 子 缪 侃 缪 佚

缪贞,字仲素,号乌目山樵,常熟人。张谦中弟子。仕元曾任江浙掾史。好与宾友舟游湖海,称粹然善士。至正(1341—1370)间,曾参与顾瑛主持之玉山草堂雅集。博雅嗜古,建述古堂,购藏古器物及书画颇富。能诗歌。工篆刻,书善诸体,正书尤高古。著有《书学明辨》。

长子缪侃,字叔正,号海虞山人。元至正间辟署浙东行省郎中。喜藏法书古物。善楷、隶,能篆刻。画山水、花卉,笔法浓艳精妙。诗工玉台小体。至正十六年(1356),曾与袁华、马晋、赵原等朋旧雅集于顾瑛之可诗斋。著有《缪叔正诗》。

缪侃弟缪佚,字叔民。能诗,以画著名。以破墨法画山水,师承董源,尚醉心米点云山。画作《林塘图》《山径杂树图》等,倪瓒、杨维桢、陆广等曾为题咏。传世作品有至正元年(1341)作《云山烟霭图》等。

（李　峰）

汪元亨

汪元亨,字协贞,号云林、临川佚老,饶州乐平(今属江西)人,徙居常熟。元至正(1341—1370)间,仕江浙省掾。与曲家贾仲明交于吴门苏州。工杂剧,散曲善用排比,风格近于张养浩。小令尤被见重。著有《归田录》《小隐余音》《云林清赏》等。

（李　峰）

瞿　智　瞿　信(？—1368)

瞿智,一名荣智,字睿夫,或作慧夫、惠夫,昆山人,原籍嘉定(今属上海)。元至正(1341—1370)间,辟为青龙镇学教谕,摄绍兴府录判。隐居常熟沙溪墨庄,后寓居华亭。与黄溍、段天祐、李孝光、张雨等为友。工书画,以书法钩勒兰花妙绝。博学善诗,曾参与顾瑛主持之玉山雅集。著有《睿夫集》。

瞿信,字实夫。瞿智弟。嗜学博雅,善持论,与兄以行谊并称二瞿先生。元至正间,方国珍侵昆山,携母避居青龙镇,筑闲野堂。家贫有孝名,兄卒后,抚兄遗孤成人。力辞荐举孝廉。喜临法书,曾仿徐铉体书《论语》《孟子》,楷正精丽。明洪武元年(1368)卒,葬于昆山安定桥西。

（李　峰）

黄衢渊

黄衢渊,字孤山,钱塘(今浙江杭州)人。师从卫淡丘、潘雷鉴学道,为高足。精通修真要法及医药方技,誉称名道。元皇庆元年(1312)归于苏州玄妙观。精医药,所制遇仙方化气丸颇效。因治愈严德昭痼疾,严德昭于观东社坛巷捐地,黄衢渊创建清真道院,延请其师潘雷鉴为开山主持。至正十三年(1353),赐额清真观。卒后葬于清真观后。

（李　峰）

智　及(1311—1378)

智及,俗姓顾,字以中,号愚庵,吴县(今江苏苏州)人。生于元至大四年

(1311)。幼年出家于苏州穹窿山海云院。遍访大德,听贤首讲法界观,复谒笑隐,于双径谒侍寂照,迁主藏室。元至正二年(1342),江南行宣政院举其出世于昌国隆教寺,历领普慈、净慈二寺。复请住持径山,赐号明辨正宗广慧禅师。明洪武六年(1373)奉诏集于南京大天界寺,智及居于高僧大德十人之首。十一年圆寂。

(王晋玲)

陈　基(1314—1370)

陈基,幼名无逸,改敬初,再易名基,改字敬初,号韦羌山人,吴县(今江苏苏州)人,原籍临海(今属浙江)。生于元延祐元年(1314)。少时师从浙中名儒黄溍,随至京师。至正元年(1341)授经筵检讨,曾为人代草谏章,险些获罪,遂辞官南归,奉母寓居天心里,号"小丹丘"。作《小丹丘记》自谓:"居于吴,婚娶于吴,育子女于吴,布衣食稻于吴,母殁葬于吴之壤,仆妾厮养皆吴人,尽室皆吴语,吾自视亦吴人。"[1]居乡教授诸生。二十三年,起用为枢密府都事,以江浙左右司员外郎于杭州参佐张士信军事,曾修宋名将精忠岳飞坟,升郎中。复参张士诚太尉军府事,张士诚谋称王,为其独谏乃止。超授内史,迁学士院学士,受命独掌军旅文符书檄,一时书檄、碑铭、传记多出其手。二十七年,朱元璋大将徐达破苏州,张士诚败亡,陈基被俘,后被赦归。朱元璋建明称帝后,陈基被召修《元史》,书成赐金放还。洪武三年(1370)卒于常熟河阳里(今属江苏张家港)寓舍,被尊为吴先贤。

有文誉,最为戴良称赏。诗文擅操纵驰骋,人称其诗有"填海驱狼之感"。著有《夷白斋稿》三十五卷、外集一卷。

(李　峰)

朱　珪(约1314—约1378)

朱珪,字伯盛,号静寄居士,昆山人。约生于元延祐元年(1314)。[2]笃志于古,师从名家吴睿学习书法和印学,对三代以来金石刻辞无不极意模仿,取《石鼓文》《峄山碑》临习既久,而尽悟其法。渐精古籀篆文,于六书之义考之尤详。曾读书十年不下楼,年过五十而不娶妻,修然有出尘之志。多次参与本邑顾瑛组织的玉山雅集,与杨维桢、张雨、郑元祐、钱良右、卢熊、张翥、袁华、倪瓒、谢应芳、秦

---

[1] 陈基:《夷白斋稿补遗》,《陈基集》,吉林文史出版社2009年,第395页。
[2] 孙向群:《关于朱珪二三事》,俞建良:《昆山书法论文集》,荣宝斋出版社2011年,第197页。

约、郭翼、殷奎、陆仁等众多名士交游,获益良多。

朱珪工于摹勒石刻,被推为吴中绝艺。凡朝廷制诰词命及州县官府、僧寺道宫与公卿大夫家志铭、碑版等,一时多出其手。又工刻画,曾将赵孟頫的白描《桃花马图》勾勒于石,精妙绝世。亦为最早的自篆自刻的文人篆刻家之一,名门士子多求其刻印。至正十一年(1351),顾瑛偶得汉未央宫古瓦头,朱珪为刻"金粟道人"印,顾瑛赞其篆文与制作甚似汉印。张雨赠号"方寸铁"[1],十九年,杨维桢为其撰《方寸铁志》。

至正年间,朱珪参照宋王顺伯及元吾丘衍、赵孟頫的集古印谱编纂体例,多年旁搜博取,汇集古印痕,加上吴睿等书印文及自己钩摹的古私印,编成集古印谱《印文集考》,卢熊作序盛赞,惜已失传。晚年又裒集平生所镌作品,明洪武九年(1376)前后辑成《名迹录》六卷。卷一至卷五为其毕生所刻碑文及杂刻,共七十余种;卷六为编附赠言,为当时二十多位文人名士为朱珪所作的诗、颂、铭、志、序、题跋等诗文及题跋,共三十多篇。该书创自辑自刻为书之先例,是中国书法和金石篆刻艺术史上的重要著作,清乾隆年间被收入《四库全书》。

朱珪约卒于明洪武十一年。[2]昆山现存可考的碑刻文字 300 多件,其所刻者达 130 多件,实物现仅存亭林园内刘过墓侧的"宋龙洲先生刘君讳过字改之墓阙""宋龙洲先生刘公墓表"和顾文康公崇功专祠(即顾鼎臣祠)"戒石碑"。

(马一平)

袁 华(1316—?)

袁华,字子英,号耕学子,昆山人,祖籍匡庐(今江西庐山)。生于元延祐三年(1316)。自幼敏悟超群,强于记诵。考究经史百氏,赅博无比。从杨维桢游,被视为得意门生,誉为昆山才子。与张雨、倪瓒、顾瑛、谢应芳等名士交游往来颇多,为顾瑛玉山草堂座上客,至正间参与历次玉山雅集。曾编辑顾瑛倡和纪游之作,成《玉山纪游》一卷。还富藏书画,擅书法,精于鉴赏,顾瑛所藏书画悉经其品题。

元末隐居,敬侍寡母,为建高节楼,颇有孝名。明洪武元年(1368)荐授苏州府学训导。六年,其子袁生申为县吏犯事,袁华坐累被逮,被迫徙居南京。洪武

---

[1] 杨维祯:《方寸铁志》,朱珪《名迹录》卷六《编附赠言》,清《四库全书》本,页五。
[2] 周新月:《有关元代篆刻家朱珪的研究》,俞建良:《昆山书法论文集》,荣宝斋出版社 2011 年,第 187 页。

二十三年后卒,詹孟举作挽诗曰:"吴门山水隔陈雷,鱼雁依然得往来。书后常思洞庭橘,诗中人寄陇头梅。但知抱道非贫病,谁料生儿是祸胎。老泪尽从枯眼出,西风遥洒凤凰台。"[1]

以诗学知名,长于乐府,与吕诚并称"吕袁"。其诗既深受铁崖体浸染,有奇崛怪诞之风,又典雅从容,符合温柔敦厚之旨,一扫元季秾纤之习,而开明初舂容之派,颇有成就,在易代之际的诗坛起到承前启后的作用。元至正二十二年(1362)由杨维桢删定其诗编成《可传集》一卷,并题集名,今有传本。又有《耕学斋诗集》十二卷,亦行于世。

(马一平)

吕 诚

吕诚,字敬夫,昆山东沧(今属太仓)人。出身娄东巨族,东沧之俗尚靡,而独能去豪习。幼聪敏,喜读书。性缜密,师事昆阳郑东,勤奋力学。既长,益淹贯经史,学端识敏,自知奋厉,且工为诗。其师郑东谓其诗多奇丽清婉,出己意见,不屑剽取古今人言,其声一出于和且美。参与好友顾瑛主持之玉山雅集,顾瑛称其诗意清新,文辞雅致,如"术花遍地牵云白,竹色当簷落酒青";"灵浪润咽消宿酒,飞花如粟点秋衣",均为佳句。又善作黄庭小楷,缮写其诗成集,携之谒杨维桢,杨维桢称其诗风流俊采,为一时之选。邑令屡聘为儒学训导,不就。明初曾被谪迁广东,洪武四年(1371)赦归,二十六年尚在世,终老于乡。

平生淡泊世利,家有园圃山林之胜,曾于园中蓄一鹤,后有他鹤自来为伍,因筑来鹤亭。又有梅雪斋,喜吟咏,日与同里郭翼、陆仁、袁华相唱和其间。诗文与同里袁华齐名,时称"袁吕"。著有《来鹤亭》《既白轩》《番禺》《竹洲》《归田》诸诗稿,多所散佚。今仅存《来鹤亭诗》八卷、补遗一卷,清乾隆时收入《四库全书》行于世。

(马一平)

辅 良(1317—1371)

辅良,俗姓范,字用贞,号介庵,吴县(今江苏苏州)人。生于元延祐四年(1317)。范仲淹十世孙,广智欣公法嗣,为临济宗十八世。年十五师从迎福院僧寿弥,剃发受具戒。谒北禅寺馀泽法师,习天台教观。又谒笑隐禅师,探究禅

---

[1] 叶盛:《水东日记》卷三《詹孟举挽袁华诗》,中华书局1980年校点本,第25页。

宗大旨。于四明阿育王寺与祖瑛法师说经辨律,才识获推誉。至正二年(1342)住持嘉兴资圣寺,赐号广智全悟禅师。十四年,迁明州天童寺,移住杭州中天竺。因修建灵隐寺而终,时为明洪武四年(1371)。

(王晋玲)

张 著(1318—1377)

张著,字则明,号昭夫、永嘉子,平阳(今属浙江)人,徙居常熟。生于元延祐五年(1318)。元末举训导,迁淮安教授。明洪武三年(1370)中举人,授陕西肤施知县,招抚流亡,民得复业,被誉为名宦。升江西临江府同知,十年,卒于任,归葬于常熟。崇祀为吴郡名贤。

诗文清婉醇正。与金文徵、黄廷玉唱和诗编为《长安唱和集》。著有《易经精义》《永嘉集》等。

(李 峰)

张士诚(1321—1367)

张士诚,小名九四,字确卿,泰州兴化白驹场(今属江苏大丰)人。生于元至治元年(1321)。出身盐丁,任盐场纲司牙侩。于家排行居长,兄弟四人以贩运私盐为生。富勇略,轻财好施,很得朋辈敬信。至正十三年(1353)率弟张士德、张士信和潘德懋等十八人起义反元,盐丁群起响应,下泰州,陷兴化,次年克高邮,自称诚王,国号大周,年号天祐。十五年,两破扬州,声威大振。

十六年正月,从江阴朱英建言南下发展,命其弟张士德从通州渡江占常熟,二月克苏州。三月,改平江路为隆平府,以承天寺为王府,建立枢密院。以术士李行素为丞相,张士德为平章,李伯昇知军事,潘原明、蒋辉为左右丞,徐义典亲军,蔡彦文等为谋议。是年攻湖州、常州、松江等地。在龙潭兵败于朱元璋大将徐达,攻嘉兴、杭州也败于元将苗帅杨完者。十七年,徐达克常熟,俘张士德,而降元的方国珍又入长江袭昆山。势穷力迫之下,张士诚被迫降元,受封太尉,去国号,立江淮分省、江浙行枢密院,将隆平府改回平江路。其后,遣大将史炳文袭占杭州,杀杨完者。张士诚割据势力坐大,每年由海道向元大都提供漕粮十一万石,自诩有功,日益骄纵,向元廷要求封王未许。二十三年九月,再次反元,遣将吕珍围安丰,杀红巾军大宋政权丞相刘福通,自立为吴王,尊母曹氏为王太妃,置官属,以弟张士信为江浙行省左丞相,囚禁元左丞相达识帖睦儿于嘉兴。对朱元璋采取以攻为守策略,多次遣军进攻常州、江阴,但均告失败。朱元璋遣徐达攻占宜兴,次年正月胡大海又克诸暨,双方呈相持状态。但张士诚乘红巾军北伐之际,进占济宁、濠州一带,控制区域方圆二千余里。

二十五年,朱元璋消灭陈友谅后,逐步攻占泰州、通州、盐城、高邮、徐州、安丰等地,张士诚势力大衰。二十六年五月,朱元璋发布"平周榜",宣布张士诚八大罪状,命徐达、常遇春率军二十万大举进攻,夺取湖州、嘉兴和杭州等要地,十一月包围平江。二十七年正月,平江附近州县松江、嘉定、昆山、太仓、崇明相继降附朱元璋。六月,张士诚突围遇阻大败,从此不敢出战。九月,徐达率先攻破葑门,守将周仁、潘元绍等投降。张士诚亲率残兵巷战,驱妻子姬妾登齐云楼自焚而死,己欲自杀未成,被俘送应天(今江苏南京),不屈自缢死。葬于苏州吴县斜塘。其父母合葬墓在盘门外。

张士诚在苏州,曾开科取士,又开弘文馆,建宾贤馆,网罗贤士颇众。又轻徭减赋,大兴水利,辟盐铁塘,浚白茆河,百姓感念其德。每年七月三十地藏王菩萨诞辰日,苏民烧香敬祀成俗,名"九四香"。

(李 喆 李 峰)

周 砥(1323—1362)

周砥,字履道,号东皋生、菊溜生,吴县(今江苏苏州)人。生于元至治三年(1323)。豪放有才思。至正十一年(1351)参与顾瑛主持之玉山雅集,与倪瓒最相友爱。十四年,避居荆溪南山为馆师。十六年,张士诚聘为著作。二十年,与高启相识于吴门,论诗甚契。后从军为记室,二十二年,于会稽(今浙江绍兴)殁于兵事。

书工行草,山水画平淡清远。博学工文辞,以诗名。与马治有《荆南倡和集》。著有《履道集》。

(李 峰)

李金儿(?—1356)

李金儿,章丘(今属山东)人。自幼颖异,得父传家学,好读经史及佛道诸书,尤精于医、卜。元至正十四年(1354)张士诚起兵反元,称诚王,李金儿父兄皆追随举义。李金儿年未及笄,为张士诚母侍女。张士诚自扬州兵败退保高邮,依其占卜大胜元军,遂号为"仙姑"。十六年,册封为金姬,随张士诚东下江南,因病早逝,葬于常熟福山港口,张士诚加封为护国定仙妃,并予祠祀。

(王晋玲)

杨 椿（？—1356）

杨椿，字子寿，吴县（今江苏苏州）人，祖籍青城（今属四川）。南宋参知政事、资政殿大学士杨栋裔孙。尚气节，学行有名，以《尚书》教授弟子，月试季考，誉称名师。与徐显友。为参政脱寅馆客，元至正十六年（1356）募兵参军谋，坚守平江城，与张士诚力战阵亡。

（李 峰）

张士德（？—1357） 张士信（？—1367）

张士德，小字九六，泰州兴化白驹场（今属江苏大丰）人。张士诚弟。元至正十三年（1353）从兄起兵反元。勇鸷善斗，有战功，能得军心。十六年正月，率军渡长江，陷常熟，二月攻克苏州，昆山、吴江、崇明、嘉定诸州县相继归降，略定江南、浙西皆其功。尤善网罗人才，选良任能，能得士人之心。张士诚诸弟其才具最优，后随兄降元，授江西等处行中书省平章政事，封齐王。十七年七月，于常熟为朱元璋大军战败，被俘不屈，寓书力劝张士诚降元抗拒朱元璋，在金陵绝食而死。元顺宗追封楚国公，立庙于昆山祠祀之，征杨维桢为作碑文。

张士信，小字九七。至正十三年从兄张士诚首义起兵反元。十八年，为江浙行省平章政事，二十一年，以同知枢密院事镇守淮安。二十二年，攻诸全败绩。二十四年，为江浙行省左丞相，进丞相。置第于苏州东城，号丞相府。荒淫好聚敛，曾逼杀达识帖睦尔，代为丞相，为吴人侧目。二十七年，苏州被围后登城督战，为朱元璋军龙井炮击死于阊门。

（王晋玲）

朱 英（？—1358）

朱英，改名锭，号定一，江阴石牌人。好勇有谋略。初为盗，被招安后任江阴州判官。元至正十五年（1355），因与他股势力争斗落败，至高邮投张士诚反元，引兵南下为先锋。十六年，从张士诚克苏州，以参政仍为江阴判官，进左丞、行省平章。十八年，与朱元璋部力战于石牌，杀其大将桑世杰，后兵败被俘受诛，葬于苏州荐福山修竹坞。

（王晋玲）

迈里古思（？—1358）

迈里古思，汉姓吴，西夏唐兀氏，字善卿，武威（今属甘肃）人，徙居吴县（今江苏苏州）。善谐谑，侍亲至孝，有才名。元顺帝至正十四年（1354）中进士。授绍兴路录事司达鲁花赤，训练民兵，组建果毅军，为政得民心。除江南浙西道廉访司知事，改江东建康道经历，迁江浙行省行枢密院判官，与起义军方国珍部力战多有功。十八年，为御史大夫拜住哥等谋杀。私谥越民考，追封西夏郡侯，谥忠勇。归葬于苏州石湖。著有《平寇诗》。

（李 峰）

马玉麐（？—1367）

马玉麐，字谷璲，又字国瑞、伯祥，号东皋道人，海陵（今属江苏泰州）樊川人，徙居平江（今江苏苏州）。荐授赣榆教谕。张士诚辟为太尉府掾史，升平江路长洲知县。历官江浙行省员外郎，升郎中，改平江路总管，迁江浙行省参政。元至正二十七年（1367）平江城破，被朱元璋军所俘，服毒自尽。生前与周伯琦、王逢、倪瓒交密。工书法，幼有诗才称奇童。著有《东皋漫稿》《东皋先生诗集》等。

（王晋玲）

李伯昇（？—1380）

李伯昇，海陵（今属江苏泰州）人。元至正十三年（1353），随父李行素从张士诚起兵反元，为首义十八人之一。十六年，从张士诚克平江（今江苏苏州），父以阴阳术为丞相，后改平章。李伯昇节制军事，进司徒，治第于西城。二十六年，率军驰援湖州，抗御朱元璋军。二十七年，平江城为朱元璋大将徐达攻破，父被俘，李伯昇降于徐达，从定浙江，葬父于苏州楞伽山。

明洪武元年（1368），李伯昇以中书平章政事兼同知詹事院事。二年，讨平湖广慈利，分守陕西。五年，为征南右副将军，平广西靖州。七年，统领真定军务。后于河南彰德屯田开卫，出塞讨伐元军残部。十三年，奉命往福建漳州理军务，因丞相胡惟庸案连坐而死。

（王晋玲）

潘元明(?—1382)   潘元绍(?—1367)

潘元明,一作原明,本姓赵,泰州(今属江苏)人。先世本宋宗室,宋亡后避祸易潘姓,曾避难占籍通州(今江苏南通)。元至正十三年(1353),以长子随父潘德懋从张士诚首义起兵。十六年,从张士诚克苏州,为左丞,镇守吴兴。二十四年,以江浙行省右丞兼行枢密院事,镇守杭州,迁行省平章。二十六年十一月,以兵二万人、粮二十一万石、马六百匹,降朱元璋大将李文忠,朱元璋仍授平章,守杭州,听李文忠节制。明洪武三年(1370)以浙江行省平章食禄,但不治事。十三年,奉命往福建理军务,十四年,平云南,署布政司事,卒于任,赐葬于南京钟山。

潘元绍,字仲昭。潘元明长弟。至正十三年,随父兄从张士诚首义起兵,为张士诚女婿。十六年,从张士诚克苏州。父被追封为郑国公,兄为左丞。二十四年,潘元绍以昭勇大将军、行枢密院判官摇宿卫兵,为院判,进江浙行省左丞,迁右丞。好冶园圃,有姬七人皆慧丽,聚敛耽声色,但能礼下文士。二十七年,朱元璋大将徐达率军围攻苏州,潘元绍出战败绩,城破后降于徐达,送应天府,至台城被杀,祔葬于苏州娄门外上芦村父母茔侧。

(王晋玲)

郑允端(1327—1356)

郑允端,字正淑,平江(今江苏苏州)人。生于元泰定四年(1327)。南宋丞相郑清之五世孙女。祖父曾官本郡通判,父兄皆以经学教授诸生,闻名于吴下。其家族世代业儒,曾富雄一郡,有半州之目,人称"花桥郑家"。

幼承家训,资质聪慧,读书识字,尤善诗歌。约至正六年(1346),嫁与同郡施伯仁。[1]施伯仁乃文献故家的儒雅之士,二人志趣相投,相敬如宾。郑允端操持家务、侍奉公婆之余,颇喜操弄笔墨,吟咏情性。其诗高朗娴雅、幽秀清丽,古风有魏晋风致,才情潇洒。著有《肃雝集》一卷并自为序,首开女性自序文集的风气。郑允端有自己的文学主张,强调诗歌应具有讽喻现实的功用,反对"无感发惩创之义,率皆嘲咏风月,陶写情思,纤艳萎靡,流连光景"[2]的女性创作弊

---

[1]《肃雝集》卷首钱惟善序谓"郑笄而归于施仅十年而没"。今据其卒年三十岁,推知约为至正六年(1346)。

[2] 郑允端:《题词》,《肃雝集》卷首,影印北京图书馆藏清抄本。

端,主张"铲除旧习,脱弃凡近"[1],不随俗流,格韵超胜。

一生诗歌创作丰富,题材甚广,不止有清幽婉约的闺阁闲情之作,更有像《读西汉书》《读春秋》等鉴古感今的读史咏史诗,《题耕牧图》《浣花老人图》等描摹写意的题画诗,《瘦马》《庭槐》等精致灵秀的咏物诗,以及一些感悟生活、反映社会现实和动荡时局的诗,其中不少写得慷慨豪情,间有沉郁之气。其诗歌创作力学杜甫,不少诗能见出融会杜诗之痕迹,甚至有专篇吟咏杜甫。

至正十六年张士诚入平江,郑允端家为乱兵所破,年仅三十即因贫病悒悒而卒,葬于城东之南冈。宗族之士私谥贞懿,后人称之为"女中之贤智者"。

郑允端去世后,其夫施伯仁不忍忘孺人之逝,将其诗诠次成帙,遍求名士品题,钱塘钱惟善、青城杜寅为之作前后序。《肃雝集》成书后一直藏于家塾,后几经波折多有散失,明嘉靖年间郑允端五世孙施仁始刊行传世。今见《肃雝集》共收诗150首,凡长篇6首,古诗19首,近体34首,绝句88首,杂言3首。郑允端也成为元代仅有的两个有诗集存世的女诗人之一。

(张若雅)

张 择

张择,字鸣善,一作明善,号顽老子,吴江(今江苏苏州吴江区)同里人,祖籍平阳(今山西临汾)。游历四方,曾居武昌。元至正(1341—1370)间,于扬州曾官淮东道宣慰使司令史。才为张士诚弟张士德赏识,聘为座上客。张士德性骄奢,掠民居扩建园囿,张择曾作小令《咏雪》加以讥刺。元亡入明,曾擢江浙提学,病辞隐居。

博学多才,善推步天象。诗尚杜甫,杂剧、散曲、小令皆工。辞藻丰赡入最上品,时称一代作手、知名才人。著有《英华集》等。

(李 峰)

陈 樌(?—1370)

陈樌,字子经,奉化(今属浙江宁波)剡源人。先祖陈显,北宋时官至户部尚书,曾论蔡京之奸,不复仕。高祖陈伸,为陈显孙,官吏部尚书,上章辨伪学,南宋宁宗时谏韩侂胄开禧北伐,遂致仕。曾祖陈德刚,官工部尚书,请复济王官爵,理宗端平(1234—1236)中贬官而卒。祖父陈著,官太学博士,上书论贾似道奸邪,

---

[1] 郑允端:《题词》,《肃雝集》卷首,影印北京图书馆藏清抄本。

出判临安府。兄陈朴,有才学,著有《味道编》《云轩集》。

元至正(1341—1370)间,与兄陈朴同游学吴中,世乱难归,遂家长洲(今江苏苏州)。后仕张士诚,为学士院著作。明洪武元年(1368)征为翰林修撰,次年进翰林院直学士,迁待制,以附杨宪被治罪致死。

承家学,私淑黄震,能诗文。尊华夏正统,尤有良史才。曾与戴良合著《治平类要》。著有《通鉴续编》《通鉴前编举要新书》《续编宋史辨》《资治通鉴纲目前编外纪》《尺牍筌蹄》《陈学士诗》《历代笔记》等。

(李 峰)

赵 原(？—1376)

赵原,本名元,字善长,号丹林,莒城(今山东莒县)人,徙居吴县(今江苏苏州)。工画,山水浅绛,善用枯笔浓墨。墨竹简贵负盛誉,有龙角、凤尾、金错刀之称。曾参与顾瑛主持之玉山草堂雅集。元至正二十三年(1363),曾为顾瑛作《合溪草堂图》。明洪武五年(1372)在常州作《听松图》。后召京绘《历代功臣图像》。九年,以应对忤旨被杀。

(王晋玲)

陶 琛

陶琛,字彦珩,长洲(今江苏苏州)人。有文学。元至正(1341—1370)末,与高启、张适、王行、谢徽、申屠衡、张简、释道衍曾合作《狮子林十二咏》。明洪武(1368—1398)初,荐为学官。志尚高洁。喜临池,工古篆,书多得籀法。著有《陶彦珩诗》。

(王晋玲)

申屠衡

申屠衡,字仲权,号树屋佣,长洲(今江苏苏州)人,祖籍开封(今属河南)。进士出身。通经史,明《春秋》。肆力古文,工吟咏,书法有名。杨维桢称其才学博赡。元季不仕,与高启等结北郭诗社。明洪武三年(1370)召于南京,因草《谕蜀诏》称旨,授翰林修撰。以病免,谪徙濠州卒。著有《叩角集》。

(王晋玲)

虞 堪

虞堪,字克用,一字胜伯,别字叔胜,号青城山樵、西蜀书生,长洲甫里(今江苏苏州甪直)人。南宋丞相虞允文裔孙。高祖虞炕,居吴县(今江苏苏州)。本名兹,字义夫,改字退夫。为魏了翁女婿。举进士。南宋淳祐三年(1243)知宜兴,五年,知淳安,以惠政祀名宦。累官户部郎中,知岳州,出为沿江安抚司参议,力劾贾似道困民误国,请罢浙西公田。工书有文名,学得魏了翁之传。宝祐五年(1257)后卒,葬于苏州蒸山。曾刻李从周所编《字通》。

元至正二十年(1360),虞堪隐居笠泽,为义塾师。与倪瓒、郑元祐、周砥、邹奕诸名士交。富藏书,重先祖文献。承家学,精于道,能连书七十二家符篆。书善行草,画山水竹石颇具思致。诗效黄庭坚,古体气格颇高。明洪武十年(1377),以人才征为云南府学教授,卒于任。曾哀刻虞集遗诗《道园遗稿》。著有《希澹园诗》《虞山人诗》《鼓枻稿》等。 （李　峰）

陈汝秩(1329—1385)　　陈汝言(1331—1371)

陈汝秩,字惟寅,号秋水,吴县(今江苏苏州)人,原籍星子(今江西庐山)庐山湓城。生于元天历二年(1329)。父陈徵,字明善,号天倪。为南宋末年士林和文坛领袖、丞相江万里孙女婿,名儒吴澂高弟。曾北上京师。辞荐授官,隐居于苏州吴县洞庭西山林屋,后徙居城西南。读书鼓琴,以学行称通儒,元至正八年(1348)卒后,葬于苏州雅宜山大墩。

陈汝秩为陈徵长子。少与弟陈汝言齐名,高亢不苟,时称"大髯"。家居南园,名为绿水园。穷经学古,教授生徒。与陈基、倪瓒为老友。嗜藏书画,工书法,画山水清墨老到。诗文藻丽不群。元末隐居不仕。明洪武元年(1368)以人才征至南京,十七年,以母老辞归,次年四月初一日(1385年5月10日)卒。著有《来鸿轩诗》。

陈汝言,字惟允,号秋水。生于元至顺二年(1331)。陈徵次子。与兄陈汝秩并有才名,时称"小髯"。与王蒙、倪瓒、陈基等契厚。藏书二万卷。学琴于宋尹文,曲得其妙。画长于山水、人物,工辞章,倜傥知兵。至正十六年张士诚据苏州后,陈汝言曾为潘元明辟为藩府参谋。入明,官济南府经历,洪武四年(1371)坐事被杀。临刑从容绘画,人叹称为"画解"。著有《秋水轩诗稿》。 （李　峰）

张 绅(？—1385)

张绅,字士行,一字仲绅,号云门、友轩、门山道人、云门山樵、云门遗老等,吴县(今江苏苏州)人,祖籍登州(今属山东)。元至正七年(1347)举人。于苏州仕张士诚,为内史中尉,与僚友饶介交契。后隐居吴县洞庭西山。明洪武十五年(1382)年逾七十,与杨基等被征入京修礼书。授陕西鄠县教谕,十七年,超迁都察院右佥都御史,次年授浙江左布政使,卒于任。

精赏鉴。善楷书,尤工大小篆。画善山水、人物、佛像罗汉,墨竹颇妙。词辩纵横,诗文自成一家。著有《法书通释》《吉金贞石志》《云门山樵集》《张绅逸诗》等。 (李 峰)

徐达左(1333—1395)

徐达左,字良夫,一作良辅,号耕渔子、耕渔隐者、松云道人等,吴县(今江苏苏州)光福人,祖籍开封(今属河南)。生于元元统元年(1333)。名儒邵光祖、董远弟子。广交文士,行谊有声望。至正二十二年(1362),曾辑同时120位诗人酬赠之作为《金兰集》。明洪武二十二年(1389)聘为福建建宁府学训导,善教称名师,二十八年卒于任。

藏书及古字画颇富。工书画,通《易》《尚书》,有文学。编有《传道四子书》,著有《耕渔轩杂缀》《耕渔轩诗》《耕渔文集》《年谱》等。 (王晋玲)

丁 敏

丁敏,字逊学,一作巽学,吴江(今江苏苏州吴江区)人,原籍乌程(今浙江湖州)。博学好古,善巧对,诗文典雅有则。与吴文泰、袁章、张琦、易恒等为诗友,以苦吟著称,为时推重。元末世乱,隐居吴山,绕舍皆植梅,寄情高洁。明永乐(1403—1424)间,流落江淮而卒。著有《朦庵集》《丁逊学诗集》。 (王晋玲)